徽学文库（第二辑）
主　编◎周晓光
副主编◎王振忠　胡中生

教育部人文社会科学重点研究基地
安徽大学徽学研究中心基金资助

徽州佛教历史地理研究

王开队　等◎著

图书在版编目(CIP)数据

徽州佛教历史地理研究/王开队等著. —合肥:安徽大学出版社,2021.4
(徽学文库/周晓光主编. 第二辑)
ISBN 978-7-5664-2223-1

Ⅰ.①徽… Ⅱ.①王… Ⅲ.①佛教史—研究—徽州地区 Ⅳ.①B949.2

中国版本图书馆 CIP 数据核字(2021)第 120277 号

2016 年度国家社科基金一般项目"历史地理学视阈下的徽州佛教研究"(16BZS033)

徽州佛教历史地理研究
Huizhou Fojiao Lishi Dili Yanjiu

王开队 等著

出版发行:	北京师范大学出版集团 安 徽 大 学 出 版 社 (安徽省合肥市肥西路 3 号 邮编 230039) www.bnupg.com.cn www.ahupress.com.cn
印　　刷:	安徽新华印刷股份有限公司
经　　销:	全国新华书店
开　　本:	170 mm×240 mm
印　　张:	30.75
字　　数:	443 千字
版　　次:	2021 年 4 月第 1 版
印　　次:	2021 年 4 月第 1 次印刷
定　　价:	89.00 元

ISBN 978-7-5664-2223-1

总　策　划:陈　来　齐宏亮
执行策划编辑:李　君　刘婷婷　姚　宁　　装帧设计:李　军　孟献辉
责　任　编　辑:刘婷婷　姚　宁　　　　　　美术编辑:李　军
责　任　校　对:姚　宁　　　　　　　　　　责任印制:陈　如　孟献辉

版权所有　侵权必究
反盗版、侵权举报电话:0551—65106311
外埠邮购电话:0551—65107716
本书如有印装质量问题,请与印制管理部联系调换。
印制管理部电话:0551—65106311

总　序

　　徽学是以徽州历史地理、徽州传统社会、徽州历史文化及其传承创新为研究对象的一门学问。尽管关于徽州自然与人文的记述与探究,历史上由来已久,但作为具有现代学科意义的徽学,则形成于20世纪80年代。已故徽学研究奠基人和开拓者张海鹏先生在《徽学漫议》一文中说:"在20世纪70年代末到80年代中期,随着'科学的春天'的到来,学术园地百花齐放,异彩纷呈。其中,'徽学'也在群芳争妍中绽开了蓓蕾,成为地域文化中的一枝新秀。"[1]已故著名徽学专家、原中国社会科学院历史研究所周绍泉先生在《徽州文书与徽学》一文中说:"徽学(又称徽州学)是80年代以后才出现的新学科。"[2]著名徽学研究大家叶显恩先生在胡益民先生编著的《徽州文献综录》一书写的序中说:"徽学在短暂的三十年间,从默默寡闻而勃然兴起,今已蔚然成大国,耸立于学界之林,成为与敦煌学、藏学相比肩的显学。"[3]回溯30年,正是20世纪80年代。中国社会科学院栾成显先生在《明清徽州宗族文书研究》中同样指出:"20世纪80年代徽学兴起以来,学者们利用谱牒、方志及其他文献资料,乃至进行社会调查,对徽州宗族作了较为深入的研究,成果

---

[1] 张海鹏:《徽学漫议》,载《光明日报》,2000年3月24日。
[2] 周绍泉:《徽州文书与徽学》,载《历史研究》,2000年第1期。
[3] 叶显恩:《徽州文献综录序》,见胡益明:《徽州文献综录》卷首,合肥:安徽教育出版社,2014年。

显著。"①上述关于徽学形成于20世纪80年代的观点,已是学术界的基本共识。

徽学之所以在20世纪80年代以后勃然兴起,有其天时、地利、人和等多种因素。

从"天时"来看,20世纪80年代是学界处于中华人民共和国成立以来的一个学术研究重要转型期。就史学研究而言,著名史学理论与史学史研究专家、北京师范大学瞿林东先生认为:"中国史学上的第五次反思出现于20世纪八九十年代,其历史背景和学术背景是,20世纪七十年代末,中国的政治形势从'以阶级斗争为纲'转向实行改革开放、以经济建设为中心;在意识形态领域则是以拨乱反正、正本清源、解放思想、实事求是为其时代特征……中国的理论界、学术界从'万马齐喑'的状态一下子活跃起来,几乎每一个学科或学术领域都在思考自身的发展道路。"②中国史学"视野开阔了,研究领域拓展了,中外史学交流日益加强了,新问题、新材料、新成果不断涌现出来"。③ 在此转型期中,文化史、社会史和区域史的研究受到高度重视。徽州因其独特的地理与历史文化秉性,吸引了海内外学者的目光,有关徽州及其历史文化的各类研究成果纷纷问世。由此,徽州成为当时区域史研究的一个重要对象。正是基于学术研究转向的这一背景,徽学因时而生。中国社会科学院卜宪群先生在《新中国七十年的史学发展道路》一文中评述这一时期的史学研究时说:"与历史文献学有密切关系的甲骨学、简帛学、敦煌学、徽学等古文书学研究取得了重要成就。徽学成为国际性学科,敦煌在中国,敦煌学在国外的状况得以根本改变。"④1999年12月,中华人民共和国教育部设立首批15所人文社会科学重点研究基地,安徽大学徽学研究中心入选。它标志着经过20年的发展,徽学学科得到了国家层面的正式认可。

---

① 栾成显:《明清徽州宗族文书研究序》,见刘道胜:《明清徽州宗族文书研究》卷首,合肥:安徽人民出版社,2008年。
② 瞿林东:《史学理论史研究 中国史学上的五次反思》,载《史学史研究》,2015年第1期。
③ 瞿林东:《传播·反思·新的前景——新中国70年史学的三大跨越》,载《中国史研究动态》,2019年第4期。
④ 卜宪群:《新中国七十年的史学发展道路》,载《中国史研究》,2019年第3期。

从"地利"来看,它包含了多个方面的内容:

一是历史上关于徽州自然与人文的探究传统,为徽学形成奠定了基础。从南朝梁萧几《新安山水记》、王笃《新安记》,唐代《歙州图经》,北宋祥符年间《歙州图经》、黄山祥符寺僧行明《黄山图经》,南宋姚源《新安广录》、罗愿《新安志》、刘炳等《新安续志》,到元代朱霁《新安后续志》,明代程敏政《新安文献志》、程瞳《新安学系录》《新安文献补》、何东序等《徽州府志》、方信《新安志补》、蒋俊《祁阊图志》、戴廷明等《新安名族志》、张涛等《歙志》、傅岩《歙纪》,清代高睂《徽州府通志》、赵吉士《徽州府志》、施璜《紫阳书院志》《还古书院志》等,以及各历史时期其他大量有关徽州的府县志、专志、纪述,都是涉及徽州山川风物、疆域沿革、风俗变迁、宗族迁徙、文教兴衰、人物事迹等自然与人文历史的记述与考察。近代以来,学者又开始有意识地关注徽州历史与文化问题,把徽州视为一个既有特殊性、又具普遍性的区域加以关注、研究。其成果为20世纪80年代的徽学成为专门学问奠定了基础。

二是源远流长且内涵丰富的徽州历史文化,为徽学形成提供了研究对象。徽州文化具有丰富的内涵,其内容包括新安理学、徽派朴学、徽州教育、新安医学、徽商、徽州科技、徽派建筑、新安画派、徽派篆刻、徽派版画、徽剧、徽菜、徽派雕刻、徽派盆景、宗族、民俗、方言,以及文房四宝等。其文化秉性既是区域个性的标签,也展现了独特的文化风采。第一,徽州文化是连续不断的文化。宋徽宗宣和三年(1121)"徽州"得名,从此开始了徽州文化的时代。在其后的800年间,徽州文化有过盛衰变迁,但它从未中断过,长期保持了高位水平发展态势且始终具有个性特征。这在其他区域文化中是不多见的。徽州文化的"连续不断",主要表现在两个方面:一方面,宋代以降,各个时期徽州都是传统文化的发达之区,其生生不息的文化传承,构成了徽州文化的连续性;另一方面,徽州文化中的一些主要文化现象,宋代以来一直传承不息,源远流长。比如,徽州传统学术文化从新安理学到徽派朴学延续了600多年而未断层就是一个典型的事例。第二,徽州文化是兼容并包的文化。徽州文化虽有其独立的个性,但在其发展过程中,也吸收了大量的其他区域、其他学派的文化。因此,兼容并包成为徽州文化的重要特色之一。第三,徽州文化是引领潮流的文化。作为引领潮流的文化,徽州文化中的新安理学成为国家意志和国家"主流"意识;而徽州文化中的其他各种文化现象,不仅因其地域特色鲜明而在中国传统文化中独树一帜,而且能突破区域局限,引领各领域的文化潮流。第四,徽州文化是世俗生活的文化。徽州文化中无论是精神层面的文化,还是物质层面的文化和制度层面的文化,都与世俗生活息息相关。第五,徽州文化是体系完备的文化。在中国传统社会后期,随着传统文化的地域化发展,各具特色的区域文化纷纷出现,形成繁星满天的情景。这些区域文化,各擅其长,或以哲学思想影响当时及后世,或因文学流派享誉天下,或藉教育和科举形成特色,或由民风民俗传扬四方,但集各种文化现象于一身者,并不多见。徽州文化则因其具有丰富的内涵,成为别具一格的文化体系,形成鲜明的区域特色。这些文化现象,涉及徽州经济、社会、教育、文学、艺术、工艺、建筑、医学等学科,涉及中国传统文化的各个方面,也全面反映了中国传统社会后期经济、社会、生活及文学艺术等基本内容。无论是物质层面的文化、制度层面的文化,还是精神层面的文化,中国传统文化的特质在徽文化中均有典型体现。因此,徽州文化具有独特的研究价值,也成为徽学之所以形成的"地利"因素之一。

三是丰富的徽州历史文献和大量的文化遗存,尤其是20世纪80年代以来近百万件徽州文书的重新发现,为徽学的形成提供了坚实的资料支撑。徽学是以历史学为基础的综合性学科,史料是支撑学科成立的重要因素。历史上徽州向来以"文献之邦"著称,《新安歙北许氏东支世谱》说,江南诸郡中"以文献称者吾徽为最"。① 清乾隆年间编纂的《四库全书》,收录徽人著作254种(含存目类);而道光《徽州府志·艺文志》则著录徽人著述宋504种、元288种、明1245种、清(道光以前)1295种,总数达3332种,分经、史、子、集四大类,数十门类。胡益民编著的《徽州文献综录》著录的各类徽州典籍文献逾15000种。② 这些历史文献成为徽学研究的重要史料,并且在20世纪80年代以后包括《四库全书》在内的大型丛书陆续影印出版,为研究者提供了便

---

① 《新安歙北许氏东支世谱》卷五《寿昌许公八秩序》。
② 胡益民编著:《徽州文献综录》,合肥:安徽教育出版社,2014年。

利。徽州还是物质和非物质文化遗产保存较为丰富的地区,祠堂、牌坊、古民居、古村落、传统工艺、民间艺术等数量巨大,类型多样,它们既是徽学研究的重要内容,也是支撑徽学学科的资料类型之一。值得特别强调的是,20世纪80年代以来近百万件徽州文书的重新发现,在徽学形成过程中起到了极其重要的作用。甚至有学者认为,徽州文书具有"启发性、连续性、具体性、真实性和典型性的特点",这些特点"吸引了许多研究者全力以赴地研究它,以致出现了一门以徽州文书研究为中心、综合研究社会实态、探寻中国古代社会后期发展变化规律的新学科——徽学"。① 丰富的历史文献、大量的文化遗存和百万件的徽州文书,成为徽学形成的重要"地利"因素。

从"人和"来看,学术界致力于徽学学科的理论与方法研究,推动了徽学的形成。20世纪80年代以来,众多学者开始自觉为构建徽学学科体系而开展了一系列的讨论,涉及的问题包括徽学的名称、徽学的研究对象和研究范围、历史时段等。张立文、刘和惠、张海鹏、周绍泉、赵华富、黄德宽等学者分别撰文,探讨徽学学科建设的相关问题。安徽大学徽学研究中心在2004年还召开了"徽学的内涵与学科建构研讨会",40余位专家围绕徽学的内涵和学科体系建构等问题展开了深入讨论,会议成果被编成论文集《论徽学》,由安徽大学出版社出版。② 2000年,中国社会科学出版社出版的《徽州学概论》,也是一部探讨徽学理论与方法的著述。③ 这些有意识地构建徽学学科的研究,成为20世纪80年代以后徽学形成的重要因素。

天时、地利、人和,三者共同促成了徽学在20世纪80年代后成为一门与藏学、敦煌学齐名的"显学"。在至今近40年的发展历程中,徽学研究取得了丰硕的成果。数千篇散见于报刊的徽学相关领域研究的论文,为我们展示了徽文化的博大精深和研究者的深度思考;数百部徽学专著,为我们解读和剖析了徽文化中诸种文化现象的前因后果,以及这些文化现象在中国历史和中国文化史上的地位与作用;数十种大型徽州文书与民间文献丛刊的影印出

---

① 周绍泉:《徽州文书与徽学》,载《历史研究》,2000年第1期。
② 朱万曙主编:《论徽学》,合肥:安徽大学出版社,2004年。
③ 姚邦藻主编:《徽州学概论》,北京:中国社会科学出版社,2000年。

版,为我们提供了徽学研究的重要珍稀资料。徽学成为一门"显学",正是立足于近40年徽学研究的成果之上。

为推动徽学研究的深入开展,集中展示最新的徽学研究成果,从2014年开始,安徽大学徽学研究中心与安徽大学出版社联手打造了《徽学文库》项目。该项目受到了国家出版基金的立项资助,第一辑共9种于2017年全部推出。《徽学文库(第一辑)》出版后,在学界产生了较大的影响。随后,我们策划了《徽学文库(第二辑)》出版项目,并再次得到国家出版基金的立项资助。《徽学文库(第二辑)》共收录徽学研究原创性著作10部,其中部分著作是省部级以上重点项目的结项成果,前后持续数年打磨而成;部分著作是学界新锐的博士学位论文,在导师指导下积数年之功形成的学术精品。作者分别来自安徽大学、复旦大学、上海财经大学、安徽师范大学、黄山学院和香港浸会大学等高校,均为长期关注徽州、从事中国史和徽学研究的学者。

《徽学文库(第二辑)》呈现了以下特色:

第一,聚焦徽学研究薄弱领域,填补学科发展空白之处。第二辑推出的10部著作,选题大多聚焦于徽学原先研究中相对薄弱的课题。比如,近年来随着徽州文书和民间文献的发现和整理,数量众多的徽州日记得以披露,但学界关于徽州日记的专题研究成果,尚未出现。第二辑中《明清以来徽州日记的整理与研究》一书,是作者20余年来深入村落田野进行调查,收集到大量散落民间的日记后,探幽发微、精心整理而成的著作,既有重要的学术价值,又填补了徽学相关研究领域的空白。徽州长期以来被视为儒学发达之区,有关徽州儒学的研究备受重视,而对徽州宗教的研究则相对薄弱。《徽州佛教历史地理研究》通过对大量徽州文书、佛教史籍、金石文字和考古资料的分析,从不同角度对徽州特定历史与地区的佛教传播、寺院分布、高僧籍贯等进行全面研究,对徽州各地区佛教发展的水平层次及其前后变化进行探讨,揭示了徽州佛教文化与其他文化的关系,以及佛教文化与徽州地理的相互作用。这一研究也是针对现有徽学研究的薄弱之处而进行的探索,具有填补空白的意义。《宋元明清徽州家谱的历史演进》《宋明间徽州社会和祭祀礼仪》等,均为徽学研究中独辟蹊径、创新领域的成果。

第二，重视徽州文书和民间文献等新资料的挖掘、整理与研究，推动徽学研究利用特色资料走向深入。大量徽州文书和民间文献存世，是20世纪80年代以来徽学得以形成的重要"地利"因素。本辑中的多部著作，非常注重利用徽州文书与民间文献开展研究。如《宋元明清徽州家谱的历史演进》立足于徽州地域社会，以时间为序，对宋元明清徽州家谱进行了细致的考察与分析，揭示其内在特质及发展规律。《明清以来徽州日记的整理与研究》分上、下两编。上编为研究编，收录作者研究明清徽州日记的最新成果，内容涉及徽州乡土社会、徽州商人的活动和徽州名人的事迹等。下编为资料编，收录《曹应星日记》《复堂日记》《习登日记》等10部日记，或为稿本，或为抄本，极具学术研究价值。《晚清乡绅家庭的生活实态研究——以胡廷卿账簿为中心的考察》对晚清时期的徽州乡村社会及民众的日常生活图景作了总体性描绘，而其主要资料来源则是胡廷卿账簿前后19年的流水记录。通过对胡廷卿一家日常生活状况的研究，结合族谱资料，分析晚清时期徽州社会民众日常生活中的空间、生计及社会关系等问题。注重对徽州文书与民间文献的挖掘、整理与利用，成为本辑多数著作的共同特色。

第三，致力于以微见著，体现徽学作为区域史研究的典范价值和宏观意义。本辑著作从题目来看，多为关于徽学领域中的具体问题或某一现象的研究，但作者往往以小见大，着眼于相关问题的宏观意义，从而凸显徽学研究在解读中国历史、社会和文化发展中的样本价值。如《多元视角下的徽商与区域社会发展变迁研究——以清代民国的婺源为中心》围绕徽商中婺源商人与区域社会之间的互动、融合、发展与变迁这一核心问题展开讨论，希望揭示的是传统社会中商人群体兴起和形成的原因、商业经营网络及其主要经营行业、商人流动迁徙及其组织形态、同乡组织及其慈善事业、乡村的人口流动与商业移民、商业移民与侨寓地的社会变迁、商人和商业与市镇之间的关系等宏观问题。《历史社会地理视野下的徽商及徽州社会——以清民国时期的绩溪县为中心》较为系统地考察了绩溪本土社会的近代化表现，而作者的立意则是剖析近代商人、商业与地方社会变迁之间的内在联系。《晚清乡绅家庭的生活实态研究——以胡廷卿账簿为中心的考察》虽是关于胡廷卿一家日常生活状况的研究，但作者的目的在于阐释晚清时期国家、社会与个人之间的相互关系。《传统职业变迁与明清徽州人口流动研究》从明清徽州的自然与社会因素出发，较为系统地考察了明清徽州传统职业观的转换与建构，而作者的意图还在于解读"四民"间职业变迁、"四民"间人口流动及其对整个明清社会的作用和影响。本辑10部著作是关于徽州区域史研究的精微力著，但其学术价值和研究意义是远远超出徽州的。

第四，跨学科方法的运用，也是本辑著作的显著特色之一。如《民间历史文献与明清徽州社会研究》首先从文献学的角度对徽州档案文书史料进行了系统的考证和研究，再立足历史学、社会学等视角对徽州民间文书所反映的各种社会关系加以阐发，深入解读并阐释徽州民间文书的形式和内涵，从而探索基层社会诸侧面，以及开展徽州区域社会的研究。《徽州佛教历史地理研究》《多元视角下的徽商与区域社会发展变迁研究——以清代民国的婺源为中心》《历史社会地理视野下的徽商及徽州社会——以清民国时期的绩溪县为中心》等作品，则侧重于采用历史学、历史地理学、宗教学、社会学等多学科方法进行综合研究。《徽州文献探微》在研究中采用了文献学、方志学、谱牒学及史学研究的方法。跨学科的研究方法，有助于多角度、多层面探讨相关问题，从而得到更为可靠的结论。

徽学作为一门新兴的学科，只有近40年的历程，未来要发展为成熟的学科，仍需学界同仁作出持之以恒的努力。我们相信，久久为功，必有大成。这次推出《徽学文库（第二辑）》，是我们为发展繁荣徽学贡献的绵薄之力，期待有助于徽学研究水平的提升和徽学学科的建设。

是为序。

周晓光

2020年5月20日于
安徽大学徽学研究中心

序

开队承担的国家社科基金项目"徽州佛教历史地理研究"已经结题,在出版之际索序于我。作为曾经的导师,我不得不唠叨几句。

历史文化地理是历史地理学中产生较晚的一个分支。其中的宗教信仰地理研究寺院、教派、僧俗等,文学艺术地理研究诗歌、神话、雕绘、服饰、音乐、舞蹈等,教育人才地理研究学校、文人、名人等,语言传媒地理研究语言、文字、书报等,风俗地理等自不用说,其研究都可以落实到一些比较具体的对象身上。历史学出身的学者研究文化地理往往乐此不疲,但很少论及理论问题,没讲清楚为什么文化地理要研究这些内容。在我看来,此所谓"文化"应该指狭义的文化,仅指作为文化主体的主观思想和意识形态及其客观表现形式——文化载体,与广义的考古学"文化"——包括所有人类文明的"文化"是不同的。那么上述寺院、教派、诗歌、神话、雕绘、服饰、学校、名人、语言、文字、书报、风俗等,都不过是人们思想意识的表现形式或媒介,即哲学认识论的术语所说的外在的客体或媒体,用地理学的术语讲就是指可以通过人的感官感觉到的"景观"。显然只有通过这些外在的客体、媒体或景观,我们才能窥见内在的思想意识主体。

近年来,似乎思想、意识、心理、审美和感觉等比较抽象、主观的东西也可直接被当作具有空间过程的对象而被纳入文化地理研究范围。这就令人有些纳闷:怎样才能把它们当作地理景观进行研究,须知地理学只是研究地理景观、人地关系以及其驱动力的:抽象、主观的东西也可以被看作驱动力？地理学出身的学者往往热衷于介绍国外有关文化地理的概念、理论,但除感觉地理有文化意象,可作为研究对象外,却很少能写出有具体研究对象的文化地理著作。我感觉历史学者与地理学者的研究思路、方法可能存在一定的差异。简单地说,似乎就是指历史学者较多注重实证研究,地理学者较多注重理论研究,而两者并未进行有机的衔接。所以主观的思想意识与客观的文化载体如何辩证地反映到历史文化地理研究中去,确实是一个比较重要且需解决的问题。

比如宗教地理,按说宗教思想、教义应该是其核心内容,但这些主观的、抽象的思想、教义存在于宗教人士头脑之中。它必然要通过语言、文字、经籍、艺术、仪轨、服饰、器物、建筑乃至教派等媒体或客体(统称载体)的宣传运作才能表现出来。换言之,宗教地理要形成受众能够感知的"景观",而这些载体形成的景观,正是宗教地理的研究对象。作为人文地理学,离开了这样一些客观的存在而去孤立地研究主观的思想、教义,可能会陷入虚无缥缈的茫然。再好的理论,恐怕也是空中楼阁,无法落到实处。

我虽然有这样一些想法,但却很少研究文化地理,指导的研究生也只有为数不多的几个在做这方面的选题。开队思辨能力较强,善于言谈,当年在四川大学时他的硕士面试就给我留下深刻的印象。后来跟着我在暨南大学读博,我担心开队坐不住冷板凳,于是想发挥他的特长,让他参与我承担的"青藏高原历史地理研究"课题,做宗教地理专题研究。我把我对于文化地理(包括宗教地理)上述简单的看法告诉了他,他便以《康区藏传佛教历史地理研究(公元8世纪—1949年)》为题写了博士论文。虽然这与他的硕士论文没有关联,属于"另起炉灶",且工作量很大,但他仍然出色地完成了课题,答辩获得很好的评价,论文也被纳入我主编的《青藏高原历史地理研究》丛书出版。

对于《徽州佛教历史地理研究》，虽按开队的说法，研究对象只是换了一个"更接地气"的地方（他是安徽人），此类研究对于他来说可谓驾轻就熟。但我感觉到，较之撰写《康区藏传佛教历史地理研究》时，当下他对于历史宗教地理的理解已然更上了一个层次，思想性和研究方法都有质的飞跃。

在研究思路上，开队认为徽州佛教地理研究不能局限于徽州宗族、民间信仰、民间艺术、商人、女性及文化生态等层面，佛教信仰追求的社会阶层差别、佛教的传播载体和传播形态也可以作为佛教因子探讨其时空分布，因此开队颇为注重多样化的佛教物质载体空间过程研究，并指出："文化的载体有很多种，且又有不同形式的时空差异。人作为文化的创造者和接受者，也是文化的核心传播者。佛教文化流传久远，其传播载体丰富多样。作为佛教教义的携带和传播者，僧人自然是佛教文化的传播核心。寺院是僧人修行和举办佛事的重要场所，寺院的存在和建设形制是佛教传播的重要标志，因此寺院也是佛教传播的重要载体之一。僧人和寺院都是佛教传播的重要物质载体，也是最为普通的传播媒介，徽州佛教作为佛教整体的一部分，僧人和寺院也自然是其核心的传播媒介……徽州佛教作为徽州文化实体的一部分，其文化表现形式已不再局限于'佛教三宝'这样传统的样式，而是逐渐地向徽州刻书、版画、壁画等文化载体渗透，出现了佛教文化载体多样化和佛教文化与地方文化融合的现象，佛教文化也由此实现了文化空间层面的扩展。"这一想法很合我意，而且更加有深度，选中的研究主题徽州佛教也具有典型意义。

开队还将宗教纳入人地关系之中去考察，认为佛教被徽州人看作与天地沟通的媒介，社会通过对其投入更多的关注和物质捐助以求获得上苍的眷顾。"也正是这种持续捐助，体现出了徽州社会对佛教祷雨的依赖和佛教在祷雨过程中的重要性，这无疑成为佛教信仰与区域人地关系重要的体现。"

此外，开队还关注宗教的传播体系，认为佛教传播以自我传播和群体传播最为明显，间辅以组织传播和大众传播形式。如在徽州社会中，朝山活动在佛教信仰中地位就非常重要，朝山组织在佛教传播过程中作用非常明显。

"综观历史时期徽州佛教文化的传播实际,其特点在于文化传播过程中,佛教文化与地方文化的有机结合,呈现出文化传播的特殊性与一般性的深度结合。"我觉得以上两点都超越了《康区藏传佛教历史地理研究》的研究深度,是对宗教地理研究的新贡献。

在研究框架上,作者不仅讲求结构完整,全面系统,而且穿插个案,使文章错落有致。如上编全面系统,分唐、宋、明、清几个时段,行文从规模、时空分布、寺院、人物展开,下编选取仰山佛教、黄山佛教及传播形态、祷雨活动等个案进行详细分析。

在研究方法上,尽可能用数字说话,希望以此提高论点的科学性。图表数据的统计分析比较精细到位,定量分析有较强的说服力,这就不同于以往描述性的宗教文化史研究。比如道光年间徽州佛寺时空分布的四大特征,就是在数据分析基础上总结出来的。得此方法之助,作者还发现明代外地僧籍占全部徽州僧籍的多数,且在空间上呈现出广泛分布的状态;本地籍僧以歙县籍僧为主体且主要集中在黄山一地,因此本地籍僧在空间上呈现出点状集中分布的态势。凡此种种,不胜枚举。

想要获得这些成果,自然是要多坐一些冷板凳,对浩繁的史料进行整理统计、比对分析,可见从这部书开队是下了许多功夫,而非巧劲。

看了开队的书稿,我不敢说后浪推前浪之类的话,因为在历史文化地理研究领域,我连"前浪"都不是。但有一点必须指出,此子只要坐得住板凳,假以时日,相信可以取得更大成绩!

不过,如果开队能在理论上更清晰地阐明地理学者关于文化地理的理念与历史学者实证研究之间的关系,在实践上多使用一点其哈佛大学导师宋怡明(Michael A. Szonyi)教授的历史人类学田野工作方法,譬如族谱、文书、碑刻等民间文献的系统挖掘与运用、佛教与徽州社会关系的综合考察等,"知行合一",也许能成"大器"。正如他所认识到的,对于历史时期佛教在徽州的发展及其延伸而言,如何在适应徽州历史环境并完成自身的"徽州化"的同时,进而完成佛教的"中国化",以及其如何适应不同地域的历史环境,有效参与不同地域的"地域化"的过程和整体的中国历史演进等问题,尚值得对其进行研究。

是为序。

中国地理学会历史地理专业委员会副主任
广东省历史地理研究会会长
暨南大学历史系暨历史地理研究中心教授
郭声波
2020年3月18日于暨南大学暨南花园

目 录
MULU

绪　论 ……………………………………………………………… 1

上　编

第一章　唐代和宋代徽州佛教的空间展开 ……………………… 24

　　第一节　宋代以前徽州佛教的发展概况 ……………………… 25

　　第二节　隋唐两宋徽州新建佛教寺院的空间分布 …………… 31

第二章　明代徽州佛教寺院的时空分布 ………………………… 41

　　第一节　明代徽州佛教发展概况 ……………………………… 42

　　第二节　明代徽州地区新修建寺院的时空分布 ……………… 53

　　第三节　明代徽州时存寺院的空间分布 ……………………… 72

　　第四节　明代徽州时存的主要寺院 …………………………… 82

第三章　明代徽州地区佛教僧人的时空分布 …………………… 88

　　第一节　明代徽州地区僧人的籍贯分布 ……………………… 89

第二节　明代徽州地区僧人的驻锡地分布 ……………………… 97

第三节　明代徽州的主要驻锡僧人 ……………………………… 106

第四章　清代徽州佛教寺院的时空分布　114

第一节　清代的佛教政策及徽州佛教发展之概况 ……………… 114

第二节　康熙、道光年间徽州新建、重建寺院的空间分布 …… 118

第三节　康熙、道光年间徽州时存寺院的空间分布 …………… 130

第四节　清代徽州佛教寺院时空分布格局的成因 ……………… 137

下　编

第五章　明代仰山佛教地理研究　146

第一节　徽州仰山之历史及《仰山乘》辨实 …………………… 147

第二节　仰山高僧及信众的地理分布 …………………………… 153

第三节　《仰山乘》所见诗文及其作者时空分布 ……………… 162

第四节　仰山佛教兴盛与式微之成因 …………………………… 169

第六章　明清时期黄山佛教地理研究　176

第一节　历史时期黄山宗教发展概况 …………………………… 176

第二节　明清时期黄山寺院的时空分布 ………………………… 187

第三节　明清时期黄山僧人的时空分布 ………………………… 212

第四节　从文人诗赋看明清时期黄山佛教文化的社会影响力 …… 230

第七章　历史时期徽州佛教的传播　250

第一节　历史时期徽州佛教的传播形态 ………………………… 250

第二节　历史时期徽州佛教的传播载体 ………………………… 259

第三节　历史时期徽州佛教的传播体系 ………………………… 265

第八章 从祷雨看明清时期徽州佛教与地理环境的关系 ………… 274

  第一节 明清时期徽州佛教的生存环境 ………………… 275

  第二节 明清时期徽州佛教祷雨功用的现实背景 ……… 284

  第三节 明清时期徽州佛教的祷雨活动 ………………… 288

余 论 …………………………………………………………… 301

附 表 …………………………………………………………… 318

参考文献 ………………………………………………………… 453

后 记 …………………………………………………………… 466

绪 论

一、徽州佛教历史地理研究的缘起和意义

徽州处万山之中,山水优美、文化斐然,独特的自然条件和人文条件造就了灿烂辉煌、传承悠久的徽州文化。明清时期臻于鼎盛的徽州文化,自南宋伊始便悄然崛起,其内容涉及徽州社会、文化生活的诸多方面。徽州文化在徽州特殊环境的影响下,成为明清社会文化发展的一个标志性缩影。这也在客观上决定了它在中国社会、文化发展史上具有独特的价值及学术意义。[①]徽州佛教作为徽州文化的重要组成部分,其存在和发展与徽州社会息息相关,对其进行系统的梳理和探讨无疑是考察传统徽州社会一个重要的途径。

然而由于受理学的影响,古徽州士人似乎对佛教在徽州社会中的影响力认识不足。譬如,许承尧在《歙事闲谭》中曾提及"徽俗不尚佛、老之教,僧人道士,唯用之以事斋醮耳,无敬信崇奉之者"。[②]但是这种看法其实与明清时期徽州寺院数量多的实际情况不相符。佛教于两晋时期传入徽州,历经唐宋之发展,至明清时已蔚为大观。从历代徽州方志所载寺院情况来看,南宋淳

[①] 刘伯山:《徽州文化的基本概念及历史地位》,载《安徽大学学报(哲学社会科学版)》,2002年第6期,第28~33页。

[②] 许承尧:《歙事闲谭》,合肥:黄山书社,2001年,第607页。

熙《新安志》载僧寺40余所,至明弘治《徽州府志》增至260余所,而清道光《徽州府志》则增至430余所,足见佛教在徽州的发展情况。而清人陈廷熙亦言:"自后梁以来,其间人事之变迁,村落之灭没,何以胜纪?而独兹古刹千有余年,犹能后先相继而存之,且加宏壮焉。岂释氏之教果高于儒耶?"①这说明部分古徽州士人对佛教在徽州社会长期存在的情况是有一定理性认识的。

历史地理学以历史时期地理现象及其演变规律为主要研究内容,区域研究是其研究核心之一。鉴于佛教与徽州传统社会的密切关系,以历史地理学为研究视角,系统考察徽州传统社会的佛教无疑有助于我们系统地把握徽州社会的历史进程及其地域演变脉络。

就学术价值而言,作为中国传统社会中后期重要的区域社会之一,徽州地域社会的形成是长期以来各种自然要素与人文要素综合作用的结果,佛教在这一过程中扮演着重要的角色。以历史地理学为研究视角,对徽州的佛教进行系统考察,揭示其传入、传播过程,探讨不同历史时期佛教在徽州地域中演变的脉络及其与徽州地域演进的关系,有助于我们更加客观、全面地把握徽州传统社会的历史进程及其地域演变脉络,拓展我们对徽州历史文化发展的认识,从而弥补目前徽学、历史地理学及相关学科在这一研究领域的不足。

就现实价值而言,历史文化传承、保护的基础在于对其进行客观、全面的认识。徽州文化生态保护实验区是我国第二个国家级文化生态保护实验区(现已升格为徽州文化生态保护区),该保护区在徽文化产生、发展和传承的区域内,对其所承载的文化表现形式开展以文化遗产保护为主的整体性保护工作。若要全面、整体地保护与传承徽文化,同样需要对包括历史时期徽州佛教文化在内的诸多徽文化形态进行系统研究,对历史时期徽州佛教文化的空间演变进行系统研究,并揭示其地域演变规律。

---

① (清)陈廷熙:《清道光十四年重建觉乘寺碑》,原碑现存绩溪县蜀马村蜀马小学。

二、研究现状

本书研究内容、方法和理论主要涉及佛教地理研究和徽州佛教探讨两个方面。而佛教地理研究涉及的理论和方法主要体现在佛教史、专门性佛教地理和历史文化地理学三个领域的研究之中,因此兹就佛教地理研究主要现状和徽州佛教研究概况两个方面对本书相关研究内容进行简要梳理。

(一)佛教地理研究的主要现状

佛教史中关于佛教地理方面之研究。虽然从研究的内容、理论和方法来看,佛教史中所包含的佛教地理探讨著作不能被视为完全意义上的佛教地理研究著作,但这些著作的部分内容涉及佛教地理学研究的理论与方法,在一定程度上对本书的探讨有借鉴意义。在民国佛教史研究中,梁启超的研究无疑是典范之一。梁启超在其《佛教与西域》《中国印度之交通》两篇文章中,大致描述了佛教传入中国的路线及其流布地域,[①]其研究方法为后来的学者提供了借鉴。汤用彤在《汉魏两晋南北朝佛教史》中,对汉代佛教的地理分布作了精辟论述,对南北朝时期佛教的传播线路也有一定的探讨。这些研究都可归属于宗教地理研究的范畴。[②] 陈垣在其《明季滇黔佛教考》一书中,对滇黔地区佛教的传播与寺院空间分布情况也略有论及。[③]

中华人民共和国成立以后,佛教史研究方面又取得了一系列新的成果。郭朋在其《汉魏两晋南北朝佛教》中,将佛教要素放在一定的人文环境中加以分析,这与历史地理学的部分理论本质相似。[④] 任继愈的《中国佛教史》也论及佛教的传播及其空间分布等与佛教地理学相关的问题。[⑤] 赖永海的《中国佛教通史》对中国佛教发展的整体状况作出宏观论述,探讨了影响佛教发展的经济、政治和文化等因素,并系统地梳理了佛教发展和传播世系及佛学思

---

① 梁启超:《佛学研究十八篇》,北京:中华书局,1989年。
② 汤用彤:《汉魏两晋南北朝佛教史》,北京:中华书局,1955年。
③ 陈垣:《明季滇黔佛教考》,北京:中华书局,1962年。
④ 郭朋:《汉魏两晋南北朝佛教》,济南:齐鲁书社,1986年。
⑤ 任继愈:《中国佛教史》,北京:中国社会科学出版社,1985年。

想,为佛教地理研究提供了佛教发展史方面的参考。① 另外,陈文英、黄海涛和严耀中等一批学者对佛教地理研究均有涉及。② 这些研究方法和成果对佛教地理研究都有资料上的支持作用和理论上的启示作用。

在专门的佛教地理研究方面。在佛教地理的专门性研究层面上,较早有成果问世的人是严耕望。他在专著《魏晋南北朝佛教地理稿》中对魏晋南北朝时期佛教东传状况、早期流布范围,高僧弘法驻锡、游锡空间及佛教城市与佛教山林的产生等问题进行了系统的研究,对当时南北方佛教教风进行了深入探讨,并以地图形式直观地展示了魏晋南北朝时期佛教相关要素空间变化方面的特征。③ 从总体上看,该书是一部对于佛教研究颇有新见和价值的著作。辛德勇在《唐高僧籍贯及驻锡地分布》和《长安城寺院的分布与隋唐时期的佛教》两篇论文中对佛教地理进行深入研究,并提出了自己独到的见解。④ 前者主要在严耕望有关唐代高僧驻锡地研究的基础上,进一步探讨唐朝高僧籍贯分布的特点,并以此说明唐代佛教的发展状况;后者主要介绍长安城中寺院的空间分布状况,并借此管窥唐代佛教的发展态势。张弓主要讨论了唐代佛寺群系发展的背景及其特点。在《唐代佛寺群系的形成及其布局特点》一文中,他着重指出佛寺群系的发展经历了东汉和三国时期的星式散置、魏晋南北朝时期的线性辐射到隋唐时期的网式普兴的过程。⑤ 张弓以唐代方志为文献依据,以疏密程度为标准将佛寺分布区域划分为至密区、次密区、间密区、次疏区和最疏区,这是张弓对唐代佛寺群系地理分布问题的精辟论述。

---

① 赖永海:《中国佛教通史》,南京:江苏人民出版社,2010年。
② 详见陈文英:《中国古代汉传佛教传播史论》,天津:天津古籍出版社,2007年;黄海涛:《明清佛教发展新趋势》,昆明:云南大学出版社,2008年;严耀中:《中国东南佛教史》,上海:上海人民出版社,2005年。
③ 严耕望:《魏晋南北朝佛教地理稿》,上海:上海古籍出版社,2007年。
④ 辛德勇:《唐高僧籍贯及驻锡地分布》,见史念海:《唐史论丛》(第4辑),西安:三秦出版社,1988年;辛德勇:《长安城寺院的分布与隋唐时期的佛教》,载《文史知识》,1992年第6期,第95~96页。
⑤ 张弓:《唐代佛寺群系的形成及其布局特点》,载《文物》,1993年第10期,第40~45页。

李映辉在《唐代佛教地理研究》中采用历史学和统计学的方法,对唐代的寺院、高僧和碑刻等佛教要素进行时空分布特征方面的研究,分析了唐代佛教的地域差异,深入论述了交通、政治和经济等因素对佛教发展产生的深刻影响,对佛教地理学的发展作出了重要的贡献。[1] 介永强在《西北佛教历史地理文化研究》中,分析了在不同时期内佛教寺院在西北地区的分布状况、西北地区各地的佛教石窟造像的不同特色、佛教学术及其流派在西北地区的发展状况、佛教文化重心及其转移变迁等内容,揭示了历史时期佛教文化各要素在西北地区空间的组合与分异的实质,探讨了西北佛教文化区域分布产生的历史渊源。[2] 笔者的《青藏高原历史地理研究:康区藏传佛教历史地理研究》一书,以大量一手资料为基础,对成熟期、定型期康区藏传佛教寺院的空间分布进行了较为全面的论述,是目前问世的第一部有关康区藏传佛教地理研究的专著。《青藏高原历史地理研究:康区藏传佛教历史地理研究》不但对不同历史时期断面上的康区藏传佛教寺院空间分布作最大限度的复原,还绘制出这一时期寺院的空间分布图。这无疑对康区藏传佛教的研究具有重大意义,学界认为该项研究填补学术界这一地域藏传佛教地理研究的空白。[3] 郑涛在对唐宋时期四川佛教地理的研究中,以四川这一相对独立的地理单元为研究区域,以唐宋时期为时间断限,着重分析唐宋时期四川地区佛教各因素的发展态势,并分析了在宋代佛教整体式微的情况下,四川佛教独显的人文因素和自然因素。[4]

通过对学者们的佛教地理专著进行回顾,我们不难发现佛教地理主要是以佛教寺院、僧人籍贯及其驻锡地、佛教艺文和佛教碑刻等佛教文化因子的空间分布为主要研究对象的。为使研究结论更为准确,统计学研究方法在佛教诸要素(高僧、寺院分布等)量化分析中应发挥不容忽视的作用。对某时某

---

[1] 李映辉:《唐代佛教地理研究》,长沙:湖南大学出版社,2004年。
[2] 介永强:《西北佛教历史文化地理研究》,北京:人民出版社,2008年。
[3] 王开队:《青藏高原历史地理研究:康区藏传佛教历史地理研究》,成都:四川大学出版社,2011年。
[4] 郑涛:《唐宋四川佛教地理研究》,西南大学博士论文,2013年4月。

地佛教诸要素的地理分布状况进行全面系统的探究,以探求该地佛教发展、变迁的原因和规律也自然成为佛教地理研究的核心问题。① 此外,景天星多年来对五台山等佛教名山的地理学研究也值得我们关注。② 以上著作无论是对同一区域不同历史时期的佛教地理进行的研究,还是对同一时期不同区域的佛教地理进行的研究,都为本课题对徽州佛教地理各要素的探讨提供了理论和方法上的借鉴。

在历史文化地理学视角下的佛教地理研究方面。历史宗教地理是历史文化地理学的重要分支之一,在历史文化地理学的研究成果中不乏涉及宗教地理学问题的研究成果。卢云的《汉晋文化地理》被谭其骧先生称为国内第一部历史文化地理学专著。卢云着重探讨了滨海宗教文化区的起源与发展,并对以滨海为核心的宗教文化在全国范围内的流布形态进行了讨论,阐明滨海宗教的发展和传播得益于该地区特殊的地理环境、民间信仰和学术氛围,也揭示出滨海自然环境及儒学氛围对宗教文化的形成及传播有着独特的影响。该书把对宗教文化等因素的研究置于文化地理学视角之下,填补了学术界研究方法上的空白。③ 张步天在《中国历史文化地理》中强调,应按宗教自身发展规律对宗教进行历史分期,进而探讨其时空分布状况。张步天认为佛教在东汉初传入中国,在魏晋时期出现传译之风并显现出地区差异,在隋唐时兴盛而在明清时逐渐走向衰落。同时,还对嵩山、九华山等佛教名山的寺院作不同时期的空间分布复原,以期对名山佛教有更深刻的认识。④ 周振鹤先生的《中国历史文化区域研究》是历史文化地理研究的典范之作,该书对中国历史时期的地域文化差异及其形成背景、原因和过程进行了综合性的研

---

① 杨发鹏:《近二十年来国内佛教历史地理研究综述》,载《重庆文理学院学报(社会科学版)》,2009年第5期,第107~122页。
② 参见景天星《五台山佛教文化的地理学透视》[《西华师范大学学报(哲学社会科学版)》2015年第4期]、《近百年的中国佛教地理研究》(《宗教学研究》2017年第2期)、《汉传佛教四大菩萨及其应化道场演变考述》(《世界宗教研究》2019年第4期)等。
③ 卢云:《汉晋文化地理》,西安:陕西人民教育出版社,1991年。
④ 张步天:《中国历史文化地理》,长沙:湖南教育出版社,1993年。

究。周振鹤先生对语言、宗教、风俗和人物等文化要素作出区域性划分,运用现代文化地理学理论与传统的历史考证相结合的方法,在复原文化地理现象、确认文化重心所在地和解析区域文化地理差异等方面作了有益的探索。该书还以秦汉时期宗教的形态及其变迁为例证,分析和探究这一时期宗教文化区的面貌,得出宗教与自然环境之间相互影响的结论。① 在有关区域性历史文化地理研究的一系列著作中,司徒尚纪的《岭南历史人文地理:广府、客家、福佬民系比较研究》对岭南地区佛教的发展、变迁及以寺院为主的佛教文化景观进行了时空断面下的深层次论述。② 蓝勇的《西南历史文化地理》对历史时期佛教在西南地区的产生、发展进行了探讨,并运用对比的研究方法探讨同一时空断面下不同宗教文化因素的表现形式,着重分析了佛教在西南地区的空间布局状况和佛教文化在该地区特有的地理人文因素影响下产生的特征和表现。③ 张伟然的《湖南历史文化地理研究》和《湖北历史文化地理研究》则依据不同的时间断面,分别对两湖地区佛教的发展和变迁进行了深入的探讨,④主要研究了佛教的区域传播路线、地区分布状况、寺院分布和高僧籍贯分布等因素。两部著作具有内在联系性,是作者佛教地理研究思想完整的体现。张晓虹的《文化区域的分异和整合:陕西历史地理文化研究》以陕西省为区域界定,以学术、方言、戏曲、宗教、婚丧习俗及民间信仰等为研究内容,以区域与层次为主要研究线索,以文化整合为问题的研究理念,对陕西文化地理的层次建构及其成因作了精辟论述。⑤

以上著作均不同程度地将佛教地理研究置于文化地理研究的视角之下,

---

① 周振鹤:《中国历史文化区域研究》,上海:复旦大学出版社,1997年。
② 司徒尚纪:《岭南历史人文地理:广府、客家、福佬民系比较研究》,广州:中山大学出版社,2001年。
③ 蓝勇:《西南历史文化地理》,重庆:西南师范大学出版社,1997年。
④ 张伟然:《湖南历史文化地理研究》,上海:复旦大学出版社,1995年;《湖北历史文化地理研究》,武汉:湖北教育出版社,2000年。
⑤ 张晓虹:《文化区域的分异和整合:陕西历史地理文化研究》,上海:上海书店出版社,2004年。

从文化区、文化传播等方面对佛教文化进行地理分析。古代徽州文化的形成有其特定的历史和地理条件,研究徽州地区的佛教地理,当然要将其置于徽州独特的地理和人文环境之中,以分析徽州佛教文化与其他文化之间的关系及佛教文化与徽州地理之间的相互作用,只有这样才能彰显出徽州佛教地理研究的特殊意义。

(二)徽州佛教研究概况

目前学界具有完全意义的关于徽州地区佛教发展史和佛教地理研究的著作尚不多见,有关该地区佛教发展、传播和分布等状况的研究成果主要散见于一些学术论文中。而这些研究成果对于徽州佛教的阐释又主要集中在佛教与徽州宗族、商人、女性、民间艺术、民间信仰及文化生态等方面的关系探讨层面上。

1.佛教与徽州宗族

佛教与徽州宗族关系的研究,常常以儒佛关系探讨为背景。日本学者川胜守从宏观角度审视了徽州佛教与宗族文化之间的关系。他认为明初寺院归并令所确立的佛教地方据点,没有促使佛教进一步发展,反而使佛教发展受到了宗族文化的严格限制。在了解明清时期宗族制度与宗教文化关系的这个问题上,拥有典型特色的徽州地区是个很好的例证。[1] 阿风以罗显辑成的案卷《杨干院归结始末》为中心,着重探讨了明代中期徽州佛教的发展情况与宗族发展的新趋势,得出了明代中期佛寺与僧人在徽州地方社会仍有很大势力的结论,并指出徽州宗族与徽州佛教有相生共存的关系。但这种关系到了明代中期以后,由于双方之间产生冲突而出现了新的变化。[2] 其又在《明代徽州宗族墓地与祠庙诉讼探析》一文中,利用茗洲、呈坎、柳山及珰溪等地徽州宗族的墓地、祠庙诉讼纷争为个案,讨论了明代徽州宗族纠纷的主要内

---

[1] (日)川胜守:《明清时代徽州地方的宗族社会与宗教文化》,见周绍泉、赵华富主编:《'98年国际徽学讨论会论文集》,合肥:安徽大学出版社,2000年。

[2] 阿风:《从〈杨干院归结始末〉看明代徽州佛教与宗族之关系——明清徽州地方社会僧俗关系考察之一》,载《徽学》,2000年1期,第116~126页。

容与特点,并强调了这些诉讼产生的原因及徽州社会祭祀观念的改变。①

有明一代,政府采用了以伦理观念来控制庶民的政策,使民间的宗族组织动态同朝廷的礼制改革形成内在关联。日本学者臼井佐知子以徽州文书中的宗教资料为依据,探讨上述政策在民间渗透所带来的影响,特别强调了该政策导致的民间宗族和个人对僧侣及寺院态度产生的巨大变化。② 康健以祁门善和程氏承海派为研究对象,得出族人出家为僧是善和程氏渐趋衰落的因素之一的结论。他认为,善和程氏承海派将出家族人之名记入族谱,在客观上承认了族人出家这一举动。由此不难看出,徽州宗族的发展并非总处于持续强化的态势,而是存在渐趋松弛的一面,徽州宗族的家族规范与实际运作之间存在着巨大矛盾。在这一问题上,善和程氏承海派宗族是一个典型例证,能为我们更加深入地认识徽州宗族与佛教之间的关系提供佐证。③ 翟屯建则认为,宋元时期,徽州佛教虽具一定规模,但由于受宗族制度的影响,人们开始摒弃佛教和道教。佛、道二教为了能够在徽州生存下去,开始向世俗化转变,在徽州形成以儒家思想为主,佛、道依附儒家而存在的局面。宗教生存环境的改变,使很多寺观依附于宗族,成为宗族的附庸。在世俗化过程中,宗教被纳入"礼教"的规范中。④ 陶明选的《明清以来徽州宗族对宗教的态度》从徽州宗教的地位及宗族宗教信仰态度两方面,分析得出徽州宗族对现实中的僧、道约束严格,同时宗族日常事务对僧、道有所依赖的结论。宗族对宗教神灵信仰所持有的双重态度致使宗教神灵信仰在徽州成为较为普遍的存在,尤其在以妇女为核心的下层信众中,宗教信仰者甚多。⑤

---

① 阿风:《明代徽州宗族墓地与祠庙诉讼探析》,载《明代研究》,2011年第17期。
② (日)臼井佐知子:《明清时代之宗族与宗教》,载《上海师范大学学报(哲学社会科学版)》,2004年第1期,第97～103页。
③ 康健:《祁门善和程氏承海派考论》,载《安徽师范大学学报(人文社会科学版)》,2013年第5期,第559～564页。
④ 翟屯建:《宋元时期徽州宗教发展的世俗化倾向》,载《徽州社会科学》,2014年第7期,第40～44页。
⑤ 陶明选:《明清以来徽州宗族对宗教的态度》,载《兰台世界》,2014年10月下旬,第15～16页。

2. 佛教与徽商

目前学界对于徽商佛教信仰问题的研究尚不多见,关注此类问题的研究较早的是张海鹏、王廷元及唐力行等几位学者。在张海鹏、王廷元主编的徽商史料集《明清徽商资料选编》中,零散收录一部分徽商信仰佛教的原始材料,但没有形成明确的学术性结论。后来,张崇旺在其论文《谈谈徽州商人的宗教信仰》中指出,徽商在承继商人信仰和民间信仰的基础上形成了自己的信仰系统,其信仰内容涵盖天地鬼神、木怪精灵等,该是探讨徽商信仰的一种尝试。① 王振忠通过对《复初集》中若干内容进行剖析,在其专著《徽州社会文化史探微:新发现的16—20世纪民间档案文书研究》中论证了徽州与佛教发展的关系问题。王振忠认为明代中后期徽州宗教事业繁荣得益于徽商的崛起和商品经济的发展,得出了徽州佛教繁荣与徽州商业兴盛所提供的资助有关的结论。② 李珍通过对儒、释、道在徽州的发展情状及"三教"对徽商的影响的分析,从经营动机、手段和资本三个方面来探讨徽商的文化理念如何对徽商产生积极或消极影响。③ 康健以善和程氏的程神保为典型案例,对徽商走向衰落的原因提出自己的看法。他认为,以往关于徽商资本出路的讨论多认为徽商走的是"以末致富,以本守之"的循环之路,进而将投资土地和非生产性消费看作徽商衰落的原因,却忽视了投资宗教信仰对徽商资本经营的影响,从而得出了徽商对佛教信仰投资也是其走向衰落的因素之一的结论。④ 程敦辉则通过对徽商的宗教信仰、宗教对徽州商人的影响及徽商的财力对宗教传播发展的作用等方面进行探讨,肯定了徽商资本对寺庙宫观建设及佛事活动开展的作用,并承认徽商资本在徽州宗教传播过程中的经济基础作用。同时,在肯定徽商利用佛事活动致富的情况下,从宗教学的角度对其

---

① 张崇旺:《谈谈徽州商人的宗教信仰》,载《安徽史学》,1992年第3期,第7~10页。
② 王振忠:《徽州社会文化史探微:新发现的16—20世纪民间档案文书研究》,上海:上海社会科学院出版社,2002年,第20~92页。
③ 李珍:《论儒释道对徽商的影响》,载《东南文化》,2009年第4期,第72~78页。
④ 康健:《明代徽商程神保家世考论》,见中国社会科学院历史研究所明史研究室:《明史研究论丛(第11辑)》,北京:故宫出版社,2013年,第153~163页。

进行分析,得出了徽商有信仰,但没有真正的宗教信仰、神灵信仰不纯正且功利性极强的结论。①

3. 佛教信仰与徽州女性

随着社会史和妇女史研究的发展,越来越多的学者对妇女信仰问题给予关注。台湾省学者陈玉女即为女性佛教信仰问题研究的代表。她认为尼姑是徽州女性进行宗教生活的重要媒介,可能因同为女性之故,徽州妇女更愿意将难言之事告诉尼姑之流,以求获得问题之解决和内心的宽慰,进而通过佛教信仰获得生存空间的扩大。② 简瑞瑶从探寻心灵世界的角度出发,认为女性对宗教的需求心理要比男性多出许多,所以在理学兴盛的徽州地区,妇女必然是佛教信仰的主体力量。③ 王传满考察了女性心理世界与佛教教义之间的关系,认为明清徽州社会对佛教、道教总体上是比较排斥的,但佛教教义对妇女群体仍具有一定的吸引力。徽州妇女群体通过在家吃斋、诵经、奉佛及出家为尼等方式来抚慰内心的孤苦和创伤。④ 程敦辉也从女性心理世界和佛教信仰方式的角度对徽州女性的佛教信仰提出自己的看法。据其考察,徽州妇女信仰的外神宗教主要是佛教,特别是观音大士,深受徽州妇女的崇奉。程敦辉还讨论徽州女性佛教信仰的动机和形式,同时也指出徽州妇女宗教信仰不诚实的一面。她们只是借此求得心理诉求和心理慰藉而已。⑤ 刘平平在其学位论文中对明清徽州妇女的日常生活空间进行探讨,把徽州妇女的日常生活空间分为家庭生活空间、经济活动空间、交往休闲空间与信仰祭祀空间四个方面,着重描述徽州妇女的信仰祭祀空间。刘平平指出明清时期徽州妇女拥有寺院道观的外神信仰空间和家族祠堂的内神信仰空间。同

---

① 程敦辉:《徽州商人的宗教信仰》,载《徽州社会科学》,2015年第6期,第50～52页。
② 陈玉女:《明代的佛教与社会》,北京:北京大学出版社,2011年,第357～358页。
③ 简瑞瑶:《明代妇女佛教信仰与社会规范》,"国立"成功大学硕士论文,1993年6月,第5页。
④ 王传满:《明清徽州节烈妇女的宗教信仰》,载《中国石油大学学报(社会科学版)》,2010年第1期,第61～65页。
⑤ 程敦辉:《徽州妇女的宗教信仰》,载《徽州社会科学》,2015年第5期,第57～58页。

时,徽州妇女感于宗教教义而积极从事的慈善活动是妇女宗教信仰空间在社会层面上的扩展。① 陶明选基于现有研究成果,在广泛搜集文献资料的基础上得出结论,认为妇女阶层对外神的信仰,除寻求心理慰藉与娱乐需求等原因之外,还与其自身因素有关。陶明选认为她们的信仰活动与内容具有更鲜明的实用性与功利性,更具迷信色彩,并强调妇女对外神的信仰往往受宗族的严格限制,这是礼法"关照"下必然的结果。② 钟华君以徽州求子习俗为线索,认为求子是徽州妇女外神信仰的主要内容和目的,并指出徽州妇女因不能参与宗祠活动而多信仰外神,以求得心理慰藉。存在于徽州的观音会、百子会等佛教信仰活动有助于宣泄心理压力,具有心理调节功能。③

4.佛教与徽州艺术

经过长时间的孕育和发展,佛教不断向徽州社会各个角落渗透,徽州地区的各种艺术形式,无论是物质的还是非物质的,都受到了佛教文化的影响。徐小蛮认为,徽派名作《程氏墨苑》显示出佛教文化具有极强的渗透力,也深刻体现了传入中国后的佛教思想在中国版画艺术领域中的再熔铸。④ 蒋志琴以《黄山图经》的版本流变为主线,描述了黄山的开发过程及黄山佛教的发展状况,着重强调了万历时期普门对黄山佛教发展的重要作用及明末清初汪氏家族对黄山开发的大力投入。⑤ 程小武论述了徽州建筑雕作艺术在各个时期的特点和文化内涵,并指出佛教的传入给徽州的传统民间艺术创作带来了新的内容和形式。⑥ 陈雨前、杨莉莎等通过《无梦到徽州》瓷板画品评了安

---

① 刘平平:《明清徽州妇女的日常生活空间研究》,安徽大学硕士论文,2013年5月。
② 陶明选:《明清以来徽州民间信仰研究》,复旦大学博士论文,2007年4月,第52页。
③ 钟华君:《浅析徽州求子习俗》,载《蚌埠学院学报》,2014年第5期,第62~65页。
④ 徐小蛮:《徽派名作〈程氏墨苑〉中的佛教版画》,载《江淮论坛》,1994年第1期,第79~82页。
⑤ 蒋志琴:《〈黄山图经〉对雪庄绘画的影响》,南京师范大学硕士论文,2005年4月,第1~6页。
⑥ 程小武:《论徽州建筑雕作艺术》,载《艺术百家》,2006年第4期,第89~93页。

徽佛教文化的表现,阐释出瓷板画是对佛教文化与徽州文化融合的完美表达。① 王利羽利用相关文献资料、田野调查及既有研究成果,向人们展示了徽州古桥的佛教因缘,填补了徽州古桥宗教意蕴研究的空白。② 罗子婷以政治经济、地理环境与人文背景等为研究切入点,从多学科研究角度出发,认为佛教画家为徽州版画提供了创作题材及宗教意趣。③ 吴莎以徽州民居木雕装饰的形态构成为研究切入点,通过雕刻在家居木器之上的宗教意蕴图案,揭示徽州木雕所体现的民间宗教之功利性。④ 辛雄飞在多次实地考察的基础上,结合当地的区域特征,对徽州木雕门窗装饰纹样艺术的发展过程作了全面的探讨和梳理,指出自元代以后,徽州木雕图画已经不再含有前代那种正宗的宗教画意蕴。⑤ 衣晓龙指出了徽州古村落佛道文化的世俗化和生活化,通过分析徽州民居空间设计、雕饰图像说明儒、释、道三教对居民生活的影响。⑥ 周康正以圣僧庵壁画中的《十八罗汉图》为研究切入点,分析其内容和表现手法,并说明明代佛教文化在徽州地区的信奉与传播情况。⑦ 李琳琪以徽州黟县典型古村落的"商字门"为研究切入点,深入分析其中包含的神话传说题材,进而得出流传于世的神话及相关宗教信仰极大地丰富了徽州"商字门"的装饰题材的结论。⑧ 甄玥高度关注徽州木雕的题材,对其内容进行

---

① 陈雨前、杨莉莎、陈梦:《论瓷板画〈无梦到徽州〉》,载《南京艺术学院学报(美术与设计版)》,2009 年第 6 期,第 198~202 页。
② 王利羽:《徽州古桥的装饰艺术研究》,西安建筑科技大学硕士论文,2009 年 6 月。
③ 罗子婷:《徽州木雕的文化意蕴与文化特征》,西安美术学院硕士论文,2009 年 3 月。
④ 吴莎:《徽州民居木雕装饰的民俗审美属性及价值初探》,复旦大学硕士论文,2010 年 4 月。
⑤ 辛雄飞:《徽州木雕门窗装饰纹样研究》,河北科技大学硕士论文,2012 年 5 月。
⑥ 衣晓龙:《民间建筑的精魂——以明清时期徽州民居中的民间信仰元素为例》,见浙江师范大学浙江省非物质文化遗产研究基地:《非物质文化遗产研究集刊(第 5 辑)》,杭州:浙江工商大学出版社,2012 年,第 230~240 页。
⑦ 周康正:《歙县圣僧庵壁画〈十八罗汉图〉初探》,载《黄山学院学报》,2013 年第 1 期,第 130~132 页。
⑧ 李琳琪:《徽州"商字门"装饰特征及文化内涵研究》,中南林业科技大学硕士论文,2013 年 6 月,第 54~55 页。

了系统的梳理和深入的挖掘,力图寻求徽州木雕图案中所包含的法器底蕴和木雕取材中所渗透的佛教主张万物平等等内涵。① 刘颖以徽州圣僧庵壁画为研究对象,着重分析了当时徽州民间的宗教信仰,为我们深入了解明末时期徽州地区的宗教追求、艺术传承和绘画风格提供了条件。②

郑本目连戏(《劝善记》),其主要情节虽意在描述"目连救母"的佛教故事,然作者身受徽州社会思想的影响和生活现实的浸润,其所创作的戏剧情节高度展现了徽州的风土人情和区域文化色彩。剧中的斋僧斋道、摆祭坛、做道场等场面都是对徽州社会现实生活的表现,带有鲜明的宗教色彩。③ 鲍玲玲认为,祁门郑之珍之所以将民间流传多年的目连戏选为《新编目连救母劝善戏文》的题材,是因为她认为,目连故事是佛教流布中国后渐趋中土化和世俗化的一种完美展现。④ 袁环则深入徽州进行实地考察,以表演戏目连的"马山班"为案例,对其历史、结构和宗教观等作全面的调查。基于目连戏所表现的佛教故事和佛腔所占比重较大的事实,袁环将目连戏的音乐分为民间和宗教两种音乐。此举既"体现出目连戏民间和宗教的两种属性,也展示了其驱鬼和娱人的双重功能"。⑤ 王永桂等认为徽州目连戏作为外来佛教文化和本土伦理文化的结合体,其具有文化娱乐性、文化参与性、文化寓教性和文化认同性四个方面的功能。⑥ 刘博雍通过对祁门县目连戏的考察,肯定了它的地域文化特色,并以其唱腔来说明目连戏融世俗与宗教为一体,由宗教化转向世俗化。⑦ 刘明彬针对徽州傩文化面临的危机,在强调加强傩文化保护、传承与发展的同时,指出徽州处于宗教氛围浓郁的独特地理环境之中,徽

---

① 甄玥:《徽州木雕的文化意蕴》,中国艺术研究院硕士论文,2013年5月。
② 刘颖:《徽州圣僧庵壁画初探》,载《韶关学院学报》,2014年第7期,第124~127页。
③ 陈长文:《目连戏与徽州俗文化》,载《江淮论坛》,1994年第3期,第79~83页。
④ 鲍玲玲:《〈新编目连救母劝善戏文〉研究》,漳州师范学院硕士论文,2011年5月。
⑤ 袁环:《徽州目连戏研究——以宗族戏班"马山班"为例》,载《中国音乐》,2012年第2期,第52~62页。
⑥ 王永桂、赵士德、方兴林:《非物质文化遗产在社区文化建设中的功能分析——以徽州目连戏为例》,载《河北工程大学学报(社会科学版)》,2013年第3期,第41~44页。
⑦ 刘博雍:《祁门目连戏宗教世俗化研究》,上海师范大学硕士论文,2014年5月。

州的千年傩文化之所以在这块土地上得以扎根和发展是因为受到了佛教的滋养的事实。①

5. 佛教与徽州的民间信仰和习俗

佛教自传入徽州后,不断与徽州社会产生互动。在此过程中,徽州社会的许多方面都留存了佛教痕迹,其中徽州民间信仰的佛教烙印尤为明显。王振忠以徽州种痘为研究线索,揭示了徽州社会在种痘、出痘及还愿过程中对痘神的信仰和崇祀的事实,并强调天花娘娘在小孩除痘过程中护产保幼的作用,进而指出痘神信仰对徽州民间岁时习俗的影响。② 陶明选基于前人的研究成果,通过对文献资料的深入分析,对徽州的民间信仰问题作了专题性讨论,反映出徽州民间诸神信仰的多重性与复杂性,并勾勒出徽州民间信仰的基本情状。③ 丁希勤认为明清时期,儒教的保守性导致徽州信仰动力不足,进而致使徽州走向衰落。在明清统治者对佛、道教实行较为严格的管理,并对民间秘密宗教实施严厉打击的同时,徽州社会积极发展地方宗法势力,以加强儒教的影响力,缓解日益严峻的宗教信仰压力。④ 何巧云以徽州祭祖活动为研究个案,同时研究了徽州社会中流布的其他传统乡土信仰内容。她认为徽州乡土佛道观念影响着徽州社会的乡土祭祀形式,祭祖民俗的乡土化也反映了佛教多重渗透的功能。⑤ 王昌宜认为宋代徽州人普遍信奉传统的佛、道诸神,同时也信仰带有强烈地域色彩的地方神和自然神。与此相似的众多民间宗教信仰的出现在一定程度上反映了宋代徽州人的信仰态度和价值取

---

① 刘明彬:《徽州傩文化传承与发展策略》,载《绵阳师范学院学报》,2014 年第 6 期,第 93~97 页。
② 王振忠:《徽州文书所见种痘及相关习俗》,载《民俗研究》,2000 年第 1 期,第 37~58 页。
③ 陶明选:《明清以来徽州民间信仰研究》,复旦大学博士论文,2007 年 4 月。
④ 丁希勤:《明清民间宗教信仰嬗变及社会影响——以徽州为中心的考察》,载《安庆师范学院学报(社会科学版)》,2008 年第 8 期,第 48~51 页。
⑤ 何巧云:《清代徽州祭祖研究》,安徽大学博士论文,2010 年 5 月,第 159~160 页。

向,体现了宋代徽州民间信仰的功用性特点。①

张蓓蓓以徽州地方志、族谱为研究的基本史料和文本,对明清徽州地区丧葬礼俗的发展变化作了系统的梳理,同时参考徽州文书、系列文集和杂文,对明清徽州地区丧葬礼俗呈现的一些具有区域性特色及某些佛道涉足丧葬的僭越逾制做法进行讨论,并分析这些越轨现象产生的原因及其社会影响。②卞利也认为明清以来徽州丧葬仪礼的基本特点之一是儒、佛、道杂糅兼用,不顾宗族和士大夫的反对而毫无顾忌地用佛、道追荐亡灵,这是明清以来徽州举行丧葬仪礼中最为常见的一种违礼行为。③法国学者劳格文在田野考察和搜集地方文献的基础上,细致地剖析了徽州社会丧葬礼俗在宗族建构、经济和民俗等诸多方面的表现形式,以期获得传统徽州村落在丧葬活动中使用佛、道的生活实态。④王振忠利用田野考察所获得的大量民间文献,与口述资料相结合,研究具有鲜明徽州特色的朝山习俗及与之相关的民间信仰活动和日常生活情状。本书作者也期望随着史料的进一步发掘,能够更加深入地了解晚清以来出现的"华云进香"这一社会现象对徽州商业和社会风气的影响。⑤

沈昌明利用徽州方言中表达空间方位、饮食和宗教信仰的词汇来考察方言与民俗之间的关系。他认为徽州所历经的三次大移民,促使儒、佛、道三教深刻影响着徽州先民的信仰,这在今天的徽州方言中仍可见端倪。⑥程敦辉

---

① 王昌宜:《宋代徽州的民间宗教信仰——以〈新安志〉为中心》,载《合肥学院学报(社会科学版)》,2011年第4期,第26~30页。

② 张蓓蓓:《明清徽州地区丧葬研究》,安徽大学硕士论文,2012年5月,第27~29页。

③ 卞利:《明清以来徽州丧葬礼俗初探》,载《社会科学》,2012年第9期,第131~143页。

④ [法]劳格文撰、王振忠译:《传统徽州村落社会的日常生活》,载《民间文化论坛》,2013年第3期,第81~96页。

⑤ 王振忠:《华云进香:民间信仰、朝山习俗与明清以来徽州的日常生活》,载《地方文化研究》,2013年第2期,第38~60页。

⑥ 沈昌明:《徽州方言词与民俗文化》,载《黄山学院学报》,2014年第6期,第61~64页。

从宗教产生的根源、宗族对宗教的态度和社会民间信仰上将徽州宗教分为六种类型,并指出了徽州宗教文化的五个特征。① 据此他又将庙宇分为三类,通过对徽州庙宇的考察来了解徽州民间信仰,并说明了徽州民间信仰的多样性、民俗性和功利性。② 同时他还认为,庙会的出现使徽州寺庙附近区域的经济、文化繁荣起来。虽然很多庙宇已不复存在,但庙会沿袭至今。这对研究明清时期的宗教信仰、民间市场及民俗活动有很高的历史价值。③

程诚通过对南宋洪迈所著《夷坚志》进行分析,对徽州地区的民间信仰进行深层次挖掘。程诚讨论了徽州地区的鬼神、汪王、五通和巫术等民间信仰活动,反映了南宋时期徽州社会民间信仰来源的复杂性和地域性特点,以及佛教融入民间生活与信仰世界等内容,并指明了南宋徽州地区的民间信仰具有鲜明的时代特点与地域特点。④ 陶明选针对明清时期徽州是否"尚佛"这一问题进行深入探讨,以方志、族谱、文人文集和其他相关文书为主要资料依据,对与此相关的问题进行考述,进而指出明清时期徽州地区佛教之所以盛行,不仅是因为徽州宗族对修建寺庙的积极投入,而且是因为徽州民众积极参与寺庙的各种佛事活动。徽州宗族的大力支持、文人的积极参加和普通民众的广泛参与,使徽州的佛教信仰事实并非所谓"间用浮屠"。⑤

6.佛教地理与徽州区域社会

作为中国传统社会中后期典型的区域社会之一,徽州区域社会的形成与演变能够成为徽学研究的重大课题,也是其应有之义。不仅如此,而且由于徽州社会的典型性,加之其文献遗存丰富且具有良好的系统性,因此对其区域社会形成与演变的研究也成为观察中国传统社会中后期历史发展脉络的

---

① 程敦辉:《徽州宗教的种类与文化特征》,载《徽州社会科学》,2014年第9期,第65~67页。
② 程敦辉:《徽州的民间信仰》,载《徽州社会科学》,2015年第4期,第60~62页。
③ 程敦辉:《徽州的庙会习俗》,载《徽州社会科学》,2015年第3期,第54~56页。
④ 程诚:《从〈夷坚志〉看南宋徽州民间信仰》,载《许昌学院学报》,2014年第4期,第79~83页。
⑤ 陶明选:《明清徽州佛教风俗考》,载《法音》,2014年第6期,第47~50页。

重要窗口之一。在这方面,以时空视角对徽州社会的形成和演变进行系统研究无疑具有独特优势与重大价值。近年来,笔者开始关注徽州佛教地理和徽州区域社会的形成与演变研究,先后指导赵元元、柳雪等撰写有关于明代徽州佛教地理及黄山佛教地理的硕士论文。笔者撰写的《谁的空间:明代徽州仰山佛教神圣空间的营造》一文,[1]以历代不为世人所重视的仰山为例,来探讨明代以后仰山成为区域性佛教名山的过程及其与区域社会的关系。该问题也几乎同时引起了曹刚华的注意,其《佛教与晚明士绅社会形成之再观察——以休宁仰山为例》一文也对区域性佛教名山仰山在明代之形成演变与区域社会之间的关系作了考察。[2] 而刘华也从佛教文献学的角度对《仰山乘》进行了研究。[3]

7. 其他方面

卞利通过收录有关佛、道宗教信仰的碑刻证明了徽州并不是一块宗教净土,并通过展现碑刻与明中叶以来徽州僧俗之间经济纠纷增多的事实,进一步说明自宋以来徽州宗教势力相当庞大这一事实。通过对碑文进行分析,尝试对徽州儒学思想与佛教思想孰占主流的问题提出疑问。[4] 陈岩以明代徽州佛教与社会的关系为研究对象,采用宗教学、历史学等学科研究方法,在前人研究成果的基础上,深入探讨了徽州佛教的发展状况及其与徽州社会的互动关系。[5] 潘国好对西干地区宗教生态的发展赋予人文关怀。他对西干地区诸寺所进行的生态状况的研究,既展现了西干地区佛教生态的人文特质,

---

[1] 王开队、宗晓垠:《谁的空间:明代徽州仰山佛教神圣空间的营造》,载《徽学》,2018年第2期,第94~113页。

[2] 曹刚华:《佛教与晚明士绅社会形成之再观察——以休宁仰山为例》,载《史林》,2019年第2期,第61~75+220页。

[3] 刘华:《〈仰山乘〉研究》,中国人民大学硕士论文,2017年。

[4] 卞利:《徽州碑刻的时间和地域分布及其学术价值》,安徽省徽学学会二届二次理事会暨"徽州文化与和谐社会"学术研讨会,合肥:安徽省徽学学会,2007年,第74~84页。

[5] 陈岩:《明代徽州佛教研究》,安徽大学硕士论文,2011年5月。

又体现了古徽州寺庙的文化价值。① 梅立乔在实地调查的基础上,探究徽州文化生态运行中诸要素的应对模式、重要作用及运行规律。她认为佛教在晚清徽州人口流出、经济衰败之际借客民之势在徽州迅速发展,与日渐衰败的宗族争夺生存资源,从而为宗族势力所难容,佛教始终是晚清徽州宗族式微的重要影响因素之一。② 康健认为当前徽学研究中缺乏对徽州人出家为僧尼现象的关注,他在查阅族谱及相关文献的过程中,对徽州人出家现象作针对性探讨。他强调了明清时期出家在徽州已成为较为普遍的现象的事实;而徽州宗族对出家现象所持的不同态度,也表明徽州社会中存在着多种生活方式,从侧面说明了徽州宗族对社会控制存在松懈的一面。③ 翟屯建就宋元徽州宗教发展及其世俗化情况进行探讨,以求对中国宗教世俗化进程的研究有所裨益。④ 程敦辉讲述了宗教对徽州社会各方面产生的影响,认为新安僧人促使新安画派、徽州雕刻和徽州文社繁荣,舒缓徽州文人急功近利之心,也促使徽州民间生活习俗多样化。⑤ 他还在回顾先前学界研究成果的过程中指出,徽州宗教是中国传统儒释道三教信仰合一的一个缩影,经历了盛极转衰的过程;并以黄山佛教和齐云山道教为主线,探索徽州宗教的四个发展阶段,即晋朝以降的初始时期、唐宋以来的初兴时期、明初至鸦片战争前的鼎盛时期和光绪年间至 20 世纪 70 年代的衰微时期。⑥ 程敦辉又在其《徽州寺院丛林与佛事活动》一文中指出,历史上黄山佛教活动频繁,黄山寺院及其周围百姓信众的菩萨信仰分为四个派别,并分别在不同的日子进行不同的佛事活

---

① 潘国好:《从许承尧〈西干志〉辑录看歙县西干佛教生态》,载《淮北师范大学学报(哲学社会科学版)》,2013 年第 6 期,第 93~98 页。

② 梅立乔:《晚清徽州文化生态研究》,苏州大学博士论文,2013 年 11 月,第 108~109 页。

③ 康健:《明清时期徽州出家现象考论》,载《历史档案》,2014 年第 3 期,第 57~61 页。

④ 翟屯建:《宋元时期徽州宗教发展的世俗化倾向》,载《徽州社会科学》,2014 年第 7 期,第 40~44 页。

⑤ 程敦辉:《徽州宗教的历史与现状》,载《徽州社会科学》,2014 年第 8 期,第 58~60 页。

⑥ 程敦辉:《徽州宗教传播发展的几个阶段》,载《徽州社会科学》,2014 年第 10 期,第 62~64 页。

动。此外,《徽州寺院丛林与佛事活动》还探讨徽州寺院丛林制度形成、寺院归属情况及徽州佛事活动的日期、地点及其活动内容。① 程敦辉在《高僧对徽州佛教传播的影响》中对高僧在历史时期的徽州佛教传播中的作用作了大致梳理。② 章毅认为从北宋到南宋以至元代,徽州地域文化的主体经历了从崇拜道巫到信仰佛教再到推崇理学的逐步转变。道巫传统与佛教文化都曾经在徽州社会中深具影响力,这一转变过程体现了徽州精英的成长和选择动态。③

此外,有关历史时期徽州佛教综合性的研究较为薄弱,丁希勤《古代徽州宗教信仰研究》中专门辟有"徽州的佛教"一章,算是目前所见相对系统的徽州佛教研究。丁希勤依据方志、族谱及相关佛教文献对历史时期徽州地区的佛教道场、佛教思想及部分名僧作了一定程度的梳理。④

长久以来,诸多学人从佛教与儒学、徽州民俗、徽州妇女群体和徽州宗族等角度对徽州佛教的发展作较多讨论。由于研究所涉及的内容较多,总体处于分散状态,系统研究明显不足,研究视角有待进一步拓展。同时,对明清时期徽州佛教信仰追求的社会阶层差别、徽州佛教的传播载体和传播形态、徽州佛教因子的时空分布等问题都尚需作进一步的探讨。这些都为从历史地理学的时空视角重新审视历史时期的徽州佛教留下了较大的探讨空间。

三、相关概念的界定及主要研究内容与研究思路

(一)相关概念的界定

空间界定:本书研究的空间为历史时期的徽州,即传统社会时期涵盖一

---

① 程敦辉:《徽州寺院丛林与佛事活动》,载《徽州社会科学》,2015年第7期,第54~57页。
② 程敦辉:《高僧对徽州佛教传播的影响》(上、中、下),分见《徽州社会科学》2016年第5、6、7期。
③ 章毅:《道巫、佛教与理学:宋元时期徽州地域文化的变迁》,载《安徽师范大学学报(人文社会科学版)》,2015年第5期,第631~638页。
④ 参见丁希勤《古代徽州宗教信仰研究》第三章相关内容,芜湖:安徽师范大学出版社,2013年。

府六县(歙县、休宁县、黟县、祁门县、婺源县、绩溪县)的徽州,其境域自唐宋以后直至近代都较为稳定,是相对独立的行政地理单元。

时间界定:本书研究的时段为传统历史时期,即中国历史上最后一个封建王朝——清王朝统治结束之前的历史时期。考虑到历史时期佛教在徽州发展的实际及历史佛教地理学研究对于相关必备条件的基本要求,本书研究的具体时段大致为东晋南朝开始至清王朝统治结束;结合佛教在徽州发展的历史实情及相关资料的基本状况,其中又以唐宋至明清为重点研究时期。

(二)主要研究内容与研究思路

鉴于历史时期徽州佛教发展的实际及徽州佛教遗迹的留存情况,学界对于历史佛教地理研究的通行模式即对于某一区域不同历史时期的寺院、高僧、流派、著作和信众等诸多要素的分类研究与本书研究对象并不完全契合,譬如历史时期徽州地区的佛教石刻、流派、著作和信众等要素要么表现得并不明显,要么就是文献阙如,并不适合对其开展时空分类研究。因此本书拟通过方志、文书、金石和族谱等资料,结合相关田野调研,将研究焦点集中于寺院及部分时期的高僧,依此大致复原历史时期徽州佛教发展的时空脉络,并在此基础上运用历史地理学及相关学科理论与方法,再对历史时期徽州的佛教名山、佛教传播模式及其与徽州社会的人地之间的关系等进行专题探讨。

本书主要内容分为上、下两编,上编从历史地理学的中观维度,以对历史时期徽州佛教相关文化要素的时空复原为主要目的,即依据时间序列,按照寺院、高僧等主要佛教文化因子,依据资料复原出不同历史断面(主要为唐、宋、明、清)徽州佛教发展的时空面貌,进而对其传播扩展的空间特征进行总结,同时对相关原因进行分析。上编内容具体包括:第一章以寺庙和僧人为两条主线,对徽州佛教的发展史作简要的梳理,从而展现徽州佛教发展的动态过程,进而为后文研究寺庙、僧人时空分布奠定基础;第二章则依据方志、家谱和文集等资料对徽州寺院在明代及明代以前的空间分布作新建和重修两个层面的探讨,进而透视徽州寺院时空分布的形成原因和影响因素;第三章在前两章的基础上,对明代及明代以前僧人这一重要的佛教文化因子作空间分布上的分析,从僧人籍贯和驻锡地的时空分布角度来分析徽州僧人的分布集中区及其分布特点形成背后的现实原因,进而从另外一个途径对徽州佛教的空间性进行探讨;第四章则对清代徽州地区的寺院空间分布展开探讨。下编则以专题研究为主,侧重于对某些特殊空间(名山)的佛教发展与历史时期徽州社会环境、地理环境的相关关系进行探讨。下编内容具体包括:第五章对历史时期徽州一座极为重要然而后来却鲜为人知的佛教名山——仰山的历史时期(主要是明代)的佛教地理问题进行相关分析,对依据的主要文献《仰山乘》也有一定的解析,希望借此探讨历史时期佛教在徽州"地域化"的相关问题;第六章则主要依据遗存下来的几部山志,对徽州极为重要的名山——黄山历史时期的佛教地理问题进行探讨,笔者初步尝试使用与黄山佛教相关的某一历史时期的诗文,来分析其历史时期佛教空间影响力等相关问题;第七章主要以明代历史断面为载体,对徽州佛教在徽州社会的传播情况作一个粗略探究,试图从佛教的传播形态、传播载体和传播体系方面对佛教在徽州社会的传播进行分析,进而了解其与徽州社会环境之间的关系;第八章则以祷雨为例,探讨明清时期徽州佛教与地理环境之间的关系,从佛教的生存环境、佛教祷雨的现实背景及佛教祷雨功用三个侧面揭示明清徽州佛教在祷雨活动中的重要性,进而以此探究佛教在明清时期徽州人地互动中的媒介作用。余论则为对全书内容的总结部分。

上编

第一章　唐代和宋代徽州佛教的空间展开

　　南宋以后徽州有"东南邹鲁"之称,程朱理学极为发达,传统的佛教、道教等宗教信仰被理学的忠实信仰者视为异端,因此就有了"徽俗不尚佛、老之教……所谓浮屠老子之宫,绝无有焉"①的论断。然而近年来从风俗礼教、出家群体、僧俗关系、妇女信仰和儒佛关系等方面对徽州佛教、道教进行的考论,已经使历史时期徽州社会广泛存在着的佛教、道教信仰这一历史事实得以逐步呈现,②从而为历史时期徽州佛教地理的相关研究提供了依据。就徽州佛教发展的历史实际,并结合中国佛教发展的整体态势来看,东晋南朝大略可算作徽州佛教萌芽奠基期,而隋唐两宋时期则可视为徽州佛教形成发展期。

---

① 许承尧:《歙事闲谭》,合肥:黄山书社,2001年,第607页。
② 详情参见:阿风:《从〈杨干院归结始末〉看明代徽州佛教与宗族之关系——明清徽州地方社会僧俗关系考察之一》,载《徽学》,2000年第1期,第116～126页;卞利:《徽州碑刻的时间和地域分布及其学术价值》安徽省徽学学会二届二次理事会暨"徽州文化与和谐社会"学术研讨会,合肥:安徽省徽学学会,2007年,第74～80页;丁希勤:《徽州道教的临终理论——兼论儒教和佛教的临终思想》,载《湖南工业大学学报(社会科学版)》,2009年第1期,第90～92+102页;王传满:《明清徽州节烈妇女的宗教信仰》,载《中国石油大学学报(社会科学版)》,2010年第1期,第61～65页;陈岩:《明代徽州佛教研究》,安徽大学硕士论文,2011年5月;王振忠:《华云进香:民间信仰、朝山习俗与明清以来徽州的日常生活》,载《地方文化研究》,2013年第2期,第38～60页;康健:《明清时期徽州出家现象考论》,载《历史档案》,2014年第3期,第57～61页;陶明选:《明清徽州佛教风俗考》,载《法音》,2014年第6期,第47～50页。

第一节　宋代以前徽州佛教的发展概况

佛教作为一种外来宗教，学界一般认为其传入中国是在东汉明帝时期，其传入中国的具体路径有陆路和海路两途说。皖南地区的开发相对于中原地区来说相对较晚，即便是长江中下游地带，如南京、苏州和杭州等地的开发也滞后于中原地区，更遑论处于万山之中的徽州了。可见地理环境的相对封闭是我们在考察历史时期徽州佛教发展时必须考虑的问题。

一、东晋南朝徽州佛教的发端

与汉明帝关系极为密切的楚王刘英无疑是中国佛教发展史上不得不提的人物之一，其与安徽特别是皖南地区佛教的发展关系密切。永平十三年（70），刘英因谋逆被告发，被发配至丹阳郡泾县。时泾县多为山越人所居，生存环境恶劣。而至于刘英被贬，《后汉书·光武十王列传》载："帝以亲亲不忍，乃废英，徙丹阳泾县，赐汤沐邑五百户。遣大鸿胪持节护送，使伎人奴婢工技鼓吹悉从，得乘辎軿，持兵弩，行道射猎，极意自娱。男女为侯主者，食邑如故。楚太后勿上玺绶，留住楚宫。"可见，与刘英个人生活相关的待遇大多得以保留，而此时佛教作为神仙之术理应不会受到多大限制。当刘英被发配至泾县时，其所信奉的佛教自然也就有可能传入泾县。可惜的是，当时有哪些佛教徒跟随刘英到了泾县、佛教在泾县的发展状况如何等现存史料并未记载。当然，泾县与徽州毗邻，彼时徽州亦为中央王朝编户齐民之地，设有歙县、黟县二县，此时佛教是否传入徽州应已有所表现。但由于资料的缺乏，我们无从得知。不过由于两地相距甚近，也许徽州抑或多少受到佛教的影响。

魏晋南北朝时期，受北方战乱的影响，历史上第一次移民浪潮出现。大量北方移民开始移居江淮等地，许多僧人也随之来到南方弘扬佛法，徽州地区佛教发端也许受该浪潮影响。当然，佛教传入中国的海上之路也可能是徽州地区佛教发端重要的影响因素。梁启超先生认为，"佛教之来，非由陆而由海,其最初根据地,不在京洛而在江淮……天竺大秦贡献,皆遵海道。凡此皆足(以)证明两汉时中印交通皆在海上,其与南方佛教之关系,盖可思也。"① 此说虽有臆断之处,但海上交通的发展对于增进中外经济文化交流是毫无疑问的。东吴在两汉的基础上进一步加强了对海外交通的管理,曾专门设立典船校尉以管理造船业。与此同时为了满足海外交通发展的需要,东吴加大了沿海地区的开发力度。周振鹤先生曾指出,"在吴国存在的短短半个多世纪中,就在滨海地带接连设置了罗阳、罗江、东安三县,并为其他四县:始阳、温麻、原丰、同安的建立打下了基础。还以章安县(西汉之回浦)为根据地,向内推进,建立了临海与南始平二县。这一势头与秦汉时期花了四百五十年才建立三县的速度相比,雄辩地表明三国时期的航海事业有了很大的进步。"② 徽州作为广义江南的重要组成部分,海上之路对于徽州的外在影响亦应予以考虑。徽州最早见于记载的寺庙是休宁县万安镇的南山庵,它由东晋僧人天然于大兴二年(319)所建,此可视为佛法在徽州的初步兴起。③ 需要注意的是,由于此事为后世方志所载,考虑到明清史志多有"建构"之风及当时徽州社会经济的发展相对滞后、人口较少等因素,加之当时佛教在江南地区传播道场的建设尚未大规模展开,徽州此时是否已进入佛教道场建设时期,可能还需要进一步考察。同样是依据后世方志记载,及至梁朝,徽州地区新建的寺院有5所,分别是祁门县的普福庵,歙县的任公寺、向杲院,黟县的闲居尼寺和广安寺。④ 这5所寺院的建立表明,此时徽州地区佛法的传播区域已经由休宁县扩展到祁门县、歙县和黟县,佛教的影响范围有所扩大。在梁天监年间,受封为大德禅师的宝志公驻锡休宁仰山,开山传法,这是仰山佛法弘扬之始。

---

① 梁启超:《佛教之初输入》,见《佛学研究十八篇》,北京:商务印书馆,2014年,第32~33页。
② 周振鹤:《从历史地理角度看古代航海活动》,见复旦大学历史地理研究所:《历史地理研究2》,上海:复旦大学出版社,1990年,第309页。
③ (明)程敏政纂修:《休宁县志》卷五《寺观》,明弘治四年(1491)刻本。
④ (明)彭泽修,汪舜民纂:《徽州府志》卷十《寺观》,明弘治十五年(1502)刻本。

或许是徽州临近东晋南朝统治中心的缘故,朝廷向佛的风气对徽州有所影响,①佛教有了一定的发展。但此时徽州的佛教毕竟处于发端阶段,与唐宋时期佛教的发展态势相比,差距较为明显。此外,由于缺乏文献记载,佛教在这一时期是通过什么途径传入徽州的,我们尚不得而知。不过,通过考察文献,我们可以大致确定的是,此时徽州与外界连接的主要通道是以歙县为中心向东至今杭州和向东北至今宣城、南京等地,②这一时期的移民也大多通过这两条路线进入徽州腹地。由此可见,此时佛教或许也是顺着这两条路线进入徽州腹地的。不过囿于史料,目前这一猜测尚难以得到证实。

二、唐宋时期徽州佛教的发展

东晋时期,自公元纪年前后进入中国的佛教的流布地域才大有拓展。历经魏晋南北朝的涵化,佛教虽在隋唐时期面临宗派林立之局面,然它却迎来了发展史上的高峰时期。③

僧人对唐代徽州地区佛教发展的贡献不容忽视,所谓"高僧行脚,必谒天下名山道场而顶礼诸佛菩萨莲台,意非名山不足以招高僧,非高僧讵能谒诸名山,是以名山高僧直为表里者"④,因此也就有了"天下名山僧占多"之说。仰山、黄山和齐云山是徽州的三大宗教名山,唐代僧人在三地的活动形态可以视为当时徽州佛教发展状况的标志之一。

仰山在休宁之南。相传六朝梁武帝时,宝志公禅师至神化之境,祷雨辄应,求嗣辄效。但此时的仰山樵路不通,蓁棘遍布,所以佛法传播对仰山的影响力极为有限。⑤ 齐云山至唐代方有佛教相关之记载,史载佛法在齐云山的

---

① 翟屯建:《徽州文化史·先秦至元代卷》,合肥:安徽人民出版社,2015 年,第 67 页。
② 参见陈琪《徽州古道研究》第一章《徽州古道的前世今生》相关内容,芜湖:安徽师范大学出版社,2016 年。
③ 张伟然:《中国佛教地理研究史籍述评》,载《地理学报》,1996 年第 4 期,第 369~373 页。
④ (明)程文举:《仰山乘》卷一,为行文简便,后文不再列出处。
⑤ (明)程文举:《仰山乘》卷二。

弘持得益于僧本立和僧光聪的努力。唐僧本立游歙县时，见齐云山盛景，于是造访刺史韦绶，请求建寺弘法，焚香修祭。① 元和四年(809)韦绶建石门寺于石桥岩下，设石室、石讲堂和佛像等，是为齐云山佛法之萌芽。不过，宋元以后渐被道教所取代，佛门趋衰。基于黄帝之传说，隋唐时，在黄山修仙炼骨者极多，然释门在此地也多有发展。有禅师志满者，姓康氏，洛阳人，年少之时见到沙门作佛事，沉浸其中而不舍离去，后到颖川龙兴寺出家，听闻洛下神会禅师法行高深、弟子众多，于是他南游到黄山灵汤泉所，结茅庵在此修行。他采黄连的时候被百姓看到，此时黄山尚多虎豹之患，是故百姓请求他镇压虎豹之患。志满禅师认为虎亦有佛性，所以焚香祷祝镇压虎豹，因此虎患渐息，遂成大禅院。虽然志满禅师于唐顺宗永贞元年(805)示寂，但其弘法之举却影响深远。② 此后不久，天竺国的麻衣禅师于中和初年(881)，驻锡于黄山翠微峰下，其编麻为衣，冬夏不易，据传得其麻缕可疗疾。麻衣禅师光大佛法，是翠微寺开山之祖。③

纵观隋唐时期，徽州地区见于记载的僧人有38位，④比之于南北朝时期增加了许多。但这些僧人在徽州的分布并不均匀，而是在局部地区形成集中之势。活动于婺源地区的僧人占多数，具有开创之功的僧人主要集中在仰山、黄山和齐云山，而这些名山对于此后徽州佛教的发展起到了至关重要的

---

① (明)鲁点：《齐云山志》，《四库全书存目丛书·史部》第23册，安徽丛书编印本。
② (清)闵麟嗣：《黄山志定本》卷二《人物》，民国二十四年(1935)安徽丛书编印本。
③ (清)释超纲辑：《黄山翠微寺志》卷上，《中国佛寺志丛刊》，扬州：广陵书社，2006年。
④ 数据资料来源：(宋)罗愿：《新安志·仙释》，清光绪十四年(1888)重刻本；(明)彭泽修，汪舜民纂：《徽州府志·仙释》，明弘治十五年(1502)刻本；(清)丁廷楗修，赵吉士纂：《徽州府志·仙释》，清康熙三十八年(1699)刻本；(清)蒋璨纂修：《婺源县志·仙释》，清康熙三十三年(1694)刻本；(清)江登云纂：《橙阳散志》，清嘉庆十四年(1809)刻本；安徽省通志馆纂：《安徽通志稿·佛门龙相传》，民国二十三年(1934)铅印本；石国柱、楼文钊修，许承尧纂：《歙县志·人物》，民国二十六年(1937)铅印本；(明)鲁点：《齐云山志》，《四库全书存目丛书·史部》第231册；(明)程文举：《仰山乘》，明文书局，1980年；(清)释弘眉撰：《黄山志》，清康熙六年(1667)刻本，慈光寺藏本；(清)释超纲辑：《黄山翠微寺志》，广陵书社印行本；何建明主编：《中国地方志佛道教文献汇纂·人物卷》第54~56册，国家图书馆出版社，2013年。

引导作用(容后详述)。

近百年来,佛教史学界的大多数学者将宋代视为佛教发展的转折期或衰败期。事实上,无论是从佛教思想的发展来看,还是从佛教制度进一步本土化来看,佛教在宋代再一次迎来了繁荣。① 这从赵匡胤密见麻衣禅师的事情中可见一斑。史载麻衣禅师曾告诉赵匡胤:"'白气已兆,不逾数月,至申辰,当有圣帝大兴。兴则佛法赖之亦兴,传世无穷。请太尉默记之。'及即位,屡建佛寺,岁度僧人。"②麻衣禅师与宋太祖的故事多半是虚构的,可能是赵匡胤在亲历周世宗排佛事件后,为其帝位合法化所作的政治宣传。不过也正是宋太祖对佛教的这种态度,基本奠定了两宋时期佛教的政策基调:除宋徽宗崇道抑佛外,宋代大多数皇帝对佛教都是积极支持的。

两宋时期,徽州有影响力的僧人不断出现,见于史载的高僧约有 50 位。③ 较早出现的为北宋初期在婺源县芙蓉山修行的释慕真。释慕真,俗名何令通,是袁州宜春人,精通堪舆之学。他曾经上言牛头山陵不利而遭贬谪至休宁县,因此弃官归入空门,拜昭禅师为师,改名慕真。不久后释慕真到婺源芙蓉山结碧云庵,参"狗子无佛性"话头,一坐四十年,后豁然大悟。宋天禧三年(1019)十月十八日,江文采到芙蓉山见慕真,慕真肃入正席跌坐,忽然火从心出,顷刻间自化,其徒收舍利,为塔葬之。释慕真著有堪舆书一卷,名《铁弹

---

① 赖永海:《中国佛教通史》第 9 卷,南京:江苏人民出版社,2010 年,第 1 页。
② (明)心泰:《佛法金汤编》卷十一,《大藏新纂卍续藏经》第 87 册,第 416 页。
③ 数据资料来源:(宋)罗愿:《新安志·仙释》,清光绪十四年(1888)重刻本;(明)彭泽修,汪舜民纂:《徽州府志·仙释》,明弘治十五年(1502)刻本;(清)丁廷楗修,赵吉士纂:《徽州府志·仙释》,清康熙三十八年(1699)刻本;(清)蒋灿纂修:《婺源县志·仙释》,清康熙三十三年(1694)刻本;(清)江登云纂:《橙阳散志》,清嘉庆十四年(1809)刻本;安徽省通志馆纂:《安徽通志稿·佛门龙相传》,民国二十三年(1934)铅印本;石国柱、楼文钊修,许承尧纂:《歙县志·人物》,民国二十六年(1937)铅印本;(明)鲁点:《齐云山志》,《四库全书存目丛书·史部》第 231 册;(明)程文举:《仰山乘》,明文书局,1980 年;(清)释弘眉撰:《黄山志》,清康熙六年(1667)刻本,慈光寺藏本;(清)释超纲辑:《黄山翠微寺志》,广陵书社印行本;何建明主编:《中国地方志佛道教文献汇纂·人物卷》第 54~56 册,国家图书馆出版社,2013 年。

子》,堪舆家多宗之。① 继释慕真后出现的高僧当数雪山子道茂。雪山子为歙县纪氏子,少年时每到盛夏的晚上,雪山子就睡在草莽之中,效法摩诃萨埵那太子舍身饲虎而求以身饲蚊蚋,持续二十年不间断。起初其住休宁县普满院时,郭公三益时任大尉,闲暇时常常与其谈论佛法。郭公由是好佛,后来皈依佛门。此后雪山子住通州白狼山,晚年归来,自号觉庵。大观中,郡守使其乡僧行月主天王院,僧行月自称是云门宗徒,请求与雪山子通宗属,雪山子没有答应。及雪山子去世,僧行月认为其为假死,太守命检验雪山子尸首后并将其火化,得舍利数十颗。雪山子有《池阳百问》流传于世。②

在北宋时期,徽州地区有影响力的僧人是宁道。宁道禅师名道宁,婺源汪氏子,立志弘持佛法,以头陀云游四方,因此世人以宁道称之。起初他跟随蒋山泉禅师学法十年,蒋山泉禅师知其有慧根。此后他还家弃妻子,再入岭得度具足戒,遍参宗师。曾居崇果山,每天诵《金刚般若经》为常课。一天洗脚时,宁道突然有所感悟,又一日听到"狗子无佛性"的话头,终大彻大悟。大观中,潭帅席公震,请其出世开福,唱演公之道,湘潭之人都因此更加敬慕他。道宁生性简约,衣食用度朴素。如不是丛林弘法的事务,从不挂怀。常提斗笠走在街市上,自己乞食养活自己,佛门弟子争相归附,因此其法席成为湖湘之冠。政和三年(1113)十一月四日,沐浴净发。五日小参别众,叙平生参学始末,期以七日示寂,祝依常僧例荼毗,以火余盛之瓦碗,撒到湘江水中。至七日,长沙之人,无论老幼都争相持香花塞满寺院,道宁让僧众遣散民众,但来者无已。到天将昏黑时,跏趺溘然而逝,阅岁六十一,坐二十一夏。火余舍利,弟子不忍丢弃,建塔于开福。又过二十年,嗣法者果禅师把塔福严迁建在朱原。③不过,道宁虽为徽州人,但其一生学佛弘法多不在徽州。

时至南宋,徽州亦不乏有道高僧。首数嗣宗,俗家歙县陈氏,受业水西

---

① 何建明主编:《中国地方志佛道教文献汇纂·人物卷·安徽通志稿》第52册,北京:国家图书馆出版社,2013年。

② (宋)罗愿:《新安志》卷八,清光绪十四年(1888)刻本。

③ (宋)祖琇:《僧宝正续传》卷二《开福道宁禅师》,收入《卍续藏经》第1737册。

寺,试经得度,年二十出外游方,参径山睿溟时受到器重,凡江浙、鲁皖、荆楚之间,被禅林所称寺庙都有造访。他听说曹洞宗首座觉禅师在大洪山,于是与僧觉论禅机,反复酬答后忽有省悟。建炎初年,嗣宗跟从觉禅师于泗州普照寺,僧觉离去后,嗣宗就代替了他。开堂云:"喝井庵畔,似真似伪;断足岩前,乃精乃粹。"诸方禅林公认其为曹洞宗复兴的代表人物。绍兴二十三年(1153)圆寂,将终书偈曰"全心自照,无佛无人,诸缘不共,时至便行"。阅世六十九,坐夏五十四,宗貌清癯,气韵平淡,慈忍无嗔恚。径山杲禅师曾赞他:"太湖三万六千顷之渺茫,即师之口也……不动口,不饶舌,已说未说,今说当说也。大奇也,大奇,此是吾家真白眉。"①

较之隋唐,两宋徽州地区见于记载的僧人在数量上已有增加,影响较大的僧人也较多。不同的是,唐代时佛法已在齐云山出现,而宋代齐云山佛教发展已趋于衰落,只有黄山地区的佛法得到了进一步的发展,这为明清时期黄山地区佛教的兴盛奠定了基础。

第二节 隋唐两宋徽州新建佛教寺院的空间分布

隋唐至两宋时期的徽州地区,随着大量北方人口的迁入,区域开发开始加快,社会经济快速发展,人口与物质财富大幅度增加,这为佛教的发展奠定了较好的基础。这一时期徽州地区的佛教发展取得了长足的进步,这一发展主要体现为寺庙数量的急剧增加。

一、隋唐时期徽州新建佛教寺院的空间分布

隋唐时期是中国历史上大一统进一步发展的时期,万山之中的徽州在这一时期进一步融入国家体系。这一时期中原大族大规模进入徽州,为徽州地

---

① (宋)罗愿:《新安志》卷八,清光绪十四年(1888)刻本。

区的社会改造注入新的活力。除个别时间外,佛教在隋唐时期得到了国家及社会足够的重视,佛教的发展体现为道场建设进入一个高峰时期。

通过考察文献可知,这一时期整个徽州地区明确见于记载的新建寺庙数量为 119 所,其中歙县有 44 所、绩溪县有 5 所、黟县有 6 所、祁门县有 25 所、婺源县有 18 所、休宁县有 21 所。(见表 1-1)

表 1-1 隋唐时期徽州新建寺院一览表①

分布地区	寺庙数量(所)	寺庙名称
歙县	44	觉华禅林(古佛庵)、瑞金庵、开化禅院、能仁尼寺、汉洞院、惠化院、太平兴国寺、大中祥符寺、禅林院、竹会寺、陈塘院、莲花庵、兴国寺、水西寺、应梦罗汉院、经藏寺、罗汉寺、尼庄庵、云岭庵、承唐寺、圣僧庵、南源古寺、古城院、古岩院、会圣寺、灵山院、普安院、清泉院、坦平院、西峰院、溪头院、小溪院、兴福院、白莲院、白杨院、富山院、黄抗院、天宁万寿寺、城阳寺、福田寺、宝相寺、开化寺、照应禅院、翠微寺
绩溪县	5	新兴寺、药师寺、前山寺、兴福寺、崇福寺
黟县	6	尊孝寺、延庆院、石鼓院、静林院、霭山院、梓(子)路寺
祁门县	25	龙塘庵、吉祥院、享堂庵、崇福堂、灵泉庵、普安院、广福宝林禅院、石门院、忠国显亲下院、□(原字不可考)②安院、西峰寺、珠溪寺、资福寺、贵溪寺、横山尼庵、珠溪寿圣院、悟法寺、贵溪古寺、青萝院、灵泉寺、青萝庵、普陀庵、万安古寺、资福院、十王寺

---

① 此处有两个问题需要说明。其一,由于对隋唐时代徽州佛教寺院的记载主要见于后世方志,而在后世方志中对于徽州早期寺院的记载多直接写为某某时代所建,我们无法获取隋唐时代徽州寺院的全部信息,故此处只能用"新建"来标明,亦即表格中数据为隋唐时代徽州地区见于史料的新建寺院,而非隋唐时期徽州的全部寺院;其二,按照历史地理学的学术逻辑,我们对于历史时期地理要素的研究理应是时空信息越详细越好,特别是在以历史地图的形式予以反映时,但是考虑到徽州历史地理的研究目前在学界较为薄弱,以及两宋以前缺乏对徽州佛教的系统记载,为了反映隋唐时代徽州佛教发展的空间面貌,此处以相对模糊的方式来处理这一时期徽州寺院的时空信息并据此绘制地图,意在展现概况。上述两点原则在下文叙述两宋时代徽州佛教寺院的空间分布研究时亦同样遵循,特此说明。

② 原字不可考,后文同。

续表

分布地区	寺庙数量（所）	寺庙名称
婺源县	18	天王寺、如意寺、灵河寺、荷恩寺、山房寺、灵山寺、黄莲寺①、大杞寺、重兴寺、隆庆寺、资福寺、凤林寺、云兴寺、普济寺、大田寺、沙门寺、万寿寺、新兴寺
休宁县	21	齐祈寺、嘉祥寺、金龙庵、月溪寺、双门寺、石桥院(石门寺)、千秋寺、千秋庵、龙宫寺、蜜多院、三宝庵、吴山院、星洲寺、阳山院、宝林祠、普满禅寺、建初寺、万安寺、易山庵、方兴寺、新屯寺

数据资料来源：(宋)罗愿：《新安志·寺观》，清光绪十四年(1888)刻本；(明)李贤等纂：《大明一统志·徽州府》，三秦出版社，1990年；(清)穆彰阿等纂：《嘉庆重修一统志·徽州府》，中华书局，1986年；(明)彭泽修、汪舜民纂：《徽州府志·寺观》，明弘治十五年(1502)刻本；(明)何东序修、汪尚宁等纂：《徽州府志·寺观》，明嘉靖四十五年(1566)刻本；(清)丁廷楗修、赵吉士纂：《徽州府志·寺观》，清康熙三十八年(1699)刻本；(明)程敏政纂修：《休宁志·寺观》，明弘治四年(1491)刻本；(明)余士奇修、谢存仁纂：《祁门县志·寺观》，明万历二十八年(1600)刻本；(清)蒋璨纂修：《婺源县志·寺观》，清康熙三十三年(1694)刻本；(清)较陈锡修、赵继序、章瑞钟纂：《绩溪县志·寺观》，清乾隆二十一年(1756)刻本；(清)张佩芳修、刘大櫆纂：《歙县志·寺观》，清乾隆三十六年(1771)刻本；(清)吴甸华修、程汝翼等纂：《黟县志·寺观》，清嘉庆十七年(1812)修，清道光五年(1825)刻本；谢廷赞著：《西干十寺记》，说郛续本，收入《续修四库全书》第1997册；(清)释弘眉撰：《黄山志》，清康熙六年(1667)刻本，慈光寺藏本；(清)汪洪度纂：《黄山领要录》，清乾隆间刻本；(清)江登云纂：《橙阳散志》，清嘉庆十四年(1809)刻本。

从图1-1来看，歙县新建寺院数量最多，约占总数的37%，这与歙县为徽州首县的地位是相对应的。当然，歙县在徽州佛教发展史上的这一重要地位在后世基本得到了延续。此外从地区新建寺院数量从多到少排序来看，分别为歙县、祁门县、休宁县、婺源县、黟县和绩溪县，在空间上较为明显地反映出以歙县、休宁县为核心的休歙盆地及其以西的祁门县在这一时期徽州佛教发展中的重要地位。

---

① 黄莲寺，又名黄连寺。各方志等古籍所载有所不同，故在此说明。

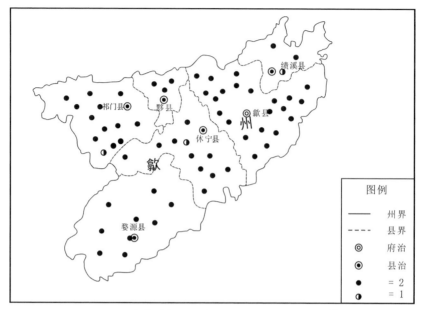

图 1-1　隋唐时期徽州地区新建寺院分布示意图①

这一时期徽州何以新建如此多的寺院？社会经济的发展及佛教本身宗派化的发展显然是重要原因。除此之外，单纯从直接表现来看，这一时期徽州寺院的新建还得益于地方官员的支持，如歙县的汤院、宝相寺和祁门县的广福宝林禅院即为刺史陶雅所建；而婺源县的普济寺，是在顺义军使汪武用舍地支持的情况下建立的。此时徽州的"邑人"对寺院的修建新建亦有十分浓厚的兴趣，如邑人张八九与僧简共建山房寺；汪同太与僧日赞共建大杞寺；邑人汪愿与僧人应机共建大田寺等，像这样建立的寺院在婺源县就有 14 所之多。这些由"邑人"参建的寺院也说明了佛教在徽州民间的传播日渐深入。

---

① 据谭其骧编《中国历史地图集》唐江南东道开元二十九年（741）底图改绘。在该图中，唐开元年间称绩溪为北野，县治比现在偏西南。另囿于文献，目前尚难以对隋唐时期徽州地区新建之寺院进行详细的断代分析，故此处仅就文献所载隋唐时期徽州地区新建寺院作一汇总统计，以反映这一时期徽州新建寺院分布之基本概貌及寺院地点情况，意在反映县级政区寺院多寡，与实际并不等同。后文同，特此说明。

二、两宋时期徽州新建佛教寺院的空间分布

历时五十余年的五代十国,兵燹不断,寺庙凋零,佛教自隋唐以来300年鼎盛之集聚之势至此消耗殆尽。[①] 此时的中国佛教处于隋唐佛教与宋代佛教之间的过渡阶段,区域佛教持续发展成为这一时期中国佛教演变进化与变迁的重要表现。[②] 如南方的吴、吴越等割据政权大体相对稳定,境内实行有利于民生的政策,经济有所发展,其统治者又大多尊崇佛教,多有修建佛寺、佛塔、写经及度僧等行为,佛教活动较多。

徽州隶属于吴、南唐政权,受政治风气影响,佛寺修建活动持续进行,此阶段明确见于记载的新建佛寺共有22所,主要分布在婺源县、祁门县、歙县、休宁县四个地区(见表1-2)。这一时期,本地区见于记载的僧人有6位,主要活动于婺源、祁门两县,没有出现有较大影响力的高僧。与数百年统一的隋唐相较,大乱之世有如此之结果已实属不易。

表1-2 五代时期徽州新建寺院一览表

分布地区	寺庙数量(所)	寺庙名称
祁门县	4	寿山堂、崇法禅院、重兴内外二院、云平庵
婺源县	4	保安寺、龙泉寺、白塔寺、乐居寺
歙县	12	香油院、资福寺、葛塘寺、保安院、江祈院、灵康院、水陆院、周流寺、乾明禅院[③]、资福寺、水绿寺、葛塘院
休宁县	2	吴山院、阳山院

数据资料来源:(宋)罗愿:《新安志·寺观》,清光绪十四年(1888)刻本;(明)彭泽修,汪舜民纂:《徽州府志·寺观》,明弘治十五年(1502)刻本;(明)何东序修,汪尚宁等纂:《徽州府志·寺观》,明嘉靖四十五年(1566)刻本;(清)丁廷楗修,赵吉士纂:《徽州府志·寺观》,清康

---

① 黄忏华:《中国佛教史》,北京:东方出版社,2008年,第253页。
② 赖永海:《中国佛教通史》第8卷,南京:江苏人民出版社,2010年,第61页。
③ 乾明禅院:原名安国禅院,参见(明)彭泽修,汪舜民纂:《徽州府志·寺观》,明弘治十五年(1502)刻本,"乾明禅院"条。

熙三十八年(1699)刻本;(明)程敏政纂修:《休宁志·寺观》,明弘治四年(1491)刻本;(明)余士奇修,谢存仁纂:《祁门县志·寺观》,明万历二十八年(1600)刻本;(清)蒋璨纂修:《婺源县志·寺观》,清康熙三十三年(1694)刻本;(清)较陈锡修,赵继序、章瑞钟纂:《绩溪县志·寺观》,清乾隆二十一年(1756)刻本;(清)张佩芳修,刘大櫆纂:《歙县志·寺观》,清乾隆三十六年(1771)刻本;(清)吴甸华修,程汝翼等纂:《黟县志·寺观》,清嘉庆十七年(1812)修,清道光五年(1825)刻本;(清)释弘眉撰:《黄山志》,清康熙六年(1667)刻本,慈光寺藏本;(清)江登云纂:《橙阳散志》,清嘉庆十四年(1809)刻本。

进入两宋时期,包括徽州在内的整个江南地区的社会经济发展日趋成熟,这为佛教的发展带来良机。在徽州地区,基于两宋宽松的佛教政策,佛寺修建出现了继唐代之后的又一次高潮,明确见于记载的新建寺院有107所(见表1-3)。

表1-3 两宋时期徽州新建寺院一览表

分布地区	寺庙数量(所)	寺庙名称
歙县	36	兰若寺、新兴寺、药林寺、普祐寺、五明寺、太平兴国寺、玉□寺(原寺名不可考)、诸天阁、旁溪寺、福金庵、竺溪寺、左昌寺、玉岐寺、崇福寺、高眉庵、湖田寺、华严院、积庆寺、揭湖寺、金城院、金紫院、临塘院、山旁寺、石池寺、溪子寺、中峰寺、襃忠寺、古塔庵、贵今尼庵、上律寺、坦平寺、湾堂庵、长庆寺、五福祠、杨干寺、仁义院
绩溪县	12	太平寺、清福禅院、清堂院、仁寿庵、广福寺、灵鹫寺、庐山寺、普照寺、清隐寺、义林寺、正觉寺、慈云寺
祁门县	19	东松庵、法林庵、堂下庵、天门庵、山门庵、钟山庵、登山古寺、武陵法喜庵、祖成庵、白杨院、理堂庵、祊坊永禧庵、白莲庵、碧莲寺、泗州寺、忠要庵、报慈庵、大痕庵、永禧寺
婺源县	24	曹溪寺、灵仙寺、广福寺、开化寺、宏山庵、龙居寺、三礼堂、高峰寺、福山寺、钱塘寺、保福寺、肇安庵、泗州寺、忠裔堂、新田寺、慈尊寺、香岩寺、眙祐堂、碧云庵、龙渊寺、尊慈寺、法华庵、新兴寺、灵山寺
休宁县	15	玉枢庵、觉慈庵、等慈庵、审坑庵、观音阁、塔岭寺、金佛庵、磜□寺、恒山堂、永庆寺、锦堂庵、普照寺、施水庵、英山庵、松萝庵
黟县	1	泗洲庵

数据资料来源:何建明主编:《中国地方志佛道教文献汇纂·寺观卷》第175～179、230册,国家图书馆出版社,2013年;(明)李贤等纂:《大明一统志·徽州府》,三秦出版社,1990

年;(清)穆彰阿等纂:《嘉庆重修一统志·徽州府》,中华书局,1986年;谢廷赞著:《西干十寺记》,说郛续本,收入《续修四库全书》第1997册。

上述新建寺院中,仍以歙县新建寺院数量最多,有36所,约占总数的34%,较之隋唐略有下降。从这一时期徽州新建寺院的空间差异来看,值得我们注意的是婺源县新建寺院数量有所增加,这可能与两宋时期婺源县社会经济发展有关。此外,绩溪县这一时期新建寺院有12所,在整个徽州兴建寺院总量中的占比较之隋唐时期也有所上升。而黟县仅有1所新建寺院,这或许表明作为山区的黟县在两宋时期社会经济发展相对滞后。

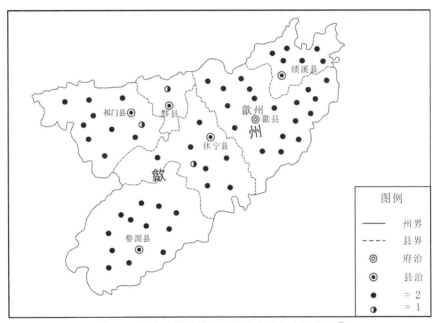

图 1-2　两宋时期徽州地区新建寺院分布示意图①

就这一时期徽州新建寺院的具体情况来看,其中"邑人"参建的有17所,对前代寺庙进行改建、重建和重修的有12所。这表明两宋时期徽州民间

---

① 据谭其骧编《中国历史地图集》北宋江南东路政和元年(1111)底图改绘,因两宋徽州寺院新建与隋唐类似,难以一一断定,故以概貌复原为主。

力量对于佛教发展有持续支持之用。① 宋太宗太平兴国三年(978),赐天下无名寺额曰"太平兴国"或"乾明",在徽州地区享有赐额的寺院有4所,分别是太平兴国四年(979)敕改的歙县太平兴国寺和太平兴国五年敕改的绩溪县太平寺、歙县乾明禅院及祁门县崇法禅院。享有"圣寿"殊荣的寺庙主要位于黄山,分别为黄山的广福寺和庆福寺,宋太平兴国五年赐额。寺庙名称的敕改更多发生在英宗治平年间和真宗大中祥符年间,其中宋英宗治平年间改名的有英宗治平元年(1064)绩溪的光相院、清福禅院、普照院、慈云院、求安院、石门院、广化院、觉乘院、灵鹫院、清隐院、卢山院、兜率院、正觉院、天王广福院,以及婺源的普利院(治平二年改)。宋真宗大中祥符年间改名的有大中祥符元年(1008)歙县的开化禅院、昭庆禅院、大中祥符禅院,休宁的普满禅院、建初寺,祁门的珠溪资福院(大中祥符三年改),婺源的普济院(大中祥符六年改)、隆兴院、荷恩寺。② 另外,零星出现接受敕改的还有祁门忠国显亲下院(建炎年间敕改)、黄山普祐院(绍兴年间赐号)、休宁建初寺(开宝九年敕改)、祁门普安院(熙宁三年敕改)、黟县道孝寺(乾道间敕改)、黄山兰若寺(淳熙中赐额)、黄山药林寺、新兴寺(绍定年间敕改)等寺庙。

与这一时期全国佛教发展的整体态势相一致,宋代对徽州寺庙的一系列举措除了展现其对佛教发展的支持态度外,也表明了其对佛教管理的加强,通过对寺庙赐额、敕改及改寺为院,使寺庙的名称更加规范,以有利于政府的管理,并使政府可在三教合流的背景下适度利用其加强政府对社会的控制与治理。如在端平元年(1234)将休宁县方兴寺敕为丛林者,除因其香火兴盛外,使其引领地区佛教发展动态,更好地与政府保持合作关系未尝不是其受到青睐的原因之一。当然,统治者也会利用佛教对治下生民的"不轨行为"进行警告,如宣和年间,方腊起义造成歙县汉洞院、休宁富昨寺、黟县霭山院都

---

① 如今歙县之长庆寺塔为北宋重和二年(1119)歙县黄备人张应周捐善款修建,后多有重修,尚保留有后世歙县地方张氏重修长庆寺塔时立的碑。此碑位于长庆寺塔上,非大修时难得一见。2019年6月中旬,笔者曾在黄山市文旅局陈琪先生的帮助下得机缘见得此碑。
② (宋)罗愿:《新安志》卷三《僧寺》,清光绪十四年(1888)刻本。

不同程度地被毁坏,统治者都开展了相应的修复重建工作。此举未尝不是统治者从宗教角度对民众起义之"错误"进行否定和示警。这在一定程度上也反映了随着两宋社会经济的进一步发展,徽州地方力量初步崛起。

佛教自两汉之际传入中国以后,在各地的传播是一个较为漫长的过程。就地处江南地区的徽州而言,无疑佛教的传播在早期并不具备优势。这其中既有先天自然地理环境相对封闭的原因,也有开发相对较晚、社会经济的相对落后及人口相对稀少等因素。由于早期佛教传播方式在中国主要以教义弘传及译经等为主,而这方面的相关史实我们在徽州的早期史籍中尚难觅其踪迹,故佛教究竟是通过何种途径及何时传入徽州的,我们还难有定论。不过,东汉时期由于楚王刘英被贬泾县,而泾县毗邻徽州,此时佛教传入徽州也是有可能的。从现有文献来看,徽州早期佛教史可追溯到东晋万安寺之建立,而考虑到当时徽州及佛教发展实际,这种说法是值得怀疑的。然而这确实给我们考证佛教何时传入徽州提供了一个线索。就其传入路线而言,考虑到早期国家政权进入徽州或移民多从歙县东迁至今杭州的或从歙县迁至宣城、南京的陆路通道,故笔者认为佛教借助上述两条通道进入徽州的可能性较大。

隋唐以后徽州被纳入大一统王朝对徽州社会的发展影响极大,随着大量移民的进入,徽州的社会经济文化发展也进入一个新的历史阶段。与这一时期全国佛教发展相对应的是,此时也是徽州佛教极大发展时期,出现众多高僧,其中宝志公大师、僧本(元)立、志满禅师等,对徽州佛教的发展贡献颇多。佛教的道场建设也进入高潮,有记载的新建寺院有119所。在空间上,以徽州的首县——歙县的佛教发展态势表现得最为显著,并在休歙盆地形成了一个较为明显的寺庙集中分布区。两宋时期徽州佛教也大体延续了这一发展趋势,新建寺院107所,并通过对寺庙的赐额、敕改及改寺为院,使佛寺的发展更加规范。这一时期的高僧如释慕真、雪山子道茂、宁道、嗣宗等的影响较大。值得注意的是,随着社会经济的快速发展,与休歙盆地一山之隔的婺源县在这一时期佛教寺院建设也快速发展起来。当然,就道场建设的主体来说,地方政府及官员可能是主体力量。而由于徽州作为一个移民集中地区,其极为重要的一个移民特征就是中原世家大族集团式的整体迁入,因此早期徽州移民在基本的文化素养及财力方面具备一定基础,使徽州"邑人"在唐宋时期可以作为重要力量参与寺院建设。

第二章　明代徽州佛教寺院的时空分布

历史文化地理学的主要任务之一就是复原历史时期文化地理现象,作为历史文化地理学重要分支的历史宗教地理学,其首要任务就是最大限度地复原宗教景观。寺院是佛教僧侣居住和僧俗开展佛事活动的重要场所,因此一个地区佛教兴盛状态和社会对佛教的认可程度可从寺院的数量方面反映出来。所以,探索佛教地理分布的重要途径之一便是考察寺院的地理分布。[①]关于佛教寺院地理分布的一般研究路径,已有成法可循。[②]鉴于学界对历史时期徽州地区的佛寺地理分布研究暂付阙如,在这里我们不妨来探讨资料相对丰富的明代徽州佛教寺院的时空分布情况,以窥见徽州佛教发展成熟期的些许面貌。

[①] 李映辉:《唐代佛教寺院的地理分布》,载《湘潭师范学院学报(社会科学版)》,1998年第4期,第65~69页。

[②] 详情参见张伟然:《南北朝佛教地理的初步研究(下篇)》,载《中国历史地理论丛》,1992年第1期,第219~244页;李映辉:《唐代佛教寺院的地理分布》,载《湘潭师范学院学报(社会科学版)》,1998年第4期,第65~69页;介永强:《西北佛教历史文化地理研究》,陕西师范大学博士论文,2004年5月;朱普选:《青海明代藏传佛教寺院的时空分布》,载《西藏民族学院学报(哲学社会科学版)》,2010年第5期,第32~35+138页;杨发鹏:《两晋南北朝时期河陇佛教地理研究》,西北师范大学博士论文,2010年6月;王开队:《青藏高原历史地理研究:康区藏传佛教历史地理研究》,成都:四川大学出版社,2011年。

第一节　明代徽州佛教发展概况

元朝虽以藏传佛教为国教,但其他宗教如汉传佛教、道教,乃至外来的伊斯兰教、基督教都在中国得以广泛传播。除传统的教派外,伴随着江南地区佛社和净土宗的发展,一些民间教团如白云宗、白莲教等兴起,彰显了元朝佛教趋向世俗化的时代特征。[①] 在徽州,元朝宽松的宗教政策并没有使佛教得到较大发展。究其原因,可能是徽州理学家对佛教的反感和佛教世俗化给佛教带来的负面影响。[②] 综观元代,徽州地区明确见于记载的新建寺院有23所,分别是歙县的莲花峰、普照堂、长山庵、东古寺、巢翠庵,绩溪县的天王寺,祁门县的小西峰法云庵、安丰庵、黄沙庵,婺源县的高峰院、朗湖院、真如庵、天竺庵、头湖院,休宁县的仁王院、心田堂、庆明堂、全真庵、普满塔庵、慈氏院,黟县的皆如庵、东山庵、青林庵。[③] 另外,致使徽州佛教衰落的另一因素应当是元至正十二年(1352)的兵灾。此次兵灾致使徽州大量寺院受到不同程度的破坏,其中以婺源县情况尤为严重。因此,我们认为元朝徽州佛教在两宋相对繁荣的基础上呈倾颓之势,这也为明代徽州佛教的初步改观、世俗化加强及进一步成熟奠定了重要基础。

明朝被佛教思想史研究者视为佛教思想发展停滞的保守时代。从洪熙到隆庆,佛教都处于一种严重的颓败状态,但这并不是指佛教消失,官方对佛教的支持在万历年间一度出现高潮。佛教的这种颓败不是指物质上的,而是

---

① 杜继文主编:《佛教史》,南京:江苏人民出版社,2008年,第446页。
② 陶明选:《明清以来徽州宗族对宗教的态度》,载《兰台世界》,2014年10月下旬,第15～16页。
③ 数据来源参见:(明)彭泽修,汪舜民纂:《徽州府志》,明弘治十五年(1502)刻本;(清)蒋灿纂修:《婺源县志》,清康熙三十三年(1694)刻本;(清)释弘眉撰:《黄山志》,清康熙六年(1667)刻本,慈光寺藏本。

指精神上的。^① 佛教精神上的缺失，一方面是因为佛教自身戒律松弛，对佛教经典意旨挖掘的忽视；另一方面则是因为明初的佛教政策。明太祖划天下寺院为禅、讲、教三个层次，使寺僧有更强的社会适应性，导致许多出家人起初总是选择参与瑜伽事务，而非选择习教参禅。长此以往，佛教思想与义理之发展势必趋于衰落。另外，朝廷对佛教采取既充分利用又严格控制的政策，加强了对佛教寺院的社会化管理。由于佛教的发展与政治、儒学及皇帝的个人喜好联系密切，所以很多因素的变化都会对明代佛教的发展产生影响。[②] 以此而论，有明一代，佛教活动在不同层面和不同阶段有不同表现，其发展状况也不可一概而论。

一、明代徽州佛寺的发展

明太祖出身寒微，虽从元末动乱中建立了政权，但他深知宗教具有巨大力量。因此从政权建立之初，明太祖就制定了一系列的宗教管理制度，"礼部照得佛寺之设，历代分为三等，曰禅、曰讲、曰教"[③]，借此加强对佛寺的社会化管理。明太祖又"以释老二教近代崇尚太过，徒众日盛，安坐而食，蠹财耗民莫甚于此。乃令府州县止存大寺观一所，并其徒而处之，择有戒行者领其事"[④]，在全国范围内实行大范围的寺院归并活动。这表明明太祖对佛寺管理的一种态度，即对已建寺院进行合并和对新建寺院进行严格限制。这种态度也为明代后继的统治者所承继，除万历皇帝对建立佛寺的态度较为宽容外，其他诸帝对建寺院都较为审慎。

纵观整个明朝，在徽州地区明确见于记载的新建寺院有 86 所（见表 2-1）。与同样统治时间较长的唐、宋相比明代新建寺院在数量上已有所减少，其中在万历朝新建的寺院有 23 所，超过整个明代新建寺院总量的 1/4。

---

① ［英］崔瑞德、［美］牟复礼著，杨品泉等译：《剑桥中国明代史》下卷，北京：中国社会科学出版社，2006 年，第 885~886 页。
② 赖永海：《中国佛教通史》第 12 卷，南京：江苏人民出版社，2010 年，第 21、27 页。
③ 《释氏稽古略》卷二，《大正藏》第四十九卷。
④ 《明太祖实录》卷 86，上海：上海书店，1982 年影印本，第 1537 页。

这从侧面表明万历皇帝对佛教的崇信和万历时期徽州佛教的发展态势。不过在明代，徽州地区寺院的重修较为频繁，见于记载的共有130次。可能是受元至正壬辰兵灾影响，以洪武朝的重修活动居多，达63次，几乎占总数的一半；而婺源县寺院重修次数为43次，超过洪武朝重修寺院总数的一半。徽州府根据明廷"不废佛老之教而天下僧道有定额"的原则，依据洪武二十四年(1391)所下的关于归并寺院的敕令，对辖区内寺院进行归合，集合众多规模较小或地位较低的小寺院为丛林寺院，并且完善私创佛寺庵院的相关规定。在洪武二十四年，黟县率先开展寺院归并活动，立广安寺、石鼓院为丛林寺院，将子路寺、霭山院等三寺三院归并广安寺；将泗洲庵归并石鼓院。洪武二十五年(1392)的寺院归并地区以婺源县、绩溪县两地为主。在婺源县，并开化寺、真如庵、龙渊寺等九寺、二庵、三堂入黄连寺，后又各复本寺、庵、堂；并保安寺、普济寺、荷恩寺等十二寺一庵入万寿寺，后又各复本寺、庵；并肇安庵、白塔寺、新兴寺等十寺一院入福山寺，后又各复本庵、寺、院；并大田寺、朗湖院、天王寺入灵山寺，后又各复本寺、院；立万寿寺、黄连寺、灵山寺、福山寺为丛林寺院。立绩溪县的天王寺、太平禅寺、清隐寺为丛林寺院，并普照寺、药师寺、新兴寺等九寺入天王寺；并庐山寺、崇福寺、广福寺等七寺入清隐寺；并光相寺、清福禅院、福田寺三寺入太平禅寺。歙县没有留下此次寺院归并的记录，休宁县的建初寺和祁门县的悟法寺、珠溪寿圣院也为丛林寺院，但无归并之记载，可见其皆为自然生成之丛林寺院，与洪武二十五年归并之事关系不大。

表 2-1　明代徽州新建寺院一览表

县名	数量（所）	寺院名称
歙县	60	九峰庵、宝珠庵、指月庵、大悲院、般若台、千佛庵、御泉庵、松谷寺、东云岩、青山寺、莲顶庵、净度庵、肇林院、水晶庵、香山庵、大悲顶、文殊院、敕赐显灵庙、利生庵、掷钵禅院、指象庵、慈光寺、定光寺、大觉禅寺、兜率庵、栖云禅院、水月庵、闻持院、骑龙庵、白云庵、白云禅院、慈云庵、飞来尼庵、惠化寺、莲岩禅院、墨浪庵、西明庵、石鼓寺、宝珠庵、别峰庵、九峰庵、般若庵、观音堂、鹤林庵、菩提庵、普斋庵、七贤庵、清净尼庵、善应堂、桃源庵、听月庵、颖林庵、竺龄尼庵、黄谷庵、贝叶庵、海潮庵、镜台庵、芥庵、莲花庵、龙蟠坡庵
黟县	8	万春庵、观音堂、利渴庵、地藏宫、西武岭庵、淋沥庵、卓锡庵、黄荆庵
绩溪县	2	大佛寺、普世庵
休宁县	5	清净禅林、冷云庵、阜通庵、护国禅林、毗卢阁
祁门县	11	飞龙庵、环沙岭庵、紫荆庵、十王寺、白杨寺、甲第庵、雨花庵、文峰庵、狮子庵、般若庵、观音阁
婺源县	0	——

数据来源参见：(明)李贤等纂：《大明一统志·徽州府》，三秦出版社，1990年；(清)穆彰阿等纂：《嘉庆重修一统志·徽州府》，中华书局，1986年；(明)彭泽修，汪舜民纂：《徽州府志·寺观》，明弘治十五年(1502)刻本；(明)何东序修，汪尚宁等纂：《徽州府志·寺观》，明嘉靖四十五年(1566)刻本；(清)丁廷楗修，赵吉士纂：《徽州府志·寺观》，清康熙三十八年(1699)刻本；(明)程敏政纂修：《休宁志·寺观》，明弘治四年(1491)刻本；(明)余士奇修，谢存仁纂：《祁门县志·寺观》，明万历二十八年(1600)刻本；(清)蒋璨纂修：《婺源县志·寺观》，清康熙三十三年(1694)刻本；(清)较陈锡修，赵继序、章瑞钟纂：《绩溪县志·寺观》，清乾隆二十一年(1756)刻本；(清)张佩芳修，刘大櫆纂：《歙县志·寺观》，清乾隆三十六年(1771)刻本；(清)吴甸华修，程汝翼等纂：《黟县志·寺观》，清嘉庆十七年(1812)修，清道光五年(1825)刻本；谢廷赞著：《西干十寺记》，说郛续本，收入《续修四库全书》第1997册；(清)释弘眉撰：《黄山志》，清康熙六年(1667)刻本，慈光寺藏本；(清)汪洪度纂：《黄山领要录》，清乾隆间刻本；(清)江登云纂：《橙阳散志》，清嘉庆十四年(1809)刻本。

二、明代徽州的高僧

明代对僧人的管理较为严格，所有僧道均以度牒为其身份证明，"若请给度牒,必考试精通经典者方许。又以民家多以女子为尼姑女冠,自今四十以上者听,未及者,不许,著为令"①。这种以法律形式确定下来的僧人身份认可制度,其初衷是为限制过多的人因逃避国家徭役而出家为僧,对那些志向出家的人的影响不大。纵观明代徽州,明确见于记载的僧人数量为205人(详见后文)。这个数字与前代的相比不可谓不大,不过这个数字里包含更多的是普通僧众,具有较大影响力的僧人数量远没有这么多。

在明代徽州,普门大师影响较大。普门大师名惟(一作"唯")安,眉县奚氏子,幼年生活孤苦。入佛门受戒后,遍访宗师,三十余年间来往少林、五台、太行、伏牛、普陀等诸大道场。万历三十四年(1606),因有梦感而入黄山草创法海禅院,皈依者日渐繁多以致粮糗乏绝,纵然食菜饮水,也不愿相离。后惟安游方京师,声达禁苑,李太后赐他四面七层佛像十二尊,并赐经书一藏、紫衣、金钵、禅杖及寺额。后来与龙池老人共参佛法,不久即归。最终坐寂乘原禅林,生前撰有行迹,后刊行于世。不过,普门禅师示寂后,继法者多不能弘持其道,以致殿宇巍然却法席寥落。这也恰恰与明代佛教物质资源丰饶而义理寥寥的整体态势相吻合。

普门大师之后较有名的弘宗僧人有林皋大师和朝宗大师。林皋大师名豫,号晦夫,昆山陈氏子,得佛法于磐山修和尚。在黄山指象处修行三年,一日偕普门大师看瀑布并讨论佛机,普门云:"此瀑布在心内在心外?"林皋答曰:"内外且置。"林皋反问:"你道此泉从何处来?"普门曰:"原来其中人也。"经此番讨论后,普门与林皋内心更加契合。后来林皋居夹山,法席道场更加显著,唐、宋尊宿语录他都各加品评,成为宗门典范。朝宗大师名通忍,武进陈氏子,善于诗文,年少时对得道成仙很感兴趣,后来自己感觉修仙练道不能明彻生死,于是决意参禅。后来朝宗大师遇到密云老人,自感神领意得,于是随其修习佛法。他年仅三十余岁时就开堂金陵,后游化至天都,僧不畏将其迎居别峰庵,顺治五年(1648)示寂于宝华寺,著有《宝华语录》行于世。② 另

---

① 《明实录·太祖实录》卷八六,国立北平图书馆红格钞本。
② (清)闵麟嗣:《黄山志定本》卷二《人物》,民国二十四年(1935)安徽丛书编印本。

外,休宁普满寺的僧嗣汉,戒行卓然,为禅林所宗。绩溪的一九和尚,其父为虎所噬,其与虎斗而夺父尸,邑民旌其孝勇,后于石金庵出家为僧,备修苦行,人咸重之。①

从总体上来看,明代徽州佛教思想理论层面创建甚少,但这并不影响禅宗和净土宗在徽州的流行。② 这一时期徽州较有影响的禅宗僧人有婺源礼迦庵的释真柏、释真松。释真柏,字郁林,歙县叶氏子。释真松,字翠林,绩溪汪氏子,是释真柏的外甥。释真柏、释真松生而胎斋,二人年龄稍长时便一同前往宛陵千顷山拜师僧守庵,后同住婺源县石门,诣汪肇林,至荆山珂公法席共传心印。不久,江一麟复建礼迦古迹请斋释真柏为住持,释真柏解脱泥滓,求见心性,远近皈依。释真松深解禅理,戒行严洁。另外,隐居黟县石门山洞的释慧融也是徽州禅宗名僧,他初隐石门洞时,攀藤而上,后来邑人为之凿路。洞中一灶一瓢,别无他物,若有施米则炊,无则静坐石上,如石人一般,有时七日不食亦不饥饿。后他往天童密云印证,归来后悠然示寂。③

禅宗在徽州的发展并不是均衡的,在一些佛教发展迅速的地区,禅宗尚未处于主体地位,在这一点上,黄山表现得最为明显。特别是万历以来,"禅宗日盛,而黄山禅席寥寥,故演律净业"④。黄山律宗的代表僧人为见月大师、一斋大师、心空律师和印生和尚。见月大师是云南人,从三昧大师受具戒,执侍十余载。当时华山座下学法者千人,戒律推见月为首。等其受衣钵后,到黄山贝叶庵弘扬律宗,三载后继续主华山席。当时学人盛集,数十年间有数万人,世人都赞其为肉身菩萨出世。一斋大师为邵阳人,师承五台山成芳和尚。惠藩听说他德行高尚,迎一斋大师至荆南,没过多久就辞行回归,惠王赐紫衣并遣内臣送他至黄山云谷禅院,赐额大宝王刹师。一斋回黄山后不断修习佛事,寺院的规模日渐整肃。后来主慈光方丈事,教化大行,吴越之士

---

① (清)马步蟾纂修:《徽州府志·人物》,清道光七年(1827)刻本。
② 杜继文主编:《佛教史》,南京:江苏人民出版社,2008年,第450页。
③ 何建明主编:《中国地方志佛道教文献汇纂·人物卷·安徽通志稿》第52册,北京:国家图书馆出版社,2013年。
④ (清)闵麟嗣:《黄山志定本》卷二《人物》,民国二十四年(1935)安徽丛书编印本。

听法的人日益云集。心空律师名海学，荆州惠府剃发僧，受具戒于一斋和尚，为慈光监院后住翠微寺。他重建殿宇，开律坛，持秽迹金刚神咒数十年，凡受衣服卧具随手脱赠，自忍寒冬，为人慈厚。印生和尚也师承成芳和尚，惠藩特别重视他，崇祯末归老翠微峰下。需要特别提及的是荆州惠王，名常润，自幼好佛，诵《金刚经》从不间断。崇祯己卯，惠王请一斋律师至藩治，并于荆南率合宫执弟子礼，受优婆塞戒。一斋大师归黄山时，命令制作衣具经像四十八。后惠王入掷钵禅院，选法器四十八人，做道场四十九日，赐掷钵大宝法王额。第二年，新安檀越请一斋大师主慈光寺方丈，惠王赐金书《华严经》、七佛衣放在慈光寺。① 由此可见，明代黄山佛教以律宗最具有优势，且荆州惠王对推动徽州佛教，特别是黄山律宗的发展作用不可谓不大。

  黄山净业宗的发展也很兴旺，以僧寓安、僧无易、释文斋、僧法通为代表。僧寓安为衢州开化余氏子，依云栖莲池大师受具戒。由于他精勤不息，专意无间，因此云栖莲池大师很器重他，命执掌维那一职，众人十分信服寓安。僧寓安登黄山于掷钵峰下，创建伽蓝，归向者日益增多。僧法通居仙王山，七岁出家，正统丁丑示寂。他守戒念佛募建仙王殿，又豫砌石塔，已备自窆。也可能是净土宗的修习方法相对较为简单，客观上有利于佛法的传播。如僧人文斋，出家为僧七年，不谈论禅理，不一味诵经，仅言万法皆空，只劝世人多行善事，最终成为黄山净业寺得道高僧。更有僧无易先师从僧寓安，瞻礼持诵有成，后又师从云栖寺莲池大师。然而他却能坚持净业不相乖异，历五年而归掷钵禅院，其楼阁堂庑皆僧无易继起而成，凡区划规制一如云栖无异，顺治辛卯春示寂，著有《山居诗》《净土偈》板藏掷钵禅院。②

  徽州佛教这一阶段的另一个亮点在休宁的仰山。就高僧而言，明代仰山自雪浪禅师至佛日禅师，均为尊宿。如雪浪禅师，通三藏，登座讲解，标宗树义，辞媚理纯，为两京讲师之最，学者一时皆尚之；如夜台禅师，常住五台十七年，在京蒙慈圣太后供养，赐紫渗金钵盂、锡杖，后挂搭仰山敬设礼忏道场五

---

① （清）释弘眉撰：《黄山志》卷二《演律》，清康熙六年（1667）刻本，慈光寺藏本。
② （清）释弘眉撰：《黄山志》卷二《净业》，清康熙六年（1667）刻本，慈光寺藏本。

日夜。如雪浪禅师,能诗,有六朝初唐之致,能书则绝代小行;如佛日禅师,讲圆觉经,又精于戒律,善诗文,有唐风,入少林氽学一年,去往名山道场,无不履历听法;如癯鹤禅师,精戒律,诗书不弱于恩公,而"严古不好讲解,学者执策问诘,剖析玄旨,有超格绝尘之韵,晚隐伏牛山,庚寅至荪谷,偕石公来赋诗,贻玉觉二公而去,二公皆以诗若干行世";如介如禅师,入少林,氽学三年,又如伏牛、天台、雁荡南海诸道场,善游戏,书画及诸技艺可称精绝,若赋诗作文不俟运思,握管立就,所至丛林未尝停腕,有《法语四教仪略注》《楞严》《法华》等诸经旨要若干卷刊播于世。更有梵僧来此驻锡,以弘佛法,如梵师大海,偕行者圆海、净海、觉海,"咒梵尤精,秘密真言与此方小异,强半似之","居吾国日久,文理皆通"。如梵师圆海,"自于阗经鞑子国,闻观音大士出世十六年应身说法,于是师去朝礼大士,即为摩顶受记,授之黄绢结印,后礼五台,来游新都,坐关恒山堂"。①诸多名僧出现在仰山,足以说明仰山佛教在明代获得快速发展。

三、明代徽州佛教的蜕变

明代为加强对佛教寺院的管理,将佛寺分为禅、讲、教三等,使佛寺专理世俗事务,并明确规定瑜伽佛事所需价格,其初衷是为了保障佛教能在政府的监控下健康发展。然事与愿违,许多僧人在出家之初多会选择佛寺,其目的不是为了弘扬佛法,而是为获取更多的财物以谋求立身之本。再加上僧人度牒冗滥,特别是政府财政拮据时公开售卖度牒,加剧了僧人队伍的复杂性。寺庙的事务分工促使僧俗联系频繁,僧人来源的广泛性降低了佛僧队伍的整体素质,二者结合后给佛教整体发展带来的负面影响不可小觑。

在明代大社会背景下,徽州佛教也难逃其蜕变的命运。这从徽州的土地买卖文书中可见一二。

---

① (明)程文举:《仰山乘》卷一《高僧》。

明永乐九年(一四一一年)祁门县僧禧怡云卖山地红契①

十一都永喜庵僧禧怡云承师祖山一片,坐落本都五保,土名瓦谣(窰)坑系经理汤字五伯(百)十二号,计十二亩二角。其山四至:东至田,西至降,南李家山,北至自山;又取五伯(百)十四号山十四亩,本庵内该七亩。东至田,西至降,南、北山;又取五伯(百)□□□□山□□亩,内该一十三亩。其山东至降,西至田,双□□田;南至岭,出至岭脚;北降,直出至荒田。今将前项山地骨一十二至,凭中立契出卖与同都住人汪德淳名下为业。凭中面议价钞七百五十头文正。其钞契当日一并两相交付,后再不立领。未卖之先,即无重复交易。如有来历不明,尽是卖人之(支)当,不及买人之事。今从卖后,以(一)听买人入山长苗管业,本庵即无言说。今恐无凭,立此文契为照。

　　永乐九年三月十六日　　立契僧人　禧怡云　(押)
　　　　　　　　　　　　　　契见人　　李友德　(押)

这种土地买卖行为不但在僧俗之间存在,而且在僧人之间存在,且其买卖形式与世俗世界并无二致,《明弘治五年(一四九二年)祁门县僧以明卖山地红契》即为一例。

明弘治五年(一四九二年)祁门县僧以明卖山地红契②

五都珠溪寺住人以明,今有山三号,坐落六都六保,土名白茅坑,计山共九十八亩,其山系经理衣字三十九号、五十二号、五十四号,其三号山一十二至自有本保经理可照。以明边合得前项山一半,自情愿尽数立契出卖与六都释昂名下为业,面议时价银七两正,其价并契当日两相交付明白。未卖之先,即无重复交易。如有不明,卖人之(支)当,不系(及)买人之事。其山并见在杉苗木,买人自见多少好歹。自成之后,各无悔易(异)。如先悔者,甘罚银二两入

---

① 张传玺主编:《中国历代契约会编考释》,北京:北京大学出版社,1995年,第732页。
② 张传玺主编:《中国历代契约会编考释》,北京:北京大学出版社,1995年,第788~789页。

官公用,仍以此契为准。又有批受王胜寿,经理系衣字四十号,计山二十五伍亩,亦坐落土名连界同处,亦卖在契。今恐无凭,立此文契为照。

       弘治五年三月初二日 立契 住人 以明(押)
                  中见人 程宪(押)

  这种僧俗之间的田产交易事件一方面说明了僧人对寺院经济经营不善,另一方面也说明,僧人对世俗交易的认同和参与是其自身缺乏约束机制的体现,也是其向世俗蜕变的表现形式之一。当然,这里的蜕变并非仅仅指其物质上的变化,也涉及对徽州佛教义理的品评,是对其教义苍白状况的概括。徽州得天独厚的自然条件和商业经济的不断发展都为佛教的发展提供了物质条件,特别是万历皇帝、慈圣太后及荆州惠王对黄山佛教,乃至整个徽州佛教在物质上的支持力度不可谓不大。然其最终走向没落,归根结底还是自身的世俗化所致。所谓"徽俗不尚佛、老之道,僧人道士,唯用之以事斋醮耳"①,是士人对徽州佛教发展在社会地位层面上的一种概括。徽州佛教已经由徽州精神世界的支柱之一沦落为徽州世俗社会治丧祭祀的附庸,而徽州佛教向世俗化蜕变的倾向则可以从治丧祭祀、祈愿求雨等社会活动中窥见一斑。

  徽州有"程朱阙里"之称,节烈仁孝之风盛行,因此治丧祭祀、缅怀先人成为徽州人评价仁孝的重要因素。所以,许多人为彰显孝行而延请僧侣追荐亡灵,或者直接就僧寺为之。② 也有治丧不做佛事者,其原因之一是受理学观念的影响,二是花费太大。"棺敛之费仅数十金,而僧道之追荐,冥器冥财之焚耗,求神散福之食用,往往数倍于此","素封之家往往供佛饭僧,为亲忏悔"③,由此可见佛事在治丧过程中的重要性和佛教与世俗的交融程度。同时,徽州人对祭祀先人也很重视,即便身入佛门也对祭祀先人念念不忘。如

---

① 许承尧:《歙事闲谭》,合肥:黄山书社,2001年,第607页。
② 许承尧:《歙事闲谭》,合肥:黄山书社,2001年,第609页。
③ (清)刘汝骥:《陶甓公牍》卷十二,《官箴书集成》第10册,合肥:黄山书社,1997年,第581、596页。

婺源僧神秀者,虽出家为僧,见祖上祠堂倾圮,乃行医取资,孜孜不倦,后倡出缗钱,协助族人新修祠堂。① 如祁门县报慈庵僧真瑞,报慈寺本祁门程氏祖祠,祠中奉程氏诸祖,入田饭僧,每岁清明,则合族燕享,盖三百年矣。由于年久倾圮,成化年间新修其庵,而住山僧真瑞及其徒世食于程氏祖祠,此次重修亦因效力颇多而受到称赞。②

除丧葬以外,徽州佛教在祈愿请雨方面也扮演着重要角色,如歙县的普祐院,"当水旱疾疫之灾,虫虎螟蛉之患,乡人固有祷焉,而答之弗爽者焉"③。甚至寺院周围的自然事物也会被戴上象征佛教灵异的光环,在龙吟寺旁的龙吟石,"按龙吟之声若物戛铜器,为雨征,闻击此而声似之,辄得雨"④。更有甚者,给佛寺增加了地方神的功能,如休宁县的方兴寺。该寺位于县南三十五里临溪街,该地居民有数百家,"寺之神将保境御寇之时,有效灵协顺之举,故数百年来出入兵燹之交而岿然独存"。⑤ 本来寺院是弘法传教的场所,但在明代的徽州地区,寺院却成为民间拜神祈愿和世俗流入的地方。本来僧人的道行如何,应以其修行质量为判断标准,而明代徽州却以是否与业主关系融洽为判断依据。再加上佛教与宗族、地方政府和徽州士人关系复杂,使徽州佛教在世俗化道路上越走越远,越来越以其所拥有的世俗号召力为傲,对超脱放达、远离尘俗的清修愈加冷落。不得不说,徽州的佛教蜕变了。

当然,这种蜕变是就其义理而言的。与此相应的是,徽州佛教由于在世俗化的道路上愈走愈远,徽州佛教与徽州区域社会的高度结合也催生了另外一种现象的产生,那就是明代徽州由于徽商的崛起、物质财富的极大丰富、社会人群(譬如留守妇孺)心理的需要及佛教与宗族等势力的高度结合等,使得有明一代徽州寺院遍布乡里,较之他处更甚。这为我们开展历史时期徽州佛教地理问题的探讨提供了较好的研究资料。

---

① (明)程敏政:《新安文献志》卷四一卷五《婺源三梧镇汪端公祠堂碑》,《四库全书》本。
② (明)程敏政:《篁墩文集》卷十四《祁门善和程氏重修报慈庵祠宇记》,《四库全书》本。
③ 叶名铭辑:《歙县金石志》,民国紫城叶氏家庙排印本,第46页。
④ (清)闵麟嗣:《黄山松石谱》卷一,《丛书集成续编》第94册,第213页。
⑤ (明)程敏政:《篁墩文集》卷十四《休宁县方兴寺重修记》,《四库全书》本。

第二节　明代徽州地区新修建寺院的时空分布

宗教既是一种文化现象又是一种文化景观。作为一种文化现象,地理环境时刻影响着它的形成与发展;作为一种文化景观,它与宗教信仰氛围有着千丝万缕的联系,从而成为特色鲜明的文化表征之一。[①] 宗教建筑是具有宗教意义的文化景观,寺庙作为佛教三宝之现实所依,是佛教最具代表性的物化形式之一。历史资料中对佛寺的称呼有很多,以寺、院、庵、梵刹、兰若、道场和丛林等称呼较为常见。通常来讲,佛教的"寺"和"院"有一定的区别,"寺"常常是总称、通称,是一个整体概念,而'院'往往指的是寺中的别舍,即寺的组成部分,是一个部分概念,也有一些独立的佛寺被称为"院",但规模要小一点。规模较大的正规的寺庙常叫作"寺",规模较小且简陋的常叫作"兰若"。[②] 由于一个时期内某地寺院新修建(包括新建和重修)的状况是反映一个地区佛教发展基本情况的重要标志之一,因此对明代徽州地区寺院的新建、重修状况进行系统考察和分析,是掌握明代徽州佛教区域发展状况的关键所在。结合明代佛教发展史的一般状况和徽州佛教发展的具体实情,[③]我们将分三个时段对明代徽州新建及重修寺院的空间分布略加分析。

一、洪武至宣德时期徽州地区新修建寺院的时空分布

明初,朝廷对佛教采取既充分利用又严格限制的政策,对寺院和僧人实施严格的社会化管理,颁发一系列的诏令,清理不良寺观,落实寺院社会化管理制度,制定佛事仪轨和服务价格标准,竭力实现佛教的社会教化作用。明律明确规定,在寺观的新建方面,"凡寺观庵院,除现在处所外,不许私自创建

---

① 王恩涌、赵荣等:《人文地理学》,北京:高等教育出版社,2000年,第215~216页。
② 张伟然、顾晶霞:《佛寺探秘》,长春:长春出版社,2012年,第4、8页。
③ 赖永海:《中国佛教通史》第12卷,南京:江苏人民出版社,2010年,第20页。

增置,违者杖一百,还俗"①。在僧寺的归并方面,"务要三十人以上聚成一寺,二十人以下者听令归并成寺,其原非寺额,创立庵堂寺院名色并行革去"②。洪武时期的佛教政策多被明初诸帝继承,所以从洪武到宣德时期,新建的寺院并不是很多,即便是感恩于僧人助其称帝的永乐皇帝,对新建佛寺这一问题的态度也是相当审慎的。在这一时段内,徽州地区明确见于记载的新建寺院只有3所,分别是祁门县的十王寺、黟县的地藏宫和歙县的御泉庵。其中,御泉庵为洪武时期,太祖皇帝经过黄山,因渴得泉,感于神灵,以泉名庵得之。这一时期新建的3所寺院分属于不同的县级行政单位,没有形成集中分布的现象。与寺院新建不同,这一时期徽州却产生了大规模的寺院修复活动。

从洪武到宣德时期,徽州有67所寺院进行了重修,共修缮68次,休宁县新屯寺先后在洪武、永乐年间均有修缮。其中洪武年间重修寺院64次,永乐年间2次,洪熙、宣德年间各1次。被修缮的67所寺院在空间分布上歙县有2所,绩溪县有3所,休宁县有7所,黟县有9所,祁门县有2所,婺源县有44所(见图2-1及表2-2)。婺源县寺庙被修缮的次数约占修缮总次数的66%,超过修缮总次数的一半。这是因为婺源县的寺院在元至正壬辰年因兵灾受损较为严重,原有寺院中有47所被毁。洪武年间,该县对44所寺院进行了修复重建,占到洪武时期徽州寺院修复总次数的一半以上,产生了高度集中修复的现象。而且根据婺源县寺院的破坏情况和国家的佛教政策,洪武二十五年(1392),在婺源县设立万寿寺、黄莲寺、灵山寺、福山寺四大丛林寺院,进而实现了寺院管理的规范化。

---

① 怀效锋点校:《大明律·户律》卷四,北京:法律出版社,1999年,第456页。
② (明)葛寅亮:《金陵梵刹志》,明天启七年刻本。

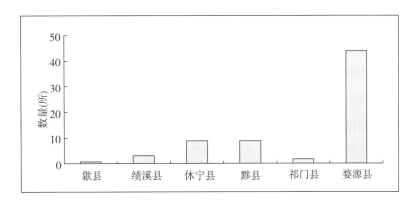

图 2-1　洪武至宣德时期徽州地区重修寺院数量柱状图

表 2-2　洪武至宣德时期徽州地区重修寺院一览表①

寺名	建寺年代	重修时间	分布地
诸天阁	宋	洪武年间	歙县
灵鹫寺	宋	洪武年间	绩溪县
珠溪寿圣院	唐	洪武年间	祁门县
白塔寺	五代	洪武年间	婺源县
天竺庵	元	洪武年间	婺源县
灵仙寺	宋	洪武年间	婺源县
大杞寺	唐	洪武年间	婺源县
福山寺	宋	洪武年间	婺源县
荷恩寺	唐	洪武年间	婺源县
龙泉寺	五代	洪武年间	婺源县
朗湖院	元	洪武年间	婺源县
真如庵	元	洪武年间	婺源县
广福寺	宋	洪武年间	婺源县
开化寺	宋	洪武年间	婺源县

---

① 本章二、三两节有关明代各个时期寺院重修、新建等信息汇总于附表，文中分述时不再单独列出资料来源，特此注明。

续表

寺名	建寺年代	重修时间	分布地
宏山庵	宋	洪武年间	婺源县
龙居寺	宋	洪武年间	婺源县
三礼堂	宋	洪武年间	婺源县
高峰寺	宋	洪武年间	婺源县
钱塘寺	宋	洪武年间	婺源县
保福寺	宋	洪武年间	婺源县
肇安庵	宋	洪武年间	婺源县
忠裔堂	宋	洪武年间	婺源县
新田寺	宋	洪武年间	婺源县
香岩寺	宋	洪武年间	婺源县
贻祐堂	宋	洪武年间	婺源县
天王寺	唐	洪武年间	婺源县
如意寺	唐	洪武年间	婺源县
灵河寺	唐	洪武年间	婺源县
山房寺	唐	洪武年间	婺源县
灵山寺	唐	洪武年间	婺源县
黄连寺	唐	洪武年间	婺源县
重兴寺	唐	洪武年间	婺源县
隆庆寺	唐	洪武年间	婺源县
资福寺	唐	洪武年间	婺源县
凤林寺	唐	洪武年间	婺源县
云兴寺	唐	洪武年间	婺源县
普济寺	唐	洪武年间	婺源县
新兴寺	宋	洪武年间	婺源县九都
灵山寺	宋	洪武年间	婺源县三都
普满禅寺	唐	洪武年间	休宁县

续表

寺名	建寺年代	重修时间	分布地
建初寺	唐	洪武年间	休宁县
闲居尼寺	梁	洪武年间	黟县
尊孝寺	唐	洪武年间	黟县
延庆院	唐	洪武年间	黟县
石鼓院	唐	洪武年间	黟县
东山庵	元	洪武年间	黟县
碧云庵	宋	洪武年间	婺源县
万安寺	唐	洪武年间	休宁县
龙渊寺	宋	洪武年间	婺源县
乐居寺	五代	洪武年间	婺源县
新兴寺	唐	洪武年间	婺源县
易山庵	唐	洪武年间	休宁县
广安寺	梁	洪武年间	黟县
天王寺	元	洪武年间	绩溪县
太平禅寺	不详	洪武年间	绩溪县
泗洲寺	宋	洪武年间	婺源县
大田寺	唐	洪武年间	婺源县
方兴寺	唐	洪武年间	休宁县
静林院	唐	洪武年间	黟县
新屯寺	唐	洪武、永乐年间	休宁县
天宁万寿寺	唐	洪武年间	歙县
悟法寺	唐	洪武年间	祁门县
万寿寺	唐	洪武年间	婺源县
沙门寺	唐	洪武年间	婺源县
松萝庵	宋	洪熙年间	休宁县
精林院	唐	宣德年间	黟县
泗洲庵	宋	永乐年间	黟县

二、正统至嘉靖时期徽州地区新修建寺院的时空分布

从正统至嘉靖,在时间跨度上几乎占去明代一半,这一时段被佛教史学者视为明代佛教的低谷阶段。之所以这样说,是因为除了这一时期佛教自身发展缺乏特点外,还与皇帝对佛教的态度有关。① 明英宗兼宠佛道,宗教政策基本遵从祖制。然正统中后期,王振专权,为实现自身的佞佛意志,怂恿皇帝每年度僧,致使度牒大量发放,僧、寺规模膨胀。② 不过从景泰到成化,朝廷总体上是偏向崇信佛教的,特别是成化年间,"妖僧继晓用事,而佛教益盛"③。武宗兼宠佛道,也曾多次下令度僧。然而不久此举就遭到世宗的批评,认为他颇习番教,聚众诵经,日与之狎④。明世宗则专崇道教,对佛教没有好感,甚至认为佛界崇奉的佛骨"听之者智曰邪秽,而不不欲观,愚曰奇异,必欲尊奉之"⑤,并令将其销毁。无可讳言,明中期诸帝能基本坚持实施明初的佛教政策,虽有利用度牒出售来弥补财政亏空而使佛教出现冗滥的现象,但是明中期诸帝宠佛背后更多的原因是针对当时经济因素的应变之举。

徽州地区佛教发展态势可从寺院新建和重修两个方面来看。在此期间新建的寺院有 11 所,其中歙县有 5 所,分别是定光寺、水晶庵、肇林院、青山寺、东云岩;黟县有 3 所,分别是利渴庵、观音堂、万春庵;休宁、祁门、绩溪 3 县各 1 所,分别是阜通庵、白杨寺、普世庵。在这 11 所有明确的建立时间的寺庙中,有 5 所建于嘉靖年间,2 所建于正统年间,2 所建于天顺年间,1 所建于成化年间。嘉靖皇帝崇信道教,对佛教兴趣不大,那为何徽州在嘉靖年间新建寺庙较多?细究之下我们发现,休宁县阜通庵因地方造

---

① 赖永海:《中国佛教通史》第 12 卷,南京:江苏人民出版社,2010 年,第 36 页。
② (清)张廷玉等撰:《明史》卷一六四,北京:中华书局,1974 年,第 4457 页。
③ (明)沈德符撰:《万历野获编》,北京:中华书局,1959 年,第 679 页。
④ 参见《明武宗实录》卷六四"正德五年六月壬亥"条,国立北平图书馆红格钞本。
⑤ (明)夏言撰:《夏桂洲先生文集》卷一四《议除禁中释殿及毁销佛骨疏》,《四库全书存目丛书》本,第 74 册。

桥、彰显一方公益而立;歙县的肇林院为司马汪道昆所建,汪道昆念歙县风光无限且有向佛之心,因而建寺;绩溪县的普世庵为周御所建。由此可见,肇林院和普世庵为私人所建,并非世宗敕建,这已与明初寺观庵院禁止私创的政令不符。这也从侧面反映了地方上佛教政策有所松懈和中央政令执行力度不够。

正统至嘉靖年间,徽州地区寺院重修次数为41次,约占前一时期重修次数的2/3,其中成化年间2次,弘治年间6次,嘉靖年间18次,天顺年间3次,正统年间5次,正德年间5次,景泰年间2次(见表2-3)。

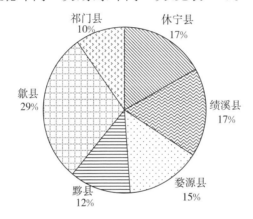

图 2-2　正统至嘉靖时期徽州地区寺院重修次数分配比例图

明世宗时期寺院重修次数最多,加上此时徽州地区新建寺院数量在徽州新建寺院总量中所占比重最大,足见嘉靖年间徽州地区佛教有相当大的发展。这一阶段在寺院重修次数的空间分配上,歙县重修12次,休宁县重修7次,婺源县重修6次,绩溪县重修7次,祁门县重修4次,黟县重修5次。与前一时期相比,婺源县的寺院重修次数恢复正常,各县寺院重修次数趋于平衡。歙县作为府治所在地,在政治、经济、文化各方面享有的优越条件较其他属县多,因而歙县寺院重修次数偏多属正常情况(见图2-2)。

表 2-3　正统至嘉靖时期徽州地区重修寺院一览表

寺名	创建年代	重修时间	分布地
地□庵（原寺名不可考）	不详	成化年间	休宁县
新建寺	不详	弘治年间	绩溪县
葛塘院	五代	弘治年间	歙县
黄抗院	唐	弘治年间	歙县
碧云庵	宋	弘治年间	婺源县
万安寺	唐	弘治年间	休宁县
龙渊寺	宋	嘉靖年间	婺源县
乐居寺	五代	嘉靖年间	婺源县
新兴寺	唐	嘉靖年间	婺源县三十九都
易山庵	唐	嘉靖年间	休宁县
广安寺	梁	嘉靖年间	黟县
天王寺	元	嘉靖年间	绩溪县
太平禅寺	不详	嘉靖年间	绩溪县
方兴寺	唐	天顺年间	休宁县
静林院	唐	弘治年间	黟县
悟法寺	唐	正统年间	祁门县
万寿寺	唐	正统年间	婺源县
沙门寺	唐	正统年间	婺源县
松萝庵	宋	天顺年间	休宁县
天王寺	元	正德年间	绩溪县
太平禅寺	不详	正德年间	绩溪县
普祐院	宋	嘉靖年间	歙县
普照寺	宋	嘉靖年间	绩溪县
崇福寺	唐	嘉靖年间	绩溪县
贵溪古寺	唐	嘉靖年间	祁门县
大痕寺	宋	嘉靖年间	祁门县

续表

寺名	创建年代	重修时间	分布地
安丰庵	元	嘉靖年间	祁门县
城阳寺	唐	嘉靖年间	歙县
湖田寺	宋	嘉靖年间	歙县
忠烈庙	不详	嘉靖年间	歙县
审坑庵	宋	嘉靖年间	休宁县
福田寺	唐	景泰年间	歙县
南山庵	晋	景泰年间	休宁县
观音阁	不详	天顺年间	黟县
泗洲庵	宋	成化年间	黟县
宝相寺	唐	正德年间	歙县
东古寺	元	正德年间	歙县
仁义院	宋	正德年间	歙县
霱山院	唐	正统年间	黟县
大中祥符寺	唐	正统年间、嘉靖年间	歙县

三、隆庆至崇祯时期徽州地区新修建寺院的时空分布

隆庆至崇祯共历时约八十年，这一时期的佛教政策在明初的基调上又有所调整。穆宗改世宗时期的崇道政策为崇佛政策，神宗、光宗兼宠佛道，其中最为典型的莫过于神宗皇帝。神宗皇帝与两宫太后都信奉佛教，在京师建的慈寿寺、万寿寺等富贵瑰丽、甲于天下。在神宗在位的48年间，神宗"度僧为替身出家，大开经厂，颁赐天下名刹殆遍"①。这一时期的佛教得到全面复兴，被佛教教众称为"万历佛教"。②

在此期间，徽州府明确见于记载的新建寺院有36所，约是洪武至嘉靖年间新建寺院数量之和的两倍。其中婺源县、绩溪县、黟县新建寺院数为0；休

---

① （明）沈德符撰：《万历野获编》，北京：中华书局，1959年，第679页。
② 赖永海：《中国佛教通史》第12卷，南京：江苏人民出版社，2010年，第46页。

宁县新建寺院有 4 所,分别是冷云庵、清净禅林、护国禅林和毗卢阁;祁门县新建寺院有 6 所,分别是雨花庵、文峰庵、狮子庵、般若庵、观音阁和甲第庵;歙县新建寺院有 26 所,如大觉禅寺、慈光寺、指象处等寺庵。这 36 所新建寺院中,建于隆庆年间的有 1 所,建于天启年间的有 2 所,建于万历年间的有 23 所,建于崇祯年间的有 10 所。从总体上来看,新建寺院在空间分布上以歙县新建寺院为多,超过总数的 1/2;从时间分布上来看,万历年间新建寺院所占比重较大,约占总数的 2/3。那么为何婺源县、绩溪县、黟县三县新建寺院数为 0 而歙县新建寺院数量却如此之多? 其实,婺源县、绩溪县、黟县新建寺庙数为 0,是因为我们在资料中没有发现明确的关于在此时段内建于此 3 县内的寺庙的记录,此 3 县新建寺庙数量为 0 是否真实我们只能存疑,姑且在统一标准下,将其新建数量视为 0。而歙县新建寺院较多是因为此时段内黄山新建寺院较多。在歙县的 26 所新建寺院中有 10 所建在黄山,所以歙县在此期新建寺院数量的增加主要缘于黄山寺院的兴建。至于在新建寺院中万历时期所建寺院所占比重大,当归因于神宗皇帝对佛教的特别眷顾。这从慈光寺的兴建过程中可见一斑,"万历丙午,普门和尚始来山诛茅建刹,为法海庵,旋入京师,上感宸眷,赐七层四面佛及藏经还山,并敕赐额今名"。[①] 万历皇帝对黄山佛教的支持,使黄山在万历时期寺院兴建较多,在新建的 10 所寺院中有 8 所建于神宗时期。这使歙县在万历时期新建寺院的数量在徽州府新建寺院的总数量中,呈现出时间和空间上所占比重较大的现象。

在此期间徽州寺院重修次数为 18 次,其中崇祯年间为 2 次,天启朝为 4 次,万历年间为 12 次。涉及修缮的寺院共 17 所,其中婺源县有 2 所,祁门县有 6 所,休宁县有 1 所,歙县有 8 所(见表 2-4)。这一时期与前两时期相比,寺庙的重修次数再次减少,绩溪县和黟县在重修记录上出现了空白。除因资料记录疏漏之外,这从也侧面反映出,在明初和明中期对寺庙进行较大力度的重修后,明后期对前代寺院重修的次数已大大减少,甚至出现万历时期所

---

① (清)释弘眉撰:《黄山志》卷二《寺观》,清康熙六年(1667)刻本,慈光寺藏本。

建寺院进入崇祯、天启朝重修时间范围的现象。当然这并不排除其中所包含的因火灾、水灾等特殊原因导致寺院的重修。歙县有 8 所寺院在此期内得到修缮,约占修缮寺院总数的一半(见图 2-3),其中觉华禅林在万历和天启年间都有修缮。而黄山有 3 所寺院在此期得以重修,且均重修于万历年间,足见万历时期黄山佛教发展之盛。至于万历年间修缮寺院 12 次,占此阶段徽州寺院修缮总次数的 2/3,这与万历时期对佛教的推崇有关,兹不赘述。

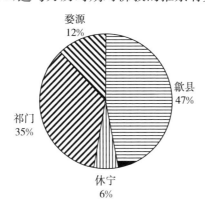

图 2-3　隆庆至崇祯时期徽州地区寺院重修次数分配比例图

表 2-4　隆庆至崇祯时期徽州地区重修寺院一览表

寺名	创建年代	重修时间	分布地
宝胜庵	不详	崇祯年间	祁门县
文殊院	明万历	崇祯年间	歙县
泗洲寺	宋	天启年间	婺源县
大田寺	唐	天启年间	婺源县
忠烈庙	不详	万历年间	歙县
审坑庵	宋	万历年间	休宁县
般若庵	明万历	天启年间	祁门县
大慈庵	不详	万历年间	歙县
指象处	不详	万历年间	歙县
青萝院	唐	万历年间	祁门县

续表

寺名	创建年代	重修时间	分布地
灵泉寺	唐	万历年间	祁门县
永禧寺	宋	万历年间	祁门县
普陀庵	唐	万历年间	祁门县
上律寺	宋	万历年间	歙县
觉华禅林	唐	万历年间、天启年间	歙县
瑞金庵	唐	万历年间	歙县
大中祥符寺	唐	万历年间	歙县

四、明代徽州地区新修建寺院的整体时空分布

明代被佛教史学者视为佛教衰落时期，明朝的一些宗教政策对佛寺和僧人规模以及僧人活动都有严格的限制，以期实现对佛教的社会化管理。但明初诸帝对佛教并非一味地实施限制，也有积极利用佛教的一面。如明太祖著《集注金刚经》一卷，后成祖为其制序。明成祖著《御制诸佛名称歌》一卷、《普法界之曲》四卷、《神僧传》九卷。仁孝皇后也著有《梦感佛说大功德经》一卷、《佛说大因缘经》三卷。[①] 这足以从侧面说明明代初期诸帝对佛教的态度，继后的仁宗、宣宗佛教政策在此基础上未有大的改变。英宗佞佛，"命僧大作佛事，躬自临幸，以故释教益炽"，臣下上书，请其"罢遣僧尼，归之民俗，庶皇风清穆，异教不行"。[②] 大臣李贤也认为，"国家建都北京以来，有废弛而不举者，有创新而不措者。所废弛者莫甚于太学，所创新者莫多于佛寺"。[③] 但英宗对此并没有多少重视，大臣的奏疏多为其所格，以致陈鉴认为，京师风俗浇漓的首要原因就是朝廷事佛过甚[④]，"当景泰时，廷臣谏事佛者甚众，帝卒不

---

① （清）张廷玉等撰：《明史》卷九十八《艺文志》，北京：中华书局，1974年，第2453页。
② （清）张廷玉等撰：《明史》卷一六四《单宇传》，北京：中华书局，1974年，第4458页。
③ （明）陈子龙等编：《皇明经世文编》卷三十六《论太学疏》，北京：中华书局，1962年，第271页。
④ （清）张廷玉等撰：《明史》卷一六二《陈鉴传》，北京：中华书局，1974年，第4407页。

能从。而中官兴安最用事,佞佛甚于振"①。宪宗则"信番僧,有封法王、佛子者,服用僭拟无度",②以致"都城佛刹迄无宁工,京营军士不复遗力"。③ 孝宗对佛事有所节制,但"帝孝事两宫太后甚谨,而两宫皆好佛、老",④所以孝宗也时有向佛行为。武宗、穆宗均有宠佛行为,但鲜有过度行为。世宗皇帝对佛教不是很推崇,但海瑞仍批评他"破产礼佛日甚,室如悬罄,十余年来极矣"。⑤ 神宗认为,"道家要指不过以清虚无欲为戒,佛家要指不过以苦空去欲为教,则津津言利者不足以荧惑圣听,纷纷病民者率至于同归善道,无为之化可致,而太平之烈益先矣"。⑥ 所以神宗崇信道教,又好祥瑞之兆,每有祥瑞就勒令有司停止行刑,以致重囚积有四百多人。⑦ 神宗生母孝定太后,"好佛,京师内外多置梵刹,动费巨万,帝亦助施无算"⑧。由于神宗皇帝和两宫太后对佛、道的推崇,使佛教和道教在万历年间都有较大发展。与前代皇帝相比,崇祯皇帝对佛教的信奉并不突出,但"上以寇氛未靖,民罹锋刃,建斋南城,每子刻同中宫往诵佛"。⑨ 明代诸帝均能遵从明初的佛教政策,虽然出现了英宗、宪宗、神宗偏重佛教,世宗偏信道教的现象,但其均是在明初对佛道利用与限制并用政策基调上变动,宗教信仰过度的现象较少。

就佛教道场的营建而言,明代徽州地区明确见于记载的新建寺院有86所,其中有明确建立时间的寺院有50所,可考建于明代但不详知其建立时间

---

① (清)张廷玉等撰:《明史》卷一六四《单宇传》,北京:中华书局,1974年,第4458页。
② (清)张廷玉等撰:《明史》卷一七七《姚夔传》,北京:中华书局,1974年,第4715页。
③ (清)张廷玉等撰:《明史》卷一八〇《李俊传》,北京:中华书局,1974年,第4780页。
④ (清)张廷玉等撰:《明史》卷一八一《刘健传》,北京:中华书局,1974年,第4812页。
⑤ (明)陈子龙等编:《皇明经世文编》卷三百九《治安疏》,北京:中华书局,1962年,第3256页。
⑥ 《明神宗显皇帝实录》卷之三百三十,国立北平图书馆红格钞本。
⑦ 《明神宗显皇帝实录》卷之三十,国立北平图书馆红格钞本。
⑧ (清)张廷玉等撰:《明史》卷一百一十四《孝定李太后传》,北京:中华书局,1974年,第3536页。
⑨ (清)李逊之撰:《三朝野纪》,影印南京图书馆藏清道光四年(1824)李兆洛活字印本。

的寺院有 36 所(见表 2-5)。从时间层面上讲,这 50 所寺院中建于洪武年间的有 3 所,天顺年间的有 2 所,成化年间的有 2 所,正德年间的有 2 所,嘉靖年间的有 5 所,隆庆年间的有 1 所,万历年间的有 23 所,天启年间的有 2 所,崇祯年间的有 10 所。

表 2-5　明代徽州地区新建寺院一览表

寺院名称	建立时间	分布地
石鼓寺	明	歙县
宝珠庵	明	歙县
别峰庵	明	歙县
指月庵	明	歙县
九峰庵	明	歙县
大佛寺	明	绩溪县
飞龙庵	明	祁门县
环沙岭庵	明	祁门县
紫荆庵	明	祁门县
般若台	明	歙县
般若庵	明	歙县
观音堂	明	歙县
鹤林庵	明	歙县
菩提庵	明	歙县
普斋庵	明	歙县
七贤庵	明	歙县
千佛庵	明	歙县
清净尼庵	明	歙县
善应堂	明	歙县
桃源庵	明	歙县
听月庵	明	歙县

续表

寺院名称	建立时间	分布地
颖林庵	明	歙县
竺龄尼庵	明	歙县
黄谷庵	明	歙县
贝叶庵	明	歙县
海潮庵	明	歙县
镜台庵	明	歙县
芥庵	明	歙县
莲花庵	明	歙县
龙蟠坡庵	明	歙县
墨浪庵	明	歙县
西明庵	明	歙县
淋沥庵	明	黟县
西武岭庵	明	黟县
卓锡庵	明	黟县
黄荆庵	明	黟县
东云岩	明成化年间	歙县
青山寺	明成化年间	歙县
兜率庵	明崇祯年间	歙县
莲顶庵	明崇祯年间	歙县
净度庵	明崇祯年间	歙县
栖云禅院	明崇祯年间	歙县
毗卢阁	明崇祯年间	休宁县
护国禅林	明崇祯年间	休宁县
青莲庵	明崇祯年间	歙县
十王寺	明洪武年间	祁门县邑南
地藏宫	明洪武年间	黟县

续表

寺院名称	建立时间	分布地
御泉庵	明洪武年间	歙县
普世庵	明嘉靖年间	绩溪县
白杨寺	明嘉靖年间	祁门县
肇林院	明嘉靖年间	歙县
阜通庵	明嘉靖年间	休宁县
利渴庵	明嘉靖年间	黟县
甲第庵	明隆庆年间	祁门县
仁寿庙	明崇祯年间	歙县
水月庵	明崇祯年间	歙县
闻持院	明崇祯年间	歙县
骑龙庵	明天启年间	歙县
冷云庵	明天启年间	休宁县
观音堂	明天顺年间	黟县
水晶庵	明天顺年间	歙县
大悲顶	明万历年间	歙县
香山庵	明万历年间	歙县
狮子庵	明万历年间	祁门县
文峰庵	明万历年间	祁门县
雨花庵	明万历年间	祁门县
般若庵	明万历年间	祁门县
观音阁	明万历年间	祁门县
文殊院	明万历年间	歙县
白云庵	明万历年间	歙县
白云禅院	明万历年间	歙县
慈云庵	明万历年间	歙县
飞来尼庵	明万历年间	歙县

续表

寺院名称	建立时间	分布地
惠化寺	明万历年间	歙县
莲岩禅院	明万历年间	歙县
大悲院	明万历年间	歙县
敕赐显灵庙	明万历年间	歙县
利生庵	明万历年间	歙县
松谷寺	明万历年间	歙县
掷钵禅院	明万历年间	歙县
指象庵	明万历年间	歙县
清净禅林	明万历年间	休宁县
慈光寺	明万历年间	歙县
大觉禅寺	明万历年间	歙县
定光寺	明正德年间	歙县
万春庵	明正德年间	黟县

数据来源参见:何建明主编:《中国地方志佛道教文献汇纂·寺观卷》第175～179、230册,北京:国家图书馆出版社,2013年;另,部分寺院具体建立时间由于史料缺载,只能确定为明代建立,特此说明。

虽然不能据此确定新建寺院分布的全貌,但可以根据数据得知其大致情况。其中,明确见于记载的建于万历年间的寺院有23所,几乎占有明确记载建立时间寺院总量的1/2。而在这23所寺院中有17所在歙县,可见歙县在万历年间佛教获得了较大的发展。在空间分布上,86所新建寺院中在歙县的有60所,休宁县的有5所,黟县的有8所,绩溪县的有2所,祁门县的有11所,婺源县没有新建的寺院(见图2-4及图2-5)。从新建寺院的空间分布来看,婺源县没有新建寺院,而歙县寺院新建数量则约占新建总量的3/4,出现了高度集中的现象,两县新建寺院数量对比出现极大的反差。歙县的新建寺院数量如此之多,可能得益于黄山佛教的兴盛。在这60所新建寺庙中,有27所在黄山,几近占歙县新建寺院总数的一半。这个数目与其他五县新建寺院数目之和相当,由此可见黄山佛教在歙县佛教发展中地位之重、意义之大。

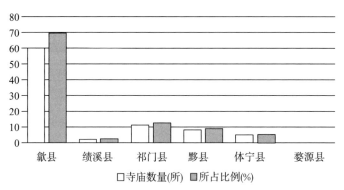

图 2-4　明代徽州新建寺院比例柱状图

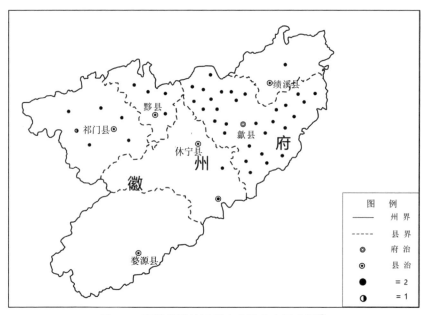

图 2-5　明代徽州地区新建寺院分布示意图①

---

① 据谭其骧编《中国历史地图集》"元明卷"南直隶万历十年(1582)底图改绘。因明清徽州府县级政区未有变动,故下文所用涉及明清徽州府地图皆以此底图改绘,不再单独注出,特此说明。

在徽州地区寺院的重修方面，明代明确见于记载的重修次数有131次。除祁门县的龙堂庵、婺源县的法华庵、黄山的钓桥庵和黟县的金竹岩庵的4次重修时间不明外，其余127次重修均可获知其具体时间。重修次数在时间分布上分别为，洪武年间64次、永乐年间2次、洪熙年间1次、宣德年间1次、成化年间2次、弘治年间6次、嘉靖年间18次、天顺年间3次、正统年间5次、正德年间5次、景泰年间2次、万历年间12次、天启年间4次、崇祯年间2次。以洪武年间重修次数最多，嘉靖年间次之，弘治年间再次之，其他诸帝统治年间重修次数相对较少且分布较为均衡。重修总次数在空间上的分布情况为，歙县23次，休宁县17次，祁门县13次，婺源县53次，绩溪县10次，黟县15次。以婺源县寺院重修次数最多，歙县次之，其余四县重修次数呈均衡分布态势。

由明代徽州寺院新建和重修次数时空分布的整体状况可知，歙县境内形成了新建寺院密集分布的现象，而在婺源县内则形成了重修寺院密集分布现象。由于黄山地区佛教寺院新建数量较多，在歙县新建寺院数量中所占比重较大，因此在歙县境内形成了黄山地区寺院分布密集的特殊现象。

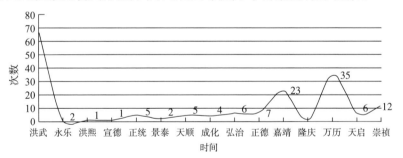

图 2-6　明代徽州佛教时段关注次数分布图

如果把新建和重修改建同样视为朝廷和社会对徽州佛教发展的关注，对徽州境内的寺院新建和重修现象进行统一的数据处理，按每重修、新修、改建一次计算一个数值，则得出徽州佛教在明代受到的关注次数共计217次。除新建寺院中的36次关注及重修寺院中的4次关注不知其具体时段外，其余177次关注在时段分布上分别为，洪武年间67次，永乐年间2次，洪熙年间1

次,宣德年间 1 次,正统年间 5 次,景泰年间 2 次,天顺年间 5 次,成化年间 4 次,弘治年间 6 次,正德年间 7 次,嘉靖年间 23 次,隆庆年间 1 次,万历年间 35 次,天启年间 6 次,崇祯年间 12 次。若将每时段的次数绘制在数据图上,不难看出洪武、嘉靖、万历三个时期的关注次数数值远超出常规数值区(即 0~10 次,根据整体数据情况选取)(见图 2-6)。这足见这 3 个时期对徽州佛教的关注度之高,其他时期关注次数数值相对均衡平稳,这与明朝个别时期宠佛但总体能坚持利用与限制相结合的平稳的佛教政策有关。总关注次数在空间分布上的情况为,歙县 83 次,休宁县 22 次,祁门县 24 次,婺源县 53 次,绩溪县 12 次,黟县 23 次。由此也不难看出,歙县与婺源县两县佛教受社会及政府的关注程度较高,基本上形成了以婺水流域和浙溪水—新安江地区为中心的两大关注点。只不过婺水流域的关注中心是以洪武时期对婺源县的寺院重修为关注点,而浙溪水—新安江地区的关注中心则是以歙县寺院新建为关注点。值得一提的是,黄山地区在寺院新建和重修上获得 27 次关注,超过了休宁县、祁门县、绩溪县、黟县四县分别所得到的关注度,成为徽州地区第三个具有高关注度的佛教发展中心,个中情由见诸后文,此处不再赘言。

第三节 明代徽州时存寺院的空间分布

寺院是佛教文化景观的重要组成部分,寺院的多少是地方佛教发展状况的直接反映,是反映当地佛教团体规模大小及经济实力情况的重要指标,也是地方社会佛教信仰程度的重要参照物。[①] 基于寺庙与僧人的特殊关系,寺庙又常常成为判断僧人数量及其僧俗影响力的基本依据。由于寺庙时空分布的不平衡性,对寺庙空间分布差异的关注成为洞悉佛教发展形态的关键所在。本节将依据相关史料统计就明代徽州时存寺院(包括前代及明代所建见诸史料的各类寺院)的空间分布状况略作探讨。

---

① 张伟然:《南北朝佛教地理的初步研究(下篇)》,载《中国历史地理论丛》,1992 年第 1 期,第 219~244 页。

一、明代徽州时存寺院的空间分布

两宋及以后,徽州理学发达,部分受理学思想影响较多的士人对佛教有一定的抵触情绪,所以徽州很难出现寺庙林立、梵呗相闻的佛国盛景,但徽州佛教也绝不是"浮屠老子之宫,绝无有焉"的惨淡情景。从南北朝到明末,从第一所寺庙南山庵的建立到明代寺庙的广泛分布,徽州佛寺经历了由点到面、由少到多的发展过程。到明代末年,徽州地区新建寺院和前代留存下来的寺庙已有数百所。这些佛寺梵刹是徽州社会佛教信仰氛围的客观反映,也是徽州经济实力的一种体现,更是洞悉徽州佛教发展状态的一个关键因素。但统计徽州这些寺院是一个复杂的过程,我们的想法是,对于方志中记载有明确建立年代的寺院可以直接计入;而明代以前建立但没有明确建立年代的寺院,只要明代方志证明其在方志编修时依然存在也一并计入;至于明代后期建立的寺院,由于明代方志无法证明其始建年代,但可参考清代乃至民国志书来确定其建立时间,确定其为明代建立者均予以计入。同时参考明清时期徽州地区修纂的山志、寺志及文集等资料,凡有涉及明代及明代以前所建寺院者均予以计入。

我们根据方志、文集及碑刻等资料共收录寺院 440 所(见附表 1)。当然,受资料记录的局限影响,这些寺院不可能是明代时期徽州时存寺院的全部,但这个数据也足以能说明徽州寺院的相关问题了。在这 440 所寺院中,有明确建立年代可考的寺院 361 所;没有可考修建年代,但在明清方志中可考得其为明代存有的寺院 79 所。修建于南北朝、唐、五代、宋、元、明时期的寺院数量分别为 6 所、119 所、20 所、107 所、23 所和 86 所。各个朝代在徽州地区修建寺院的数量在明代徽州时存寺院总数量中所占的比例分别约为 2%、32%、6%、30%、6%和 24%(见图 2-7)。

唐、宋、明三代在徽州所修建的寺院数量构成徽州寺院总数的主体,这说明这三个时期是徽州佛教发展的重要时期。唐、宋为徽州佛教的发展繁荣和兴盛时期,各时段内所修建寺院数量接近徽州寺院总量的 1/3,因此唐宋时期的寺庙是徽州寺院群体的基本组成部分。徽州在明代兴建了一批新的寺院的同时,也对唐、宋时期保存下来的寺院进行了持续的修缮。在明代徽州所重修的寺院中,有唐代寺院43所,五代寺院4所,宋代寺院37所,元代寺院7所。唐、宋寺院在明代重修寺院中占据着较大比重,一则由于明代佛教政策导致明代重视前代留存寺院的重修工作,二则因为唐、宋寺院是徽州寺院的主体,是徽州佛教发展的核心载体,自然要对其给予特别的关注。同时,婺源县在明代没有新建寺院,加之元末兵乱对该县既有寺院的破坏,促使明政府对其留存的51所寺院中受到战乱冲击的寺院进行了重修。被重修的寺院中有39所寺院为唐宋时期所建。这也从侧面反映了唐、宋寺院在徽州时存寺院中的地位。

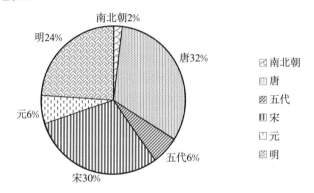

图2-7 明代徽州时存寺院数量修建朝代分布比例图

在徽州时存寺院的空间分布上,440所寺院中歙县有179所、婺源县有51所、绩溪县有28所、休宁县有82所、祁门县有76所、黟县有24所。其中歙县的时存寺院数量占总寺院数量的比例为41%,其比重在六县中最大,而黟县和绩溪县所占比例约为5%和6%,为六县中时存寺院数量较少的2个县。歙县黄山地区在明代时存寺院数量为35所,分别约为歙县时存寺院总量和徽州时存寺院总量的27%和8%,在时存寺院数量和所占比重上都超过了黟县和绩溪县,呈现寺院高度集中分布的态势。处于浙溪水—新安江流域的休宁县和歙县,其时存寺院数量在徽州时存寺院总量中所占的比例分别约为19%和41%,二者之和已达到总量的60%,呈现出寺院大范围集中分布的态势,使两县寺院成为徽州寺院群体的主体。

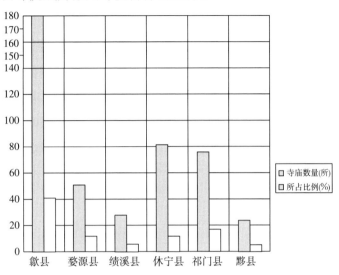

图 2-8　明代徽州时存寺院空间分布比例图

如果在徽州各县明代时存寺院总数量中扣除明代新建的部分,将得到一组新的数据,即徽州各县明代时存明代以前各时期所建寺院的数量分别是歙县 119 所、黟县 16 所、绩溪县 26 所、休宁县 77 所、祁门县 65 所、婺源县 51 所。将此数据与明代徽州各县时存寺院数量和明代徽州各县新建寺院数量两组数据绘成曲线图(见图 2-9),则会呈现出此三条曲线的基本走势和徽州寺院发展的大致态势。

通过图 2-9 不难看出,三条曲线的整体走势大体一致,即历史时期徽州的寺院修建活动整体发展态势相对较为稳定。底部曲线自身的弯曲程度没有上方两条曲线自身弧度明显,此为明代徽州新建寺院的数量空间结构与明代以前所修建寺院的整体数量空间格局不同所致。在二线上,歙县和休宁两县呈现出两个高低不同的峰值点,表明在明代以前,两县寺庙修建数量在整个徽州府寺院修建数量中相对较多。然而,底部曲线的第二峰值却向后靠近,反映出明代休宁在寺院修建数量上已有落后于祁门。上面两线的两个低值点分别为黟县和婺源,而底部曲线的两个低值点是绩溪和婺源,即明代的徽州寺院兴建的一个稀疏区已经由黟县转移到了绩溪。同时,作为新的低值点的绩溪,其时存明代以前总数和明代新建寺院的数量差值为24,而另一低值点婺源的差值为51,婺源的差值远大于绩溪,表明明代婺源的寺院新建活动与前代相比的绝对冷清程度远比绩溪高。不过婺源的差值与同时期休宁的差值72相比,休宁寺院新建活动的相对冷清程度更高。虽然明代徽州寺院修建的数量格局有所变动,但大致仍能维持历史基调而不至于相差太大,上方两条曲线的紧密靠近以致最终在婺源处相交,说明明代以前修建的寺院才是徽州时存寺院的主体,明代新建的寺院在数量上不能影响徽州时存寺院分布的整体格局。

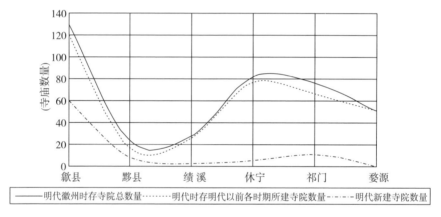

图2-9 明代徽州时存各个时期所建寺庙数量对比曲线图

二、明代徽州时存寺院空间分布的成因

对明代徽州时存寺院时空分布的探讨我们可以得出三个结论:一是唐宋时期修建的寺院是明代徽州时存寺院的主体;二是以浙溪水—新安江流域为核心的歙县和休宁县两县成为徽州寺院分布的核心区和次核心区;三是黄山成为徽州地区寺院分布高度集中的区域。关于唐宋时期修建的寺院是明代徽州时存寺院的主体这一问题,其原因相对较为明显。由于唐宋时期是徽州佛教高速发展的时期,所以新建的寺院相对较多,占徽州历代新建寺院总数的60%以上。五代及元代社会状况不佳且历时较短,寺院新建数量极为有

限。而徽州佛教发展的重要时段明代,碍于"凡寺观庵院,除见在处所外,不许私自创建增置"①的法令,寺院新建数量也远不及唐宋时期的寺院新建数量。同时,明政府对寺院原有寺额的承认是对重修活动的认可,这为徽州寺院得到持续修缮提供了条件,而在明代重修的寺院中,属于唐宋时期建立的寺院占90%以上,因此而留存下来的唐宋时期建立的寺院较多,最终促使其成为明代徽州时存寺院的主体。

之所以歙县和休宁县成为明代徽州寺院分布的核心区和次核心区,其原因可归纳为以下几点:

一是经济实力的推动。经济发展如何对于宗教道场建设至关重要。地区寺院的多少是反映该地区经济实力的重要指标,反之,地区经济实力的强弱也影响地区寺院的建立。地区财富的多少又可以户口和赋税的多少为衡量指标。基于弘治《徽州府志》中对明代徽州户口(含僧户)的记载较为详细,对洪武四年(1371)、九年(1376),弘治五年(1492)的户数进行空间上的比较,即能看出徽州各县经济实力与寺院数量之间的关系。② 由于明太祖时期的人口统计方法与现代人口统计方法较为接近,可基本反映当时实际的人口数量。而洪武以后人口统计的方法产生很大变化,人口数量数据的可信度下降,只能将其看作赋税单位。③ 所以两者纵向上的数值有质的差别。可就徽州府在同一时间内做的数据统计而论,各县数据在横向上又是同质的,因此可以求其平均值作为统一的数值标准(见表2-6)。鉴于洪武四年休宁县僧户缺额,所以徽州户口数量的平均数采用洪武九年和弘治五年总数的平均值,其余为三个年份的均值,至于户数均值为六个年份的均值。同时,通过利用各县的户均值和辖区面积④,求取户和僧户的平均密度,与寺庙密度值做空

---

① 怀效锋点校:《大明律·户律》,北京:法律出版社,1999年,第46页。
② 数据来源:(明)彭泽修、汪舜民纂:《徽州府志·户口》,明弘治十五年(1502)刻本。
③ 葛剑雄主编,曹树基著:《中国人口史》第四卷"明时期",上海:复旦大学出版社,2000年,第3页。
④ 辖区面积数值来源参见叶显恩:《明清徽州农村社会与佃仆制》,合肥:安徽人民出版社,1983年,第25页。

间上的对比,借以体现作为赋税根据的户口与寺庙之间的关系及其空间差异。表中数据表明,歙县的寺庙平均密度最高,休宁次之,而在户的密度上休宁居第一,歙县次之,僧户的密度上歙县居首位而休宁次之。由此足见徽州人口稠密区与使用稠密区相重合,而作为古代一个地区经济实力的常用参照标准,证明了经济实力与使用密度的正相关,也解释了歙县和休宁成为徽州寺院密集区的原因。

表2-6 明代徽州各县户(含僧户)及寺院密度表

	歙县	休宁	婺源	祁门	黟县	绩溪
洪武四年户(僧户)	33764(116)	30985(—)	27645(55)	6116(43)	4816(38)	9799(35)
洪武九年户(僧户)	39910(116)	31698(52)	28723(52)	6407(33)	5079(35)	9122(35)
洪武二十四年户	40064	36863	28027	6943	6380	13385
永乐十年户	43112	39222	26174	7020	4885	8442
天顺六年户	30869	34002	17770	6638	3626	3799
弘治五年户(僧户)	31821(106)	33780(43)	17145(52)	6578(26)	3630(10)	3775(27)
户数平均值(僧户)	36590(113)	34425(48)	24247(53)	6617 0(34)	4736(28)	8054(32)
县辖土面积(平方公里)	2806	2339	3173	2257	847	1126
县寺庙密度	0.0638	0.0351	0.0161	0.0337	0.0283	0.0249
每平方公里户(僧户)	13.04(0.0402)	14.72(0.0205)	7.64(0.0167)	2.93(0.0151)	5.59(0.0330)	7.15(0.0284)

二是自然条件和人文条件的支持。寺院在一个地区的存在和发展,理论上需要一定的自然条件和社会基础。"歙山多而田少,况其地瘠","比岁不登,鲜不益窘矣,兵燹之余,日不能给矣,而又重之以徭役,愈不能安矣"。①在生存条件恶化的状况下,民众往往会求助于神灵,以求庇佑。因此歙县"年

---

① 许承尧:《歙事闲谭》,合肥:黄山书社,2001年,第717页。

例有保安会,数年开光一次,游神演戏,科敛丁口,其所供奉者不一","妇女喜拜观音大士,大士庵住持为女僧,亦间有男僧及道士者,六月二十四日,灵山雷祖会香火最盛,红男绿女,肩相摩趾相接,如是者数昼夜"①,且各乡"于四五月,或八九月,亦有保安之举,扎造龙舟,装饰彩绘,僧道斋醮,磔牲以祷,曰善会"②。这种祈福保运的赛会、善会为佛教信仰及寺院修建创造了人文条件。另外,丧葬习俗也是推动寺院发展的重要社会因素,"新丧之家,有延僧追荐亡灵者,或就僧寺为之"③。从寺院的选址来看,其选项主要在城镇附近和山地,而距城镇较近的山地寺院数量分布更为密集。④ "歙多名山,昔又最富,故各处有寺观",且"谈佛法者唯妇女居多,间有茹素诵经者"。⑤ 这种多山的自然环境和信佛、向佛的人文环境为佛教的发展和寺院的修建提供了条件,是歙县及休宁县成为寺院密集区和次密集区的原因。

三是黄山、仰山佛教寺院集中分布的影响。歙县的黄山自唐代志满禅师开山以来,佛法一直传承未绝,至明代趋于兴盛。歙县的119所现存寺院中,属黄山的有35所,建于明代的有27所,在时空分布上呈现出很大的集中性。这仅仅指黄山的山区寺院,如果将受黄山影响而在黄山周围建立的寺院计算在内,其集中程度将会更高。休宁县仰山自萧梁天监年间宝志公开山以来,屡经波折,至明代受僧俗崇奉而佛法趋盛,其寺院修建活动在僧人如暄及其徒推动下得以持续进行,受仰山影响,仰山周围形成了类似黄山寺院局部集中的现象。二者的寺院局部集中的现象,为歙县和休宁县的寺院集中分布的格局形成提供了条件,二者也为本县寺院基数的增加奠定了基础。

---

① (清)刘汝骥:《陶甓公牍》卷十二,《官箴书集成》第10册,合肥:黄山书社,1997年,第583页。
② 许承尧:《歙事闲谭》,合肥:黄山书社,2001年,第610页。
③ 许承尧:《歙事闲谭》,合肥:黄山书社,2001年,第609页。
④ 张伟然:《南北朝佛教地理的初步研究(下篇)》,载《中国历史地理论丛》,1992年第1期,第219~244页。
⑤ (清)刘汝骥:《陶甓公牍》卷十二,《官箴书集成》第10册,合肥:黄山书社,1997年,第583页。

四是材料记录整理的影响。对徽州寺院数量的统计，主要基于有关徽州的方志材料，故方志的修撰及我们对资料的搜集、对数据的统计都可能对寺院数量的统计产生一定的影响。在资料的使用上，因明代县志资料较为缺乏故不同程度地参照清代方志记载。这种资料使用方法主要基于明清徽州方志对佛教要素记载的高度重复性和明清佛教政策的相承性，对数据统计结果的负面影响应当不大。在府志的记载上，对治所歙县的记载显然更为详细和全面，其他属县记录的寺院资料则有所疏漏，甚至部分寺院无修建年代及修建者的任何信息，只知寺院所在位置。这就给资料的整理和判断带来一定困难，有些寺院因此无法判断其修建年代而不能计入统计数据，在一定程度上影响统计数据空间分布格局。志书的编修数量本来就存在空间上的不平衡性，加之流传过程中的散佚和残缺，致使流传下来的志书数量空间分布差异更大，譬如歙县的相关资料较多，而婺源县的相关资料较少。上述因素也可能会对统计结果产生一定的影响。

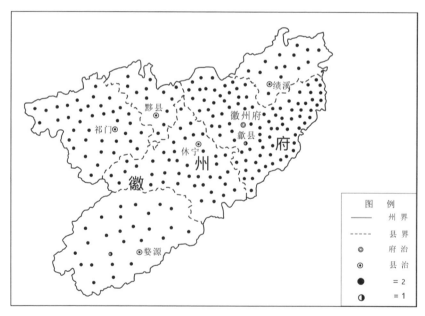

图 2-10　明代徽州地区时存寺院分布示意图

在明代时存寺院中，黄山地区有 40 所(含可考明代时存黄山地区境内者 5 所)，数量上超过了黟县的 24 所和绩溪县的 28 所。可见黄山地区形成了寺院高度集中分布的态势,究其缘由可归于以下几点。

一是黄山物产丰饶,为佛教活动的进行提供了较好的物质条件。无论何种宗教都不是没有物质依凭的空中楼阁,佛教亦然。对佛教的僧侣们来说只有满足基本的衣食需求,才能够从事持续的法事活动。① 黄山佛教的兴盛,恰好就建立在这样的基础上。黄山丰富的自然资源足以满足僧侣吃、住需求,如山壑中常见有黄连生长,其为治火主药,乡民也常来采之,为山僧生活提供了可用的药材资源。榆花溪上的榆钱,初生可以食用;蒟蒻为山僧常采者,炼液凝膏,修制略同椒乳,食之甘芳;苦菜山僧摘而制之,名曰松萝,为食用常备制品;云雾茶,山僧就石隙微土间养之,其味远胜匡庐。这些食材为僧人及来此拜佛者提供了必要的食物来源。僧人也常常自食其力,从事农业生产,以实现持续弘法的目的。如继竺庵,为掷钵禅院别院,僧人人务农,庵中多农具,庵如农家,服田力穑,和三百廛,输将本院,作供十方。另外,黄山也有许多可供建房的材料,如榆花溪上的榆树除了榆钱可食外,榆木坚实可为器用;龙须源中多产龙须草,长者可用于编席;栟杉类材质不如杉类,但其材可为器用,可构,可舟;瓦竹,叶长广似箬叶,山僧厚纫覆屋,用以代瓦,萧然精致。这只是可用建材的一部分,还有很多其他用材,兹不赘列。② 黄山拥有丰富的自然资源,形成了一个完整的资源系统,可供僧人维持正常生活所需,进而使其能够持续不断地弘扬佛法。山上的诸多房屋建设材料也足供寺院持续修建所用。在条件允许的情况下,黄山的寺院修建活动持续不断,黄山最终在明代形成了寺院林立的局面。

二是明廷及地方士绅对黄山地区佛教的支持。黄山自普门禅师进京得神宗皇帝及孝慈太后赏识后,不断得到朝廷关注,黄山被赐额及敕赐大量的佛经、佛像等。朝廷的举动进而影响了地方士绅对黄山佛教的态度,先后有诸多地方士绅和官员对黄山佛教给予支持,如李邦和,知祥符寺地产为豪强

---

① 李映辉:《经济、人口、历史传承与佛教地理分布——以唐代为例》,载《求索》,2003年第6期,第247～249页。
② 闵麟嗣:《黄山志定本》卷二《山产》,民国二十四年(1935)安徽丛书编印本。

所占,李邦和按图经复田土归寺;鲍应鳌,万历进士,普门开黄山及敕赐慈光寺额并金像龙藏;汪元功,好事而有功于黄山者,顾必推此人;汪如鹏,乞其地建掷钵禅院时欣然同意;丁自宣尝买云涛山地,尽输慈光寺,以供樵采。其余如程嘉燧、汪道昆、程敏政、田艺衡等均对黄山佛教发展及佛寺修建给予颇多关注。朝廷的支持和士绅的捐献为黄山寺院的修建提供了政治和财力上的支持,对黄山佛寺的持续兴建及维护工作有很大的推动作用。

三是黄山僧人对寺院修建和维护的不懈努力。普门大师应梦入山开创法海禅院;寓安大师开创掷钵禅院;一乘大师开创狮子林(即为师子林);如愚大师于后海开创静室,名为指象处;宝相师助安公开辟丛林,数十年持钵募金毫不懈息;方来师佐普门开山,建十方常住,诸如此类。寺院的长期存续也需要诸多修葺维护工作,如赐谷师,杨干寺僧,以山外之僧的身份修葺山中古刹;全宁正统年间修祥符寺;木是、心空万历年间对翠微寺先后进行修葺和重建。类此情况者亦多。黄山僧人及外来僧人对寺庙的兴建及持续维护,使黄山寺庙得以保存和兴旺。所以黄山梵宇林立,古刹相连,乃因僧人多有力焉。

第四节　明代徽州时存的主要寺院

明代徽州佛教发展已较为成熟,寺院在规模形制、组织等方面已较为完善。为更加明晰地说明徽州佛教的发展历程及其发展状态方面的空间差异,现依据弘治《徽州府志》等志书中的寺院资料,将明代徽州各县的主要寺院罗列于下,以备参考。因系介绍,资料出处不再一一注出。

一、歙县

天宁万寿禅寺　原名护国天王院,唐中和元年(881)遭受焚毁,光启三年(887)于北城文宣王庙后论堂故基重建。景福元年(892)赐寺额,庆历三年(1043),寺僧招募人造佛塔十三层,塔下造屋一百余间,治平四年(1067)完成,赐名曰普安塔。崇宁二年(1103)及政和八年(1118),分别改名为崇宁寺和天宁万寿寿。绍兴七年(1137)又改名报恩广孝寺,绍兴三十年(1160)改名报恩光化寺。元大德年间,寺僧重建佛殿、法堂等,郡人方回记其事,碑文可见。元时,万寿禅寺为郡都道场。至正年间该寺毁于兵火,寺僧永传重修法堂、方丈等处。洪武七年(1374),增置大佛殿,设僧纲司。洪武九年(1376)改寺院为军营屋。

太平兴国寺 唐至德二年(757)建,名曰兴唐寺。该寺处山峰间,是府城以西的一大胜景。最初该寺只有圣像阁,后来又增置了僧房、经阁等。大历末年,州司马吕渭常在寺旁堂中读书,去官后,寺旁建有吕侍郎祠。唐末,杨吴政权改寺名为延寿寺,南唐时期又改名为兴唐寺。太平兴国四年(979),敕改开宝九年(976)的延寿之名为今名,而民间却习惯称之为水西寺,寺中设有戒坛。此寺原本有二十四院,后在宋元时期损毁。明弘治时,在元代十二院的基础上又废去观音、崇寿、兰若三院。

开化禅院 唐天祐元年(904)建,旧号十方院,宋大中祥符元年(1008)敕改今名,元至正十二年(1352)毁后,寺僧普祐重建该寺。

大中祥符寺 在黄山天都峰下,先是唐刺史李敬万建,五代之时,刺史陶雅重建,寺号名汤院,南唐保大年间,改五代吴天祐九年(912)之号为灵泉院,大中祥符元年又敕改南唐保大之名为今名。寺中挂石鱼,击之,其声清越。

慈光寺 在黄山朱砂峰下,旧有朱砂庵故址。明嘉靖年间,玄阳道人结团瓢于朱砂池畔,匾曰步云亭,暨万历三十四年(1606)普门和尚始来山诛茅建刹,为法海庵,旋入京师,上感宸眷,赐七层四面佛及藏经还山,并敕赐额今名。

掷钵禅院 俗呼丞相源①,系汪图南书院,明万历三十七年(1609),有寓安师至,止图南失给孤愿,遂成梵刹。

二、休宁县

普满禅寺 唐咸通六年(865)建,原名报国禅院。宋大中祥符年间,敕改

---

① 即丞相原,又作臣相源。

咸通之名为普满禅寺。元至正二年(1342),僧净能(号起南,鄱阳人,戒行精严)来住是寺,将寺修之一新,学士虞集为此事作记,元至正十二年(1352)该寺毁于兵燹之灾。明僧永寿于洪武三年(1370)重建殿宇钟楼,洪武十五年(1382)在此寺开设僧会司,所有仪礼以此寺的仪礼为准。洪武三十年(1397)寺毁,唯钟楼、天王殿存。洪武三十一年(1398),住持僧昭回与其徒智晓、惟亨重建该寺。复葺南偏地,构亭憩息,继其席者,以宁隐峰,以山门入径偏隘,特改创之,揭额曰大云山。

建初寺 唐咸通九年(868)建,原名崇法寺。宋开宝九年(976)改名建初寺。元至正年间毁于兵火,明洪武三年(1370),僧善述、如祇重建该寺。洪武十年(1377),僧福镇捐衣钵复建千佛楼于寺后。永乐十三年(1415),福镇徒永萌重建廊庑,塑卧佛普陀幻象,桂柏森茂,境界清幽。府知事徐俊写有"东南山"三个字,揭之于三门,明代为丛林寺院。

仁王院 在安乐乡,有西峰大士祠。元于祁门请舍利来塑像。祷雨有验,汪一麟两棒檄请雨立应。明为丛林。

方兴寺 唐贞观十三年(639)建,孙祈龙记,元时为水所荡,咸通十四年(873)徙今地。宋淳熙四年(1177)该寺被毁,嘉定间,僧永庆重建该寺,翰林学士程珌记其事,端平元年(1234)敕为丛林。

三、婺源县

万寿寺 先名智林禅院,唐乾符二年(875),僧智柔开山,邑人王瑜舍地建院。元延祐元年(1314)赐额,邑人汪良垕重建,至正十二年(1352)兵火毁。洪武初期,寺僧净鉴化缘募捐重新修建寺院,洪武二十五年(1392)该寺被立为丛林以统管被归并的寺院。正统年间,寺僧会德信因寺院坏毁而重修。洪武二十五年,保安寺、宏山庵等十二寺一庵并入万寿寺,后各复本寺、庵。

黄连寺 唐咸通间建,由僧清贡、邑人程少府主持工作,光化中赐寺额。进士李曦、寺僧惟鉴于宋熙宁十年(1077)重新修建,王渝记其事。黄连寺于洪武二十五年被立为丛林。开化寺、如意寺等九寺二庵三堂并入该寺,后各复本寺、庵、堂。

灵山寺 寺僧珂公于唐太和二年(828)建,元至正年间毁于兵火,僧福惠、邑人李元忠于洪武初年修之,该寺于洪武二十五年被立为丛林寺院。大田寺、天王寺等二寺一院并入该寺,后各复本寺、院。

福山寺 僧性常、邑人黄五于宋熙宁二年(1069)建。元至正年间毁于兵火。寺僧行满于洪武间重新修建,该寺于洪武二十五年被立为丛林寺院。资福寺、肇安庵等一庵十寺一院归并入福山寺,后各复本寺、庵、院。

四、祁门县

悟法寺 原名万安寺,唐咸通二年(861)移建。宋大中祥符年间赐改悟法寺。汉梅鋗墓所也,旧有十二院。至正兵毁,明初鄱阳僧文慕、宗寿来剪荒辟基,创建泗州、罗汉、十王三寺。洪武十五年(1382)开设僧会司,寻以文慕为僧会,其徒行栗复建大雄殿暨塑佛像,永乐六年(1408)亦受僧会之职寺之存者四之一焉。正统年间,邑人汪德高、汪仕政相继重修泗州寺及梅列侯祠,知县颜肃记其事,今为丛林。

珠溪寿圣院 原名珠溪资福院,唐光化二年(899)建。宋大中祥符二年(1009)敕改,有唐时日谦禅师塔,至正兵毁。洪武二十三年(1390),池阳僧璘及其徒辟基建殿,继其业者鄱阳僧惟昊及文重建天王殿,今为丛林。

广福宝林禅院 唐光化二年(899),有僧清素者自五台山来,里人郑传据乡闾师造其垒,求安禅之地。刺史陶雅,请于吴杨氏,锡上元西峰宝林禅院额,开坛度僧。天祐八年(911)入寂,住山十七年,聚众数百人,宋元丰三年(1080),赐号惠应大师,饶州亦奏诏赐神慧禅师,绍兴十三年(1143),加神惠永济禅师。熙宁二年(1069),改圣寿宝林,隆兴中改广福。嘉泰间,郡守李浃祷雨屡应,奏加普祐二字,后郡守刘炳重架殿宇。

灵泉寺 寺前有水,由椒石中出,春夏不盈,秋冬不涸,味甘而色洁,故曰灵泉。唐乾宁三年(896)建,元至正虽经兵火,寺存如故,今为丛林。

五、黟县

广安寺　梁大同元年(535)建,旧名永乐寺。宋大中祥符元年(1008)敕改,建有弥勒、三门释迦、观音像。元至正十四年(1354)为火所毁,寺住持广济率徒景崧化缘募捐重新修建。寺僧通师募捐于洪武元年(1368)在旧基上创建观音殿,至洪武二十二年(1389)寺僧文献完成修建工作。该寺于洪武二十四年(1391)立为丛林寺院,归并众小寺院。

石鼓院　唐会昌五年(845)建,后山有石鼓,因以名寺。宋丞相江万里尝读书院中,后僧瓯,其堂曰相儒。元初建殿堂。明初该寺被毁,洪武十五年(1382),僧宗迪重建,洪武二十四年(1391)为丛林。

东山庵　元延祐七年(1320),居士鲍从善建,僧月堂、法纲相继主之。至正二年(1342)从善立石,景德寺僧简庵记。国朝僧名隆者,建圆通阁,其徒名永者,洪武二十五年领印为僧会。及昌敬嗣守,培青龙山建三门,有二十余亩以事常住生产。宣德年间设为僧会司,因为戒律严格,宗风为之大振。

六、绩溪县

天王寺　在仁慈乡,原名广福院。创建于元延祐三年(1316),毁于至正兵燹之灾。明洪武年间重新建造并改称今名。继洪武十五年(1382)被立为僧会司后,洪武二十五年被立为丛林寺院,以处归并公小寺院。

太平禅寺　旧名华严院,在新合里。宋太平兴国五年(980)改太平兴国禅寺。寺僧宗正于元延祐年间重新建造,于至正年间毁于兵燹之灾。明洪武初改寺名为太平禅寺,洪武二十五年被立为丛林寺院。

清隐寺　在杨山乡,原名高峰院。宋治平元年(1064)改为清隐寺,明洪武二十五年被立为丛林寺院。

寺院作为佛教三宝之所依,是最具代表意义的佛教文化景观之一。对其地理分布进行探讨,是佛教地理研究的重要组成部分。明代徽州地区新建寺院86所,寺院重修131次,形成了以婺源县为中心的寺院重修区和歙县黄山为中心的寺院新建区。对寺院重修和新建进行整理分析，凸显了以洪武为核心的寺院重修时期和以万历为主体的寺院新建时期。在明代时存的440所寺院中，唐宋时期的寺院成为徽州时存寺院的构成主体，歙县和休宁县成为时存寺院分布的主要区域。歙县黄山在明代时存寺院35所，分别约占歙县时存寺院总量和徽州时存寺院总量的27%和8%，时存寺院数量和所占比重都超过了黟县和绩溪县，呈现出寺院高度集中分布的态势。关于徽州寺院的时空分布格局及其成因，涉及徽州政治、经济、文化和自然资源等诸多方面。由于受寺院的中途毁废、漏载、改宗或变更寺名等因素的影响，文中寺院数量统计具体数据可能尚存偏差。而由于尚未对明代紧邻徽州如宁国、池州等地佛教寺院空间分布展开探讨，因而缺乏相关之比较研究，对明代徽州寺院的地理分布状况及其形成等相关问题难有更加深入的认知，上述问题尚需条件成熟时作进一步探讨。

第三章 明代徽州地区佛教僧人的时空分布

作为一种社会力量的佛教,既是一种文化现象,也是一种信仰实践。① 僧人的普通称谓是"僧",还有如"僧伽""沙门""比丘""和尚""和阇""阇梨""头陀""上座""释子"等诸多称呼。② 作为佛教三宝之一的僧人,其对佛教的存在与发展有着不可替代的作用。僧人不但是佛教信仰的切实践行者,而且也是佛教活动的组织者和佛教思想的传播者,因此对僧人进行地理分布研究,是宗教地理研究中不可或缺的内容。③ 从以往学界对僧人地理分布的研究方法和理论来看,僧人的籍贯和驻锡地时空分布状况是探讨佛教地理问题的两条主要线索。④ 因此,针对明代徽州地区僧人的相关地理问题,我们拟

---

① 熊坤新:《宗教理论与宗教政策》,北京:中央民族大学出版社,2008年,第21页。
② 李富华:《中国古代僧人生活》,北京:商务印书馆国际有限公司,1996年,第2~8页。
③ 王开队:《青藏高原历史地理研究:康区藏传佛教历史地理研究》,成都:四川大学出版社,2011年,第134页。
④ 详细理论和方法可参见:辛德勇:《唐高僧籍贯及驻锡地分布》,《唐史论丛》,西安:三秦出版社,1988年第1辑,第287~306页;张伟然:《湖南隋唐时期佛教的地理分布》,载《佛学研究》,1995年第0期,第235~239页;张伟然:《中国佛教地理研究史籍评述》,载《地理学报》,1996年第4期,第369~373页;李映辉:《唐代高僧籍贯的地理分布》,载《中国历史地理论丛》,1997年第3期,第39~58页;李映辉:《唐代高僧驻锡地的地理分布》,载《中国历史地理论丛》,1999年第2期,第197~215页;朱普选:《青海藏传佛教历史文化地理研究——以寺院为中心》,陕西师范大学博士论文,2006年4月;杨发鹏:《两晋南北朝时期河陇佛教地理研究》,西北师范大学博士论文,2010年5月;王开队:《青藏高原历史地理研究:康区藏传佛教历史地理研究》,成都:四川大学出版社,2011年;郑涛:《唐宋四川佛教地理研究》,西南大学博士论文,2013年4月。

以僧人籍贯和驻锡地为主线,着重分析明代徽州地区僧人的时空分布形态及其成因,依此来展示明代徽州地区佛教发展的不同面貌。

第一节　明代徽州地区僧人的籍贯分布

籍贯是一个人接受文化和信仰的最初区域,是塑造人的认知的原始环境。因此,出生在某一地区的人,受该地区浓厚氛围的浸染,也常常成为该地区主流文化的支持者,①而世俗之人对佛教的信仰达到一定程度之后可能会有出家为僧之举。反映一个地区佛教信仰程度的标志之一便是该地区出家人数的多少。② 所以,研究历史时期徽州地区僧人籍贯具有一定的学术意义。

一、明代以前徽州地区僧人籍贯的分布

鉴于明清的资料记载详细而明以前的朝代记载稍简略的实际情况,我们研究徽州地区僧人籍贯的分布大体思路是,对整理出来的僧人籍贯数据先进行同时段内的空间数量对比,然后再进行不同时段的时空分析研究。由于数据主要来源于历史时期徽州方志中的仙释部和山志中的人物部,因此被记录者多为地区有影响的高僧,他们在历史时期基本引领着徽州地区佛教发展的主要动向。所以尽管收录的具体数据可能存在偏差,但此数据指标在质上仍具有一定的可信性。通过梳理史料可知,自南北朝佛教于徽州萌芽至明朝末年,徽州志书中明确记载了籍贯的离俗僧人有93位(因历史时期徽州僧人记录数据不多,行文中不再区分高僧和普通僧人,通以"僧人"称之),其中南北朝时期2位,唐代12位,宋代8位,五代和元代各1位,明代69位(详见表3-1)。

---

① 张兆阳:《北朝佛教地理》,山西大学硕士论文,2012年6月,第5页。
② 张伟然:《南北朝佛教地理的初步研究(上篇)》,载《中国历史地理论丛》,1991年第4期,第225~240页。

表 3-1 明代及明代至南北朝徽州僧人籍贯分布一览表

僧法号	籍贯	所属朝代	驻锡地
万绿师	北方	明	歙县黄山
老巢	北方	明	歙县黄山
蕴璞法师	楚	明	歙县黄山
晦昙	关中	明	歙县黄山
水斋	关中	明	歙县黄山
阔庵	关中	明	歙县黄山
如镜	休宁县	明	婺源县
了容	开封府	明	婺源县
一九和尚	绩溪县	明	不详
真松	绩溪县	明	婺源县
无知大师	嘉善	明	歙县黄山
石雨大师	嘉兴	明	歙县黄山
智舷	嘉兴	明	歙县黄山
宝志公	建康	南朝梁	休宁县仰山
朝宗和尚	常州	明	歙县黄山
如愚	江夏	明	歙县黄山
林皋大师	昆山	明	歙县黄山
癯鹤禅师	留都	明	休宁县仰山
雪浪法师	留都	明	休宁县仰山
印生	庐州巢县	明	歙县黄山
志满禅师	洛阳	唐	歙县黄山
海运	眉山	明	歙县黄山
恩溥	南京	明	黟县
文慕	鄱阳	明	祁门县
宗寿	鄱阳	明	祁门县
惟昊	鄱阳	明	祁门县

续表

僧法号	籍贯	所属朝代	驻锡地
文重	鄱阳	明	祁门县
净能	鄱阳	元	休宁县
永素	祁门县	宋	祁门县
东松僧	祁门县	宋	祁门县
子珣	祁门县	宋	祁门县
方来	沁水	明	歙县黄山
寓安大师	衢州开化	明	歙县黄山
大机	陕西池阳	明	婺源县
僧璘	陕西池阳	明	祁门县
普门禅师	陕西眉县	明	歙县黄山
慧寂大师	韶州怀化	唐	休宁县仰山
一斋	邵阳	明	歙县黄山
静庵	蜀	明	歙县黄山
心空律师	顺天大兴	明	歙县黄山
佛日禅师	顺天宛平	明	休宁县仰山
一心和尚	四川嘉定	明	歙县黄山
夜台禅师	四川	明	休宁仰山
浣凡	太仓	明	黟县
涤凡	太仓	明	黟县
麻衣禅师	天竺	唐	歙县黄山
清素禅师	山西五台	宋	歙县黄山
僧清素	山西五台	唐	祁门县
朝宗大师	武进	明	歙县黄山
海心	婺源县	明	婺源县
云外大师	婺源县	明	歙县黄山

续表

僧法号	籍贯	所属朝代	驻锡地
无易	婺源县	明	歙县黄山
宁道者	婺源县	宋	不详
灵道者	婺源县	五代	婺源县
贯休	婺州	唐	歙县
慧融	西蜀	明	黟县
海球	歙县	明	婺源县
宗白头	歙州	宋	不详
雪山子	歙州	宋	休宁县
澜大德	歙州	唐	不详
郑重	歙县	明	歙县黄山
真柏	歙县	明	婺源县
文斋	歙县	明	歙县黄山
吴山大师	歙县	明	歙县黄山
白毫大师	歙县	明	歙县黄山
大时	歙县	明	歙县黄山
弘仁	歙县	明	歙县黄山
元白大师	歙县	明	歙县黄山
法忠	歙县	明	庐山
汪沐日	歙县	明	福建
半庵头陀	歙县	明	歙县黄山
尼用持	歙县	明	歙县黄山
茂源和尚	歙州	唐	不详
谦禅师	歙州	唐	歙县黄山
恒正和尚	新安	明	歙县黄山
定庄禅师	新安	唐	不详
黄檗希运禅师	新安	唐	不详

续表

僧法号	籍贯	所属朝代	驻锡地
慧琳法师	新安	唐	钱塘
东国僧	新罗	南朝	歙县黄山
果然	休宁县	明	歙县黄山
照通	黟县	明	婺源县
雪峤大师	鄞县	明	歙县黄山
毒鼓	高邮	明	歙县黄山
梵师大海	于阗	明	休宁县仰山
梵师觉海	于阗	明	休宁县仰山
梵师净海	于阗	明	休宁县仰山
梵师圆海	于阗	明	休宁县仰山
绍坚	玉宸山	唐	休宁县
慕真	袁州	宋	休宁县
介如禅师	云间	明	休宁县
见月大师	云南	明	歙县黄山
知幻	浙江	明	黟县
照微	真定	明	歙县黄山

参考资料:(宋)罗愿:《新安志·仙释》,清光绪十四年(1888)刻本;(明)彭泽修,汪舜民纂:《徽州府志·仙释》,明弘治十五年(1502)刻本;(清)丁廷楗修,赵吉士纂:《徽州府志·仙释》,清康熙三十八年(1699)刻本;(清)蒋灿纂修:《婺源县志·仙释》,清康熙三十三年(1694)刻本;(清)江登云纂:《橙阳散志》,清嘉庆十四年(1809)刻本;安徽省通志馆纂:《安徽通志稿·佛门龙相传》,民国二十三年(1934)铅印本;石国柱、楼文钊修,许承尧纂:《歙县志·人物》,民国二十六年(1937)铅印本;(明)程文举:《仰山乘》,明文书局印行本;(清)释弘眉撰:《黄山志》,清康熙六年(1667)刻本,慈光寺藏本;(清)释超纲辑:《黄山翠微寺志》,广陵书社印行本。

南北朝时期,徽州可能因距离都城较近而受到朝廷向佛风气的影响,在徽州驻锡的2位僧人均为外籍(即不是徽州本地籍贯)僧人,1位来自都城建康,1位来自新罗。此时徽州佛教尚属起步阶段,僧人数量较少。2位僧人分别驻锡黄山和仰山,其空间分布也呈现出零星点状分布的状态。唐代时期徽州佛教得到了进一步的发展,此期间的12位僧人中,6人为外籍,分别来自天竺、洛阳、五台、韶州、婺州、玉宸山六地,其来源地已大为扩展。六僧的驻锡地点已不仅限于名山,有2位僧人驻锡于黄山、1位驻锡于仰山,其余3位分别驻锡祁门县、歙县和休宁县的县邑寺院中,在空间分布上呈现出面状的扩大态势。6位徽州籍的僧人,不能详细得知其具体籍贯,其驻锡地除3个不详外,1个在黄山,1个在歙县,另1个在钱塘的永宁寺。徽州籍僧人驻锡地的外迁说明徽州佛教向外传输的倾向,也从侧面反映了徽州佛教的发展程度。

五代时期,徽州籍僧人只有1位婺源籍的灵道,先后在婺源县的报慈寺和开福寺修行,徽州佛教的发展呈现收缩状态。

宋代徽州籍僧人有6位,3位是祁门县籍,就在祁门县修行;2位不能确定其属县,但均在徽州境内修禅;1位为婺源县籍,却不详其安禅去向。6位本地籍僧人多为本地修行者,只有宗白头先在水西寺修行,后到泗州弘法,继续担负徽州佛法的外传使命。2位外籍僧人分别是五台籍和袁州籍,最终到仰山和黄山修行。依此来看,外籍僧人仍然倾向于驻锡于佛教名山。

元代国祚短促,只有1位外籍僧人来徽州修行,为鄱阳人,在休宁县的普满禅寺弘法,本地籍僧人未见记载。统观来看,唐代以前徽州籍僧人较少,其佛法弘扬以外籍僧人为主力,徽州佛教以输入为主;唐代以后徽州佛教对外互动能力增强,出现了对外输出的现象。宋代前后,徽州僧人以本地籍为主,僧人的安禅地也多选择本地。但这并不表示宋代徽州佛教趋于保守,佛法的对外输出和交流依然在不断进行中。从唐代开始,外籍僧来徽州驻锡,地点选择开始多样化,空间上出现由点到面的扩展。而黄山等佛教名山一直是徽州内外籍僧人选择修禅的重要地点。

二、明代徽州僧人籍贯的分布

为了更好地分析有明一代徽州僧人籍贯的分布形态,我们不妨将明代以前徽州僧人籍贯的分布情况与明代徽州地区僧人籍贯的分布情况作一对比。据表3-1统计数据可知,明代徽州见于志书明确记载其籍贯的僧人有69位,在数量上大大超过了前代。之所以有如此现象,一方面是因为僧人籍贯数据的统计所参考志书多为明清时期修撰,距研究对象时间较近,记载详尽;另一方面是因为明代黄山和仰山佛教的兴盛吸引了一批有影响力的僧人。在69位僧人中,有47位外籍僧人,22位徽州籍僧人。这些外籍僧人的籍贯涉及江苏、浙江、江西、河南、河北、四川、云南、陕西、广东和新疆维吾尔自治区等地,在空间分布上已经大为扩展。47位外籍僧人中,有34位僧人驻锡于黄山和仰山,其余僧人驻锡在婺源县的有2位、在休宁县的有1位、在黟县的有5位、在祁门县的有5位。22位本地籍僧人中,除1人籍贯属县不详外,其余僧人的籍贯为歙县的有13人、籍贯为黟县的有1人、籍贯为休宁县的有2人、籍贯为婺源县的有3人、籍贯为绩溪县的有2人。本地籍僧除1位不详知其去处外,驻锡黄山的有13位、驻锡婺源县的有6位、驻锡福建的有1位、驻锡庐山的有1位。本地僧人的驻锡地仍以本地为主,且以黄山为重点。综合来看,外籍僧人数量占徽州地区僧人总数的68%,且在空间上呈现出广泛分布的状态。本地籍僧人只占全部僧人的少部分,且歙县籍僧人数量约占本地籍僧人的59%,使本地籍僧在空间上呈现出既有面的扩大又有点的集中的分布态势。外籍僧人来徽州安禅的重点地仍然是黄山及仰山,在两地驻锡的人数约占整个外来僧人数量的72%,足见明代黄山及仰山佛教对外籍僧人的吸引力之大。本地籍僧人大多前往黄山,同时也有部分僧人继续担负徽州佛法的输出任务,如法忠和汪沐日将徽州佛音传到了江西和福建。

如果把历史时期徽州的外籍僧人数量在各自时期内所占僧人总数的比例值布诸数据图上,可得到一个曲线图(如图3-1)。

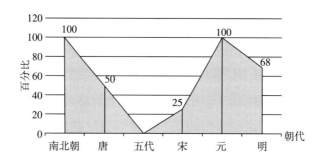

图 3-1　历史时期徽州外籍僧人数量比例图

从该图可以看出徽州历代外籍僧人在总数量中所占比例的变化趋势，进而可以发现其背后的佛教发展动向。由南北朝的 100% 到五代的 0，足见徽州外籍僧人数量在总数量中比例下降的趋势，从侧面显示出徽州佛教对外包容性降低的发展态势，这一点可以从本地僧就本地安禅的实况中得到印证。五代以后直到明代，外籍僧人所占比例呈上升趋势，是徽州佛教对外包容性增强的写照。究其原因，一是本地籍僧人数量的下降，使徽州更容易接纳外籍僧人从而促使徽州佛教包容性增强。本地籍僧人数量下降与徽州地区佛教世俗化程度增强有密切关系，世俗社会多有"媚佛以求利益，厚施以植因果。此人情之所溺，而今昔之所一也。然亦有假此以避世，而非恒情所能测者"之说。[①] 徽州人支持佛教发展不是为了培养高僧大德以弘佛法，而是为了自身。因为许多本地僧人离俗出家多为人情所迫，并非为了修法弘道，所以徽州佛教的世俗化给高僧的出现带来了负面影响（直接的表现就是虽然出家者不少但由于乏善可陈以致无法记入史料）。这就为外籍僧人在数量上和比例上占优势提供了条件，成就了徽州佛教的包容性。二是黄山和仰山佛教地位的上升。明代特别是万历时期，黄山和仰山佛教受到皇帝和太后的青睐，一时名满全国而使自身地位由地方性佛教名山上升为全国性佛教名山；加之荆州惠王府的崇奉，徽州迎来许多前来交流佛法的僧人，一些高僧就此安禅徽州。这从僧籍多为河北、河南、陕西等多个省份可见其端倪，也由此可

---

① 《文翰》，安徽大学徽学研究中心藏康熙四十六年。

见黄山佛教、仰山佛教在全国的影响力。

第二节 明代徽州地区僧人的驻锡地分布

"锡"指僧人手持的法器锡杖,僧人在一个地方停留下来就叫作"驻锡"。僧人选择某地驻锡往往与该地的佛教发展环境相关。驻锡地的选择除涉及经济基础外,还关涉总体的信仰环境。佛教繁盛的地区也常常是经济活跃、信众遍布的区域。[①] 前往某地驻锡的僧人越多,基本可以说明该地的佛教越发达。对僧人驻锡地的关注,是了解一个地区社会经济条件、人文环境和佛教发展状况的基本切入点。通过对明代徽州僧人驻锡地进行分析研究,可以窥见明代徽州佛教发展之态势。为更好地了解明代徽州僧人驻锡地的时空分布差异,我们不妨先对徽州明代以前僧人驻锡地的分布情况略作梳理。

一、明代以前徽州地区僧人驻锡地的时空分布

僧人是佛教思想的载体,对僧人进行深层次研究可以揭示佛教发展的许多实质。[②] 为了解佛教传播的地域差异,对僧人驻锡地空间进行讨论未尝不是一种明智之举。[③] 通过统计可知,自魏晋南北朝至元代末年,见于资料记载的徽州驻锡僧有123人,其中魏晋南北朝时期3人、唐代36人、五代时期5人、宋代49人、元代30人(详见附表2)。

魏晋南北朝时期的僧人分别驻锡在休宁县、仰山和黄山三地,呈点状的分布态势。这也表明此时佛莲初萌,僧人数量有限,在驻锡地上无法形成集聚优势。至唐代,除3位僧人不明其具体驻锡地点外,其余的33位僧人分别驻锡在婺源县、祁门县、休宁县和歙县。另有3位徽州籍僧人驻锡外地,肩负

[①] 郑涛:《唐宋四川佛教地理研究》,西南大学博士论文,2013年4月,第142页。
[②] 张伟然、李世红:《东晋南朝时期湖南佛教的流布》,载《湖南师范大学社会科学学报》,1991年第6期,第50~53页。
[③] 徐强:《魏晋南北朝广东佛教的传播与分布》,暨南大学硕士论文,2009年5月,第51页。

起佛法外传的任务。此时僧人驻锡的空间已经不再局限于黄山和仰山这样的山区,而向县邑和乡间扩展,形成了点面结合的态势。两宋时期,徽州佛教发展渐趋成熟,高僧渐渐增多。前后共有49位僧人在徽州弘法,除2人不明其具体弘法位置外,其余47位僧人具体弘法位置分别为祁门县9人、休宁县6人、歙县6人、绩溪县1人、黟县3人,以及婺源县22人(其中1人先在休宁县驻锡,后至婺源县)。此时,绩溪县和黟县开始出现僧人驻锡于此的记录。当然这并不意味着直到此时两县才有佛教出现,而是表明两县佛教发展缓慢和信仰氛围形成迟缓。元祚短促,然此时驻锡徽州的30位僧人却呈现出均衡分布的格局。歙县和休宁县各有6位僧驻锡、黟县9位僧驻锡、绩溪县位3僧驻锡、祁门县2位僧驻锡、婺源县4位僧驻锡。统观诸代僧人驻锡地分布状态,可知僧人驻锡地分布呈现出由点及面、点面结合的形成过程。在此过程中黄山和仰山一直是这个空间态势的点,诸县区域则是点所及的面。从唐代到元代,黄山一直是歙县驻锡僧人中半数僧人的安禅地;仰山虽在唐后趋于沉寂,少有僧人来驻锡,但宋代的齐云山取代了仰山,成为僧人驻锡新的选择。①

不过,细究之下我们就会发现,唐宋两代婺源县的驻锡僧人明显多于同时期的其他属县的驻锡僧人。因为就驻锡而言,无论时间长短,僧人都更加愿意选择佛教氛围浓厚的地区。而寺院的多少是佛教环境好坏的重要标志,一个地区寺院愈为密集,其佛教信仰氛围就愈为浓厚。所以无论是出于交流学习的需要,还是为获得施舍礼遇的选择,僧人都会选择驻锡于寺庙数量相对较多的地区。概言之,僧人驻锡地分布与寺院分布、区域驻锡僧人数量与寺庙数量总体上呈现一种正相关的关系。②

---

① (明)鲁点:《齐云山志·道僧》,《四库全书存目丛书·史部》第231册。
② 郑涛:《唐宋四川佛教地理研究》,西南大学博士论文,2013年4月,第153页。

第三章 明代徽州地区佛教僧人的时空分布 | 99

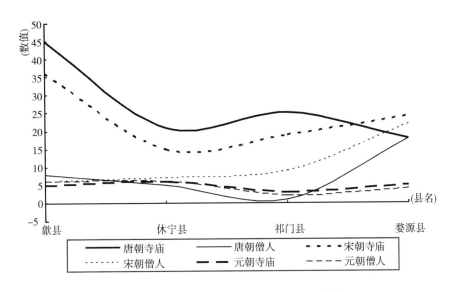

图 3-2 徽州唐、宋、元时期寺院和僧人对比曲线图

通过分析图 3-2 可以发现,婺源县的驻锡僧人数量线和新修寺庙数量线在唐宋两代都形成了相对平行区或重合区。一般来说,驻锡僧人数量线应与新建寺庙数量线呈平行或重合走势,如元代的两条线即符合这一原则,而唐宋两代的两条线整体都出现较大差距,其不合常理之处较为明显。那么是什么原因致使婺源县处的两条线在唐宋时期均出现这样的走向呢?其原因可能有二:一是唐宋时代为徽州寺院兴建的黄金时代,当时所遗留的寺院为徽州时存寺院的主体部分,在寺院新建相对宽松的社会环境中,许多僧人和世俗人共同参与新建寺院,一些寺院题记使许多参与此项活动的僧人因此而留名。对于明代寺院新建记录为 0 的婺源县来说此现象更为明显,如云兴寺、宏山庵、新兴寺、乐居寺等均属此类。二是唐末黄巢起义、宋代方腊起义都给婺源县带来灾难,[①]元末兵毁又使婺源县寺院遭受灭顶之灾。在洪武年间的寺院重修和归并过程中,对寺院的建立和修复过程进行追述的人很多。所以相对于其他属县来说,婺源县的寺院更有机会把唐宋时期参建寺院的驻锡僧人之名记录下来以备参考。在二者的推动下,婺源县的寺庙数量和驻锡僧

---

① (清)董钟琪,汪廷璋编:《婺源乡土志·婺源兵事》第七章,清光绪三十四铅印本。

人数量接近。其他属县虽有此类记录,但不如婺源的多。当然,婺源县驻锡僧人较多绝不代表其佛教氛围纯粹浓厚,因为其寺庙数量始终没有超过同时代歙县寺庙的数量。这也许是因为修志者认为"仙释虽异于圣学,亦王化之不废也"①,而有意对其进行记录。

二、明代徽州地区僧人驻锡地的时空分布

据附表2统计可知,有明一代在徽州驻锡的僧人有200人,能确定其驻锡于此的具体时段的僧人有176人。需要说明的是,僧人到徽州驻锡的具体时段的确定,以资料所记载的某僧到此地的最早时间为依据。在空间分布上,这200名僧人中,驻锡歙县的有76位、驻锡绩溪县的有1位、驻锡休宁县的有31位、驻锡婺源县的有55位、驻锡黟县的有29位、驻锡祁门县的有8位。如图3-3所示,歙县、婺源两县驻锡僧人数量所占比例较高,休宁县、黟县次之,祁门县、绩溪两县又次之。在歙县76个驻锡僧中有69人选择弘法于黄山,约占歙县驻锡僧人总数的91%,足见选择驻锡歙县的僧人对黄山佛教的重视。而在休宁县驻锡的31人中,有9人选择在仰山修行,约占休宁县驻锡僧人总数的29%,由此亦见仰山佛教对休宁县佛教的重要性。另要提及的是齐云山,该山在宋代时道教初兴,②而佛教承唐、五代余韵,仍不乏僧人弘法于此。宋代就有2名僧人驻锡于此,几乎占当时休宁县驻锡僧人总数的1/3。时至明代,齐云山道教信仰享誉全国,道音臻于鼎盛,③但这并不意味着齐云山佛教彻底消退,佛教界仍有如僧无有者驻锡于此,以安禅弘法。统观之,徽州的黄山、仰山、齐云山驻锡僧人数量约占徽州驻锡僧人总数的40%,这种驻锡僧人的空间分布格局是对历史时期所形成的驻锡僧人分布呈现以点为主、点面结合的形态的继承和发展。同时,婺源县驻锡僧人数量为

---

① (清)较陈锡修,赵继序、章瑞钟纂:《绩溪县志·仙释》,清乾隆二十一年(1756)刻本。
② (明)鲁点:《齐云山志·道僧》,《四库全书存目丛书·史部》第231册。
③ 丁希勤:《齐云山道教的玄武信仰》,载《安徽师范大学学报(人文社会科学版)》,2010年第2期,第199~204页。

55人,以占据徽州驻锡僧人总数的 27.5% 这一高比例紧随歙县之后。然其新修寺庙数量却为 0,这种与众不同之处也有其历史渊源。

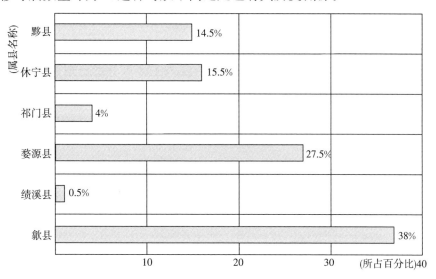

图 3-3　明代徽州驻锡僧人空间分布比例图

从时间角度上看,明代记载有明确驻锡于徽州时间的僧人有 156 人,其中属于明初期(洪武到宣德年间)的有 79 人,明中期(正统到嘉靖年间)的有 26 人,明后期(隆庆到崇祯年间)的有 51 人。这样明代徽州驻锡僧人在时间的分布上就呈现出"两头重,中间轻"的局面,这与明末为新建寺庙高潮期的史实不尽相符。然细究洪武、天顺、嘉靖、隆庆和万历这几个时间段新建寺庙和驻锡僧人的对比数据即会发现(图 3-4 所示),洪武年间两条线的距离远大于其他时段。因为其新建寺院只有 3 所,而驻锡僧人却有 69 人,约占明初驻锡僧人总数的 87%,这与其他几个时间段两条线趋于平行或者重合的分布态势完全不同。若论为何洪武时期有如此多的驻锡僧人出现,这或许得益于洪武年间对徽州寺院的重修。太祖高皇帝"稽古为治,于佛老虽不废其教,而给度牒。天下郡邑,僧道则有定额,未尝少滥。洪武二十四年又下归并之令……严私创庵院之律,故本府寺观皆仍前代之旧,未尝少有私创者"。① 所以徽州时存寺院以前代遗留下来的为主,在对元末兵毁寺院进行重修的过程中,许多僧人因参与其中而留名志书。这一现象在婺源县表现得最为明显。在洪武年间驻锡徽州的僧人中,以驻锡婺源县的占多数,共 43 人,而洪武年间对徽州寺院的重修则恰是以婺源县的寺院为主体展开的。这就解释了为什么婺源县驻锡僧人数量会占据洪武年间徽州总驻锡僧人数量的 62% 这一现象。

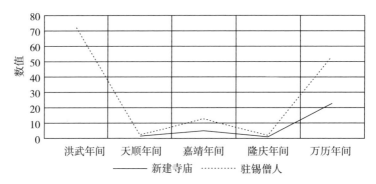

图 3-4　明代徽州新建寺院和驻锡僧人数量对比曲线图

由图 3-4 亦可看出,万历时期徽州的新建寺院数量和驻锡僧人数量均达到峰值。徽州在万历时期拥有众多驻锡僧人固然与这一期徽州新修寺庙有关,但也不可忽视黄山和仰山的作用。万历年间的 31 名驻锡僧中,前往黄山和仰山安禅的分别有 24 人和 6 人。这一数据足以说明黄山和仰山浓厚的佛教信仰氛围对驻锡僧人的吸引力。同时,政治鼎革造成明末驻锡僧人数量增加也不可忽视。如歙县的汪沐日,因明亡而出家为僧②;再如画僧渐江③,因明清鼎革而入释。诸如此类者甚多。

---

① (明)彭泽修,汪舜民纂:《徽州府志·寺观》,明弘治十五年(1502)刻本。
② 石国柱、楼文钊修,许承尧纂:《歙县志·人物》,民国二十六年(1937)铅印本。
③ (清)劳逢源修,沈伯棠纂:《歙县志·人物》卷八,清道光八年(1828)刻本;许承尧:《歙事闲谭》,合肥:黄山书社,2001 年,第 425 页。

三、明代徽州僧人驻锡地时空分布成因分析

如前文所言,明代徽州僧人驻锡地分布在时间上彰显出历史继承性的特色,在空间上呈现出以黄山、仰山为中心向整个徽州城乡不断扩展的格局,整体呈现出一种以点为主、点面结合的形态。然而婺源县明代寺庙新建数量远不及其他属县,但其驻锡僧人数量却紧随歙县之后,为徽州第二。这与其在明代之前两者平衡发展情况不尽相同,也与徽州其他属县不相合。那么为何黄山在明代仍为徽州僧人驻锡的核心地点,婺源县又何以在寺庙数量与僧人驻锡协调性上出现与其他属县不同的节奏?这是值得我们探讨的问题。

黄山之所以在明代仍为徽州僧人驻锡的核心地,究其原因可能有以下几点。其一,黄山拥有较为厚重的佛教积淀。自南北朝佛音初入徽州时,黄山即为高僧安禅之所。唐、宋、元时期,黄山驻锡僧人数量一直占据歙县驻锡僧人总数的半数,且黄山一直是徽州僧人驻锡的重要选择地。迄于明代,黄山有寺院 40 所,超过徽州部分属县现存寺庙的总数,拥有浓厚的信仰氛围。这些历史积淀无疑会推动僧人选择黄山作为驻锡地。其二,高僧频现促使黄山驻锡僧人的增加。僧人是教义的践行者和传递者,僧人身处某地即可将佛法传到某地,高僧安禅地为诚心弘佛僧人的向往之处。明代黄山高僧频出,自然是僧人安禅的好去处。高僧如语拙大师者,"入黄山充火头,寒暑一衲,行住坐卧,唯唱等韵,如是者六年。一旦豁然而悟,凡藏典翻译,无留难者,遂为第二代韵主教授师。岁在丁卯,传法南来,五台颛愚和尚甚器重之"[①]。再如普门大师,德行高尚,为诸方所推崇,并力助黄山弘法。再有林皋大师,与普门谈禅机,对唐宋尊宿语录各加品评,为宗门诚范;朝宗大师,师从密云老人,三十岁即开坛金陵;见月大师,演律宗,海内人咸啧啧肉身菩萨出世。[②] 其他如白毫大师、心空大师、无易大师、僧文斋、僧果然等数十位僧人均为佛门高

---

① (清)刘献廷撰:《广阳杂记》卷三,北京:中华书局,2007 年,第 143 页。
② (清)释弘眉撰:《黄山志》卷二《演律》,清康熙六年(1667)刻本,慈光寺藏本。

僧,所以诸方禅林多有心向黄山者。其三,皇室对黄山佛教的支持促进黄山佛教发展。明代万历时期,黄山佛教得到皇帝及太后的关注,皇室给黄山佛寺赐额并建寺兴佛事。命太监马进总理慈明庵务,身自焚修。所赐龙藏金像,命马进护送。与皇室关系密切的太监群体对黄山佛教也有崇奉及帮助之举,如太监马进竭力促成慈光寺赐额一事,其他中官如阎鸾、蔡钦等与黄山佛教发展也均有关联。① 另外,藩王对黄山佛教的崇信延及对黄山高僧的供养,如桂王之于普门大师,闻其名,延入藩府,执弟子礼,学等韵,后养于南岳以终老焉"②;荆州惠王之于一斋和尚,闻师高德,迎至荆南,戒律森严,教化大行,凡吴越之士听法者云集;心空律师于荆州惠藩供养,受具一斋和尚,后嗣紫衣,崇祯辛巳领施衣钵锡杖四十八,单赴黄山云谷禅院,延本师说戒并启道场四十九日,赐额大宝王刹。③ 也正是皇室及与皇室密切相关的群体对黄山佛教的支持,推动了黄山佛教逐步获得发展所需的丰厚的物质和社会条件,在客观上促使黄山佛教形成浓厚的信仰氛围,吸引更多的僧人在此驻锡安禅。其四,政治鼎革的推动作用。明清易代造成一部分士子离俗出家以表愤懑之情,徽州被誉为"程朱阙里",即有此类人群存在,也促使黄山佛教获得进一步发展。如徽州画僧渐江,将亡国之思寄情于佛,寄情于画。④凌世韶在明亡后到天界寺出家为僧,与世隔绝,著《沕沙草》行世。⑤ 不止官球、渐江诸人,如沈梅生亦其一也。"程菲《二游记》云,于慈光寺遇苔上僧雪藤,为位哭烈皇帝,雪藤亦逃世者矣。今文殊院后石壁上,有'日月自明'四大字,疑当时遗老所镌"。⑥ 另外,汪沐日、胡行印等皆属此类。正因有诸多逃禅之士,遂有"黄山在明、清易代时,逃世之士皆归焉"之说。

---

① 许承尧:《歙事闲谭》,合肥:黄山书社,2001年,第427页。
② (清)刘献廷撰:《广阳杂记》卷三,北京:中华书局,2007年,第143页。
③ 闵麟嗣:《黄山志定本》卷二《人物》,民国二十四年(1935)安徽丛书编印本。
④ 吕少卿:《论渐江的思想嬗变及其对画风的影响》,载《贵州大学学报(艺术版)》,2006年第3期,第14~19页。
⑤ 石国柱、楼文钊修,许承尧纂:《歙县志·人物》,民国二十六年(1937)铅印本。
⑥ 许承尧:《歙事闲谭》,合肥:黄山书社,2001年,第425页。

而婺源县之所以在唐、宋、元时期在新修寺庙数量与驻锡僧人数量二者关系上出现与诸县不同的境况,原因前文已述,兹不赘言。至于其在明代何以在新建寺庙数量与僧人驻锡数量的相关度上出现了与历史其他时期不同的差异,可能是明代新修寺庙出现空白所致。婺源县的寺庙主体为唐宋时期所建,在寺庙新建的过程中,许多僧人与世俗捐助者共同完成修建工作,因而这些驻锡僧人名字多得以遗留下来。元祚短促且对佛教较为推崇,新修寺庙数量与驻锡僧人数量基本能够维持均衡。时至明代,由于洪武时期施行严格的寺院新创制度,使寺院新修的倾向受到遏制,且婺源县寺院在元末兵乱中遭受重创,因此明代佛教发展的重点在于对已毁寺庙的重建修复。与此同时,又有许多僧人在明初的寺院修复归并过程中留下了姓名,这样就使婺源县在明代少有新修寺院的情况下却出现了较多的驻锡僧人,从而导致婺源县在明代新修寺庙数量与驻锡僧人数量指标不一致的局面。同时,徽州的其他属县在明代均有新建寺院,但没有类似于婺源县这样集中、有规模比重,因而僧人驻锡记录也就较少。在这种情况下,其他诸县反而呈现协调发展的趋势。那么,若仅将明代婺源的驻锡僧人数量较多,归咎于明代将寺院重修作为婺源县的寺院工作重心,则显得过于片面化。其实,此结果还得益于浓厚的佛教信仰氛围。婺源县"所奉为神道者,亦至伙矣,若元帝,若关帝,若汪王、周王,若观音、地藏,其为名不一,皆所谓神也"。"近日斋教盛行,不时聚徒开堂拜佛,休宁齐云山住持负元帝像到处踩蹋,名曰圆经,愚夫愚妇无不卑躬屈膝。"还有"素封之家往往供佛饭僧,为亲忏悔",为僧人驻锡提供经济来源,①以至时人发出"世俗之神道愈多,圣人之神道愈晦"的感慨。这种较好的人文环境未尝不是僧人选择驻锡婺源县的原因之一。

---

① (清)刘汝骥:《陶甓公牍》卷十二,《官箴书集成》第 10 册,合肥:黄山书社,1997 年,第 598、596 页。

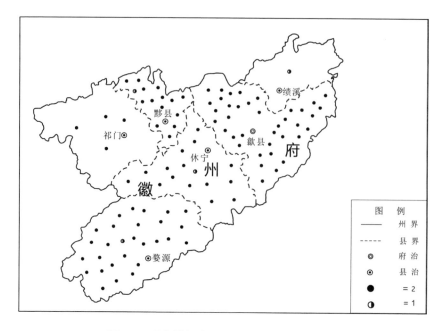

图 3-5　明代徽州地区僧人驻锡地分布示意图

第三节　明代徽州的主要驻锡僧人

僧人作为最忠实的佛教信众,是践行佛教理论、追求佛教目标的重要群体。僧人群体中的高僧,不仅是佛教教义的践行者,常常也是佛教活动的重要组织者和传播者,在佛教活动中具有不可替代的作用。[①] 同时,高僧也是一个或一派宗教的信仰旗帜,是显著的标志,是构成宗教的最根本因素,[②]因此了解一个地区高僧的情况是掌握该地区佛教发展状况的重要切入点。兹依据弘治《徽州府志》《黄山志》《仰山乘》等有关资料将明代徽州主要僧人基本信息罗列如下(具体材料出处不再一一注出),以备参详。

---

① 王开队:《青藏高原历史地理研究:康区藏传佛教历史地理研究》,成都:四川大学出版社,2011 年,第 133 页。
② 冯天策:《宗教论》,济南:山东人民出版社,2005 年,第 72 页。

一、歙县

惟安 号普门,陕西眉县人,幼年孤苦,剃发受戒,遍叩宗师三十余年。来往少林、五台山、太行山、伏牛山、普陀山等诸多佛教道场。万历三十四年(1606)因梦感化而入黄山,开山创建法海禅院弘法,皈依者众,粮糗乏绝,相与食菜饮水,亦不相离。游京师,声达禁苑,皇帝赐他紫衣、七级四面金像、寺额藏经、金钵、金书《法华经》。前往参会龙池老人。北至清源坐寂乘原禅林,后辇骨黄山建塔。

如孝 号敬贤,精修戒律,普门举为慈光寺主,率众焚修,为两宫祝釐,礼部奉旨给答,山僧咸云德足副望,人敬仰焉。

寓安大师 名广寄,开化人,依云栖莲池宏公受具足戒,诵示念佛,法门命典维那职。万历三十八年(1610),创掷钵禅院,师道行高邈,尝夜行遇虎,师径前摩虎头,属曰:佛子佛子,尔无我虞,我无尔怖。虎戢尾受戒,不动不吼,人争异之。师曰:人虎相安,理之自然,于我法中未为贵也。其熏修始末,详憨山《檗庵志》两大师塔铭中。

一乘 霜顶皓然,神采焕发。从五台来,得地石林谷中,遂开坛狮子林。每晚课毕,必往宿始信峰绝顶,如是者三年。师先是遍礼海内道场,至黄山始结茅,名山高僧一时相值,若水乳之投,非偶然也。后僧灵闻继居林中,能诗文,著有《黄山纪胜集》。

阔庵 关中人,游名山至慈光,与同衣金峰竭力辅佐普门大师开山说法。天都山高耸陡峭,难以攀登,二人慨叹:是人没有志向罢了,如果有足够的志向,有什么山不能攀登呢?每当到山阶危险处,二人争相背粮做前导,毫无疑难之色。普公北游,阔庵理治寺务,斩斩有法绳。普公殁临清,复率其徒辇骨还山,历数年示寂。

方来 号晓宗,沁水人,佐普公开黄山,建立十方常住,后嗣普公主慈光,梵行精严,不肯招留眷属,使认十方物为己有。顺治三年(1646)秋,一日告大众无疾而化,去今嗣法无人,普公清规尽更矣。方来初寓伏牛山,得錬呓语法，与普工契合，普公素精等韵酞口，唯师独得其秘。时法藏严公亦有开山功，募建藏经阁，其最大者。

林皋大师 名本豫，号晦夫，昆山陈氏子，十九脱白，诵《金刚经》，得佛法于磐山修和尚。在黄山指象处修行三年，一日偕普门和尚看瀑布，普云："此瀑布在心内在心外"？师云："内外且置。""你道此泉从何处来"？普云："原来其中人也。"师与普公从此心契。后居夹山，法席道场显著，唐、宋尊宿语录对其各加品评，成为宗门诚范，顺治三年示寂。

朝宗大师 名通忍，武进陈氏子，能诗文。少究心益易之道，后谓益精易形仅得仙耳，犹能了彻生死，乃决意参禅。遇密云老人，神领意得，顿在言前，遂付法师。年仅三十余即开堂金陵，老人追至欲责之，师潜避余中丞家获免。游化至天都，僧不畏迎居别峰庵，顺治五年（1648）示寂于宝华寺，著有《宝华语录》行于世。

见月大师 名读体，云南人，从三昧大师受具戒，执侍十余载。时华山座下环拥千人，戒律推师为首。遂受衣钵过黄山，演律庆云岩，旋栖静贝叶庵。三载继主华山席，学人盛集，数十年近数万余人，海内咸啧啧肉身菩萨出世云。康熙己未示寂。

一斋大师 名性寿，邵阳人，得五台成芳和尚钵，戒律森严，惠藩闻师高德，迎至荆南，未几辞归，赐紫衣遣内臣送至黄山云谷禅院，赐额大宝王刹师，至后建立佛事，院之规模日肃矣。后主慈光方丈事，教化大行，凡吴越之士听法者云集。鬼塔在慈光山门之阳，程公嘉燧为撰缘起。

心空律师 名海学，大兴人。荆州惠府剃发僧，受具戒于一斋和尚，为慈光监院。后居翠微，重建殿宇，开律坛，持秽迹金刚神咒数十年，冥感之事亦多。闭关惠府时，凡受衣服卧具随手脱赠，自忍寒冬，为人慈厚，大约如此。

无易大师 婺源张氏子，从寓安师剃落，瞻礼持诵若夙习，然寻觐云栖坚持净业不相乖异，历五年而归掷钵禅院，寄公仅构大殿及禅堂数间，其楼阁堂庑皆公继起而成，凡区划规制一如云栖无异，顺治八年（1651）春示寂，有《山居诗》《净土偈》板藏本院。

智舷 嘉兴梅溪人，字苇如，秀水金明寺僧，号秋潭，晚年在西郊造黄叶庵修禅，自称黄叶老人。栽植修竹百余，朝夕亲自料理。每逢客人到访拾竹叶煮茶迎客而没有寒暄之语，吴越之间士大夫多敬佩其行。与他悉心相交的人有殷方叔、吴少君、陈仲醇等。善吟道，价隆重，诸方遵为耆宿，而不领众，不立侍者。游黄山卜筑不成，今存数诗，出语烟霞，冰雪殆画澈之流，贯休、齐巳不足数也。

元白大师 名音可，武冈邓氏子，年二十谒颛愚衡公，遂祝法学圆通法门，参访博山湛然、憨山雪峤诸老，二十四年谒天童密公，多所资扣楮株大法为同参所忌，遂辞去。过江阴，黄芥子请开堂竖佛，溯江右恢复泐潭，祖庭新之，因扫远祖塔，至浮山绅士请弘法慧山，二十余年重建佛刹，宗风炬赫。公常栖黄山莲花峰，庵有诗，读此诗知公之见地超卓，亦知公之久住黄山矣。

弘仁 字无智，号渐江，邑城江家坞人，明诸生，少孤贫，以铅椠养母。师从古航禅师，后弘法黄山，往来于云谷禅院和慈光寺之间。十余年后，拄杖挂瓢，没有恒定栖息之地，有时在水潭旁静坐整日，有时独自吟诵连日不出，乞其书画多不应允。每有兴致则顷忽成画，淋漓尽致，虽作数十画而毫无厌意。其以书画称，岁寒交者为姜如农、张来初、吴石庵诸人。示寂于五明禅院，年五十四。

二、休宁县

嗣汉 休宁普满寺僧，戒行卓然，为禅林所宗。永乐七年(1409)，适朝廷钦建大斋，师领众预会于灵谷道场。忽一日沐浴趺坐作偈，书罢奄然而化，得舍利瘗于灵谷浮屠。

雪浪禅师 讳洪恩，字三怀，留都人。通三藏，登座讲解，标宗树义，辞媚理纯，为两京讲师之最，学者一时皆尚之，能诗有六朝初唐之致，能书则绝代小行，似元人风格。

癯鹤禅师 讳宽悦，与恩公共梓里，皆报恩寺僧。精戒律，诗书书法不减恩公，而严古不好讲解，学者执策问诘，剖析玄旨，有超格绝尘之韵，晚隐伏牛山,庚寅至苏谷,偕石公来赋诗,贻玉觉二公而去,二公皆以诗若干行世。

梵师大海 异域人,貌伟色紫,声洪亮。偕行者圆海、净海、觉海,四人同声做呗,不节而节,清浊婉转,弹舌而讴,吞吐音韵琅琅,闻者莫不悚心,谛听虽不了其字义云何,而不寒自栗。咒梵尤精,秘密真言与此方小异,强半似之。居吾国日久,文理皆通,能和光同尘。

梵师圆海 异域人,皙白如瓠,于万历二十四年(1596)自于阗经鞑子国,闻观音大士出世十六年应身说法,于是师去朝礼大士,即为摩顶受戒,授之黄绢结印,后礼五台,来游新都,坐关恒山堂,日持楞严尊胜六字,诸咒有地藏菩萨金身出现,一现不复再现,及善焰口,咒梵秘密真言,挂搭仰山一年余,人以财施人钵中,不留一钱。今又如五台受慈圣太后供养。

介如禅师 云间人,姓胡。年二十五访师新都,值见芝大师,即剃发出家,名曰文石。见芝者,即汪司马主创肇林胤公也。遂入少林,悉学三年。又如伏牛、雁宕、天台、南海诸道场。善游戏、书画及诸技艺,可称精绝。若赋诗作文不俟运思,握管立就,所至丛林未尝停腕,有《法语四教义略注》《楞严》《法华》等诸经旨要若干卷将刊播于世。

佛日禅师 法名性航,顺天宛平人。投栖霞祖堂出家,随喜仰山讲《圆觉经》,有精于戒律,善诗文,有唐风致。入少林悉学一年,又如名山道场,无不履历听法,斯亦法门中翘楚。

夜台禅师 四川人,法名如月。常住五台十七年,日则跏坐,夜则持咒,经行黎明不息,遇有虎狼亦不少避。在京蒙慈圣太后供养,赐紫渗金钵盂锡杖,后挂搭仰山敬设礼忏道场五日夜,祝太后圣寿。

三、黟县

释慧融 来自西蜀,隐黟石门山洞,初攀藤上,人代凿之,始有路。洞中一窠一瓢,余无所有。有施米则炊,无则已坐石上,兀如石人,或七日不食,亦不饥。后往天童密云印证,归悠然示寂。

涤凡 太仓淮云寺僧,通禅理,蓦然寡言,间语人休咎,多念主教。觉华禅林开坛说偈地涌灵泉,一时名宿赋诗纪瑞,事载别驾《三茇公集》。

浣凡 涤凡胞弟,并归释氏,能诗文,当时亦称善知识。

知幻 浙人,涤凡弟子,本诸生,弃儒逃禅,工诗,善画、文学。江念祖最与投契,题其室曰:老闲。

四、绩溪县

一九和尚 绩溪十二都人,遗其姓在俗,山居。其父为虎所噬,一九挥拳击中虎眼,眼珠迸出,夺父尸于虎口负归。翌日,独持械往山寻虎,与斗,久之械为虎折,一九奔还,复持械往追之,卒杀虎,观者啧啧。邑民旌曰孝勇,后于石金庵出家为僧,备修苦行,人咸重之。

五、婺源县

真柏 真松 柏字郁林,歙人,叶姓。松,字翠林,绩溪人,汪姓,即柏亲甥。生而胎斋,稍长,偕往宛陵千顷山,师僧守庵。后同住婺石门,诣汪司马肇林,荆山珂公法席共传心印。江中丞一麟复建礼迦古迹,请为住持,柏解脱泥淖,求见心性,远近皈依。一日忽辞大众,衣钵授徒如湛而化,舍利藏寺侧。真松深解禅理,戒行严洁。常说偈言:浮生元大梦,幻体亦非坚,而欲超凡世,无如净土禅。后水化,凝然趺坐。如湛即真松侄,幼时同谒肇林时已露慧性,浴佛日司马手书一偈送之。

大机 名智显,俗家池阳欧姓。初剃发昌江大龙山,后游婺赵州庵,超悟博洽,称善知识。邑人士钦其高,延住登高山为《华严经》主会,登高不戒于劫火。里人俞仁科复延之继竺庵,与徒慧海、本如等俱机精禅理,一棒一喝俱属秘教,唯海能参取,遂先化。一日机起盥沐,三礼佛毕,敷席端坐,朗说西方公案一宗,冥然而逝。今其衣钵海孙雪牛传之,所著有《禅林宝训》《禅林音译》等书。

如镜 字东明,海阳汪氏子。弱冠弃家往庐山祝发,后游饶州,结屋茅仙山,跪诵《华严经》。三载,来婺赵州遇大机谈性学,遂师大机,专志宗旨,每日焚香手书《华严经》一卷，二十余载造次无辍，戒行最肃，一语不苟。临寂，预集友徒，趺坐无语，一笑而逝。

海球 歙人，为大鄣山开山住持。坚志苦行，不立文字。初募大鄣禅室，有妇人向山樵苏，会虐发呼球曰：菩萨为吾好束此薪。待起负去，旁有牧竖拍掌大笑曰：球私人，球私人。球奋怒，遂斧而断阳具，气绝三日乃更生，时远近相传，俱诧球为活佛。庵不日成，广大壮丽，为婺第一丛林。球每岁斋僧，动数千众。后真纯，戒行亦大相类，住仰天台，功不在大鄣下。

了容 字大方，河南开封人。七岁颖悟禅理，未入空门能诵诸波若经品。十岁随父宦燕京，竟私奔五台祝发。父大索不得，后容周游名山，至婺止。往诸潭山诛茅以居，不复出。猿猴时献果，山主胡景儒闻而奇之，爰施诸潭为容道场，建刹供养。容绝火食，唯日食果蔬及生米。住山十余年。一日，儒往视容，喟然叹曰：凡胎不能白日飞升，又那用此臭皮囊为也。会野烧跃火中而去，无遗蜕焉。

照通 黟人，初为衙役，偶有感悟，削发来婺平案山，苦修净土。寻住碧云庵，二十余年，见人不作一语，人呼为哑照。一日熏沐辞佛屠维以化。

海心 项村人，生而胎斋，家贫，竹工为业。尝得遗金百两于道，俟其人还之。既祝发，并断油酱，人称为淡斋和尚。生平苦修，积行如山头，桥路及霍口皆其所募造，又置茶庵数处以济渴者。博山僧樵石说法于休邑阳山寺，心往听，言下顿悟，归而闭关三载。圆寂于长老寺。

僧人是重要的佛教文化因子，对僧人地理分布进行探讨有助于对区域佛教地理的形成有一个更加清晰的认识。鉴于僧人籍贯和驻锡地是分析其地理分布最为关键的要素，因此有关明代徽州僧人地理分布的讨论即可以两者为切入点。明代徽州见于志书明确记载其籍贯的僧人有 69 位，在数量上大大超过了前代有籍贯记载的僧人数量，僧人籍贯在空间分布上已经大为扩展。综合全部僧籍来看，外僧籍约占全部徽州僧籍的 68%，外籍僧人在空间上呈现出广泛分布的状态，外籍僧人没有形成局部集中分布的现象。本地僧籍只占全部僧籍的少部分，且歙县僧籍约占本地僧籍的 59%，使本地僧籍在空间上呈现出既有面的扩展又有点状集中分布的态势,且以黄山为重点集中分布。明代徽州的驻锡僧人共有 200 人,能确定其驻锡具体时间的僧人有 176 位。在驻锡僧群中,以洪武、万历年间驻锡徽州的僧人为多。在空间上,在歙县、婺源两县驻锡的僧人所占比例较大,且以黄山、仰山为僧人驻锡的密集分布地。僧人驻锡地分布呈现出以黄山、仰山为中心向整个徽州城乡不断扩展的格局,形成一种以点为主、点面结合的态势。通过对明代及明代以前徽州僧人地理分布进行对比研究,可以从另一侧面窥视明代徽州佛教发展的一些面貌。不过需要说明的是,由于历史资料及数据的局限,明代徽州尚有许多不知名僧人的地理数据无法对其进行统计,所以数据样本反映的明代徽州佛教僧人地理影像尚需进一步完善与验证,这也需要我们付出更多的努力。

第四章　清代徽州佛教寺院的时空分布

清代是中国历史上最后一个封建王朝,既创造出了封建社会最后一个辉煌盛世,同时又处于从封建社会向半封建半殖民地社会的转型期。这一时期的政治、经济、文化等诸多要素都经历了剧烈变动,这些变动及其应对之策都影响着有清一代佛教发展的走向。清代徽州佛教的发展既受到这一时期整体环境的影响,也在一定程度上受制于徽州各县社会经济文化的发展形势。而这一时期徽州佛教地理格局演变的主要表现之一就是佛教寺院时空分布的再次重塑。

第一节　清代的佛教政策及徽州佛教发展之概况

清作为继元之后第二个掌握大一统国家政权的少数民族王朝,早在其入关之前就确定了整个清代近三百年(自努尔哈赤公元 1616 年在满洲建立大金国算起)历史的佛教政策基调。满族的原始信仰为萨满教,自明中叶以来,作为其族群主体的女真人在与外界的联系中受到了汉地和蒙地宗教及文化的影响。在这样的文化交流中,满族并没有排斥佛教。而且在满洲部族崛起及征服统一的过程中,努尔哈赤敏锐地意识到运用宗教文化手段进行统治往往能够起到事半功倍的作用。《东华录》记载:太祖高皇帝乙卯"夏四月,始建佛寺及玉皇诸庙于城东之阜。凡七大庙,三年乃成"①。努尔哈赤在1616年建立大金后就做了一件极其重要的事情,即延请西藏喇嘛,令其布教;一律优待前来传教的喇嘛,在其死后甚至还为其建造宝塔。"努尔哈赤及其后继者深知,'外藩蒙古唯喇嘛之言是听',因而采取以佛法护国、优礼喇嘛教的政策,这成为贯穿整个清代的一项重大国策"。②

虽然清朝入关之前就已经确立了尊奉藏传佛教,同时也敬重汉传佛教的宗教政策基调,但是努尔哈赤作为政治家,其敏锐的嗅觉也令其坚定了"敬佛而不佞佛"的政治态度。皇太极即位后承续了努尔哈赤的佛教政策,强化了优待喇嘛的国策。天聪八年(1634),察哈尔墨尔根喇嘛载护法神嘛哈噶喇金身归附清朝,可见清初帝王优待喇嘛的政策对于统一蒙古各部起到了巨大作用。但同年皇太极在论及佛教与蒙古各部落的关系中认为:"蒙古诸贝子,自弃蒙古之语名号,俱学喇嘛,卒致国运衰微。"③有清一代虽然尊崇佛教,但是其始终将佛教视为一种辅助性的统治手段。清朝在入关之前就已仿明代制度设立了僧官衙门,采取了限制佛寺泛滥并对寺僧进行检束的措施,入关之后在沿袭入关前的宗教政策的基础上,针对实际情况对这些措施进行了适当的调整,其具体内容主要包括颁发度牒、登记造册、收缴明敕、禁止私建等。综观清代,作为佛教之载体及其物化部分的僧人及寺院,始终受到官方的统治和管理。所以,清代统治者对待佛教的态度是"敬而不佞",实施的政策是"尊而不滥"。

然而,清代的历史发展进程影响了佛教的发展态势。清代佛教经历了入关之前的满洲奠基阶段、入关后四帝励精图治的兴盛阶段、嘉庆以后随国势日衰而渐衰阶段及光绪末年的勃然兴起四个阶段。清代刘锦藻撰的《清朝续文献通考》将其概括为:"(佛教)我朝顺治至乾隆最盛,嘉庆以后寝衰,咸丰

---

① 王先谦:《东华录·天命一》,《续修四库全书》第369册,上海:上海古籍出版社,1996年,第21页。
② 赖永海:《中国佛教通史》第13卷,南京:江苏人民出版社,2010年,第31页。
③ 《清太宗实录》卷十八,天聪八年四月丙辰条,北京:中华书局,1985年影印本,第236页。

时,洪杨扰攘,以耶稣教为号召,排斥异教,寺观为墟,然剥极则复,光绪间又勃然兴起。"①全国性的佛教政策为清代徽州佛教的发展奠定了制度上的基调,而徽州作为一个特定的地理区域,其境内佛教的发展必定与其特有的自然地理条件、社会人文环境密切相关。

在清代前、中期安定的社会环境下,徽商秉持"贾而好儒"的内在价值取向、"以义取利"的经营原则和使用能拼会赢的经商手段,走遍大江南北。徽商的经营范围极广,尤以盐、典、茶、木为著。到乾隆年间,徽商巨贾"富以千万计","百万以下者,皆谓之小商"。"他们的财力之丰,就连乾隆皇帝也曾因之发出'富哉商乎,朕不及也'的感叹""清代有人估计(扬州盐商资本)为七八千万两,这与乾隆的国库存银七八千万余两之数大致相等"。② 到乾隆末年,清王朝已日见衰落,封建统治日趋没落,苛捐杂税日益繁重,徽商的处境越来越困难。徽商在典当、木材、盐业等领域的衰退,使其自身的经济实力大为削弱。加之受鸦片战争和太平天国运动的影响,以及《南京条约》签订之后外国资本的不断涌入,辉煌的徽商在内外夹击中日趋衰颓。徽州商人经济实力的下滑,势必会在一定程度上影响佛教在徽州的进一步发展。

而就清代徽州地区的佛教寺院来说,通过对现存康熙及道光年间徽州地区府志、县志中关于佛教寺观的相关文献进行梳理,可知清代康熙年间徽州时存寺院为 556 所,其中歙县 107 所、休宁县 82 所、祁门县 89 所、婺源县 196 所、绩溪县 63 所、黟县 19 所(参见附表 3)。从整体上看,康熙年间徽州寺院数量较明代时存的 440 所多出 116 所,出现了较大幅度的增长,但是徽州寺院在内部各县的分布已经发生变化。在明代时存的 440 所寺院中,歙县有 179 所,休宁县有 82 所,祁门县有 76 所,婺源县有 51 所,绩溪县有 28 所,黟县有 24 所。两相对比可以发现歙县寺院数量由明至清康熙年间减少了 70 余所;而婺源县康熙时存寺院由明代的 51 所猛增至 196 所,增加量达 145 所,甚至超过徽州康熙年间时存寺院与明代时存寺院的差额,成为清初至康

---

① (清)刘锦藻:《清朝续文献通考》,杭州:浙江古籍出版社,2000 年,第 8486 页。
② 沈葵:《安徽历史》,合肥:安徽文艺出版社,2011 年,第 75 页。

熙年间徽州地区寺院增长的主力；绩溪县寺院数量也由 28 所增加至 63 所，增加量为 35 所。

通过对清初至康熙年间徽州地区新建寺院的数量进行统计，我们发现，从清初到康熙年间整个徽州地区记载有明确建立时间的新建寺院仅有 4 所，而无明确记载建立时间的，即康熙史籍中有记载但前代没有记载的新建寺院共 257 所，两者共计 261 所，其中歙县 20 所、休宁县 8 所、祁门县 49 所、婺源县 146 所、绩溪县 37 所、黟县 1 所。结合明末与康熙年间徽州地区时存寺院数量分析可知，自明末至康熙年间歙县寺院数量存在一定量的减少，明代时存 179 所，清初至康熙年间新建寺院 20 所。如不考虑外来因素对其境内佛教发展的破坏性影响，那么康熙年间歙县时存寺院应有 200 所左右，但史书记载的只有 100 余所，存在近 100 所的差额。婺源县以新建寺院 146 所成为该时期内徽州地区新建佛寺的集中分布区，同时以时存寺院 196 所取代历史时期歙县是徽州六县寺院分布至密区的地位。其余四县中，绩溪县时存寺院出现 30 余所的增加量，与其新建寺院之数量大致吻合；祁门县新建寺院数量近 50 所，但时存寺院仅增加 10 余所，存在 30 余所的差额；休宁县、黟县则相对稳定，较之明代寺院数量未有大变化。

及至道光年间，徽州地区时存寺院为 667 所，较康熙时期多出 110 余所，较明代多出 220 余所。这 667 所寺院在时空分布上，歙县有 121 所，休宁县有 97 所，祁门县有 92 所，婺源县有 275 所，绩溪县有 62 所，黟县有 20 所。而通过梳理文献，可知从雍正至道光时期徽州地区有明确建立时间的新建寺院为 7 所，无明确建立时间但通过前后史料对比得出建立时间的新建寺院为 101 所[①]，二者相加共 108

---

① 注：将道光志有而康熙志无的寺院资料提取出来进行比照，若寺院重名则比对其所在地与建立者信息以确定是否为同一所寺院，无论是寺院所在地为同一处还是建立者为同一人，均视为同。依此法筛选，最终得出道光志中存在而康熙志中不存在的寺院，将其视为康熙至道光这一时期内徽州地区新建立之佛寺。但此法为寺院无明确建立时间记载情况下采取的不得已之法，不排除整理出的寺院中或可存在康熙志漏载而道光志有载的前代所建立之寺院，具有一定的不准确性。但就其最终统计结果来看，其具有一定的可靠性，而康熙时期无明确建立时间之新建佛寺数量亦可由此法得出（详见下文）。

所。其中歙县 13 所、休宁县 13 所、祁门县 2 所、婺源县 78 所、绩溪县 2 所、黟县无。婺源县新建寺院 78 所，约占新建寺院总量的 3/4，时存寺院 275 所，占时存寺院总量的 2/5 多，具有数量上的绝对优势；歙县、休宁县二县各有少量新建佛寺，其余三县则基本没有新建寺院。

由此可知，至道光时期，就寺院数量而言清代徽州佛教继明代之后出现了其发展史上的又一高峰。无论是截至康熙年间的清代前期还是从雍正至道光年间的清中后期，徽州寺院数量均稳定增加，但是具体到各县便表现出与历史时期之常态相差较大的变化。无论是新建寺院还是时存寺院均显示出了明显的区域差异性，最为显著的即是婺源县取代歙县成为清代徽州新建寺院的主要集中分布区域及时存寺院分布的至密区，歙县、休宁县、祁门县三县为次密区，绩溪县为间密区，黟县则为稀疏区。何以千余年来未曾变化的分布格局在清代两百年左右的时间里被打破，这不得不令人疑惑，这显然也是值得我们注意的重要问题。

第二节　康熙、道光年间徽州新建、重建寺院的空间分布

"寺院作为三宝在现实世界中的依存所在，其对于佛教的存在及发展具有不可替代的作用，寺院的规模、数量、空间分布等往往是衡量某一区域佛教发展面貌的重要指标"。① 寺院作为主要的佛教建筑，既为神灵提供了安息之处，为僧人提供了栖居之所，又为虔诚的信仰者提供了灵魂上的寄居地，所以，以寺院作为研究对象能更好地展现佛教的发展态势。鉴于康熙时期属于清代前期且处于清王朝的鼎盛期，道光时期属于清代后期且处于清王朝的日渐衰落期，对这两个时期的徽州新建、重建寺院的空间分布进行对比分析，大致可以探讨出清代徽州地区的佛教发展状况。

---

① 王开队：《历史宗教地理学视阈下九华山佛教文化体系的建构——以寺院为中心》，载《世界宗教研究》，2016 年第 5 期，第 63 页。

一、顺治至康熙年间徽州地区新建、重建佛寺的空间分布

徽州地处江南,是清入关前势力范围所不及之地,故清代徽州佛教研究时间上限应始自顺治年间。顺治帝作为清入关后的首位帝王,在位时间仅18年,亲政时间只有10年。顺治帝对于佛教的态度仍旧沿袭入关前"尊而不佞"的传统,一方面在亲政伊始,其便敦请达赖进京接受册封;另一方面延用明代的宗教管理制度,设置僧官管理佛教。与前代不同的是顺治帝自1657年开始"染指宗乘",不再如以往帝王般崇奉喇嘛,转而亲近汉传禅僧。蒋维乔写道:"顺治帝自统一中原以后,一改满洲专崇喇嘛之旧习,而依归禅宗,颇致力于参究;观其与玉琳琇和尚及其弟子茆溪森和尚之关系,可以知之。"[①]而顺治帝在接触禅宗信仰后更是对禅宗产生浓厚兴趣,甚至在其妃董鄂氏去世后有了遁入空门的念头。针对清入关后存在的大量民间组织以"反清复明"为旗号进行着各种秘密活动的状况,他确立了"黜邪崇正"的宗教政策。顺治十三年(1656)谕:"治天下必先正人心,正人心必先黜邪术。儒释道三教并垂,皆使人为善去恶,返邪归正,尊王法而免祸患。此外乃有左道惑众,如无为、白莲、闻香等教名色,起会结党,夜聚晓散,小者贪图财利,恣为奸淫;大者招纳亡命,希谋不轨。无知小民被其引诱,迷惘癫狂,至死不悟。"[②]对于正统的儒释道三教,官方依然采取支持的态度,而对于其他世俗宗教则予以严厉打击。康熙帝作为中国历史上在位时间最长的帝王,其以仁厚宽大的典型儒家君主形象闻名。康熙时期是满族汉化的重要时期,他对佛教亦相当推崇。蒋维乔称"而其(康熙帝)尊崇佛教,则犹先代之遗风也"。康熙帝对于藏传佛教的扶持更有成效,其在位期间汉传佛教也得到了相应的发展。康熙帝一生共6次南巡,名山古刹是其巡游的必到之处。

---

① 蒋维乔:《中国佛教史》,上海:上海古籍出版社,2011年,第267页。
② 《明清史料·丙编》第十本,上海:上海印书馆,1936年,第982页。

梳理文献可知，自顺治到康熙，整个徽州地区记载有明确建立时间的新建寺院仅有4所，且均为康熙年间所建，分别是歙县的胜莲庵、击竹庵和绩溪县的大士阁、大悲阁。胜莲庵为康熙初年僧人本彻建，击竹庵为康熙年间程立□建；绩溪县的2所则均是由康熙年间知县王祚葵建立的。这样的情况与同时期较为宽松的佛教发展环境显得并不相符。我们将康熙史料中所记载的时存寺院与附表1所辑录之明代徽州时存寺院作一一比对，发现存在大量康熙史料中有而明代时存寺院名单中无的寺院，故在此大致可将其认作清初（自1644年起，下同）至康熙年间徽州地区无明确建立时间的新建寺院，其总量为257所（见表4-1），加上记载有明确建立时间的4所寺院，可知清初至康熙年间整个徽州地区新建寺院数量为261所。由于这些寺院基本缺乏记载明确的建立时间，所以无法判定其具体是顺治年间所建还是康熙年间所建。但由于顺治时期共有18年，康熙时期共有61年，而顺治时期清朝处于刚入关阶段，社会并不稳定，到康熙时期清朝经过几十年的营建呈现出海内统一、社会安定的景象，且有明确记载建立时间的4所寺院均为康熙时所建，所以我们可初步断定这261所寺院中的绝大部分建立于康熙年间。

表4-1 顺治至康熙年间徽州地区无明确建立时间的新建寺院一览表

分布地区	数量	新建寺院名称
歙县	18	净土禅林、开黄禅院、观音院、多宝尼庵、□庵、皮篷庵、同德庵、福会庵、林隐庵、皓月庵、思棠庵、大金庵、福禄庵、福禄庵、圆通庵、一树庵、云涛庵、唐于庵
祁门县	49	百子堂、雪艺庵、挹泉庵、连城尼庵、观音楼、甘露庵、清净尼庵、观音尼庵、观音庭、长青尼庵、法华庵、竹林庵、观音庵、地藏庵、浥泉庵、天灵庵、少华山寺、福慧寺、步云庵、大澈庵、善庆禅院、凤鸣庵、文石庵、甘露庵、惠庆禅林、莲花庵、金竹庵、西华庵、白云庵、青莲庵、福田庵、永慧庵、圆通庵、孝思庵、甘露庵、天宝庵、东山庵、普护庵、仙寓庵、圣龙山庵、吉祥寺、临河寺、宝山寺、高山庵、万寿庵、龙潭寺、万缘庵、护福堂、翠竹庵

续表

分布地区	数量	新建寺院名称
休宁县	8	大□庵、西竺庵、明心堂、净土庵、大士阁、古云岩、普润庵、青莲舍
婺源县	146	东山寺、石际庵、永福庵、禧延庵、大觉庵、赵州庵、紫霞庵、龙王庵、继竺庵、亮光庵、杨宅庵、紫萁庵、安山庵、西竺庵、肇林庵、松溪院、钟灵庵、钟灵庵、清圣庵、居然庵、西来庵、良顿庵、五圣庵、金竺庵、龙泉庵、圆明庵、平案山低庵、慈址庵、来苏庵、中和庵、毓秀庵、无际庵、著存庵、玉莲庵、碧山庵、望云庵、望云庵、沸涛庵、云瑞庵、须弥庵、铁瓦禅林、白云庵、白云庵、仰天台高际庵、金莲庵、云衢庵、黄荆源庵、永竺庵、泊如庵、花□庵、常侍庵、高峰庵、胜喜庵、西林庵、天堂庵、密斗庵、云居庵、和睦庵、追远庵、龙池庵、和福庵、晓际庵、诸龙山庵、福济庵、光霁庵、冲霞庵、宝筏庵、义济庵、忠孝庵、种兰庵、高障庵、树德庵、剑山庵、腾蛟庵、百子庵、大源庵、储秀庵、冲和庵、石门庵、孝节庵、永思庵、四灵庵、龙华庵、云庆庵、云峰庵、龙会庵、迈德庵、紫袍庵、桂云庵、永庆庵、培桂庵、广福庵、云会庵、汇源庵、裕福庵、老云庵、千佛庵、点石庵、静觉庵、业桂庵、莲花庵、观音庵、保龙庵、圆璨庵、灵泉庵、凌云庵、慈树庵、绿筠庵、灵水庵、翠柏庵、高际庵、清风庵、清隐庵、隆庆庵、净土庵、葆和庵、诸龙庵、瑞光庵、天柱庵、双溪庵、度生庵、法华庵、永秀庵、福海庵、圣福庵、青林庵、清福庵、连云庵、永兴庵、金竺峰万岁庵、三语岭茶庵、灵隐院、兴宝院、湖山院、福星院、东广福院、慈源院、龙祥院、明惠院、金刚般若院、灵云院、诘曲院、青莲院、永泰院、兴国院、普利院
绩溪县	35	施水庵、灵山庵、玉龙庵、戴家庵、白云庵、石金庵、水竹庵、佛岭庵、天井庵、福善庵、小篓庵、歇岭庵、莲金庵、寿山庵、古今庵、望云庵、文峰庵、翠眉庵、西霞庵、万寿庵、度云庵、西竺庵、观音庵、西云庵、大定庵、古樵庵、济度庵、庆丰庵、空界庵、云居庵、栖圣庵、玉虹庵、漅杨庵、天圣庵、圆通精舍
黟县	1	清涟庵

数据来源参见:(清)丁廷楗修,赵吉士纂:《徽州府志·寺观》,清康熙三十八年(1699)万青阁刻本;(清)汪晋征等:《休宁县志·寺观》,清康熙三十二年(1693)刊本;(清)蒋璨纂修:《婺源县志·寺观》,清康熙三十三年(1694)刻本;何建明:《中国地方志佛道教文献汇纂》,国家图书馆出版社,2013年。

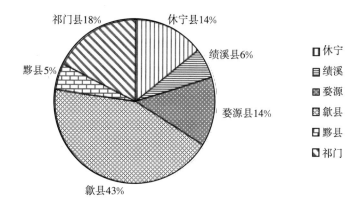

图 4-1 清代之前历代徽州各县新建寺院分布比例图

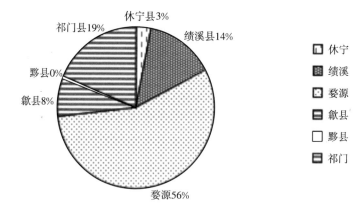

图 4-2 清初至康熙年间徽州各县新建寺院比例图

这新建的 261 所寺院在空间分布上,歙县有 20 所,休宁县有 8 所,祁门县有 49 所,婺源县有 146 所,绩溪县有 37 所,黟县有 1 所。将清代之前历代徽州各县新建寺院分布比例(见图 4-1)与清初至康熙年间徽州各县新建寺院数量占徽州新建寺院总量的分布比例(见图 4-2)作比较,我们会发现清代之前歙县一直是徽州地区历代新建寺院的集中分布地,其次是祁门县、休宁县、婺源县、绩溪县、黟县。且在明代,整个徽州地区新建寺院数量为 93 所,歙县就以 61 所之多大致占据明代徽州新建寺院总量的 2/3,歙县佛教可谓发展到极盛时期。然而从康熙年间史料记载的结果来看,清初至康熙时期歙县新建寺院数量为 20 所,只占总量的 8%,与明代时的情况形成了鲜明的对比。

而这一时期婺源县新建寺院146所,约占新建寺院总量的56%,而清代之前的占比仅为14%,婺源县成为清初至康熙年间徽州地区新建寺院的集中分布区。

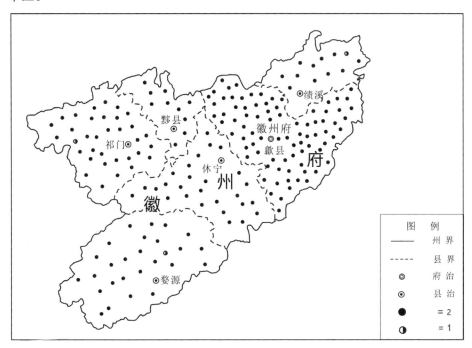

图4-3 清之前历代徽州新建寺院各县分布图

除新建寺院外,清初至康熙年间徽州地区还存在重修寺院的记载,但重修寺院数量极少,分别是婺源县的大田寺,建于唐代,顺治十二年(1655)颓后重修;休宁县的冷云庵,建于明代,康熙二年(1663)重修;歙县崇福寺,建于宋代,康熙二十二年(1683)重修;歙县千佛庵,建于明代,康熙四十年(1701)重修;歙县任公寺,康熙三年(1664)重修。以上5所寺庵,即是康熙及康熙之前清代徽州志有记载重修记录的寺院。

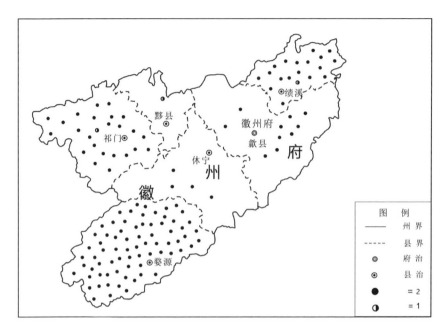

图 4-4　清初至康熙年间徽州新建寺院各县分布图

二、雍正至道光时期徽州地区新修建寺院的空间分布

雍正帝一生笃信佛教，自号"圆明居士""破尘居士"。史原明在雍正御制佛教大典《御选语录》序中写道："（雍正）更有融法王兼人王之尊于一身的殊胜风采。"其在位期间曾亲自编纂《御录经海一滴》《御录宗镜大纲》等佛学著作，并于雍正十三年(1735)开刻《大藏经》。然作为政治家，其并不因个人之信仰而任由佛教泛滥发展。他承继前代"尊而不佞""黜邪崇正"的佛教政策，针对当时"邪教丛生"的社会状况采取了严厉的打击手段，在其严禁邪教的政令中不乏有关"不法僧道""严禁妇女进庙烧香"的记载。

"康乾盛世"在乾隆时期达到极盛，乾隆帝对待佛教既有保护又有限制。"乾隆之尊崇佛教，主要表现在重视刻藏和译藏的佛教文化事业上"。[①]乾隆三年(1738)《龙藏》刊刻完成；二十四年(1759)敕译藏经诸咒，编为《御制满汉

---

① 赖永海：《中国佛教通史》第 13 卷，南京：江苏人民出版社，2010 年，第 157 页。

蒙古西番合璧大藏全咒》；三十八年（1773）敕以满语翻译藏经，五十五年（1790）完，共二千四百六十六卷。乾隆时期完成了顺治以来在明律基础上修订的《大清律例》，相应地对其中管理和约束僧众的法典也进行了完善。在其继位初期，为了粉碎流传的雍正与佛教之间的谣言，对与雍正帝生前接触甚多的文觉等禅师采取了警告与遣返措施。针对清初百年来佛教私建佛寺、私自为僧日盛的现象，乾隆帝曾多次颁布"停止度牒颁行"的谕令，但期间亦有反复。直到乾隆三十九年（1774），上谕："僧道度牒本属无关紧要，而查办适以滋扰……著永远停止。"①度牒制度的废除使得天下人出家不再受政治上的限制，显然这有利于佛教队伍的壮大及佛教整体的发展。但度牒制度的废除也导致了世俗佛教的更加泛滥，民间僧尼不用度牒即可出家使僧尼水平良莠不齐，寺观甚至成了收容市井游惰之辈的场所，②这使导致佛教衰亡的内部主要矛盾产生。乾隆之后的嘉庆、道光二朝，国力日衰，佛教的发展始终处于低迷的状态。咸同兵变，太平天国运动更是给予佛教最沉重的一击。而作为太平天国运动主要的波及区，徽州社会遭受了严重的战乱打击，经济凋敝、人口锐减，徽州佛教也受到了相应的影响。

雍正至道光年间有明确建立时间记载的清代徽州新建寺院共有 7 所：歙县的 4 所分别是绍衣庵、紫云庵、□贤庵和钟山庵，均建于乾隆年间；休宁县 1 所为古城观音殿，建于乾隆年间；祁门县 1 所为武陵庵，建于道光年间；婺源县 1 所为万善庵，建于乾隆年间。笔者通过将道光志书中记载时存的寺院与康熙志书中记载的时存寺院进行比对发现，道光志书中有记载而康熙志书中无记载的寺院共有 101 所，在此亦视为雍正、乾隆、嘉庆、道光四朝徽州地区无明确建立时间之新建寺院（见表 4-2）。加之记载有明确建立时间的新建寺院 7 所，可知雍正至道光年间徽州地区共新建寺院 108 所。而有明确建立时间的 7 所寺院中有 6 所均为乾隆时期所建；且雍正至道光百余年间，雍正时期及乾隆时期共计 73 年，嘉庆时期及道光时期共计 55 年；且乾隆后期清

---

① （清）王先谦：《东华录·乾隆七九》，《续修四库全书》本。
② （清）王先谦：《东华录·乾隆二一》，《续修四库全书》本。

王朝已经显示出衰退之势,嘉庆与道光时期清王朝更是日渐没落。故而推测这115所新建寺院中的大多数应该建于雍正及乾隆年间。而在雍乾时期,乾隆在位长达60年,那么再进一步推测,乾隆时期应该是这一阶段徽州寺院新建的集中时期,但具体新建数量则不得而知。

表4-2 雍正至道光年间无明确修建时间记载的新建寺院一览表

分布地区	数量	新建寺院名称
歙县	9	如意寺、福圣寺、净明寺、妙法寺、天王古寺、舍利庵、一粒禅院、玉壶庵、瑞溪庵
休宁县	12	文峰庵、缜桥庵、大备堂、西竺庵、茸香庵、仁寿寺、瞻仰庵、福国庵、白云庵、全湧庵、砂峰寺、观音堂
祁门县	1	朝阳殿
婺源县	77	圣泉庵、长生茶庵、满秀庵、西云庵、木林庵、万寿庵、慈筏庵、指月庵、北苑庵、金难庵、普陀庵、宏济庵、元璨庵、天池庵、睦桥庵、如露庵、桂花庵、总持庵、双桂庵、三宫庵、珊瑚庵、博泉茶庵、阳山庵、天宝庵、天衢庵、胜福庵、步云庵、何暮庵、圣怡庵、和福庵、永济庵、永庆庵(又名小罗坑)、怀先庵、拱极庵、继善庵、白云庵(即华佗庵)、悟真庵、焕文庵、镇南庵、雷坛庵、回龙庵、高际庵、培元庵、乐善庵、万子庵、黄龙庵、斗山潜龙庵、金谷庵、磐石庵、罗星庵、华对庵、古楼庵、静隐庵、万圣庵、永济庵、翠微庵、入胜庵、李梅庵、金竺庵、宝幢庵、永绍庵、印静庵、西峰庵(即长老寺)、水月庵、五峰庵、云胜庵、双璧庵、济云庵、大觉庵、普乘庵、西竺庵、兰谷庵、同隐庵、花埕庵、兴善禅林、新庆庵、宗三庙
绩溪县	2	香盖寺、车岭庵

数据来源参见:(清)丁廷楗修,赵吉士纂:《徽州府志·寺观》,清康熙三十八年(1699)刻本;(清)汪晋征等:《休宁县志·寺观》,清康熙三十二年(1693)刊本;(清)蒋灿纂修:《婺源县志·寺观》,清康熙三十三年(1694)刻本;(清)方崇鼎纂,何应松修:《休宁县志·寺观》,清道光三年(1823)刻本影印;(清)吴甸华修,程汝翼等纂:《黟县志·寺观》,清道光五年(1825)刻本;何建明:《中国地方志佛道教文献汇纂》,国家图书馆出版社,2013年。

在新建的108所寺院中,其空间分布表现为,歙县13所,约占总量的12%;休宁县13所,约占总量的12%;祁门县2所,约占总量的2%;婺源县78所,约占总量的72%;绩溪县2所,约占总量的2%;黟县无。与清初至康熙年间新建寺院分布情况相仿,婺源县在清前期大量兴建寺院的基础上,在雍正至道光年间仍然不断地兴建佛教寺院；歙县、休宁县虽也有新建寺院，但是在数量上与婺源县相差甚多；祁门县与绩溪县在顺治、康熙时期分别修建了49所、37所寺庙后似乎没了发展后劲，百余年间两地新建寺院各为2所；而黟县则没有新建寺院的记录。

此时徽州地区见于记载的重建、重修寺院共11所，其中仅有歙县的上律寺为雍正十年（1732）火后重修，其余10所均于乾隆年间重修（见附表3）。在这10所重修的寺院中，休宁县1所，为如如庵[乾隆四十五年（1780）重修]；祁门县1所，为潜鳞庵[乾隆四十八年（1783）重修]；其余8所均在婺源县，分别是万寿寺[乾隆五十二年（1787）重修]、乐居寺[乾隆四年（1739）重建]、迈德庵[乾隆十二年（1747）重修]、白云庵[乾隆十六年（1751）重修]、万安庵[乾隆四十九年（1784）重修]、迈德庵[乾隆四十二年（1777）重修]、永济庵[乾隆五十二年（1787）重修]、钟秀庵[乾隆五十一年（1786）重修]。

三、清初至道光年间徽州地区新修建佛寺的空间分布

由上文可知，顺治、康熙两朝整个徽州地区新建寺院261所，雍正至道光年间新建寺院108所，可知清初至道光年间徽州地区共新建寺院369所。在建立时间分布上，康熙与乾隆年间是清代徽州寺院新建的集中时间段。这一方面是因为康熙在位长达61年，为中国历史上在位时间最长的封建帝王；乾隆在位60年，以太上皇身份掌控政权3年有余，实际掌权时间达63年，是中国历史上掌权时间最长的封建帝王。康熙、乾隆二帝在位时间共计120余年，而自清入关（1644）至道光三十年（1850）也只有206年。另一方面则是因为康熙与乾隆时期是清代社会发展最鼎盛的阶段，社会安定、经济繁荣为佛教发展创造了良好的外部环境。这一时期亦是徽州商人发展的辉煌期，良好的社会条件与经济条件为徽州寺院的建立提供了可能。

在空间分布上，369所佛寺中歙县有33所、休宁县有21所、祁门县有51所、婺源县有224所、绩溪县有39所、黟县有1所（空间分布见图4-5），其各自所占比例分别约为9%、6%、14%、61%、10%，黟县可忽略不

计。由图 4-5 可知,婺源县为清初至道光年间徽州地区新建寺院分布的至密区,其新建寺院的数量约占整个徽州地区新建寺院总量的 61%,具有绝对的比例优势;歙县、祁门县、绩溪县、休宁县的相对均衡,但是与婺源县相比呈现出极大的差距。黟县仅有 1 所,与其境内各个历史时期的佛教发展状况相一致。长期以来黟县都是六县中寺院分布最少的区域,因而出现这种情况不足为怪。

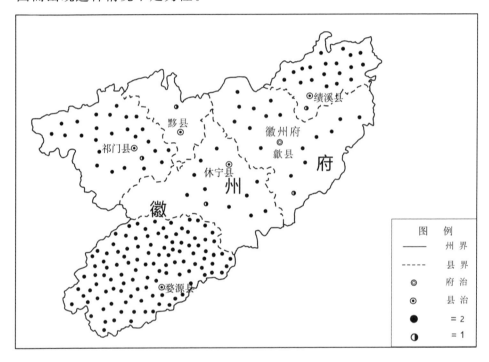

图 4-5　清初至道光年间徽州新建寺院空间分布示意图

　　从清初至道光年间徽州地区重修寺院次数为 16 次,在时间分布上顺治年间重建 1 次、康熙年间重建 4 次、雍正年间重建 1 次、乾隆年间重建 10 次。乾隆时期为清代徽州寺院重修的集中时段,康熙年间次之。在空间分布上,16 次重修的 16 所佛寺中,歙县有 4 所,休宁县有 2 所,祁门县有 1 所,婺源县有 9 所,婺源县成为清初至道光年间见于记载的徽州重修寺院分布最多的区域。

综观清初至道光时期清代徽州寺院新建和重修、重建的整体时空分布状况可知,在这 200 余年间,婺源县境内不仅出现了大量的新建寺院,还是该时期内重修寺院的主要分布区。若将寺院新建、重建、重修均视为朝廷及徽州社会关注佛教发展的表现,对清初至道光年间徽州地区寺院新建、重建、重修现象进行统一的数值编排,按照新建、重建、重修 1 次为 1 个数值,则可以得出清初至道光时期徽州佛教受到的关注次数为 385 次。其中顺治、康熙所在的清前期为 266 次,雍正至道光年间的清中后期为 119 次,而前期当以康熙时期对徽州佛教的关注度高,中后期则是乾隆时期对徽州佛教的关注度高。在空间分布上,各县的关注次数分别为歙县 37 次、休宁县 23 次、祁门县 52 次、婺源县 233 次、绩溪县 39 次、黟县 1 次。由此观之,婺源县成为清代徽州具有极高关注度的佛教发展中心,其关注度无论是从寺院新建或是寺院重建来看均为徽州地区首位。祁门县、绩溪县、歙县、休宁县四县关注次数差在 30 次以内,关注度相对均衡,但是无法与婺源县相比。此处需要特别注意的是,清代黄山新建寺院数量较之前代出现了较大变化,而歙县之所以受关注次数较少、关注度较低与同时期黄山佛教发展具有密切关系。正如第二章所言歙县的新建寺院数目多,可能得益于黄山佛教的兴盛。明代徽州地区共新建寺院 93 所,而歙县独占 61 所,在这 61 所中有 27 所黄山寺院,可见黄山佛教于明代歙县佛教发展贡献很大。而据统计,清代黄山共新建寺院 15 所,有具体新建时期可考的 13 所(详见第六章相关内容)。由于黄山作为自然区域划分无法与行政区域划分相吻合,因而从未对这 15 所寺院在空间分布上进行复原,但是从数量上来看,清代黄山新建寺院当远少于明代,而这 15 所新建寺院位于歙县地区的亦当少之又少。可见,清代黄山新建寺院的低迷状态直接影响到了歙县地区新建寺院数量。而在清代黄山有时间可考的新建寺院中,有 12 所新建于顺治元年(1644)到乾隆六十年(1795)间。这 12 所中新建于顺治年间的有 5 所、新建于康熙年间的有 4 所,约占总数的 75%。这也从一个微观视角说明清代徽州新建寺院应主要集中在顺治至康熙年间的清前期。

第三节　康熙、道光年间徽州时存寺院的空间分布

寺院是佛教文化景观的重要组成部分，寺院的多少是地方佛教发展状况的直接反映，是衡量当地佛教团体规模大小及经济实力的重要指标，也是反映地方社会佛教信仰程度的重要参照物。[①] 从东晋时期南山庵的建立开始，徽州佛寺从无到有经历了千余年的发展，到清代中后期，徽州地区留存下来的寺院数量已有600余所之多。基于前文对于清代徽州新建寺院时空分布的探讨，下面就清代徽州时存寺院的空间分布状况进行大致梳理，以期对清代徽州佛教之发展态势有所了解。

一、清代徽州时存寺院的空间分布——以康熙朝为例

在对康熙时期徽州寺院进行统计的过程中发现，由于现存史料中康熙时期仅婺源县、休宁县二县有县志修纂，其余四县均无，所以本书所统计的婺源县、休宁县二县的数据的准确率高于其他四县，其余四县数据的准确率可能与当时实际情况不符。依据府志、县志，共统计得到康熙年间徽州地区时存寺院556所（见附表3）。当然这绝不可能是康熙时期徽州时存寺院的全部，但该数据亦能在一定程度上反映当时徽州佛寺分布情况。这556所佛寺在徽州六县的具体分布情况如图4-6所示。

由图4-6可知，在康熙年间徽州地区时存寺院中，婺源县时存寺院近200所，为寺院分布密集区；歙县时存寺院超过100所，虽然与婺源县相比存在较大差距，但与其他县相比仍有优势，可认为其是寺院分布次密区；休宁县、祁门县、绩溪县三县时存寺院数量在60所到90所之间，三者均属于康熙年间寺院分布较均衡的区域；黟县仅有19所，为稀疏区。这样的分布格局既是徽州地区历史时期千余年来佛教发展在清代康熙

---

① 张伟然：《南北朝佛教地理的初步研究（下篇）》，载《中国历史地理论丛》，1992年第1期，第219~244页。

年间的量化表现,又是清初至康熙年间不到一百年的时间内佛教发展产生的突变。

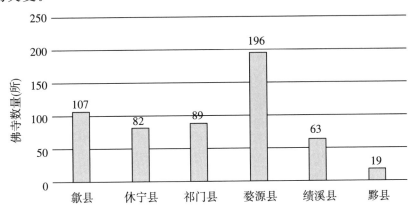

图 4-6 康熙年间徽州地区时存寺院数量柱状图

在康熙年间徽州地区时存的这 556 所寺院中,有可考建立时间的共 503 所(其中清代之前建立的寺院均记载有明确的建立时间,清代建立的寺院数量基本均为比对考证得来,有一定误差),其中魏晋南北朝时期建立 5 所、隋唐时期(主要为唐)建立 87 所、五代时期建立 13 所、两宋时期建立 73 所、元代建立 19 所、明代建立 45 所、清代建立 261 所。各个朝代在徽州地区修建的佛寺数量在清代康熙年间建立时间可考的时存寺院总量中所占的比例分别约为 1%、17%、3%、14%、4%、9%、52%。清初至康熙年间徽州新建之寺院构成了康熙年间徽州时存寺院的主体。

二、清代徽州时存寺院的空间分布——以道光朝为例

道光年间可供研究的史料较康熙年间略为充实,有府志一本,且歙县、休宁县、祁门县、婺源县、黟县在这一时期均有县志存在,使得整体上数据统计的准确性较康熙时期更高。

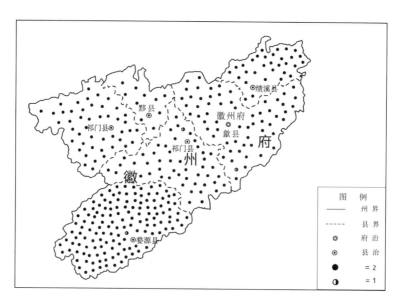

图 4-7　道光年间徽州地区时存佛寺空间分布示意图

根据志书记载统计可知,道光时期徽州时存寺院一共为 667 所,其中歙县 121 所、休宁县 97 所、祁门县 92 所、婺源县 275 所、绩溪县 62 所、黟县 20 所(空间分布见图 4-7),较之康熙时期增加 110 所左右,与统计所得雍正至道光年间徽州地区共新建寺院 108 所的数据基本吻合,因而大致可以认为康熙年间时存寺院发展至道光年间仍然基本存在,并未出现明显的损毁。由于道光时期徽州地区时存寺院基本是在康熙年间时存寺院的基础上,增加了雍正至道光年间新建立的寺院而形成的,且自清初至道光年间徽州地区总共新建寺院数量近 370 所,故而可以肯定道光年间徽州地区时存寺院中有一半以上是清代所建立的,则清代是徽州佛教发展史上的又一高峰时期。

然此种分析仅以寺院数量得之,而研究历史时期徽州佛教发展程度不得不考虑另一个问题,即若某一历史时期时存寺院的数量在整个纵向历史发展时期中占绝对优势,那么是否也表示该时期内佛教发展质量亦是整个发展历史时期中的翘楚? 一般来说,"寺"和"院"是有区别的。"寺"是总称、通称,而"院"则往往指"寺中别舍",是寺的组成部分,一个寺可能包含若干院。当然,也有一些独立的佛寺被称为"院",但终究不如"寺"那样普遍,而且规模往往比寺小一些。① "寺：一般寺院的泛称。院：规模较小的佛寺。庵：本意指在树下搭建的棚，是一种小规模的寺院。"②无论是从级别还是从规模上来看，寺、院、庵的等次都是逐渐下降的，区域影响力及信众的可容纳量一般来说也是寺大于院、院大于庵的。道光年间徽州时存寺院中，各县寺、院、庵时存数量统计如表4-3所示。

表4-3　道光年间徽州各县时存寺、院、庵数量统计表（所）

寺院分类	歙县	休宁县	祁门县	婺源县	绩溪县	黟县	合计
寺	48	28	16	38	3	3	136
院	32	4	5	16	19	5	81
庵	34	38	62	216	37	10	397
时存寺院总量③	121	97	92	275	62	20	667

由表观之，在整个道光时期时存的667所寺院中，寺有136所，超过总量的1/5。院有81所，为三者中数量最少，超过总量的1/10，寺、院之和约占总量的1/3。而庵有397所，约占总量的3/5。根据第二章对明代时存寺院的统计可知，明代共有寺院440所，在此依据"明代徽州时存寺院一览表（附表1）"可知明代徽州时存寺院中寺165所、院65所、庵152所，分别约占明代时存寺院总量的38%、15%、35%，其时寺、院在总的寺院数量中约占3/5的比例，及至道光时期这一比例下降了约30%。庵已经取代寺、院占整个徽州地区时存寺院的绝大多数，这说明了清代徽州地区佛教虽然在前代的基础上有了进一步的发展，但这种发展和之前历史时期徽州的佛教发展有本质区别。现将历史时期徽州地区新建寺院之寺、院、庵的数量作一对比（见表4-4），便可看出其中差异。

---

① 张伟然、顾晶霞：《中国佛寺探秘》，长春：长春出版社，2007年，第3～4页。
② 方旭峰：《明清之际浙江禅宗寺院地理分布研究》，浙江大学硕士论文，2008年5月，第8页。
③ 注：由于历代新建寺院类型分为寺、院、庵、堂、禅林、殿、阁等，而此处仅取寺、院、庵三类，所以此处时存寺院总量大于寺、院、庵数量之和。

表 4-4　历代徽州新建寺院之寺、院、庵数量统计表(所)

寺院分类＼时间	隋以前	隋唐	五代	宋	元	明	清	合计
寺	4	68	9	59	4	11	14	169
院	1	38	10	8	5	9	20	91
庵	1	17	1	35	12	55	315	436
新建寺院总量①	6	126	21	110	27	93	369	752

　　由表可知,从整体上来看,在历代新建寺院中呈现出寺、院的数量随着时间的发展逐渐减少,庵的数量随着时间发展逐渐增加的态势。隋唐时期新建寺、院的数量约占新建总量的84%,五代约90%,宋代约61%,元代约33%,明代约22%,清代约9%。宋代及其以后寺、院在历代新建寺院总量中的比例以较快的速度下降,到了清代达到最低值。伴随着寺、院比例的下降,庵的比例自宋代以后不断攀升,隋唐时期其比例约为13%,五代约为5%,宋时则上升至约32%,元约为44%,明约为59%,清约为85%,达到顶峰,而这一比例应比事实比例略低。此外,宋以后历代新建寺院除了寺、院、庵以外,还存在一定数量的禅林、堂、阁、祠、殿等。禅林虽然规模较大,但是其数量极少。而规模与庵相似或较庵更小的堂、阁、祠、殿等虽不大引人注意,然其数量之和之大却也不容忽视。寺、院比重的下降与庵比例的上升,显示出宋元以来佛教世俗化程度的与日俱增。这想必与宋代"鬻牒"现象的出现、清代"试经"制度的取消、历代之于僧众的特殊化待遇(如明代瑜伽僧可以通过做法事取得一定的合法收入),以及佛教通过吸收其他宗教的思想学说使得其自身本土化程度越来越高等诸多因素是密不可分的。

　　按照这样的思路推及道光时期徽州各县可知,歙县时存寺院121所,其中寺、院共80所,约占总数的2/3,休宁县约占总数的1/3,祁门县约占总数的1/5,婺源县约占总数的1/5,绩溪县约占总数的1/3,黟县约占总数的1/3。这说明道光时期徽州各县时存寺院中,歙县主要以规模较大的寺院为主

---

① 注:同前。

体。这主要是因为清代歙县新建寺院数量较少,时存寺院仍以清代之前且主要是隋唐、两宋时期建立的寺院为主。祁门、婺源二县在道光时期时存寺院主要以规模较小的庵为主体,其原因亦可能在于二县在该时期时存寺院主要在清代建立。

三、清代徽州时存寺院时空分布的特征

上文提及明代徽州时存寺院共计440所,至康熙年间徽州时存寺院为556所,至道光年间为667所。从明末清初至19世纪中叶,短短二百年间徽州寺院数量增加220余所,其增长幅度超过徽州佛教发展史上的任一时期。现将明代、清康熙年间、道光年间徽州地区时存寺院数量作一对比,以便更直观地分析其空间分布特征。

表 4-5 明清时期徽州各县时存寺院数量统计表(所)

时代	歙县	休宁县	祁门县	婺源县	绩溪县	黟县	合计
明代	179	82	76	51	28	24	440
占同期比例	41%	17%	17%	12%	6%	5%	100%
康熙年间	107	82	89	196	63	19	556
占同期比例	19%	15%	16%	35%	11%	4%	100%
道光年间	121	97	92	275	62	20	667
占同期比例	18%	15%	14%	41%	9%	3%	100%

回溯徽州地区始有寺院,319年以僧天然建立南山庵为标志,到明代末年约1650年(清朝1644年入关)止,这期间经历了1300多年,徽州寺院的数量由0增至440所,每一百年大约增加34所。而从明末清初至道光年间的200年内,徽州寺院由440所发展到667所,大约每一百年增加100所。由此可知,徽州寺院数量在清初至清中后期200年间出现了极快的增长。

将时间限定在清前中期,可知从明朝灭亡到康熙时期结束(1722),徽州寺院数量由440所增至556所,近80年的时间内增加110余所。若以百年为一增长单元,则清初至康熙年间徽州地区寺院理论上的增加量约为140所。至道光年间徽州地区时存寺院数量为667所,相比于康熙年间增加110

余所,约历经130年,仍以百年为一增长单位,每一百年大约增加80所。两相对比,得出清前期徽州寺院数量增长速度约为清中后期的1.75倍。据此可知,截至道光朝结束,在清代徽州寺院数量的增长速度上,清初至康熙年间的清朝前期明显快于雍正至道光时期的清朝中后期。

再看徽州6个县,会发现自明代到道光这几百年时间内,休宁、祁门两县时存寺院数量未发生大变化,在各个时期所占总量的比例基本保持稳定,在14%～17%。而这一比例在康熙与道光时期为14%～16%。这说明在清代,休宁、祁门两县寺院数量在整个徽州地区中所占总量的比例基本保持稳定。绩溪寺院数量在清初有了一定的增长。自明代至康熙年间,其在同时期徽州整体时存寺院中所占比例由6%增至11%,雍正至道光年间便基本保持这一稳定状态,未有大的变化。而自明至清寺院数量最为稳定的地区莫过于黟县,200年间一直稳定在20所上下,所占总量的比例稳定在3%左右,成为徽州六县寺院数量最少的地区。

值得关注的是歙县、婺源两县,从清初至康熙年间,歙县寺院数量由179所减少到107所,所占总量的比例由明代的41%下降到19%。而观之同一时段内婺源县寺院数量由51所激增至196所,在同时期徽州时存寺院数量中所占比例由12%增至35%。而继清前期寺院数量高速增长的趋势,至道光年间婺源县寺院数量由196所增加至275所,在同时期徽州时存寺院数量中所占比例增加至41%。无独有偶,数据显示明代歙县寺院数量在徽州地区寺院数量中所占比例同样是41%,这能够在一定程度上说明一个问题,即清代徽州寺院分布的至密区已经由清代之前的歙县转移到了婺源县。

出现这样的情况确实值得我们深思,如果说歙县地区寺院数量在清代明显增加或可理解,因为自隋唐以来其一直是徽州佛教发展的中心地带,佛教文化底蕴深厚。然徽州寺院分布的至密区偏是婺源,这不得不让人怀疑数据的准确性。不过,由学者卜永坚等所著《婺源的宗族、经济与民俗》一书中的论述为本书所统计的数据提供了相应的佐证。在该书中,其对历史时期婺源地区建立的寺院进行了较为细致的统计,结果表明明清时期婺源地区新建寺院数量为376所。① 而上文交代明代徽州婺源时存寺院为51所,当然这肯定不是准确的数字,但据此测算,清代婺源新建寺院应该在300所左右。而截至道光朝结束清代婺源共新建寺院220余所,且道光朝结束至清朝结束还有近百年时间,婺源地区定还会出现新建寺院,故我们认为本书统计之道光年间婺源时存寺院数量虽然不精准但也具有参考价值。

在上文分析的基础上,截至道光朝结束清代徽州时存寺院的时空分布应存在如下四个特征。

其一,截至道光朝结束,清代成为历史时期徽州寺院数量增长最快的阶段,且在增速上,清初至康熙年间的清前期快于雍正至道光年间的清后期。

其二,婺源县取代歙县成为清代徽州佛教寺院分布的至密区,歙县、休宁县、祁门县三县成为清代徽州佛教寺院分布次密区,绩溪县为清代徽州佛教寺院分布间密区,黟县为清代徽州佛教寺院分布稀疏区。

其三,区域内佛教名山对于区域佛教寺院的空间分布具有一定影响,以歙县为例,清代黄山佛教寺院发展的相对低迷对清代歙县寺院数量在整个徽州地区寺院数量中所占比例产生了直接影响。

其四,在清代新建寺院与时存寺院中,以规模较小的庵占多数,规模较大的寺、院占少数。截至道光朝结束,清代整个徽州地区新建寺院基本以庵为主,各县均是如此;而在时存寺院中,以歙县和婺源县时存寺院为代表分别形成了以寺、院为主和以庵为主的两大结构。

第四节　清代徽州佛教寺院时空分布格局的成因

在不同的历史时期,徽州佛教的发展状态是有差异的,其最直观地体现在作为佛教之物化表现的佛教寺院上。而影响佛教寺院建置和时空分布的因素亦有很多,既有自然地理因素,也有社会人文因素。根据对清代徽州新

---

① 卜永坚、毕新丁:《婺源的宗族、经济与民俗(上册)》,上海:复旦大学出版社,2013年,第852页。

建、重建和时存寺院的时空分布现象及特征进行分析,我们试从以下几个方面对清代徽州佛教寺院时空分布格局的成因作简单的分析。

一、自然地理环境

佛教寺院作为客观存在之实物,其修建需要占据相应的地理空间,其建址首选的也必然是地势较为开阔、人口较为集中的优势地带,然而徽州天然的地理环境并不具备这种优势。古徽州"境内总面积为1.34万平方公里,山地占总面积的80%。山地中相对高度为800米以上的中山占面积的4.2%,200米以上的低山占28%,100米以上的高丘陵占39%,低于100米的低丘陵占25%;山间谷地(盆地)仅占0.3%,耕地占0.6%"。[①] 而就徽州六县的自然地形、地貌来说,歙县、休宁县所在的徽州东部地区在整个徽州境内所占面积较大,区域内尤其是新安江下游地区是徽州境内主要的平原地区,河流纵横分割的特征较明显,这也基本能够解释为何历史时期(主要指清代之前)歙县成为徽州地区寺院分布的密集区;即使在清代其丧失了寺院分布至密区的地位,但是歙县境内的寺院仍主要以规模较大的佛教寺院为主体。婺源县单以行政面积来看,与歙县、休宁县二县差别不大,但是其境内山川纵横交错,被自然分割成多个零碎的地理区域。这在一定程度上可以说明清时期婺源地区虽然寺院数量出现了"井喷式"增加的现象,但是新增寺院却主要是以规模较小的庵为主体。绩溪县与黟县同位于徽州北部黄山南麓,自身区域面积小,境内又以山地丘陵为主要地形,历史时期寺院数量在六县中较广的情况的确与其特定的地理条件相应。

河流是传统农耕文明赖以存在和发展的必要因素,但是众多的水网与山地相交错在水利建设并不发达的传统社会并不一定是好事。自顺治到道光年间徽州地区共发生各类水旱灾害174次,各类水旱灾害具体时空分布如表4-6所示。

---

① 李仲谋:《徽州文化综览》,合肥:安徽教育出版社,2004年,第9页。

表 4-6 顺治至道光年间徽州地区各类水旱灾害一览表（次）

	歙县	休宁县	祁门县	婺源县	绩溪县	黟县	合计
顺治	3	4	1	3	6	4	21
康熙	11	11	8	13	15	8	66
雍正				2			2
乾隆	8	6	8	8	13	9	52
嘉庆	1		2	4	1	1	9
道光	7	3	5	4	2	3	24
合计	30	24	24	34	37	25	174

数据来源于吴媛媛:《明清时期徽州的灾害及其社会应对》，复旦大学博士论文，2007年。

从表 4-6 可知，以时间观之，顺治至康熙年间与雍正至道光年间徽州地区各发生旱涝灾害 87 次，其中康熙年间发生旱涝灾害次数最多，其次是乾隆年间。但是由于顺康时期约有 80 年，雍道时期约有 129 年，所以顺康时期徽州地区旱涝灾害发生率远高于雍正至道光年间。在空间分布上，绩溪县、婺源县、歙县旱涝灾害发生次数较多，在 30 次以上；黟县、休宁县、祁门县旱涝灾害发生较少，在 20 次至 25 次之间。人多地少的自然环境基础、繁杂的徭役，再加上频繁的自然灾害，使得古徽州人不得不把希望寄托于神灵的庇佑，以求取心理上的安慰。歙县"年例有保安会，数年开光一次，游神演戏，科敛丁口，其所供奉者不一"，"妇女喜拜观音大士，大士庵住持为女僧，亦间有男僧及道士者，六月二十四日，灵山雷祖会香火最盛，红男绿女，肩相摩趾相接，如是者数昼夜"①。而在清代徽州不乏以"护福""普护""龙王""施水"等命名的新建寺院，同时，从顺治至道光时期徽州旱涝灾害的时空分布中似乎可以看出旱涝灾害的发生与同时期内徽州地区新建寺院的时空分布有一定的关系，如顺治、康熙时期既是徽州地区旱涝灾害频发期，又是清代徽州寺院的集中建立期；婺源县是清代徽州六县中县域面积较大、灾害发生次数较多的地

---

① （清）刘汝骥:《陶甓公牍》卷十二，《官箴书集成》第 10 册，合肥：黄山书社，1997 年，第 583 页。

区,亦是清代徽州新建寺院集中分布区。凡此种种均能体现出在特定的自然条件下,自然灾害的频发为一个地区寺院的建立、佛教的发展提供了推力。然凡事必有其两面性,清代徽州亦有一定数量的寺院葬身于洪水之中,如歙县的祥符寺在乾隆初年夏季便毁于黄山山洪之中。

二、宏观政治形势

佛教作为宗教的一种,其发展必然受到政治环境的影响。清在入关之前就已经奠定了"尊而不佞"的佛教政策基调,加之顺治、康熙、雍正和乾隆四帝虽从政治大局出发,对佛寺的建立、僧众的数量乃至民间人士与僧人的接触从制度上作出规定,更是仿照明代制定了较为全面的宗教管理制度。但就个人而言,其对佛教并无敌意,反而可能持有好感。"(清前期)四位帝王对待佛教的态度的确各有特点,即如明清史研究的前辈孟森先生概括的,顺治皇帝是学佛的态度,康熙皇帝是尊佛的态度,而雍正皇帝则有成佛作祖的态度,到乾隆皇帝,则是集转轮王与法王于一身的态度和架势"。[①] 一般而言,上层政策相对宽松,则下层官员与社会人士便能相对放开手脚,康熙年间绩溪县知县王祚葵在县域内兴建大士、大悲两阁即是明证。这也就解释了为什么清代前中期徽州境内佛寺出现了"泛滥式"增长的现象。乾隆三十九年(1774),度牒制度被废除,出家剃度不再有制度上的限制,这无疑又为包括徽州人在内的清人走出红尘、投身沙门创造了更自由的环境。

三、经济人口条件

寺院的营建与香火的维持需要一定的物质经济基础。清代前中期徽商作为享誉国内外的商人群体,为徽州寺院的发展提供了必要的经济支持。相关文献中可见徽商群体对徽州寺院发展的影响主要表现为,当时徽商多建立具有茶亭性质的佛教庵、堂。如歙县同德庵,建于箬岭北,"初有盗贼,邑中二

---

① 周齐:《清代佛教与政治文化》,北京:人民出版社,2015年,第16页。

人初设茶亭供往来路人休息,使商旅无恐"。① 再者,"汪锡:字上公,段莘人,幼孤家贫,母青年矢志。锡长负贩经营,以致养家。渐裕,好义举。村有苍萝诸岭,上下数十里,行旅困乏。锡建苍林庵,筑亭施茶"②。而且在当时徽州还存在以"茶庵"命名的庵堂,虽不能确定其都与徽商有关,但是清前中期徽州商人的辉煌发展使得徽州地区整体经济有了较大改观,对清代徽州寺院的建立、佛教的发展起到了极大的作用。

在传统社会经济发展水平较低的阶段,人口是衡量一个地区经济发展水平的重要指标。在农耕文明时代,人口即是反映一个地区生产力的最佳标志。清代赋税制度的改变对于人口的变动产生了巨大的影响。康熙五十一年(1712)规定以康熙五十年(1711)全国丁数为准,固定丁银税额,以后不再增收;雍正年间"摊丁入亩"的施行又标志着人口税的废除。这直接导致人口爆发式地增长,全国人口数由清初的两千万左右发展至乾隆六年(1741)突破1亿,到乾隆五十七年(1792)突破3亿。③ 徽州地区人口亦在此时期增加,徽州各县具体人口数量如表4-7所示。

表4-7 顺治、康熙、嘉庆年间徽州地区丁口统计表

	歙县	休宁县	祁门县	婺源县	绩溪县	黟县
顺治二年(1654)	72647	63795	17701	30718	10269	10656
康熙五十年(1711)	74379	65238	19198	32235	10676	12386
嘉庆二十四年(1819)	605693	585051	469292	553630	221374	244383

数据来源:(清)沈葆桢修,何绍基、杨沂孙纂:《安徽通志稿》,清光绪七年(1881)冯焯校补刻本。

由上表4-7可知,由于受政策影响,康熙五十一年至嘉庆二十四年百年

---

① (清)劳逢源修,沈伯棠纂:《歙县志》,清道光八年(1828)刻本。
② (清)黄应昀、朱元理等纂修:《婺源县志》,清道光六年(1826)刻本。
③ 参见葛剑雄主编,曹树基著:《中国人口史》第五卷"清时期",上海:复旦大学出版社,2001年。

间内徽州人口呈现出 10 倍乃至部分地区 20 倍的增长态势。这个中原因当然有大量隐匿人口得见天日及不少山区棚民的出山回归,但绝大多数人口的增长主要是由于人口的自然增长。人口基数的增加带来了佛教檀越群体的扩张,这一点从清代徽州佛寺数量的突飞猛涨及当时存在大量邑民建立寺院的现象中可见一斑。据我们粗略统计,截至道光朝结束,清代徽州新建立的有较明确建立时间的近百所寺院中,其中平民建立的就有 70 余所,其中婺源县见于记载的平民建寺就有 60 余次(在此不便一一列举,可参考文后附表)。这在很大程度上说明了清代徽州民众对徽州寺院的发展起到了重大的推动作用。但是由于民众财力、能力有限,所以所建立的寺院多以规模较小的庵、堂为主,这亦对清代新建与时存寺院主要以庵为主的特征作了些许解释。

四、宗族宗教态度

徽州地区,"人们对出家修行和朝佛活动的态度,处在对立统一之中。出家修行破坏了宗族观念,迟滞了生产力的发展,这显然是人多地少、宗族意识浓厚的徽州人所不允许的,因而徽州地区往往'严禁族人为僧道,严禁与僧道往来';(但)祭祀活动有助于敬天畏祖、宣扬礼仪,寺庙文会有利于文艺进步、学术发展,因而徽州人'又于祠庙寺观之中、祭祀活动中延请僧道'"。[①] 徽州人对佛教的态度是矛盾的,既有抵触之意,也有参与宗教活动之实。清代徽州宗族对佛教的态度积极的一面在清代徽州志书中是有迹可循的。一是志书文献中有些许关于清代徽州家族建立佛寺的记载。如东山寺"沱川余氏众建"、入胜庵"桂岩戴里吾众建"。其中最具代表性的当属西云庵,其由"词川西岭王自谦建"之后"其孙亢宗重修"。西云庵在代际传承中得到了修复与存留,可见宗族对佛寺的存在与发展起到了促进作用。二是佛教在徽州宗族丧葬、祭祀中扮演了较为重要的角色。歙县就存在"新丧之家,有延僧追荐亡灵

---

① 潘国好:《从许承尧〈西干志〉辑录看歙县西干佛教生态》,载《淮北师范大学学报(哲学社会科学版)》,2013 年第 6 期,第 93~98 页。

者,或就僧寺为之"①的记载。三是传统宗族观念中的孝、节伦理对清代徽州寺院的建立与发展起到了一定的助推作用,如婺源县许村的"金谷庵",便为"许村孝女许氏"建。

当然,寺院的时空分布及佛教的历史发展是多种因素综合作用的结果,而在不同时期、不同地区起具体作用的因素也存在较大差异。就本书而言,从清初至道光朝结束 200 年间,较为宽松的朝廷宏观佛教政策及徽州地区独特的自然条件与人文条件共同塑造了清代徽州寺院的时空分布特征,但是由于其具体表现与成因错综复杂,其中尚有较多的空间值得我们进一步探讨。

本章我们对清初至道光朝结束徽州地区新建、重修、时存寺院的时空分布格局进行了一定程度上的复原。可以看出,清代徽州佛教发展依然延续了以往的区域不平衡性。清之前歙县是徽州佛教发展的重心,寺院数量在整个徽州地区寺院总量中所占的比例具有明显优势。到清代婺源县取代歙县成为徽州佛教发展的重心,成为清代徽州新建寺院与时存寺院分布的至密区域。而绩溪县、黟县二县受自身条件限制,一直是徽州佛教发展史上存在感较弱的区域。清代徽州佛教寺院呈现出这一时空分布格局并不是偶然的,而是清代统治者宏观的佛教政策及徽州地区独特的自然条件与人文条件等诸多因素共同作用的结果。

---

① 许承尧:《歙事闲谭》,合肥:黄山书社,2001 年,第 609 页。

下编

第五章　明代仰山佛教地理研究

宗教是人类社会一种特殊的文化现象。它不仅与哲学、思想、伦理及道德等有必然的联系,还与地理环境关系密切。它的传播与发展在一定程度上反映了某一地区的人文环境和自然环境状况,佛教于传统徽州的生存与发展亦是如此。徽州境内有黄山、齐云山及仰山等宗教名山,历史时期曾盛极一时。学界以往对此关注较少,特别是仰山佛教,[①]今天甚至已不为当地人所熟知。本章从历史地理学的角度对仰山佛教进行一定的探讨,以期理清仰山佛教文化要素的空间分布变化及其与社会环境之间的关系,并尽可能地对历史时期仰山佛教文化各要素的空间发展面貌进行复原,以期加深对仰山佛教乃至徽州佛教的认识。

---

① 王开队、宗晓垠:《谁的空间:明代徽州仰山佛教神圣空间的营造》(载《徽学》,2018年第2期,第94～113页)及曹刚华《佛教与晚明士绅社会形成之再观察——以休宁仰山为例》(载《史林》,2019年第2期,第61～75+220页)二文对此有所涉及。此外,刘华《〈仰山乘〉研究》则从文献学角度对《仰山乘》进行了一定研究(中国人民大学2017年硕士学位论文)。

第一节　徽州仰山之历史及《仰山乘》辨实

仰山,又名莲花山,坐落于今黄山市休宁县东南境。《徽川府志》记载,其位于"县东南五十七里,穷源深谷间,一径萦纡,陟而复降。其中平衍,群山环拱,若莲花状,又曰莲花山"①。现有可考记载仰山的最早文献记录为明弘治所修的《徽州府志》和《休宁县志》,其后徽州府与休宁县所纂修的地方志、清代所修地理总志之中皆有迹可循。其中,明程文举所编的以仰山佛教为记载对象的五卷本《仰山乘》,为明万历三十九年(1611)刊印的一部佛教史志专书。②

一、徽州仰山之历史概述

民间有萧梁天鉴年间名僧宝志公在仰山开山弘法的说法,弘治《徽州府志》记载仰山"有宝公祠在焉,水旱祷之皆应"。③ 然而从现存文献来看,明代以前有关仰山佛教的文字记录已鲜有遗迹,以至于明万历年间,仰山佛教只存于休宁民间记忆之中,"仰山所自名来余相传于耆旧曰仰山乃高僧之名,所崇之神则宝志公也"。④ 至元末兵燹,仰山佛教再次受到破坏,"复为荒莽,樵者蹂为乌薪之窟……俗人主其香火",而后又有"堪舆家睥睨其地,故豪右谋为窀穸",仰山之地多被地方豪右所占,建为墓地。⑤

明朝建立后,仰山地区的佛教开始走向发展。明太祖时期仰山建有灵谷

---

① (明)彭泽修,汪舜民纂:弘治《徽川府志》,《天一阁藏明代方志选刊》21~22,上海:上海古籍书店,1964年。
② 《仰山乘》现汇入《中国佛教史志汇刊》第2辑21册,于1980年印行出版。《中国佛教史志汇刊》择历代佛教寺庙志180余部汇集成册,由杜洁祥主编,高志彬解题,李润海监印,台湾省明文书局编辑部编辑和印行。为行文简便,后文不再注明出处。
③ (明)彭泽修,汪舜民纂:弘治《徽川府志》,《天一阁藏明代方志选刊》21~22,上海:上海古籍书店,1964年。
④ (明)程文举:《仰山乘》卷一《缘起》。
⑤ (明)程文举:《仰山乘》卷一《缘起》。

寺,"然人迹不通,不能居人,徒有空祠耳"。此后为了重建仰山寺庙,地方士绅于隆庆三年(1569)延请僧人守静暄公主持仰山佛寺事务。此后暄公及其性玉、性觉二徒便合地方之力,沐风栉雨,披荆斩棘,精进佛法,在不懈努力及地方帮助之下逐渐完成仰山寺的重建。仰山寺"不十余年,撤旧鼎新,遂成一大道场,如天降地涌,四境之内,人人知有三宝矣"①。万历三十七年(1609),仰山寺受朝廷赐额为真觉禅寺,守静暄公退院后所居龙山庵也受赐额为龙山禅寺。在此期间,仰山寺又多受皇帝和太后的赏赐,对此《仰山乘》中有详细记载:

> 至隆庆三年,山麓吴、毕、程三旧姓聚而议请守静暄公主其庵,庶可息谋者之妄。寻闻曾有雷火所警,于是暄公挟二徒性玉性觉至。仅有破殿朽柱如拱、铁钟一口,是正统九年典史杨谦铸。庭宇堂庑皆苦竹荆艾所芜据,曩成化年前,有宝公祠、观音殿、钟楼、寝室遭回禄,后悉属于乌有。先生兹唯有覆苫圮壁,朽故劫灰耳,是以暄公师徒伐石辟土,诛茆剪棘,构小楼四楹,栖禅为堂,四楹奉佛。然暄公居山魈石怪狐窟鬼燐之区,昼则力役作务,夜则跏趺持诵。一夕有山君绕身而吼,暄公与二徒诵佛持咒不辍,兽亦心善,掉尾而去。师徒在山,木食草衣,卧莘枕石者十五年,则四方祷旱求嗣者往往,孚信络绎,朝香请烛,无不感应,以故仰山之灵益聆响矣。万历十二年,暄公老矣,捉杖下山觉疲焉,遂以仰山属于玉觉二师,而自退主龙山庵,不慧尝作《退院记》镌石矣。然二师守暄公执范,谨持戒律,精进佛事,不少懈息,故众日益聚,道日益广,寮舍日益窄隘……然檀施之首,赖吴刺史继京撰疏乐助,为之嚆矢,故得成其法界也……予内弟吴应焌在鸿胪,与觉公善。由是己酉冬,觉公因夜台、徧空二衲子直抵帝京,谋诸鸿胪,获附奏请额蒙恩敕赐仰山为真

---

① 曹越主编,孔宏点校:《明清四大高僧文集·憨山老人梦游集(上)》,北京:北京图书馆出版社,2005年,第478页。

觉禅寺,而龙山庵为龙山禅寺。

在仰山寺重建的过程中,寺内驻锡僧人同地方人士一方面对仰山周边天然存在的山势地形加以利用,另一方面通过人工开辟道路,施建各类建筑,在此基础上不断开发仰山及周边的景点,从景观上拓宽仰山寺的空间,使得仰山由"僻居一隅、幽深叵测、人迹罕至"的荆莽之地逐渐变为信众、游客纷纷往来的香火鼎盛之地。

在此过程中,仰山寺佛教文化的物质承载不断增加,仰山周边物质景观的分布密度在重建过程中不断增大,自然景观与佛教文化的内在联系也日益紧密。文化景观的构建为仰山地区的佛教文化影响力扩大提供了良好的基础,进而吸引文人墨客前来观光游赏、吟诗作画。其中《仰山乘》中所载名胜便有 39 处:白牛亭、十八盘、尺广、天台、剪刀门、返照、扇峰、卓锡泉、小灵谷、普同塔、大南山、守静岩、大汈山(回龙峰)、百丈嵩、桃源、鸦生台、三源、龙渊、寿生池、蒜圃、弥陀坞、观澜台、那伽定处、丛云石、登龙石、宝公塔、舍利塔、击竹亭、小东林、法云亭、芥子亭、甘露亭、曼殊台、狮岩、狮子峰、徧吉台、象巘、象鼻崖、磐陀石。在地方官、地方宗族、士绅和仰山僧人的不断经营之下,仰山寺不仅得以重建,仰山之名也由近及远不断得以传播。由程光先为《仰山乘》所撰序文中开篇即叙:"吾郡盖有三神山焉,黄山大而嵲,白岳秀而奇,仰山幽而峻,三山鼎立,古来隆替。"①

此外,不同时期的徽州地方志的记载差异似乎也能够体现出徽州地方社会对于仰山地方形象的认知差异。南宋罗愿的《新安志》②对休宁之仰山无任何记载;仰山寺重建前,府志中记载仰山名莲花山,诸山环拱,形如芙蕖,有宝公祠,旱祷多应③;至清代康熙《徽州府志》中载仰山在县东南"七十里,出汊口环珮水东行,过方山,历凹上,至茶园,即仰山脚也,登者如猱,升木壁斗,

---

① (明)程文举:《仰山乘》序。
② 参见(宋)罗愿:《新安志》,清光绪十四年(1888)刻本。
③ 参见(明)彭泽修,汪舜民纂:弘治《徽州府志》,《天一阁藏明代方志选刊》21~22,上海:上海古籍书店,1964 年;(明)何东序修,汪尚宁纂:《徽州府志》,明嘉靖四十五年(1667)刻本。

绝任趾不任踵,直不可径,则绕折蛇行,号十八盘,进憩白牛亭,前渡剪刀门,时时扪石为固支杖以防及,绝顶稍东折下数十百武,平衍夷旷,殿祀宝公。寺宸峰而南有龙泓,旱祷辄得甘澍,群山环拱,若莲花,故又曰莲花山。楚僧蘖庵驻锡于此五年。蘖庵即明给谏熊开元也"①。从地方志记载的差异来看,在经历了寺院重建之后,仰山不仅佛教得以发展,景观的丰富性也有所加强,山川河流等自然景观的人文属性都得到进一步的开发,以更加清晰有力的形象呈现出来。而文化景观在构建的同时也扩大了仰山佛教文化的影响力,二者相辅相成。

至泰昌改元(1620)冬十二月,仰山僧人静光至匡山②受戒,同名僧憨山德清讲述了佛门文物——三幅梁宝志公画像散落民间,受毁而不坏,又被相继献至仰山寺的神迹。而后此奇事被释德清详细记录下来,撰为《新安仰山宝志公画像感应记》,收入其《憨山老人梦游集》之中。此外,清赵吉士《寄园寄所寄》中对熊开元驻锡仰山一事有所记载。

> 嘉鱼熊开元,号鱼山,天启乙丑(1625年)进士,与金正希姻娅友善。崇祯时为给谏,劾辅臣周延儒,廷杖遣戍,直声大著。后为僧,号蘖庵,常住休之仰山。僧俗礼谒,随人提撕,或禅悦,或忠孝,或经史艺文,率人人惬心去。康熙甲寅,闻闽警,怅然曰:"此地将乱,不可以留。"遂去姑苏数年,卒于花山,葬徽州黄山之丞相原。③

入清以后,仰山佛教的发展情况在文献之中便罕有其迹。至雍正元年(1723),许显祖编修《休宁孚潭志》时,与仰山真觉寺同受赐额的龙山禅寺已经荒废,④而仰山真觉禅寺已完全不见记载于文献中。从文献记录的演变历程之中,似乎也可见仰山佛教文化的式微。

---

① 参见(清)丁廷楗修,赵吉士纂:康熙《徽州府志》,合肥:黄山书社,2013年。
② 即江西庐山。
③ (清)赵吉士辑撰,周晓光、刘道胜点校:《寄园寄所寄》卷十一,合肥:黄山书社,2008年,第913页。
④ (清)许显祖:《休宁孚潭志》卷一《庵院》,南京:江苏古籍出版社,1992年。

二、《仰山乘》辨实

中国佛教寺院山林修志,肇始于北魏杨衒之的《洛阳伽蓝记》,后经隋唐、两宋时期的发展,至明代时已逐渐定型、成熟。与前代相比,明代佛教方志著述数量多,目前保存下来的有 80 余部。明代还改编了传统方志体例,提出不少有关史学撰述的真知灼见,在结构布局、撰述意识等方面逐渐规范成熟。方志编撰者在前人基础上,结合修志实践总结出的宝贵经验,也为清代佛教方志编修的繁盛提供了理论基础。[①]

而在佛教方志的修撰动机方面,加拿大学者卜正民有《为权力祈祷——佛教与晚明中国士绅社会的形成》一书,从社会史的角度梳理了部分明代佛教寺志,探讨明代佛教与士绅的关系,认为"士绅作为社会精英,他们通过动员地方境域中的文化和社会,以及经济和政治的资源来支撑其统治地位",并形成"士绅—捐赠—寺院—权利"的结构。卜正民认为撰述佛教方志是"最有声望的、耗资最巨的文学捐赠行为",地方士绅以此为"建立地方事件和成就的记录"。对于此观点,曹刚华在《明代士绅编撰佛教方志动机再探——兼评卜正民〈为权力祈祷——佛教与晚明中国士绅社会的形成〉》一文中进行了探讨。其通过爬梳文献,对明代各佛教方志撰述目的进行定性考察,认为"明代地方官绅、文人居士撰述佛教方志的动机较多元化,(其撰修方志)既有弘扬佛法,能仁义好施之心,也有表彰山林、教化风气、展示个人史学兴趣之意",认为晚明士绅社会的形成与佛教方志之间的联系是"多种因素相互交融的结果"。

《仰山乘》一书纂修于仰山寺复建之后,其序文中记载了此书编撰缘由。万历三十九年(1611),休宁县士绅程文举、程光先至此山游赏,流连一月有余,深爱此山灵秀,"祖师有法,道场有灵,诚四姓之宝所也"。但同时程文举

---

① 参见曹刚华:《融合中的变化:传统史学与中国佛教方志的发展》,载《世界宗教研究》,2008 年第 4 期,第 34~42 页。

深憾仰山无志书记载,便同仰山石公①共同合作编撰《仰山乘》,其目的正是"居士身能仁也,弘法施心作不朽业"。

在体例上,《仰山乘》五卷多采用传统史书的编撰方法,在内容结构的编排上,主要分为序、图、志、传、语录、诗文。其卷一分为缘起、山图、山志、殿宇、圣像、帧子、经幡、土产、田赋、高僧、建置、檀施、感应十四类,记载了仰山的历史、地理与佛教的发展情况;卷二为仰山历代高僧语录;卷三、卷四分别为文部和诗部,辑录了不同时期士族官员、文人墨客游仰山时所作的艺文诗词;卷五为附录,收录仰山寺所存的部分佛教文书。

然而在内容上,《仰山乘》只能算作"半真"之书,其部分文句、段落和篇章实则"借鉴"了江西袁州宜春县仰山②之文学。《太平寰宇记》记载,袁州宜春县仰山周回连延一千里,高耸万仞。夏有云气覆其岭上,雨即立降;冬若微阴,即停积雪。峻险不可登陟,但可仰观,以此名焉。③《清一统志·袁州府》记载,仰山在宜春县南八十里,周数百里,高耸万仞,府之镇也。其最胜者曰集云峰。山中石径萦回,飞瀑湍驶,复异人境。山下有唐郑谷读书处。又小仰山,在县南三十里。一名水晶山。晋邓表修炼于此。又名邓表峰。④ 山下有寺,曰太平兴国禅寺,及二神庙,旧传二神捐地与小释迦结庵于此。⑤

袁州仰山本为灵山,康熙《袁州府志》中辑录有《仰山事实》部分文字:"仰山为府巨镇,其神最灵,传所谓名山大川,能出云雨,以利一方者欤。自唐迄今,祠祀千余年,观昌黎诸名贤祝文可知也。宋有孚惠实录,今稍存其事,以

---

① 即仰山寺僧释文石。
② 按:在今江西宜春市南。
③ (宋)乐史撰:《太平寰宇记》卷一〇九《江南西道七》,北京:中华书局,1985年。
④ (清)穆彰阿、潘锡恩等纂修:《(嘉庆)大清一统志》卷三二六,上海:上海古籍出版社,2008年。
⑤ (明)廖璐芬:正德《袁州府志》卷一《山川》,《天一阁藏明代方志选刊》三七,上海:上海古籍出版社,1963年。

备考览。"①从《仰山事实》与府志中所收录艺文来看，如韩愈这样"抵斥异教、风节凛然"之人，也在任职袁州时诣仰山"致敬于神，荐劳祈报"。"唐会昌初建祠于仰山之阳，宋加王封，元符二年赐祠额，为孚惠，豫章黄庭坚书，元重修。袁人事二神至谨，祷无不应。本朝封大仰山之神，每岁春秋二仲月，府官择日诣庙致祭"。②仰山之灵，由此可见一斑。

袁州仰山自晚唐开始逐渐发展为佛教圣山。晚唐、五代时期，慧能禅宗经青原、南岳两系进一步分化为沩仰、临济、曹洞、云门和法眼五家。其中沩仰宗是五家之中最早建立的一个宗派，开创者为沩山灵祐及其弟子仰山慧寂，多流传于湖南、江西两地。由于门庭宗风孤峻，沩仰宗入宋之后不再流传，是五家之中创立最早且衰亡最早的一个宗派。

可见，袁州之仰山不仅同徽州休宁之仰山同名，二者也具备相似的佛教文化特质。对于仰山而言，除了旧传萧梁时宝志公至此开山外，隋唐至两宋之间的历史皆湮没无迹。在旧史难考的境况下，袁州仰山则为编修新志提供了很好的"素材"。于是，程文举在编撰《仰山乘》时，将部分袁州仰山的禅师事迹和材料加以利用，"嫁接"入休宁仰山的历史之中，如《仰山乘》中的《祖像》《缘起》将慧寂禅师撰为仰山寺的祖师之一，并引用了唐乾符年间慧寂禅师至袁州仰山开山的事迹；卷二中也辑录有大量慧寂禅师的法语。这样的操作不仅增加了《仰山乘》的内容，而且使仰山于开山传说之后的历史在文献上得到了较好的"延续"，一座佛教名山的发展历程也因此"完整"地呈现出来。

第二节 仰山高僧及信众的地理分布

张伟然认为佛教地理大致有三个研究层次，即作为基础的佛教信仰层

---

① （清）李芳春修，袁继梓纂：康熙《袁州府志》卷一三《仰山事实》，《清代孤本方志选》第2辑，北京：线装书局，2001年。
② （明）廖璐芬：正德《袁州府志》卷五《祠庙》，《天一阁藏明代方志选刊》，上海：上海古籍出版社，1963年。

面,这是相对于普通民众而言的;处于核心的宗教实体层面,这是相对于僧侣、寺院和僧团组织而言的;层次最高的佛教学术层面,这是相对于高僧大德而言的。[①]可见,考察高僧大德及信众的地理分布情况是为研究名山佛教历史地理的重要环节。

一、明代仰山高僧的地理分布

对于佛教名山而言,高僧大德的存在对其发展兴盛发挥着重要的作用。"高僧行脚,必谒天下名山道场而顶礼诸佛菩萨莲台,意非名山不足以招高僧,非高僧讵能谒诸名山,是为名山高僧直为表里者。"[②]前文已述,仰山寺于明中叶重建前的历史在文献中已难寻其踪迹,于明亡后的历史同样难以查证,故本书所考察的仰山僧人集中见于《仰山乘》。《仰山乘》卷一编有《高僧》,其记载主要高僧如下:

> 雪浪法师,讳洪恩,字三怀,留都人。通三藏,登座讲解,标宗树义,辞媚理纯,为两京讲师之最,学者一时皆尚之。叔敖其形仪,能诗,有六朝初唐之致;能书,则绝代小行似元人丰格标致,望之,仙仙偕行者。
>
> 癯鹤禅师,法讳宽悦,与恩公共梓里,皆报恩寺僧。精戒律,诗书书法不减恩公,而严古不好讲解,学者执策问诘,剖析玄旨,有超格绝尘之韵。晚隐伏牛山,庚寅至苏谷,偕石公来赋诗,贻玉觉二公而去,二公皆以诗若干行世。
>
> 梵师大海,异域人,貌伟色紫,声洪亮……居吾国,日久文理皆通,能和光同尘,使人易与了不作面壁九年状,故缁素咸易与之。
>
> 梵师圆海,亦异域人,皙白如瓠,于万历丙申自于阗经鞑子国,闻观音大士出世十六年应身说法,于是师去朝礼大士,即为摩顶受

[①] 张伟然:《中国佛教地理研究史籍述评》,载《地理学报》,1996 年第 4 期,第 369~373 页。

[②] (明)程文举:《仰山乘》卷一《高僧》。

记,授之黄绢结印,后礼五台,来游新都,坐关恒山堂,日持楞严尊胜六字,诸咒有地藏菩萨金身出现,一现不复再现,及善焰口,咒梵秘密真言,挂搭仰山一年余,人以财施,辄以施人钵中,不留一钱。今又如五台,受慈圣太后供养矣。

梵师净海,气秀而悍;觉海,修长而瘠……皆于阗国伽膜弄人……

介如禅师,云间人,姓胡。余客云间,与余交善,少余两岁。高颧巨口,相似罗汉。年二十五访师新都,值见芝大师,即薙发出家,名曰文石……遂腰装顶笠,入少林,忝学三年。又如伏牛、雁宕、天台、南海诸道场。善游戏、书画及诸技艺,可称精绝。若赋诗作文,不俟运思,握管立就,所至丛林未尝停腕……恐海内无两会修《仰山乘》,多有著述,余幸供役笔砚,潜书以授梓人。它有《法语四教仪略注》《谷雅内外集》《楞严法华》等诸经旨要若干卷,行将刊播于世。

佛日禅师,法名性航,顺天宛平人。投栖霞祖堂出家,随喜仰山讲《圆觉经》,尤精于戒律,善诗文,有唐风致。入少林忝学一年,又如名山道场,无不履历听法,斯亦法门中翘楚也。

夜台禅师,四川人,法名如月,常住五台十七年,日则跏坐,夜则持咒,经行黎明不息,遇有虎狼亦不少避,兽皆掉尾而去,以故法号曰夜台。在京蒙慈圣太后供养,赐紫渗金钵盂锡杖,后挂搭仰山敬设礼忏统为忏道场五日夜,祝延太后圣寿。

徧空禅师,法名量远,常住九华山,壮年曾为立禅,一日如京师题请蒙太后赐紫锦旛,又蒙圣恩赐内帑建地藏殿、十王殿,宠遇殊异,仰山请额师与力焉。

我们根据《仰山乘》的记载对仰山僧人进行统计,相关情况如表 5-1 所示。

表 5-1　仰山高僧籍贯等分布表

人物	籍贯	时代	主要事迹
守静暄公		嘉靖至万历	重修仰山寺
性玉禅师		嘉靖至万历	重修仰山寺
性觉禅师		嘉靖至万历	重修仰山寺,至京师奏请赐额
雪浪法师	应天府	嘉靖至万历	通三藏,登座讲解,为两京讲师之最,学者一时皆尚之
瘿鹤禅师	应天府	嘉靖至万历	精戒律,诗书书法不减恩公,严古,不好讲解,晚隐伏牛山
梵师大海	于阗	隆庆至万历	偕行者圆海、净海、觉海至仰山,文理皆通
梵师圆海	于阗	隆庆至万历	万历自于阗经鞑子国,后礼五台,游新都,坐关恒山堂,挂搭仰山一年余,后又如五台受慈圣太后供养
梵师净海	于阗	隆庆　万历	做呗不节不节,清浊婉转,弹舌而讴,吞吐音韵琅琅,闻者莫不悚心
梵师觉海	于阗	隆庆至万历	做呗不节不节,清浊婉转,弹舌而讴,吞吐音韵琅琅,闻者莫不悚心
介如禅师	松江府	隆庆至万历	年二十五访师新都,薙发出家,后入少林,忝学三年。又如伏牛、雁宕、天台、南海诸道场。善游戏、书画及诸技艺,可称精绝
佛日禅师	顺天宛平	隆庆至万历	精于戒律,善诗文,有唐风致。入少林忝学一年,又如名山道场,无不履历听法,斯亦法门中翘楚
夜台禅师	四川	隆庆至万历	常住五台,日则跏坐,夜则持咒,经行黎明不息,遇有虎狼亦不少避,兽皆掉尾而去。在京蒙慈圣太后供养,赐紫渗金钵盂锡杖,后挂搭仰山敬设礼忏道场
徧空禅师	松江府	隆庆至万历	常住九华山,一日如京师蒙太后赐紫锦旛,又蒙圣恩赐内帑建地藏殿、十王殿,宠遇殊异
静光禅师		万历	
蘖庵禅师	湖广嘉鱼	崇祯至清初	即熊开元,崇祯给事中,隆武大学士,后见内部腐败,乞假归,汀州破时弃家为僧,隐于仰山,后至苏州以终

由表 5-1 可知,现可考的仰山高僧共有 15 位,主要生活于嘉靖至万历年间。而籍贯可考的高僧共有 11 位,4 位来自南京,1 位来自京师,1 位来自湖广,1 位来自四川,又有 4 位来自西域的僧人同时在仰山挂单。可见,仰山寺重建之后的驻锡高僧大多来自南方地区,且籍贯可考者都为徽州以外之僧人。

仰山驻锡僧人彼时在南方地区也颇具影响力。比如雪浪法师,既是当时佛门讲师中的翘楚,也是晚明僧诗创作的领头人。他的佛法造诣和诗歌创作均为当时一绝,其讲演佛法、弘扬义学 30 余年,"尽得华严法界,圆融无碍之旨"①,《楞严经》《圆觉经》《般若经》皆为其所善讲。其学早承华严、唯识二宗,后也修习禅宗。雪浪洪恩在讲经说法方面的修为颇高,钱谦益的评价为:"披无极之道以济度群有,而法道焕然中兴";"及师出世,照遮双显,总别交光,摩尼四现,一雨普沾。学者耳目错互,心志移夺,如法雷之破蛰,如东风之泮冻。"②又如瘿鹤禅师,为雪浪弟子,"优于讲解,兼擅才笔"③。雪浪洪恩在《跋悦公四十自祝偈》中称其"可谓以丽藻之词锋,寓西来之密印。虽无心于工,自然合作,言言字字,如鲛目泪流、蚌肠珠剖,映夺今昔矣"。④

此外,仰山佛法在徽州的昌盛在明代徽州地区僧人驻锡地的时空分布形态上也有所体现。根据前文(第三章第二节)统计,有明一代于徽州驻锡的僧人有 200 人,能确定其驻锡于仰山的具体时段的僧人有 176 人。仰山佛教的发展本是明代中后叶之事,而明代休宁县的 31 位僧人中有 10 人选择去仰山修行,约占休宁县总驻锡僧数的 32%,可见仰山佛教对休宁佛教的重要性。而统观徽州的黄山、仰山、齐云山,其驻锡僧人数量占徽州地区驻锡僧人总数

---

① 曹越主编,孔宏点校:《明末四大高僧文集(上)》,北京:北京图书馆出版社,2005 年,第 560 页。
② (明)钱谦益:《华山雪浪大师塔铭》,《钱牧斋全集》第 3 册《牧斋初学集》卷六九,上海:上海古籍出版社,2003 年。
③ (明)钱谦益:《列朝诗集》闰集第三,北京:中华书局,2007 年。
④ (明)释洪恩:《跋悦公四十自祝偈》,见《雪浪集》,《四库全书存目丛书》集部第 190 册。

的39.5%。徽州在万历时有着众多驻锡僧人,这一方面缘于此期徽州新修了部分寺庙,另一方面缘于黄山和仰山的存在也对徽州佛教的发展起到了巨大的推动作用。在万历年间的31名驻锡僧中,前往黄山与仰山安禅的分别有24人和6人,这个数据足以说明黄山和仰山浓厚的佛教信仰氛围对驻锡僧人有较强的吸引力。

仰山驻锡僧多为外籍僧人也体现了仰山佛教文化的包容性。明清时期,随着徽商的外出,徽州通往外部的多条水陆通道较之以往更为便利。徽州西南与江西饶州府接界,东南与浙江开化、淳安、临安为邻,东北则临近应天、镇江、常州等地,便捷的交通、社会上的好游风气自然为仰山道场吸引更多的高僧至此修行、游历提供了便利。再加上仰山寺的修建多受当地士绅与官员的支持,更有皇帝与太后予以恩赐,其知名度大为提升,也推动了仰山佛教文化的发展。"故远则摩竭、于阗、乌斯藏诸国,近则五台、峨眉、少室、南海高僧接踵而至"。[1]

二、明代仰山佛教信众的地理分布

宗教事业的发展离不开信众。从主观方面来看,宗教事业与信众的多寡和施舍的厚薄有关;从客观上来看,其与信众所处地域的社会经济和民间习俗有关。正是因为如此,宗教往往为了争取信众而不断规范、调整自身,信众对宗教发展发挥着不可忽视的作用。"佛教在江南受惠于施主是巨大的,反过来,施主对江南佛教的影响也是多方面的,可以说佛教事业的基础是通过施舍才发展起来的"。[2] 如前所述,仰山寺的重建工作是在休宁县地方宗族吴、毕、程三家主持之下,议请守静暄公师徒而展开的。而徽州本为"四塞之地",寺院重建之初本无产业。对于仰山而言,寺院要生存,佛教要发展兴盛,除了依靠寺院僧人的开辟和经营外,还要依靠地方上的施助。

宋元之后,佛教的发展渐趋民间化。对于民众而言,佛教信仰不仅给予

---

[1] (明)程文举:《仰山乘》卷一《高僧》。
[2] 严耀中:《江南佛教史》,上海:上海人民出版社,2000年,第271页。

信众脱离苦海的希望,减少人们对死后受地狱煎熬的恐惧,还在人们面临现实困境之时,为人们提供了一条看似极为实用的解决问题的途径。仰山历史遗存下来的志公传说也为仰山寺争取信众提供了便利。这些信众,既包括前文中所述的至仰山游览、修行的士绅文人,也包括普通百姓。仰山位于"深山穷谷之中,大众日繁而耕种不给,虽木食草衣,徒克口体。非藉十方檀施,何能宫殿巍峨,金像炫赫,集为焚修梵诵之所也?实赖檀越得成。法界凡有财施,识之不忘,故作檀施志"①。正是在信众的支持下,仰山得以进一步开展兴建寺院工作。《仰山乘》中《感应志》共收信众施助记录10条、神灵感应记录12条,如表5-2、5-3所示。

表5-2 仰山佛教檀越及其籍贯、事迹分布表

檀越	籍贯	事迹
吴继俊	休宁县上山	万历十六年为大荒年,发心施白银三十两以济山寺
黄嘉惠	休宁县古林	施田租十四秤永为宝志公香灯之费
吴怀保	休宁县上山	施寺前二坞田地共计十八亩,施白银开卓锡泉、造甘露亭
吴怀谦、吴怀敬、程氏、吴怀真、毕氏	休宁县上山	装金释迦牟尼佛一尊、文殊菩萨一尊
吴尚汉	休宁县后塘	施银十六两造正殿前烧纸石亭一座
程梦熊	休宁县榆村	施堆纱绫幡一对
黄国聘	休宁县五城	施铜磬一口、千佛旛一对
程嘉宾、孙氏	休宁县临溪	施资造前殿烧纸石亭宝藏幢一座
陈氏等		施资装金罗汉十八尊
程道元		施资装金梵王帝释二尊

表5-3 仰山佛教感应者及其籍贯、事迹分布表

信徒	籍贯	事迹
吴发旸	休宁县临溪	为治子病,施银三十两、田二十秤造殿四楹,初造宝公小殿
孙东阳	休宁县吴田	患发背,垂死之时梦宝公,受治疗而愈

---

① (明)程文举:《仰山乘》卷一《檀施》。

续表

信徒	籍贯	事迹
程纯义	休宁县由潭	妻鲍氏患有鼻疾,登仰山朝香后愈
程一桂	休宁县浯田	祈子而应
吴衍政	休宁县方山	遇海难,危急时祈宝公救而应
李氏	休宁县高枧	为优婆夷,梦遇宝公
汪承富	休宁县长关	祈子而应
陈氏		祈子而应
程道元		祈子而应
吴守愚	休宁县隆阜	祈子而应
吴怀保	休宁县上山	至仰山龙渊祈雨防旱
丁侯	休宁县	至仰山龙渊祈雨防旱

从表5-2中可以看出,仰山可考籍贯檀越全部分布于休宁县,多有施舍金钱、物资,帮助兴建寺庙之举。在多方施助之下,仰山寺的建设得以逐步完善,而施主也因此为自己和家人至仰山烧香拜佛和做功德提供了便利。如吴继俊于万历十六年(1588)这一"大荒年""发心施白银三十两以济山寺",①可谓是在仰山寺乃至休宁县困窘之下援助寺院之义举。又如吴怀保,"施寺前二坞田地共计十八亩,又施白银四两开做卓锡泉路,以便行人口渴饮水者,又施银十一两于卓锡泉上造亭一所,以便行人憩息者,名曰甘露亭"。② 不仅施舍田产作为寺田,而且出资开辟山泉、修建亭台供往来信徒与游览者休息,以此推动寺院建设。正是在休宁县多方支持下,仰山寺在重建后便得以充分发展。

关于中国佛寺的社会功能,20世纪30年代何兹全先生将其分为三类:一是劝化民众;二是保护与教育人们;三是救济贫穷。而后全汉昇先生也撰文加以补充,并将其分为四类:一是济贫赈灾;二是治病;三是戒残杀;四是宣

---

① (明)程文举:《仰山乘》卷一《檀施》。
② (明)程文举:《仰山乘》卷一《檀施》。

传慈善事业。① 明清时期,佛教的发展进一步与民间社会相融合,佛教信仰的实用主义要求进一步提高佛教在民间的地位,甚至出现了三教合一的情形,正如明代王汝之所说:"同乎百姓日用者为同德,异乎百姓日用者为异端。"② 此外,唐宋以来江南杂神淫祠众多从侧面反映了该地宗教实用主义崇拜的盛行,特别是在两宋江南经济取得长足的发展之后,无论是在城镇还是在乡村都不断有新的行业分化出来。这就导致更多样化的社会需求和更复杂的精神关怀需要的产生。从《仰山乘》中感应事迹来看,仰山寺多依托志公传说,将志公塑造为保护地方的神灵。来自休宁县各地的信众在患疾或无嗣之时多祈求于仰山寺,地方官同士绅为防旱保收也多祈雨于仰山。在诸多祈祷灵验的情形下,仰山佛教信仰不仅在普通百姓中的号召力不断得到加强,还在更多的地方官员、士绅中也得到进一步的传播,四方功德来酬者不断增加。

不过,仰山佛教信仰也同样表现出比较明显的地域性特征。一方面,仰山佛教历史文化积淀少,仰山寺重建后兴盛时间短,其佛教文化的发展与传播仅仅局限于明隆庆之后的几十年时间内,很难在短时间内扩大影响力;另一方面,仰山佛教在民间信仰层面多依赖于仰山民间相传的宝志公传说,而此传说的盛行范围只囿于休宁县本土及有限的周边地区,其社会影响具有极强的地域性。而除此之外,文献之中无宝志公事迹之记载,故此被休宁人所认同的宝志公传说很难被外界社会广泛接受。因此在信众层面,仰山缺乏足够的动力将其佛教影响力辐射至休宁县之外,这也对仰山作为徽州佛教名山,而信众只局限于休宁县本土的现象作出了很好的解释。

---

① 分见何兹全《中古时代之中国佛教寺院》、全汉昇《中古佛教寺院的慈善事业》,均载于《五十年来汉唐佛教寺院经济研究》,北京:北京师范大学出版社,1986年。
② (明)焦竑:《焦氏笔乘》卷二《支谈上》,上海:上海古籍出版社,1986年,第228页。

第三节 《仰山乘》所见诗文及其作者时空分布

"徽州文化是中国传统社会后期既有典型性,又具普遍意义的地域文化。明清两代是徽州文化发展的鼎盛时期……徽州文化在明清时期出现的阶段性发展,既与历史环境的变迁有着密切的关系,同时(又)与其自身内在的发展逻辑也密切相关"。① 同理,仰山地处古徽州,其佛教文化的塑造、发展与演变既与明清社会历史发展相关,又与徽州小区域社会历史发展息息相关。《仰山乘》中所收录的诗文甚为丰富,不仅种类多样、内容丰富,而且数量可观。从创作时间来看,其所收集的诗文大多创作于明代中后期,即隆庆仰山寺重建至万历《仰山乘》纂修时期。从收录诗文内容来看,这些诗文不仅有利于我们了解历史时期仰山的沿革和掌故,而且为我们从历史地理学角度分析仰山佛教文化提供了很好的素材,同时也可在一定程度上反映仰山佛教文化社会影响的空间幅度。

《仰山乘》共收录艺文47篇,作者21人,其中有梁武帝、李太白为宝志公所作的三篇赞文,只是因仰山地区的志公传说而被收录其中,不予以考量,故实际艺文应有44篇,作者19人。而《仰山乘》中所收录的诗歌作者共有56人,诗歌数量合计有131篇。综合来看,《仰山乘》中所见诗文涉及记、传、序、铭、疏、诗、偈等文体,共有175篇,诗文作者合计65人。通过对《仰山乘》诗文作者的籍贯和经历进行考察和统计分析,我们可以从空间上了解仰山佛教的演变过程与特征。为方便统计,我们将《仰山乘》所见艺文作者、作品列表如下。

---

① 周晓光:《论明清徽州文化的阶段性发展》,载《江汉论坛》,2015年第1期,第92~100页。

表 5-4 《仰山乘》所见艺文作者、作品一览表

文体	作者	籍贯	作品
记	程天昺	徽州休宁	《游仰山记》
	王穉登	苏州长洲	《龙山寺记》
	程文举	徽州休宁	《守静禅师退院记》
	冯梦祯	嘉兴秀水	《休宁仰山伽蓝碑记》
	程可中	徽州休宁	《仰山伽蓝记》
传	释文石	松江府	《暄禅师传》《法公传》
	程文举	徽州休宁	《荳佛传》
序	汤宾尹	宁国宣城	《贺本源上人重建仰山真觉禅寺序》
	吴用先	安庆桐城	《送本源觉禅师还仰山序》
铭	杨谦		《仰山钟志铭》
疏	吴继京	徽州休宁	《仰山建造佛殿募缘疏》
	吴继茂	徽州休宁	《仰山新建殿宇铸佛菩萨化铜疏》
	释文石	松江府	《仰山新建铸宝志公和尚像募缘疏》《仰山造殿塑像成设斋供佛疏》
	吴继勋	徽州休宁	《重建宝志公菩萨殿座募缘疏》
	谢应麒		《题募缘请藏经疏》
引	程文举	徽州休宁	《求嗣善信启愿题名册引》
	吴宗儒	徽州休宁	《游仰山记引》
祝辞	程涓	徽州歙县	《仰山祝辞》
书	释文石	松江府	《重修龙山莲堂事迹求王百谷先生记书》
赞	梁武帝		《御赞宝公》《御笔题宝公像》
	李太白		《宝公赞》
	释文石	松江府	《宝公大士赞》《仰山禅师赞》《见源玉公小像赞》《仰山觉禅师小像赞》
	程文举	徽州休宁	《宝公大士赞》《仰山禅师赞》《守静禅师像赞并序》《达公小像赞》《成公小像赞》《量公小像赞》《昆公小像赞》

续表

文体	作者	籍贯	作品
行实	程文举	徽州休宁	《见源禅师行实》
偈	汪道昆	徽州歙县	《万历甲申冬十月丁亥肇林无遮会中性觉沙弥祝发赠偈》
	程文举	徽州休宁	《本源弟之肇林祝发为仰山沙门沙门称曰觉公赠四偈》《赠觉公偈》《赠无京量上人偈》《赠省源学上人偈》《仰山诸名胜偈二》
	释文石	松江府	《程生汉上名家子将之肇林祝发为仰山沙门名曰本源贻偈四章章四句》《仰山诸名胜偈语一》
	释印可		《厉玄中秋书偈与仰山净业楼呈觉师》
	释真施		《丙申春贺无京师祝发偈》
	苏谷道人		《彼岸上人祝发偈》

表 5-5 《仰山乘》所见诗文作者、作品一览表

作者	籍贯	作品
汪道贯	徽州歙县	《赠本源开士》
丁应泰	武昌江夏	《奉寄仰山守静上人兼柬见源本源二首座仰山祈雨屡应而上人曾为先慈诵祝故诗及之》
程涓	徽州歙县	《登仰山》
祝世禄	江西德兴	《赠本源上人二首》
释洪恩	应天上元	《登仰山访玉觉二公偕行者瓁鹤悦公介如石公》
释宽悦	应天府	《登仰山访见源本源法友》
程点	徽州休宁	《陪吴刺史带河登仰山》
吴继勋	徽州休宁	《丙午与玉觉二公夜谭留别》《乙未春日登仰山》
吴含章	徽州休宁	《侍家大人登仰山似玉觉二师》
吴继京	徽州休宁	《同仲舆登仰山适值敕额之命赋赠》
潘之恒	徽州歙县	《同程仲权登仰山谒志公三首》《琅溪道上》《霖泓》《仰山寄黄隐叔》

续表

作者	籍贯	作品
汪道贯	徽州歙县	《赠本源开士》
程可中	徽州休宁	《乙酉同吴仲和介如师程民逸仲权汪显卿登仰山访守静上人分韵·得淆字》《偕潘景升赋》《偕潘景升登仰山挟以女星者随》《憇玉公觉公房录呈》《与立言庚子除夕宿恒山堂献岁二日得辛三日立春访民逸叔德友玉觉二公仰山》《仰山呈诸社友》《同民逸德友立言见源本源探龙渊》《赠见源本源二师》《仰山新兰若落成》《刘伯延携松箩茗至》《坐磐陀石》《登仰山呈玉觉二公》《本源师与余同出先忠壮中丞少师后少小度世今且四十精进甚力日诵圆觉修多罗了义一部不为一切所夺与其度日诗以赠之》
吴继茂	徽州府	《本源上人余姻家之子以儒流而入释门遂精进其道大辟仰山宗风传灯说法耆宿一时推尊诚新安之丛林故赠之》
黄朝	徽州休宁	《偕孙绍卿程仲权登仰山途中即事》
赵时用	徽州休宁	《庚子除夕与程民逸仰山守岁》《辛丑三日立春似见源本源》《同民逸仲权诸师探龙井》
黄炅	绍兴山阴	《仰山歌》
程文举	徽州休宁	《乙酉同吴仲和介如师程民逸仲权汪显卿登仰山访守静上人分韵·得麻字》《庚子除日偕赵德友孝廉登仰山》《除夕与赵德友觉公房守岁》《元日与德友表弟玉觉二师夜坐》《辛丑正月三日仰山候仲权恒山堂未至》《同仲权德友玉公觉公探龙井》《同吴长文应图君乡昆李复登仰山》《同于阗圆海大海二师结夏三首》《赠若林开士》《同玉觉二师及诸禅丈结夏听讲金刚经》《西城圆海大海二师从补陀来游新都赋此赠之》《夏夜与若林师设难》《雨夜与昆公小坐》《同玉觉二公月坐》《仰山雪夜与静光上人设难有赠》《仰山七夕立秋》《中元早起礼佛》《修仰山乘新戊呈石公》
吴守周	徽州休宁	《辛丑春偕程民逸登仰山》
吴守正	徽州休宁	《辛丑春偕程民逸登仰山》《登仰山觉公房听雨》
王士章	苏州吴县	《登仰山寺赠见源本源二师》
吴前训	徽州休宁	《喜无京开士远过》

续表

作者	籍贯	作品
释文石	松江府	《乙酉同吴仲和介如师程民逸仲权汪显卿登仰山访守静上人分韵·得先字》《登仰山呈玉觉二公》《丁酉春王之晦当见源禅师四十初度赋此奉寿二首》《己丑中秋为赠本源禅友》《赠本源大士四十初度》《丙申春仲贺无京首座祝发》《冬日同民逸仰山雪后看山》《庚戌重登仰山次剪刀台小憩》《行过返照次小灵谷》《与民逸居士坐观澜石》《登大汹峰晚睡》《冬晚伯庸诸君上仰山见顾分华字》《次次鲁宿仰山月下有作韵》《次黄于恭登仰山偶遇谈旧韵》《龙井》《鸦生台 登登龙石》《仰山歌》《赠达公 赠成公》《赠量公 赠昆公》《辛亥初夏十日行甫伯庸黄伯傅词丈顾予仰山限情字十一韵》
吴际明	徽州休宁	《辛丑春偕程民逸登仰山》《登仰山呈见源本源上人》
程天昺	徽州府	《同守静老衲观瀑布》《登剪刀门(并序)》
程光先	徽州休宁	《偕瑞屏仰山对月》《偕程瑞屏登仰山迟民逸居士不至》
程大任	徽州休宁	《偕程圣父仰山结夏》
吴宗儒	徽州休宁	《乙酉同吴仲和介如师程民逸仲权汪显卿登仰山访守静上人分韵·得歌字》《赠本源上人至肇林祝发》《同诸社友仰山探龙渊》《庚戌初冬偕黄于远于恭于一程季昌襄虞之载甫诸君登仰山薄暮抵寺》《遇真觉寺喜逢石公吴修父迟程民逸不至》《宿仰山禅室同介如禅师夜坐闻梵》《见源本院二开士重建仰山大殿落成诣京请额赐名真觉禅寺还山相过信宿留赠以歌》
吴继礼	徽州休宁	《乙酉同吴仲和介如师程民逸仲权汪显卿登仰山访守静上人分韵·得灰字》
汪继仲	徽州休宁	《乙酉同吴仲和介如师程民逸仲权汪显卿登仰山访守静上人分韵·得寰字》
陈嘉猷	苏州昆山	《赠本源禅师》
金继震	徽州休宁	《赠本源禅师》
程一极	徽州休宁	《赠本源上人》
程浤	徽州休宁	《寻访见源上人不晤日已入崦嵫矣喜重建二殿焕然一新故兹赋赠》《谒仰山真觉禅寺至已暮矣》《寄仰山玉觉二公兼柬介如禅师》
冯梦祯	嘉兴秀水	《乙巳夏日寓于溪南翠带楼赠本源师》
程再伊	饶州鄱阳	《赠本源上人》

续表

作者	籍贯	作品
吴守鲁	徽州休宁	《同程民逸叔如弟玉公觉公坐月》
吴守愚	徽州休宁	《登仰山蚕行》
吴明璋	徽州休宁	《戊子曾登仰山偶本源禅师见过有赠》
吴敏宽	徽州休宁	《登仰山至晚方至》
吴怀保	徽州休宁	《春日登仰山》
黄傜	徽州休宁	《登仰山》
吴大登	徽州休宁	《庚子夏日登仰山》《乙酉春日雨中登仰山》《与介如师程民逸诸公探龙井》《问讯介师于仰山分行字》
毕成章	徽州休宁	《登仰山遇微雨喜逢介如宗主民逸山人作》
吴明远	徽州休宁	《仰山见源本源二师见顾有赠》
吴继仕	徽州休宁	《登仰山》
黄惇德	徽州休宁	《重登仰山真觉寺》《过仰山赠若林上人》
游元勋	徽州婺源	《仰山寺》
黄道克	徽州休宁	《游仰山真觉寺》《登仰山赠见源本源二公》《仰山与石公谈旧迟民逸丈不至》
程天赠	徽州休宁	《登仰山纪胜》
吴继鼎	徽州休宁	《游仰山寺喜逢程民逸》
程奇璧	徽州休宁	《游仰山寺喜逢程民逸》
项康	徽州休宁	《游仰山寺喜逢程民逸》
黄习远	苏州吴县	《登仰山赠见源本源二上人三首》《登仰山访介如禅师路上作》《敕赐仰山真觉寺留题二十韵》
程时定	徽州休宁	《辛亥三月登仰山谒宝公信宿作》
何卜	绍兴山阴	《庚戌冬杪登仰山》
程柔	徽州休宁	《仰山道中同诸君作》《同次鲁介师季和是卿仲权显卿登仰山分豪字》《宿舍侄觉公房》

明代沿袭元代的行省制度,宣德三年(1428)后,全国统分为两京十三布政使司,二京为京师和南京;十三布政使司俗称十三省,为山东、山西、河南、

陕西、四川、湖广、江西、浙江、广东、广西、云南、贵州、福建。如表 5-5 所示，《仰山乘》中诗文作者籍贯可考者计有 60 人。按照省域分布来看，此 60 人分属于南直隶、浙江、江西与湖广四省，来自南直隶作者最多，共有 54 人，占诗文作者总人数的 90%。按照籍贯来看，徽州府的人数最多，合计 45 人，占比 75%。这表明游览仰山的文人多来自徽州本地及苏州、应天（南京）等经济发达、同徽州关系较为密切的江南地区。

表 5-6 《仰山乘》所见诗文作者籍贯分布表

籍贯	人数	所属地区	占比
徽州府	45	南直隶	75%
苏州府	4	南直隶	6.67%
绍兴府	2	浙江	3.33%
应天府	2	南直隶	3.33%
嘉兴府	1	浙江	1.67%
宁国府	1	南直隶	1.67%
松江府	1	南直隶	1.67%
安庆府	1	南直隶	1.67%
德兴府	1	江西	1.67%
饶州府	1	江西	1.67%
武昌府	1	湖广	1.67%

徽州及周边地区文人游历仰山，留下多篇诗文。自隆庆后，仰山各驻锡高僧沐风栉雨，修缮寺庙，使仰山寺宇和佛教文化得以发展，此举也得到了当地士绅、官员乃至皇家的支持。在此情形下，明代江南地区社会经济文化的逐步发展、徽商的崛起与徽州宗族本土影响力的提升则进一步为仰山佛教的兴盛发展提供了条件。随着仰山周边景观的开发，仰山寺建置的增多，仰山地区佛教文化影响力也得以逐渐扩大，徽州及周边地区的人们对仰山佛教的认同感不断提升。仰山一方面拥有秀丽的山水风光，另一方面又有道场供人参禅礼佛，自然对文人雅士们具有一定的吸引力，也促使多篇诗文作品的产生。

明中后期文人有好游风尚,这使得仰山佛教文化发展与社会好游风尚之间相得益彰。明代中后叶统治昏暗,江南地区众多士人在政治上饱受打压,仕途不顺。受当时心学思潮的影响,文人纷纷寄情于山水之间,在自然风光中寻求心灵慰藉。他们因时因地,随兴而游。"比起前代来,晚明文人不但只是一般的好游,更进而耽于山水,好游成癖,甚而成痴……这是前所未有、后所罕见的现象"。① 仰山自然风光秀丽,"峻岭绝巇,有摩天插汉之势,山形绝肖莲花,故名曰莲花山。曲折逶迤,多为云霞蔽亏。飞泉百道,汇流东下,稍夷则注,陡则悬瀑,中多穷岩绝壑,虎穴龙渊"。② 如此风景,为当时的文人墨客创作游记、散文及诗提供了绝佳的素材。

仰山寺是明代中叶后重建的佛教道场,虽地方上拥有宝志公传说,但仰山历史积淀较其他佛教名山少之又少,故不可与同位于皖南的九华山、黄山等佛教名山等量齐观。受明末清初战乱袭扰,其兴盛发展的时间仅有几十年,发展历程相当有限。仰山佛教文化的复兴过程中的外部支持也主要来自休宁本地宗族、士绅和官员,所以仰山佛教文化的发展表现出明显的地域性特征。至仰山驻锡、挂单的高僧多为外籍,对《仰山乘》所见诗文作者籍贯进行考察可以发现,来此地游览的文人大多为徽州本地人,其中又以休宁当地人占绝大多数。可见仰山佛教文化的影响力基本局限于休宁当地,并以较小规模逐渐向徽州乃至周边地区扩散。

第四节 仰山佛教兴盛与式微之成因

仰山寺于明初重建,但因交通闭塞,人迹罕至,直至隆庆三年(1569),居于仰山山麓的吴、毕、程三家议定重建仰山寺,后邀请守静暄公师徒主持寺院事务,方兴盛。历经数十年的经营,仰山寺的寺院建筑不断完备、周边景观不

---

① 周振鹤:《从明人文集看晚明旅游风气及其与地理学的关系》,载《复旦学报(社会科学版)》,2005年第1期,第72~78页。
② (明)程文举:《仰山乘》卷一《山水》。

断增多,而且其佛教文化不断发展。至万历三十七年(1609),仰山寺受明廷赐额为真觉禅寺,仰山佛教不断发展直至清初。然而入清之后,仰山寺在文献中已鲜有记录,即便是《徽州府志》《休宁县志》之中,也不见任何有关"真觉禅寺"的记录。时至今日,仰山之上的佛寺建筑已化为一片荒墟,原本香火鼎盛之地已完全成为颓垣败壁。那么,仰山究竟如何成为徽州佛教名山？又究竟是何缘故,使得这座倾注地方士绅、历代高僧和文人心血的佛教名山在明亡之后日渐式微？这是值得我们探讨的问题。

徽州所处的地理环境对本土佛教的发展既有一定的优势,又有相当大的限制。徽州本是古越旧地,土著迷信思想相对较为浓厚,性"昵鬼神"①。晋大兴年间,佛教传入徽州。至明初之时,当地已建寺数百座,民众笃信佛教风气可见一斑。此外,徽州"居万山环绕中,川谷崎岖,峰峦掩映,山多而地少",②土地较为贫瘠,难以耕种。明清时期徽州人为求生计,外出经商者甚众,商人饰佛求名之举亦有不少。男子外出经商,而留守妇孺也需要一定的精神慰藉,因而寄情于佛教。这些都为佛教发展提供了有利的条件。然而,"新安各姓,聚族而居,绝无一杂姓掺入者,其风最为近古。出入齿让,姓各有宗祠统之"。③ 徽州人多聚族而居,人们的物质、精神生活历代以来都要受到宗族力量的干涉与约束。且宋元之后,徽州人以其地为"程朱故里"而自豪,将理学融入礼俗之中,对佛教发展亦多有限制。

可见,首先,仰山佛教的发展不仅是地方士绅、管员支持的结果,还是时代环境影响的产物。明初,统治者一方面整顿佛教,限制佛教发展;另一方面为发挥佛教"阴翊王度"的作用,以便更好地维护统治,对佛教加以保护甚至在一定程度上提倡发展佛教。同时,明代帝王大多崇信佛教,时常无法很好

---

① (明)彭泽修,汪舜民纂:弘治《徽州府志》,《天一阁藏明代方志选刊》21～22,上海:上海古籍书店,1964年。
② (民国)吴日法:《徽商便览》,见张海鹏、王廷元:《明清徽商资料选编》,合肥:黄山书社,1985年,第6页。
③ (清)赵吉士撰,周晓光、刘道胜点校:《寄园寄所寄》卷十一,合肥:黄山书社,2008年,第872页。

地执行整顿和限制佛教政策,这在客观上也对佛教发展起了保护作用。至万历年间,明神宗及李太后信奉佛教更甚,尤其是在张居正去世后,更是恣意崇信佛教、提倡佛教。此间,全国多地出现新建寺院、诵经作法的现象,助施佛寺成为一时风尚,而仰山寺正是在此时成为明神宗和李太后施舍的众多寺院之一。《仰山乘》中记载,万历时仰山寺、龙山庵在受赐额的同时,李太后也赏赐仰山寺以"渗金慈像及宫锦装潢""华严等五大部千佛忏经""锦阑紫衣""驰归藏"等物资。① 在此举引领下,地方官员和百姓也都纷纷效仿施助,文人墨客则"作序赋诗",以"锦轴秀册"敬献仰山,仰山寺的地位在原有的基础上得到了进一步的提高。

其次,仰山所拥有的宝志公开山传说在其佛教文化发展与扩散传播方面扮演着重要角色。宝志公为南朝萧梁高僧,喜好游历,是"济公和尚"的原型之一。若对佛教名山传说稍加考察便会发现,宝志公开山传布佛法的传说在江南多地均存在,如南京的蒋山、镇江的金山、句容的宝华山、临安的东天目山等,而传说有宝志公驻锡之寺、游历之山则数目更多,由此可见宝志公在江南地区有很大的影响力。仰山有此传说,故在寺院重建之时便将其作为精神支撑。从前文对仰山感应事迹进行的统计便可看出,仰山佛教的"法力"多源自宝志公的显灵与托梦。对《仰山乘》的诗文进行考察也可发现,至仰山游赏的文人墨客在进行创作时多受此民间传说影响,将宝志列为瞻仰与纪念的对象。此外,仰山寺在建设之时也有意地利用该传说,以扩大仰山佛教在当地社会的影响力,"仰山山水,其旧有名曰剪刀门、小灵谷、卓锡泉等,从来所称者,得无因宝公所持锡杖、剪尺、拂扇名之"。② 同样受到利用的还有江西袁州之仰山的开山祖师慧寂禅师,仰山的"大南山""回龙峰""百丈嵩""鸦生台"在命名时均参考了慧寂禅师与沩仰宗的典故。可见,仰山周边各处景观的构建不仅是开发山水、便利交通与游览的过程,还是将民间传说潜移默化地融入自然山川各个角落的过程。仰山佛教的发展正是将历史因素加以利

---

① (明)程文举:《仰山乘》卷一《缘起》。
② (明)程文举:《仰山乘》卷一《缘起》。

用、塑造,并将其熔铸至现实的山川与寺院的过程。

再次,晚明时出现的士人好游、好与僧交游的社会风尚也很好地推动了仰山佛教的发展与传播。早在魏晋南北朝时期,士与僧已有交游,汤用彤先生于《隋唐佛教史稿》中提道:"盖魏晋六朝,天下纷崩,学士文人,竞尚清谈,多趋遁世,崇尚释教,不为士人所鄙,而其与僧徒游者,虽不无因果福利之想,然究多以谈名理相过从。"至唐代时则"变六朝习尚,其与僧人游者,盖多交在诗文之相投,而非在玄理之契合"①。至晚明时,佛教与世俗社会的融合进一步加强,寺院与俗世之间交往十分频繁,士人参禅、佛门学诗逐渐流行,僧人与文士之间的分韵唱和也渐成平常事。而在此时江南地区经济发达、交通便捷和崇尚文艺的社会环境下,士僧交游在民间进一步推动了佛教文化的交流与传播。在僧俗文化的交融互传过程中,既产生了许多能文擅诗的僧人,又使得士大夫阶层同各地佛寺和僧人的交往进一步增多。如曾驻锡仰山的雪浪洪恩便是江南杰出的诗僧,其交游圈囊括僧人、文人、隐士和官员等不同类型的人,晚明江南丛林学诗之风即滥觞自雪浪洪恩与憨山德清。②憨山德清在《梦游诗集自序》中说:"江南则予与雪浪创起。雪浪刻意酷嗜,遍历三吴诸名家,切磋讨论无停晷,故声动一时。"③又如介如禅师,《仰山乘》收录其诗文计有29篇,足可见其才情。

从《仰山乘》收录的诗文之中,我们也可见这种社会风尚对仰山佛教文化发展的推动作用。徽州歙县的汪道昆、汪道贯兄弟在当时均为名家。汪道昆为嘉靖年间进士,历任义乌知县、兵部左侍郎等职,曾参加抗倭战争。作有《大雅堂乐府》杂剧5种,另有诗文集《太函集》,时天下称他与王世贞为"两司马"。汪道贯为汪道昆弟,博闻强记,工词赋,擅书法,人呼小司马,又与从弟道会齐名,时称"二仲",著有《汪次公集》。二兄弟游览仰山后,对仰山自然风

---

① 汤用彤:《隋唐佛教史稿》,北京:中华书局,1982年,第39页。
② 熊文艳:《释洪恩生平创作考论与〈雪浪集〉卷上点校》,江西师范大学硕士论文,2015年5月。
③ 曹越主编,孔宏点校:《明清四大高僧文集》,北京:北京图书出版社,2004年,第381页。

光和佛教文化十分仰慕,均留有诗文存世。同样游赏过仰山的丁应泰和汪道昆多有交往,万历八年(1580),汪道昆主持文人结社,丁应泰、龙膺、郭第、潘之恒、汪道贯等7人结成白榆社,多有诗文唱和。此类士人结社、游赏山水之举为仰山佛教文化的扩散和发展提供了有利的条件。

而将视域再聚焦于徽州本土,仰山佛教在明中叶后的发展也赖于相当充分的地方资源。明中叶后徽商崛起,徽州宗族在地方政治、经济和文化等方面的影响力更大。徽州的大族以程、汪、吴、黄、胡、王、李、方为最,称为"徽州八大姓"。宗族势力在管理地方事务、推行重要决策方面扮演着重要角色。如曾支持仰山寺重建的程氏宗族为避免仰山之地被地方豪右"谋为墟墓,强肆侵夺",防止"游僧进寺,搅扰生事",于万历二十三年(1595)向礼部上书。而礼部也给予回复,规定:"如有势豪强肆侵夺欺僧者,许即赴彼处衙门呈治。"①除了为佛教发展提供经济支持、政治保障外,徽州宗族也兼具文化上的影响力,各宗族子弟热衷于组织社团,广结好友。譬如在隆庆至万历年间,以徽州为中心的新安诗坛兴起,以汪道昆为首的一批新安诗人创立了新安诗派,并组织诗社。徽州宗族的存在和给予的支持,自然使得各种资源得以运用于仰山文化和社会影响力的扩大中。

综上可见,休宁县当地宗族、士人借本地宝志公开山传说、嫁接唐慧寂禅师开仰山之历史,不断增加仰山的历史底蕴,使仰山逐渐获得佛教名山的盛名。仰山佛教不仅是在地方僧侣和宗族势力的共同努力下而得以发展的,还是在明代中后期的历史环境和社会风尚等因素共同推动下发展的。

仰山寺衰落的原因,目前几已无迹可循。康熙《休宁县志》中《人物志》中"寓贤"部分有记载,熊开元"号鱼山,楚嘉鱼人,天启乙丑进士,与金正希姻娅友善。崇祯时为给谏,劾辅臣周延儒,廷杖遣戍,直声大著。后为僧,号蘖庵,常住休之仰山,僧俗礼谒,随人提撕,或禅悦,或忠孝,或经史艺文率人,人惬心去。康熙甲寅闻闽警,怅然曰:此地将乱,不可以留。遂去姑苏,数年,卒于

---

① (明)程文举:《仰山乘》卷五《礼部铃示》。

花山"①。熊开元本为士人,从其逃禅之行可见,至清初康熙时仰山仍被视为佛教圣地,仍有吸引名僧驻锡于此的文化影响力。而仰山佛教的衰落应与清初康熙时三藩之乱有关。史载三藩之乱期间,皖浙交界地区"三载刀兵,即深山穷谷,金身亦难藏匿",②熊开元的出走也可作一旁证。

  仰山寺具体建于何时,今已难考。经元末明初的战火,寺院已经被毁坏。仰山寺经明初洪武年间重修后,"然人迹不通,不能居人,徒有空祠"。③ 至万历年间,在明神宗和李太后崇信佛教之举的带动下,徽州地区也迎来了重修寺院的高潮。仰山寺在当地宗族的谋划与支持之下,进行了第二次重修。后经地方官、地方宗族、士绅和仰山僧人的不断努力经营,仰山寺不仅重建,仰山之名也由近及远不断得以传播。

  仰山寺重修利用宝志公开山传说,又"嫁接"唐慧寂禅师驻锡于袁州仰山的部分历史,便完成了对仰山佛教历史的重构。从仰山高僧的籍贯分布与仰山相关诗文创作者的籍贯分布来看,仰山佛教文化影响力的核心空间基本集中于徽州与周边的江南地区。受益于晚明江南地区社会经济的发展和社会上的好游风尚、士僧交游风尚,众多文人纷纷寄情于山水之间,从自然风光中寻求心灵慰藉,以此寄托精神世界,士人和僧侣之间的文化交往也更为密切,仰山佛教文化因此不断发展传播。而从仰山佛教信众的籍贯分布来看,仰山檀越和感应人基本分布于休宁县本地及其周边地区。这说明高度依赖于宝志公传说的仰山佛教文化,其历史积淀相对不足,这也使得仰山佛教在清初战乱之后难以再次得到恢复。

  当然,在传统徽州社会,宗族是基层社会的主导力量,而朱熹理学作为当时传统徽州社会的主导价值观受到徽州人的普遍推崇,佛教文化则处在相对弱势的地位。不过,在诸多因素影响下,仰山佛教一方面受到当地宗族的支

---

  ① (清)廖腾煃修,汪晋征纂:康熙《休宁县志》卷六《人物》,《中国方志丛书》华中地方安徽省第1期,台北:成文出版社,1970年。
  ② (清)吴兆泰纂修:《尚相公像记》,乾隆《札溪吴氏宗谱》卷十五《记》,札溪吴氏宗族藏。
  ③ (明)程文举:《仰山乘》卷一《缘起》。

持与保护,另一方面仰山佛教亦可满足时人寻求保佑的精神需要。所以有明一代仰山佛教可以在纷繁多元的徽州社会中占据一席之地,并在与徽州社会的互动中演绎自身文化空间的扩散与消亡,从而为我们从更多侧面揭示历史时期徽州的佛教与社会提供了机缘。

第六章　明清时期黄山佛教地理研究

　　黄山是世界文化与自然遗产,其以独特的自然景色和人文底蕴著称于世,正如清人赵吉士所言:"江南之奇,信在黄山;黄山之奇,信在诸峰;诸峰之奇,信在松石;松石之奇,信在拙古;云雾之奇,信在铺海。"[①]黄山雄峻瑰奇,风光独特,奇松、怪石、云海、温泉更是其"四绝",名扬海内外。除了绮丽的自然风光外,黄山历史文化底蕴同样丰厚,特别是唐宋以后,道教、佛教在黄山先后崛起,更为黄山增添了多样的人文色彩。至明清时,在多重因素的作用下,黄山佛教异军突起,成为江南著名的区域性佛教名山,黄山佛教名山地位及影响力的形成与扩展等相关地理问题值得我们探讨。

第一节　历史时期黄山宗教发展概况

　　历史时期黄山的发展与宗教有密切的关系。相传佛教在南朝刘宋时传入黄山(确切时间待考),先后在黄山修建寺庵近百座,明清时期黄山佛教寺院更是香火鼎盛。康熙时期,祥符寺、慈光寺、翠微寺和掷钵禅院号称黄山"四大丛林",高僧大德一时云集,至此黄山佛教发展至顶峰。

---

　　① (清)赵吉士撰,周晓光、刘道胜点校:《寄园寄所寄》卷三,合肥:黄山书社,2008年,第170页。

一、黄山的山名由来及道教历史沿革

黄山位于安徽南部黄山市境内,山境南北长约 40 千米,东西宽约 30 千米,总面积约 1200 平方千米,其中黄山风景区面积约 160.6 平方千米。旧志言其位于歙县西北,旧名黟山,唐天宝六载(747)改今名。

黄山山名由来说法众多,"存在黄帝炼丹说、坤道土德说、黄檗说、黄连说、来龙去脉说、天玄地黄说六种说法"①,其中广为流传的是黄帝炼丹说。《黄山图经》载:"黄山旧名黟山……即轩辕黄帝、浮丘公、容成子栖真之地……黄帝与容成子、浮丘公同游此山,浮丘公于炼丹峰峰顶炼丹"。②"浮丘处处留丹灶,黄帝层层隐玉书",③释岛云的诗记载了黄帝在黄山炼丹羽化成仙的传说。唐天宝间唐玄宗好道家之说,因闻黄帝曾经在此处游览炼丹,便以黄山命名。此后黄山被贴上了道家仙山的标签,成为道家修身养性、寻道访仙之圣地。

道教传入黄山的确切年代不可考,但早在唐朝之前,黄山就有道教存在的痕迹。黄帝与容成子、浮丘公及其后仙人曹、阮等游山炼丹的传说流传已久,"轩辕""炼丹""仙都""道人"等峰名,"曹溪""阮溪""洗药溪"等溪名,以及"丹井""药臼"等景观名,都是道教文化深深烙在黄山文化之中的表现。至唐代,李唐自称是老子后人,在政治上支持道教发展,道教因此在全国繁荣兴盛起来。浮丘观是方志中记载的黄山最早兴建的道观。《黄山志定本》记载:"浮丘观,在浮丘峰下,唐会昌中拆毁,观址犹存,水旱祈祷立应。"④九龙观建于唐开元年间,受山下民众供奉。九龙观在九龙峰下,"旧传汉永平九年地涌九泉,因穿九井",⑤因此命名其为九龙观。

---

① 任唤麟:《黄山山名由来及其文化背景研究》,载《淮北师范大学学报(哲学社会科学版)》,2013 年第 2 期,第 5 页。
② (宋)佚名:《黄山图经》,北京:国家图书馆出版社,2013 年,第 280~281 页。
③ (清)闵麟嗣撰:《黄山志定本》卷六《赋诗》,民国二十四年(1935)安徽丛书编印本。
④ (清)闵麟嗣撰:《黄山志定本》卷二《建置》,民国二十四年(1935)安徽丛书编印本。
⑤ (清)闵麟嗣撰:《黄山志定本》卷二《建置》,民国二十四年(1935)安徽丛书编印本。

宋代黄山道教盛极一时,先后建有升真观、城山观和松谷庵等。其中,九龙观"唐开元中为僧舍,宋政和五年(1115)敕改九龙观"。① 升真观在采石峰侧,旧名黄山观,北宋嘉祐八年(1063)创建,政和间赐额。城山观在太平县西焦村,宋司户焦源建,嗣玉虚真人。南宋末年,张松谷来到黄山,开辟道场,传法布道,济世救人,并且结交徽州望族馆田李氏。张松谷成为黄山历史上影响最大的一位道人。

明代黄山道教逐渐式微,虽然宣德年间道人鲍兴道重修了浮丘观,隆庆间兴建步云亭道观,玄阳道人结茅于此。但明宣德年间,馆田李氏重建松谷庵,并将其改为佛寺,重命名为松谷古寺。万历三十四年(1606),普门和尚进山,玄阳道人之徒福阳道人将步云亭转让给普门,普门把道观改为寺院,命名为朱砂庵。随着黄山佛教的迅猛发展,兼之齐云山道教的兴盛,更多的道士选择去往齐云山修行,因此"至明末清初,道教活动在黄山已基本终止"。②

二、明清以前黄山佛教概况

徽州地区大约在东晋出现寺院,历唐及宋元而益炽,而道士、僧人入山则是打开黄山幽闭之门的钥匙。佛教传入黄山的具体时间现在无法考证,相传"南朝宋元嘉年间(424—453),'东国沙门结茅于此'"。③这是有关黄山佛教最早的记载,但是没有相关史料能证实这一说法,黄山佛教是否起源于南北朝时期,还需要更多的材料来证明。

至唐宋时,黄山佛寺逐渐增多。唐开元十八年(730),志满和尚在汤泉结茅。志满,洛阳人,幼年投颍川龙兴寺出家,后南游黄山灵汤泉所结茅。志满问乡人此何处也,乡人答曰"黄连山"。此时黄山多有虎患,志满和尚言虎豹亦有佛性,于是驻锡焚香,虎患亦弥息。④ 志满和尚在白龙潭桃花涧建汤院,

---

① (清)闵麟嗣撰:《黄山志定本》卷二《建置》,民国二十四年(1935)安徽丛书编印本。
② 《黄山志》编纂委员会:《黄山志》,合肥:黄山书社,1988年,第214页。
③ 《黄山志》编纂委员会:《黄山志》,合肥:黄山书社,1988年,第223页。
④ (清)闵麟嗣撰:《黄山志定本》卷二《人物》,民国二十四年(1935)安徽丛书编印本。

到宋朝时汤院改名为祥符寺,是当时黄山最大的佛寺,也是黄山可考的最早建立的寺院。唐天宝六载(747),目轮禅师来到轩辕峰神仙洞下建福固寺。唐中和二年(882),麻衣祖师天竺僧包西来,在翠微峰下建翠微寺,有开山之功。相传麻衣祖师编麻为衣,冬夏不易,得其麻缕可治疗癫病。唐朝时,诗僧岛云来游黄山,感慨道:"先朝曾有日东僧,向此乘龙忽上升"①。岛云登上黄山最险峻的天都峰,感叹道"盘空千万仞,险若上丹梯"②。岛云也是史载登上天都峰的第一人,他在黄山游历期间,留下数十篇关于黄山的诗文。

宋代黄山佛教的发展以黄山北麓为主,这里靠近太平,又有焦村焦氏的支持,佛教发展较快,这在寺院的兴建上表现得尤为明显。宋绍兴年间黄山北麓新建了普祐院、新兴寺和重兴寺;太平兴国五年(980)重建广福寺;淳熙中新建了兰若寺;绍定年间新建乡林寺和药林寺;宋时还建有兴国寺。其中受朝廷赐额的有翠微寺、新兴寺、兰若寺、乡林寺、重兴寺、药林寺及普祐院7所寺院,可见宋代黄山佛教已有一定声望。宋时志书中记载的黄山高僧有行明和清素禅师。行明,驻锡祥符寺,景祐年间刻《黄山图经》和唐宋名贤题咏山史,是记载黄山山史的第一人。清素禅师,自佛教名山五台而来,结茅于黄山曹溪,宋绍兴年间声震禁内,赐号"神慧永济禅师",敕建普祐院,遂为院祖。

宋时游览黄山的文贤不多,留存下来的诗文也较少。宋时编撰的关于黄山的志书,仅有《黄山图经》。这一时期的黄山诗文不兴、名声不响,鲜有人知道黄山,更别谈来黄山游览。后人感慨道:"唯宋元及嘉隆前流传之什,存乎见少。"③周君在游祥符寺时也感慨道:"有是山而不闻于世,岂非文字不传之过矣。"④

在元朝的百年中,佛寺不兴,仅建巢翠庵、大悲庵及吕公庵3所小庵,莲花峰元白和尚静住茅屋一间。"麻衣老师寂灭久,问法差与山僧论"⑤,可见

---

① (清)闵麟嗣撰:《黄山志定本》卷六《赋诗》,民国二十四年(1935)安徽丛书编印本。
② (清)闵麟嗣撰:《黄山志定本》卷六《赋诗》,民国二十四年(1935)安徽丛书编印本。
③ (清)闵麟嗣撰:《黄山志定本》卷五《艺文》,民国二十四年(1935)安徽丛书编印本。
④ (清)闵麟嗣撰:《黄山志定本》卷五《艺文》,民国二十四年(1935)安徽丛书编印本。
⑤ (清)闵麟嗣撰:《黄山志定本》卷六《赋诗》,民国二十四年(1935)安徽丛书编印本。

元朝时期黄山佛法凋零,未见有高僧驻锡。而唐宋时期的不少寺庙,也因年久失修而荒废。

三、明代黄山佛教发展概况

佛教的兴衰,可以从寺院和僧人两个方面来衡量。明清时期,黄山佛教经历了发展、兴盛和衰落三个阶段。明代黄山佛教以普门入山为分界点,分为前后两个阶段。普门入山之前,黄山佛教发展缓慢,修建寺院较少;普门入山之后,其开山修路,进京求赐,得到万历皇帝和皇太后嘉赏,黄山佛教发展迅速,新建重修大量的寺院,也吸引大量名僧前来驻锡。从方志记载来看,明代黄山共新建44所寺院,共有59位驻锡僧人,其中建立时间可考的寺院有28所,驻锡时间可考的僧人有44人。在万历之前,黄山新建寺院2所,驻锡僧人6人;万历至崇祯时黄山新建寺院26所,驻锡僧人38人(数据详见本章第二、第三节)。

明朝初年,交通较为不便,外界至黄山的道路艰险,加上当时还有虎患,人们需成群结队才能入山,山中险要的地方也无法通行。加之政府对佛教采取"限制"的政策,黄山佛寺不兴。这一时期黄山新建的寺院有御泉庵与水晶庵,规模皆较小。根据《黄山志定本》记载,明朝初期,仅有6位文人到黄山游玩并留下诗文。嘉靖以后,徽州当地文人把目光投向黄山,或入山读书,或入山游玩,或入山修道,在黄山的自然风光与佛教影响中追求心灵的超脱。嘉靖年间,文坛领袖王世贞曾带领三吴两浙100多名文士组成社团,由江南入黄山游玩,徽州著名士绅汪道昆负责接待,盛况空前。这一举动大大提高了黄山的知名度,扩大了黄山的影响力。汪道昆记述了当时黄山的容成台、汤泉、虎头岩、九龙瀑和九龙潭等处盛景,这些景点都在黄山山脚汤泉一带,黄山深处的景点仍然有待开发。

万历三十四年(1606),普门和尚感梦来黄山,从此驻锡黄山。万历三十八年(1610),在徽州士绅的支持下,普门和尚进京请求敕封,得到万历皇帝及李太后等人的嘉赏,朱砂庵得到万历皇帝御书"护国慈光寺"匾额,成为江南名刹。当时慈光寺有山门、前后大殿和三进庭院,左右设藏经楼,金碧辉煌。普门主持黄山慈光寺期间,先后修建了慈光寺、文殊院、大悲院这3所黄山著名的佛寺。他不顾山高路险,攀上了天都峰绝顶,又打通了号称"天上玉屏"的玉屏峰之路,深入黄山内部,并且修通了山路,普门和尚因此被尊称为"开山僧人"。普门来黄山后,黄山高僧云集,阔庵自关中而来,力佐普门开山,负糇粮,登险绝处,了无难色;方来,沁水人,佐普门开黄山。

黄山佛教还受荆州惠王的支持。荆州惠王自幼好佛,崇祯十四年(1641)冬,一斋大师与徒弟奉惠王之令来黄山驻锡,主持掷钵禅院,"启建千佛道场,延请高僧四十八人,又请毗尼大和尚登坛度众,受戒者千人,当时盛况空前,呼佛声震动山谷"。①崇祯十四年,惠王到掷钵禅院,赐掷钵大宝法王额。第二年,新安檀越请一斋大师踞慈光寺方丈,惠王赐金书《华严经》、七佛衣放在慈光寺。②一斋主持掷钵禅院期间,云谷一带得到了一定的开发。

明朝后期,僧人在黄山驻锡结茅,新建了许多寺庵,徽商也在黄山新建寺庵。《黄山志定本》记载,崇祯年间,鲍正元在祥符寺旧址上新建了莲花庵;万历三十七年(1609),"寓安寄公乞地于汪,不数月,遂成梵刹"③,寓安禅师向绅士乞地,建立掷钵禅院;万历年间,黄汝亨提倡建立了净林居;余书升更是新建了桃源庵、颍林庵和青莲宇三所寺庵;崇祯间,方一藻新建贝叶庵。这些寺庵的建立反映了徽商对徽州佛教的支持。明朝后期,徽州籍僧人约占黄山可考籍贯僧人的20.69%(数据详见于后文),可见佛教在黄山的繁盛对当地向佛风气有较大影响。

四、清代黄山佛教发展概况

明清鼎革之际,黄山成为士人的隐逸所,渐江、汪沐日和凌世韶等人纷纷

---

① (清)闵麟嗣撰:《黄山志定本》卷二《人物》,民国二十四年(1935)安徽丛书编印本。
② (清)释弘眉撰:《黄山志》卷二《金汤》,清康熙六年(1667)刻本,慈光寺藏本。
③ (清)闵麟嗣撰:《黄山志定本》卷二《建置》,民国二十四年(1935)安徽丛书编印本。

剃发为僧,驻锡黄山。这无疑促进了黄山佛教的发展,使得清朝初年高僧驻锡于黄山,信徒云集,香火鼎盛。此时驻锡黄山的高僧多达31人,约占清代驻锡高僧的88.57%。"当今康熙丁巳(1677)……本邑诸绅士公启特请嘉禾雨峰和尚,主持法席于康熙戊辰(1688)……庚午腊月施衣钵传戒焉"。① 释超纲来到翠微寺,在他主持期间,修撰了《翠微寺志》,这也是黄山历史上第一个修志的寺庵;渐江兼工诗书,爱写梅竹,但一生主要以山水画名重于世,属黄山派,又是新安画派的领袖,并且是"四大高僧"之一;雪庄居于黄山30余年,遍历黄山前后海,著有《喜慈光方丈过访》《云舫杂景诗》等诗文。

清朝初年,为了教化民众、安抚民心,清廷修建大量佛寺,并召高僧入京讲法;康熙时期于内廷刻《维摩诘经》《金刚般若波罗蜜经》等20多部大乘佛教经典。但自乾隆四年(1739)以后,随着人口的增加,私度僧尼人数也有所增加,一时难以查补给牒。乾隆十九年(1754)起,通令取消官给度牒制度,直至清末,此举限制了佛教的发展。清朝中后期,国力渐衰,佛教亦随之衰落。清朝时期全国佛教还有两大特点:一是藏传佛教的兴盛,这与统治者的支持密切相关;二是居士佛教的兴起。明末清初,大批士人归隐佛教,为佛教注入了新鲜的血液。清朝时期,黄山共新建15所寺院,修缮寺院16次,驻锡僧人35人。其中顺治至乾隆时期新建寺院12所,驻锡僧人31人,嘉庆至清末新建寺院1所,驻锡僧人4人(数据详后)。

明末战乱,黄山虽然地处偏僻,但在战火中仍有不少寺庵损毁严重,慈光寺就是例证。明万历年间慈光寺为江南名刹,而到了清朝初年,慈光寺佛像已在尘埃中。康熙十六年(1677),心空律师圆寂后,翠微寺10年间没有主持僧,可见曾经香火鼎盛的名寺已十分衰败。曾经驻锡高僧最多的掷钵禅院,"山中无赖作耗,僧众莫支,以食田质诸豪右……将弃院他徙"②,僧众锐减,

---

① (清)释超纲辑:《黄山翠微寺志》,《中国佛寺志丛刊》第13卷,扬州:广陵书社,2006年,第23~24页。
② (清)闵麟嗣撰:《黄山志定本》卷二《建置》,民国二十四年(1935)安徽丛书编印本。

禅院日渐倾颓。

清朝初年,徽商士绅及驻锡僧人对受损佛寺进行修缮。康熙二年(1663),谢君兆重修了玉壶庵;康熙四年(1665),墨浪庵得以重修;康熙五年(1666),黄僎等捐款重修慈光寺大殿,"四年后落成,耗银四万余两,慈光寺殿宇雄丽,有藏经阁一百余间,为新安梵宇之冠"①。康熙四十年(1701),在中洲和尚的主持下,慈光寺又得维修,大殿高悬康熙手书"黄海仙都"匾额;康熙十年(1671),雨老和尚修葺大慈庵;康熙年间,僧神立还重建了黄山西麓最负盛名的寺庵钓桥庵;乾隆二年(1737),慈光寺遭遇火灾,藏经阁焚毁,大殿倒塌,次年,僧悟千虽略对慈光寺进行了小规模的修缮工作,但慈光寺百年兴盛不复存在,僧人流散,寺宇倾颓。这也标志着黄山佛教开始走向衰落。

不仅如此,乾隆二年,祥符古寺被山洪摧毁。《歙事闲谭》载:"送潭影序中,言黄山佛寺,旧有七十余,而祥符最著且古。自康熙间水圮,余亦大半淹废,今存者唯慈光与云谷。"②咸丰年间兵乱,翠微寺、福固寺、松谷寺、大悲院、狮子林、继竺庵和横坑庵等寺院都毁于兵火。至清末,黄山仅存21所寺院。

表6-1 黄山历代新建寺院一览表

朝代	新建寺院
唐代	翠微寺、祥符寺
宋代	普祐院、新兴寺、重兴寺、广福寺、兰若寺、乡林寺、药林寺、兴国寺
元代	巢翠庵、大悲庵、吕公庵

---

① (清)闵麟嗣撰:《黄山志定本》卷二《建置》,民国二十四年(1935)安徽丛书编印本。

② 许承尧:《歙事闲谭》,合肥:黄山书社,2001年,第956页。

续表

朝代	新建寺院
明代	御泉庵、水晶庵、香山庵、慈光寺、大觉禅寺、文殊院、大悲顶、大悲院、不立名字庵、掷钵禅院、桃源庵、颖林庵、青莲宇、引针庵、净林居、天海庵、普贤院、慈明庵、双举庵、指象庵、兜率庵、莲顶庵、翠云庵、别峰庵、贝叶庵、水月庵、西明庵、莲花庵、九峰庵、平天院、宝珠庵、石鼓庵、镜台庵、墨浪庵、海潮庵、指月庵、龙蟠坡庵、卧云庵、赵州庵、散花庵、黄谷庵、定空室、石笋矼、云涛庵
清代	弘济庵、西峰堂、翠云庵、□庵、种德庵、莲华庵、甘露庵、白龙庵、书礼庵、竹林庵、集庆庵、紫云庵(茅篷庵)、狮子精舍、末山庵、半禅庵

资料来源:何建明主编:《中国地方志佛道教文献汇纂·寺观卷》第176、177册,国家图书馆出版社,2013年;(清)闵麟嗣撰:《黄山志定本》,上海古籍出版社;释弘眉撰:《黄山志》,清康熙六年(1667)刻本,慈光寺藏本。

表6-2 黄山历代驻锡僧人一览表

朝代	驻锡僧人
南朝宋	东国僧
唐代	志满禅师、麻衣禅师、目轮禅师、岛云
宋代	行明、清素禅师
元代	妙真、普惠、宗茂
明代	大时(号白毫)、慈明师、智空、一心和尚、海运、朝宗和尚、一斋、如孝、毒鼓、大守、广奇、墨浪、宝相、雪峤大师、尼用持、融真、印生、如愚、水斋、云外大师、檗庵大师、无得、心月、普门大师、文斋、无易、雪奇、心空律师、林皋大师、玉庵、寓安大师、云谷禅师、一乘、方来、阔庵、无相师、老巢、万缘、印我、晦昙、石雨大师、智舷、静庵、照微、佛浩、号一、大用、果然、海希师、亦幻师、智传禅师、全宁、崇梵、涵虚、蒲团、旸谷、成滨、启扉、本是
清代	雨峰禅师、弘仁渐江、吴山大师、无知大师、尼丽明、道据、时若法师、见月律师、楚烟、神立师、元白和尚、行伟、僧泽、柏子(弘道)、金山铁舟禅师、如东、能悟、一相、瑀生、今子禅师、无凡、肩吾禅师、恒如、印闻、月得和尚、锦云、德圆、能学、云外禅师、半庵头陀(法名行印)、断山老人、檀越、中洲和尚、雪庄、释弘眉

资料来源:(清)彭泽修:弘治《徽州府志》,《天一阁藏明代方志选刊》;(清)江登云纂:《橙阳散志》,(清)嘉庆十四年(1809)刻本;(清)释弘眉撰:《黄山志》,清康熙六年(1667)刻本,慈光寺藏本;(清)释超纲辑:《黄山翠微寺志》,广陵书社印行本;(清)闵麟嗣撰:《黄山志定本》,上海古籍出版社;安徽省通志馆纂:《安徽通志稿·佛门龙相传》,民国二十三年(1934)铅印本;(清)石国柱、楼文钊修,许承尧纂:《歙县志》,民国二十六年(1937)铅印本;(清)马步蟾纂

修:道光《徽州府志》,江苏古籍出版社,1998年;《黄山志》编纂委员会:《黄山志》,黄山书社,1988年。

五、明清时期黄山佛教兴衰之原因

黄山自南朝宋始有佛教传入(确切时间待考),唐宋时期佛教缓慢发展至明中期以后逐渐趋于兴盛,再至清朝前中期持续发展,在清朝康熙年间形成"四大丛林",香火鼎盛;到清朝末年,"山中有喧寂,今只四五僧"。明清两朝,黄山佛教大起大落。明清时期黄山佛教兴衰的原因无疑是多种多样的,也是今天值得我们深入探讨的。大略言之,明清黄山佛教兴衰可能与以下几点原因有关。

首先是国家政策的支持和高僧的努力。万历年间普门入山后,开山修路,兴建佛寺,之后进京请求敕封,得到了神宗皇帝和孝慈太后的赏识。万历帝、李太后及郑贵妃,先后赐予普门佛牙、金佛、七层万佛像及建寺帑银;李太后赐名、万历帝赐额"护国慈光寺",黄山佛教名震江南。康熙四十年(1701),康熙帝御书"黄海仙都"四字匾,悬于慈光寺大殿,后慈光寺兴盛数百年。统治者物质、精神上的支持促进了黄山佛教的发展,众多高僧纷纷来黄山开山建寺。五台山高僧一乘来此结茅,驻锡狮子林;一心和尚同徒雪奇创建引针庵;万历三十八年(1610),寓安禅师募建掷钵禅院,任主持;崇祯年间,僧天吾建别峰庵。修缮的寺院更是数不胜数,万历三十七年(1609),僧心空重建被洪水冲毁的翠微寺;乾隆年间,僧印文重建紫云庵。由此可见朝廷的支持和高僧的努力为黄山佛教发展的重要原因。

其次是徽州望族士绅的支持和资助。明清时期,徽商鼎盛,徽州经济发达,谢肇淛《五杂俎》卷四称:"富室之称雄者,江南则推新安,江北则推山右"。宣德年间,馆田李氏李德庄重建松谷草堂,改为寺庙,名松谷庵。宁国府知府罗书额又题"东土云山"四字。堂后"褅黄"二字,出自汤宾尹手笔。岩镇潘之恒在普门开山时,给予大量资助。明万历三十四年(1606)正月,普门在潘之恒的陪同下,进山遴选庙址,并如愿以偿地得到福阳道人转让的朱砂庵。之后普门进京请封,潘之恒又为他提供了财物;崇祯九年(1636),鲍应鳌重修御泉庵;康熙五年(1666),为了迎接七层万佛像,歙人黄偀等捐建慈光寺大殿,并修藏经阁100余间,4年建成,共费银4万余两。徽州望族士绅财力、物力上的支持给黄山寺院的新建和重修提供了很大的帮助。

再次是文人名士的弘扬。随着普门开山,黄山佛教日益兴盛,文人墨客来黄山不再是单纯欣赏美景,更多的是来探寻佛寺古刹,并留下大量诗作。明代陈宣登翠微寺作诗:"翠微古寺枕黄山,院宇萧萧水竹间。锡影已虚迷法界,梵音尤是到禅关。"①程珊雪后游祥符寺作诗:"四顾漫漫雪满山,披裘策杖出禅关。云深时见人踪绝,林暝唯从鹤径还。万树光连峰尽白,六华飞点鬓先斑。眼空银海三千界,怅望仙居不可攀。"②感慨寺院美景、佛寺繁盛。朱鹭曾评价黄山和华山的特色:"太华,三代以前之镇岳,尊天祠神,不供养佛。黄山近辟灵区,名动三宫,辄获迎奉毗卢如来及十二愿佛,大悲、文殊、普贤诸大菩萨……黄金宝相,得未曾有。太华羽流,仙火高者为全真黄山皆比丘焚诵,次亦优婆塞行。师普门超然法器,堪与微语,商向上事。"③万历后期,黄山已经成为高僧齐聚、佛法普度的圣地。众多文人墨客的咏佛诗赋对黄山佛教的肯定和赞扬,推动了黄山佛教的传播与发展。

明清两朝,在统治者的支持、高僧的努力、徽州望族士绅的资助和文人墨客的宣传下,黄山佛教得以不断发展。到了清朝末年,时局动荡,自然灾害频发,加之太平天国起义军与清军之战争,使佛寺毁、僧人逐、经典烧,黄山佛教迅速衰落。咸丰年间,太平天国起义军居于翠微寺,"民国《黄山指南》记载:'自咸同兵燹以至清末,共五十余年,寥落不堪言状'"④,黄山佛寺损毁严重,一代名刹慈光寺也毁于兵火。自然灾害对黄山佛寺的破坏也很大,"清乾隆五年(1740)六月初三,大雨三天三夜,山洪暴发,似野马脱缰,浸漫山岭,冲毁

---

① (清)闵麟嗣撰:《黄山志定本》卷六《赋诗》,民国二十四年(1935)安徽丛书编印本。
② (清)闵麟嗣撰:《黄山志定本》卷六《赋诗》,民国二十四年(1935)安徽丛书编印本。
③ (清)闵麟嗣撰:《黄山志定本》卷五《艺文》,民国二十四年(1935)安徽丛书编印本。
④ 《黄山志》编纂委员会:《黄山志》,合肥:黄山书社,1988年,第217页。

寺宇,除幸存一小沙弥外,诸僧淹毙,名寺(祥符寺)成为废墟"①。在宣统三年(1911)的火灾中,云谷寺化为灰烬。

综上,宗教作为传统社会时期重要的社会现象之一,其与黄山的发展演变可谓休戚相关。史传黄帝在黄山炼丹成仙,从此黄山被贴上道教仙山的标签,一直是世人寻仙问道、隐居修行的重要场所。唐代志满和尚来黄山驻锡,建立翠微寺,这也是黄山有史可考的第一位驻锡僧人建立的第一座寺院。宋代黄山佛教进一步发展,慈光寺被敕额彰显了黄山佛教的兴盛。元末战争,黄山佛寺损毁严重。明朝前期,修葺了翠微寺、祥符寺和普祐院等寺庵。万历普门开山后,高僧云集驻锡,兴建寺院,黄山佛教发展趋于鼎盛。明清鼎革,黄山佛寺损毁严重。清朝初年,徽商、僧人对山中时存寺庵进行修缮。而清朝近300年,黄山仅新建10余所寺庵,且大多规模较小,多集中建于顺治、康熙时期。清朝中后期,由于受时局、经济困难影响,加之自然灾害频发,黄山佛教则最终走向衰落。

第二节　明清时期黄山寺院的时空分布

宗教是人类社会一种特殊的文化现象,它不仅与哲学、思想、伦理和道德等有必然的联系,还与地理环境关系密切。②寺院是佛教"三宝"之一,是连接"佛国"与"尘世"的纽带,也是沟通"僧人"和"俗人"的桥梁③,与佛教的发展息息相关。寺院作为佛教活动的重要场所,不仅是僧人居住、活动的场所,也是民众上香、礼佛和参详的地方。"寺院的有无和多少,可以反映一个地区居住的僧侣人数之多寡及佛教活动的兴盛与否,亦可以反映一个地区民众对佛教的信仰态度"。④研究寺院对全面、正确

---

① 《黄山志》编纂委员会:《黄山志》,合肥:黄山书社,1988年,第218页。
② 介永强:《历史宗教地理学刍议》,载《陕西师范大学学报(哲学社会科学版)》,2004年第3期,第95~98页。
③ 郑涛:《唐宋四川佛教地理研究》,西南大学博士论文,2013年4月。
④ 李映辉:《唐代佛教地理研究》,长沙:湖南大学出版社,2004年,第86页。

地理解和评价佛教及深化对中国社会、历史的研究都有相当重要的意义。本节就从修建的时代、数量及空间分布三个方面对明清时期黄山的佛教寺院加以分析。

一、明清时期黄山新建、重修寺院的时间分布

黄山较之一般山区而言，地势更为险峻，寺院修建殊为不易。不过，"有山非人不传，有人非宫室不居，山中佛舍道宫以及亭榭池馆之兴衰，皆建置之事纪"，①有关明清时期黄山寺院之修建史料记载还是有迹可循的，这为我们初步梳理明清时期黄山佛教寺院的基本状况提供了基本的条件。

(一)明代黄山新建、重修寺院的时间分布

结合明代社会历史发展状况及黄山佛教发展的实际情况，我们大致可以万历朝为断限分前后两个时期，即洪武到隆庆时期为前期，万历到明朝末年为后期，对明朝黄山寺院的新建及重修情况进行考察。我们的统计以《中国地方志佛道教文献汇纂·寺观卷》中录入的黄山寺院为准，以期较为系统地反映明清时期黄山佛教寺院的基本情况，制表6-3如下。

表 6-3 明代黄山新建寺院一览表

新建寺院时期	新建寺院时间	寺院名称	建立者
明朝前期	明洪武年间	御泉庵	不详
	明天顺年间	水晶庵	吴凝
明朝后期	明万历年间	香山庵	果然静主
	明万历三十四年(1606)	慈光寺	普门
	明万历年间	大觉禅寺	海希师友7人

---

① (清)闵麟嗣撰:《黄山志定本》卷二《建置》，民国二十四年(1935)安徽丛书编印本。

续表

新建寺院时期	新建寺院时间	寺院名称	建立者
明朝后期	明万历年间	文殊院	普门
	明万历年间	大悲顶	普门
	明万历年间	大悲院	不详
	明万历年间	未知	普门
	明万历年间	掷钵禅院	寓安
	明万历年间	桃源庵	佘书升
	明万历年间	颖林庵	佘书升
	明万历年间	青莲宇	佘书升
	明万历年间	引针庵	一心禅师同徒雪奇
	明万历年间	净林居	黄汝亨倡立
	明万历年间	天海庵	心月
	明万历年间	普贤院	不详
	明万历年间	慈明庵	慈明
	明万历年间	双举庵	方慕庵
	明万历四十六年(1618)	指象庵	如愚
	明崇祯年间	兜率庵	一心
	明崇祯年间	莲顶庵	不详
	明崇祯年间	翠云庵	印生
	明崇祯年间	别峰庵	天吾
	明崇祯年间	贝叶庵	方一藻
	明崇祯年间	水月庵	方美国
	明崇祯年间	西明庵	鲍正元
	明崇祯年间	莲花庵	鲍正元

续表

新建寺院时期	新建寺院时间	寺院名称	建立者
时期不详	明	九峰庵	毒鼓
	明	平天院	不详
	明	宝珠庵	万缘
	明	石鼓庵	曹士璜为隐空大师建
	明	镜台庵	不详
	明	墨浪庵	不详
	明	海潮庵	不详
	明	指月庵	水斋师
	明	龙蟠坡庵	戴云卿
	明	卧云庵	无相
	明	赵州庵	不详
	明	散花庵	不详
	明	黄谷庵	老巢
	明	定空室	蒲团
	明	石笋矼	佘抡仲
	明	云涛庵	不详

资料来源：何建明主编：《中国地方志佛道教文献汇纂·寺观卷》第176、177册，国家图书馆出版社，2013年。

表6-4　明代黄山重修寺院一览表

重修时期	重修寺院时间	寺院名称	重修者
明朝前期	明宣德年间	松谷寺	李德庄
	明正统十一年(1446)	祥符寺	全宁
	明嘉靖二年(1523)	祥符寺	旸谷
	明嘉靖四年(1525)	普祐院	吴传芳
	明嘉靖年间	翠微寺	佛浩

续表

重修时期	重修寺院时间	寺院名称	重修者
明朝后期	明万历二十六年(1598)	翠微寺	本是
	明万历三十七年(1609)	翠微寺	心空
	明万历三十年(1602)	大慈庵	智传禅师
	明万历四十六年(1618)	指象庵	亦幻
	明万历九年(1581)	祥符寺	李邦和
	明崇祯九年(1636)	御泉庵	鲍应鳌
	明崇祯十一年(1638)	文殊院	汪之龙
	明后期(具体时间不详)	天海庵	在一

资料来源:何建明主编:《中国地方志佛道教文献汇纂·寺观卷》第176、177册,国家图书馆出版社,2013年。

从洪武至隆庆的204年,是为明代黄山佛教发展的前期,在时间跨度上几乎占据了明朝的3/4。然而在这么长的时间内,黄山佛教发展十分缓慢,仅新建2所寺院,对4所寺院进行了5次重修。这不仅与黄山自身的发展条件有关,还与当时统治者的态度及徽州社会环境有关。

第一,交通不便。徽州偏居江南,黄山更是隐于山林之中,水陆交通都极为不便,长期远离政治、经济和文化中心。因为自然交通条件的限制,鲜有人来黄山。程孟感概道:"吾州黄山,号称江东巨镇,峰峦岩洞,仙踪异迹尤多,而卒不获于通典,与诸洞天福地并,何耶?以其僻界徽池宣三州之间,舟车不通,人迹罕至,隐而弗彰也。"①黄山山多土少,交通不便,时有黄山"已如天上,遑及游事"②的说法。

"黄山南北两旁之景观,显多差异。南面汤口山岭,几均为陡峭长坂,坠入谷底,河岸逼窄,平壤鲜存。山脊与岩石之走向相若,峰岭皆高出低谷一千公尺以上。西部诸峰,山势如金字分立,以高悬之岭路间隔。东部之地形,略

---

① (清)闵麟嗣撰:《黄山志定本》卷三《艺文》,民国二十四年(1935)安徽丛书编印本。
② (清)闵麟嗣撰:《黄山志定本》卷三《艺文》,民国二十四年(1935)安徽丛书编印本。

呈两极,峰坡原旧隆凸之状,虽似保存,亦颇经剥蚀分割。山下有一深长水谷,迤逦出黄山南麓流入徽州盆地……南至徽州盆地,山势渐见低小,河道蜿蜒而急折,似循千枚岩层之走向,而成为狭窄之深陷蜿曲河道"。① 黄山以奇绝秀美的景观闻名天下,但是山高耸、路狭窄却不利于寺院的修建。山路不通,无法大规模向山上运输修建寺院所需的石材、木材等建筑材料,对保障僧众日常生活所需亦为一大障碍,更遑论在黄山修建大规模的工程及供养大批僧众。

第二,佛教政策的影响。明朝初年,统治者崇尚理学,严格控制佛教,主要表现为控制寺院数量,对寺院道观进行归并。洪武六年(1373),朱元璋下令"并僧道寺观",并且对私建寺院行为进行严厉打击。洪武时期的佛教政策,为其后诸帝所沿用,只是执行时有所差异,"个别时期也曾禁绝和排斥佛教,对佛教整顿和限制尤烈"②。宣德元年(1426),朝廷重申遵守"祖宗之制",实行考试发放度牒,并严格限制僧人名额的政策。宣德二年(1427),朝廷再次强调要谨遵永乐朝关于各州府县寺庙限额的定制,又申明要遵先朝令,严禁妇女出家为尼。宪宗好方术,宠信道教,对于佛寺"申严著令,敢有增修、请额及妄称复兴古刹者,罪之"③。明世宗也崇信道教,禁绝佛教。明世宗不仅"毁刮宫中佛像,焚烧佛骨等物",还"拆毁、变卖各地私创寺院及尼僧寺庵,严禁私创寺院,不许修理废毁寺院"④。明朝前期统治者对佛教整体持限制其发展的态度,加之长期以来黄山山区较之徽州其他地区发展相对迟缓,难以得到地方政府及社会的重视,致使黄山佛教下发展得较为艰难。

第三,程朱理学的排斥,本地士绅对佛教的支持力度有限。徽州号称"东南邹鲁""程朱故里",崇尚理学,"徽俗不尚佛、老之教,僧人道士,唯用之以事

---

① [奥]费师孟、严德一:《黄山地理考察》,载《地理学报》,1936 年第 4 期。
② 何孝荣:《明代南京寺院研究》,北京:紫禁城出版社,2013 年,第 8 页。
③ 《明实录·宪宗实录》卷二六〇,国立北平图书馆红格钞本。
④ 何孝荣:《论明世宗禁佛》,见何孝荣:《明朝佛教史论稿》,北京:宗教文化出版社,2016 年,第 318 页。

斋醮耳,无敬信崇奉之者……于以见文公道学之邦,有不为歧途惑者,其教泽入人深哉"①。明朝初年,程朱理学在徽州地区影响广泛,有些理学崇拜者认为"释老二氏同祸天下,而人不知老氏之罪甚于释者"②。徽州宗族一般不允许族人出家为僧,出家为僧道意味着无后,以至于到了弘治时期寺院"皆仍前代之旧,未尝少有私创者"③。内外因素使得明朝前期徽州佛教受到冲击,发展缓慢,黄山地区尤甚。

明朝前期,黄山见于史书记载的新建寺院有御泉庵和水晶庵。御泉庵在双岭,建于明洪武年间。相传明太祖朱元璋曾驻兵于此,口渴得清泉,因此命名其为御泉庵。水晶庵在双岭上,离甜珠岭三里许,天顺间建,歙县吴宁撰有碑记。

元末兵乱,使寺院损毁严重,"江淮南北所谓名蓝望刹,多化为煨烬之区,狐兔之迹交道,过其下者无不为之太息"④。到正统时期,尚有许多寺院废坏,朝廷亦申令不得重修。正统五年(1440),"令有司取勘寺观田地,无僧道管业者,拨与佃人耕种,计亩征粮。勿令别寺观僧道兼管收租,有误粮税。寺观废者,毋得重修"⑤。嘉靖十六年(1537)又规定"各处寺、观年久宫殿任其颓坏,不许修葺"⑥。明朝前期,黄山地区对4所寺院进行了5次重修。

明宣德年间,李德庄重建松谷庵,改为寺庙,名松谷寺。宁国府知府罗书额又题"东土云山"四字,堂后"禘黄"二字为祭酒汤宾尹手笔。松谷寺环境幽静,附近溪潭甚佳,以五龙潭最著。松谷寺由道观变为寺院也可以从一个侧面反映出,在明代黄山佛道争斗的过程中,佛教开始逐渐占据上风。明正统十一年(1446),僧全宁修缮祥符寺;嘉靖年间,佛浩师等重修翠微寺并整祖

---

① 许承尧:《歙事闲谭》,合肥:黄山书社,2001年,第607页。
② (明)程敏政:《篁墩文集》卷十六,《四库全书》本。
③ (明)彭泽修,汪舜民纂:《徽州府志·寺观》,明弘治十五年(1502)刻本。
④ (明)宋濂:《护法录》卷四《句容奉圣寺兴造碑铭》,台北版电子佛典集成。
⑤ 《明英宗实录》卷六五,正统五年(1440)三月丁巳。
⑥ 《大明会典》卷一〇四《僧道》。

塔；嘉靖二年(1523)，僧旸谷又对寺院进行了重修；嘉靖四年(1525)，邑人吴传芳重修普祐院，婺源汪铉有记。

重修大圣山普祐院碑记

旧有普祐院，岁久浸敝，元至正中僧募里人谢弥高等尝修葺之。更历于今迄二百余年，院日就圮，而住持之贫亦特甚，几不能存。僧名普智者，用乃大懼募于众卒，无以应闻。溪南吴传芳字以述者，尝不惜大费凿石甃路。自曹柏岭直抵汤口，由汤岭以达于汤池。近又凿石结亭覆于上，盖千古一见……又舍土田二十亩，俾为长住之资，由是行者发伟观盖苍山古木之间，居者获美荫于良畴嘉畛之上，兹山得吴君而一旦焕然有加于旧矣。普智感吴君之德谋于其众，立一堂于左廊以尸祝吴君世世，勿替用报厥德，亦以劝夫世之好义者砻石清纪之。①

从这则碑记可以看出普祐院的发展历程及重修始末。普祐院是唐宋时期建立的寺院，至明朝时期已经倾颓，而寺僧贫困，无法承担重修所需的资材，求助于山下士绅，依靠士绅的资助重修寺院。这也是明朝前期黄山大部分寺院的境况。

从万历初年至崇祯末年共62年的时间，为明代黄山佛教发展的后期，这一时期是黄山佛教飞速发展的阶段。这一时期，普门和尚来黄山开山修路，兴建重修了大量寺院；慈光寺得到了万历皇帝的敕封；黄山本地的士绅也积极支持黄山寺院的建设；文人纷至沓来，留下大量诗文绘画作品。著名地理学家徐霞客两次登黄山，给予黄山极高的评价。有黄山"山史"之称的潘之恒，不仅帮助普门和尚开山、修路、建寺，而且晚年归隐黄山，著书立说，写下《黄海》一书。这一时期黄山寺院的新建，奠定了黄山佛寺发展的整体格局。

万历皇帝崇信佛教，万历之母慈圣皇太后也是虔诚的佛教徒，万历尊封

---

① （清）闵麟嗣撰：《黄山志定本》卷三《艺文》，民国二十四年(1935)安徽丛书编印本。

她为"九莲菩萨",太后"好佛,京师内外多置梵刹,动费巨万,帝亦助施无算"①。万历皇帝为尽孝道,耗费大量人力、物力敕建各大寺院,为众多寺院敕额,全国佛教兴盛。神宗时期,"度僧为替身出家,大开经厂,颁赐天下名刹殆遍"②,全国佛教得以发展。万历二十七年(1599),为了"庶表朕敬天法祖之意,弘仁普济之诚,使海宇共享无为之福"③,万历皇帝命印造金藏六百七十八函,施舍在京及天下名山寺院,其中就包括慈光寺。明万历三十七年(1609),普门和尚为扩建禅寺进京,获得了万历皇帝的支持,敕封慈光寺为"护国慈光寺",神宗皇帝、李太后、中宫都给予奖赏,黄山佛教显赫一时,"峰峦环秀,甲于江南"④。

崇祯时期,荆州惠王喜好佛教,崇祯十二年(1639),请黄山一斋师至藩弘扬佛法。待师归黄山,惠王命人"制衣具经像四十八,令近侍鲁公护归"⑤。明朝后期,在当时整体崇佛的背景下,黄山迎来了建寺修庙的发展兴盛时期。

明朝后期黄山寺院的修建不仅依赖于统治者的支持,还与普门和尚开山修路、徽州士绅鼎力支持密切相关。黄山自古交通阻塞,相对封闭的地理环境阻碍了黄山寺院的修建。万历三十四年(1606),普门和尚感梦入黄山,在潘之恒、汪元功等徽州士绅和僧心月、阔庵、金峰的帮助下开凿山路。歙县士绅汪元功所修之路"自黄土岭,傍天都右腋文殊院南麓二观岭,登天梯,及陟莲花峰中路径,输资辟治十余里"⑥。之后在众人的努力之下,初步开通四条山路:"南路温泉至天海,北路松谷庵至天海,东路苦竹溪至北海和西路钓桥庵至温泉。"⑦山路的修建,加快了黄山的开发。钱谦益曾作诗赞扬普门,肯定普门对黄山开山及佛教发展作出的贡献。

---

① (清)张廷玉等撰:《明史》卷一百一十四《孝定李太后传》,北京:中华书局,1974年,第3536页。
② (明)沈德符撰:《万历野获编》,北京:中华书局,1959年,第679页。
③ (清)闵麟嗣撰:《黄山志定本》卷三《艺文》,民国二十四年(1935)安徽丛书编印本。
④ (清)闵麟嗣撰:《黄山志定本》卷三《艺文》,民国二十四年(1935)安徽丛书编印本。
⑤ (清)释弘眉撰:《黄山志》卷二《金汤》,清康熙六年(1667)刻本,慈光寺藏版。
⑥ (清)闵麟嗣撰:《黄山志定本》卷二《人物》,民国二十四年(1935)安徽丛书编印本。
⑦ 《黄山志》编纂委员会:《黄山志》,合肥:黄山书社,1988年,第8页。

慈光寺

普门头陀行,光明动帝后。两宫赐剃染,少府给组绶。
脱却金纹衣,麻鞋露两肘。毗卢金像设,梵筴琅函剖。
煌煌慈光额,天子维献寿。金貂驰北黟,银榜贲南斗。
寺踞天都陇,面势抗龙首。朱砂拱其左,叠嶂掖而右。
……
我来礼慈光,俯仰思文母。僧徒日鱼雅,禅诵午哗扣。
空山犹升平,慈恩正摄受。泉流石塔下,桃红碧溪口。
客拜漉水囊,僧持扫花帚。尚祈白毫力,庶复金轮旧。
顶礼九莲座,涕洟重稽首。①

普门开山后,四方高僧云集黄山,五台山高僧一乘来此结茅,驻锡狮子林;一心和尚同徒雪奇创建引针庵;万历三十八年(1610),寓安禅师募建掷钵禅院,任主持。徽州士绅为黄山佛寺建设更是出资出力,贡献巨大。岳和声写有《为慈光寺募众疏》,方士亮写有《黄山募册疏》,以求"稽首告大众,供此十方佛;稽首告大众,供此十方法;稽首告大众,供此十方僧。所募匪普门,为我大众故"②。掷钵禅院俗名丞相源,本是岩镇汪氏的书院,万历三十七年(1609),"寓安寄公乞地于汪,不数月,遂成梵刹"③。崇祯十年(1637),文殊院毁于火灾。十一年(1638),休宁人王之元捐资重建,佘书升新建了桃源庵、颖林庵、青莲宇,方一藻新建贝叶庵,黄汝亨倡立净林居。一时山中佛刹林立,僧众繁多。

明朝后期对翠微寺、大慈庵、指象庵、祥符寺、御泉庵和文殊院6所寺院进行了8次重修,与前期相比重修次数有了小幅度增加。其中,万历时期重修5次,崇祯时期重修2次。天海庵重修时间不详,但其建于明万历时期,可知是在明后期重修。这一时期寺院重修的显著特点就是参与

---

① (明)钱谦益撰:《牧斋初学集》之《慈光寺》,上海:上海古籍出版社,2009年,第659~660页。
② (清)闵麟嗣撰:《黄山志定本》卷三《艺文》,民国二十四年(1935)安徽丛书编印本。
③ (清)闵麟嗣撰:《黄山志定本》卷二《建置》,民国二十四年(1935)安徽丛书编印本。

重修的士绅增多,这也与黄山佛教兴盛、地位提升从而获得了更多的地方认同是相符的。

明朝黄山共新建寺院44所,可考新建时期的寺院共有28所,重修寺院13次。明朝前期,黄山明确见于书志记载的新建寺院有2所,重修寺院5次。明朝后期,新建寺院26所,重修寺院8次,从中可以得出明朝前后期寺院新建、重修比例表。

表 6-5 明代黄山佛教寺院新建、重修时段比例表

	明前期新建寺院数量(所)	明后期新建寺院数量(所)	明前期寺院重修次数(次)	明后期寺院重修次数(次)
数目	2	26	5	8
百分比	7.1%	92.9%	38.5%	61.5%

明代黄山共新建44所寺院,重修寺院13次,如果把新建和重修改建同样视为朝廷和社会对徽州佛教发展的关注(见第二章相关内容),从而对黄山的新建、重修寺院作一个统计,每新建、重修一次算一次关注度,可以得出黄山寺院在明代一共获得57次关注,其中有16次寺院新建时间不详,1次寺院重修时间不详,那么新建或重修时间可考的寺院关注次数为40次。其中,洪武时期1次,宣德时期1次,正统时期1次,天顺时期1次,嘉靖时期3次,万历时期23次,崇祯时期10次,可以看出万历和崇祯时期朝廷和社会对徽州佛教发展的关注明显要多于其他时期。黄山佛教在明代后期发展兴盛,这与黄山开发的逐渐深入及统治者对黄山的支持等因素是密不可分的。

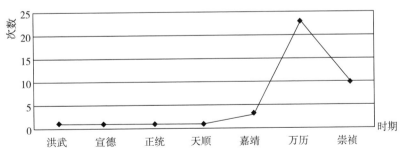

图 6-1 明代黄山佛教各时期关注次数

(二)清代黄山新建、重修寺院的时间分布

寺院作为佛教最直观的表现形式之一,它的兴衰与社会环境密切相关。明清鼎革之际,战乱频繁,尽管黄山偏僻,隐于山林之中,寺庵仍遭到破坏。清初统治者为了稳固政权、安抚民心,采取了较为包容的佛教政策。清中后期,战乱频繁,使得佛寺损毁严重,黄山佛寺亦是如此。

顺治元年(1644)至乾隆六十年(1795)这一时期大体可算清代黄山佛教发展的前期。这一时期,黄山佛教延续了明后期的发展态势,共新建12所寺院,对6所寺院进行了8次重修,其中慈光寺重修了3次。

表6-6 清代黄山新建寺院一览表

新建时期	新建寺院时间	寺院名称	建立者
清朝前期	顺治元年(1644)	弘济庵	柏子长老
	顺治元年(1644)	西峰堂	肩吾禅师
	顺治六年(1649)	翠云庵	印生
	顺治年间	□庵	恒如
	顺治年间	种德庵	柏子禅师
	顺治年间	莲华庵	不详
	康熙三年(1664)	甘露庵	一相
	康熙四年(1665)	白龙庵	汪慧羽
	康熙四年(1665)	书礼庵	澂公
	康熙五年(1666)	竹林庵	无凡
	康熙年间	集庆庵	不详
	乾隆八年(1743)	紫云庵(茅篷庵)	悟千
清朝后期	光绪二十一年(1895)	狮子精舍	崔国因
时期不详	清	末山庵	不详
	清	半禅庵	谭学份

资料来源:何建明主编:《中国地方志佛道教文献汇纂·寺观卷》第176、177册,国家图书馆出版社,2013年。

表 6-7　清代黄山重修寺院一览表

修缮时期	修缮寺院时间	寺院名称	修缮者
清朝前期	康熙二年(1663)	玉壶庵	谢君兆
	康熙四年(1665)	墨浪庵	不详
	康熙五年(1666)	慈光寺	黄傑
	康熙十年(1671)	大慈庵	雨老和尚
	康熙二十年(1681)	狮子林	陈九陛
	康熙四十年(1701)	慈光寺	中洲和尚
	康熙年间	钓桥庵	神立
	乾隆三年(1738)	慈光寺	悟千
清朝后期	同治三年(1864)	紫云庵	程恩税、蒋文龙
	光绪三年(1877)	紫云庵	不详
	光绪五年(1879)	紫云庵	不详
	光绪五年(1879)	狮子林	不详
	光绪十六年(1890)至二十一年(1895)	紫云庵	不详
	光绪二十四年(1898)	福固寺	能学
	光绪二十六年(1900)	钓桥庵	陈仁梅
	光绪年间	文殊院	不详

资料来源:何建明主编:《中国地方志佛道教文献汇纂·寺观卷》第 176、177 册,国家图书馆出版社,2013 年。

清初黄山佛教的发展、寺院的新建与重修与统治者的佛教政策密切相关。清初甫定天下,为了稳固大局,吸纳汉文化,顺治帝将儒、释、道置于同一地位,认为它们都可以教化人心、使人向善,屡诏高僧入京讲授佛法,自己甚至有皈依佛教的想法,进而推动了佛教的发展。这一时期,黄山新建寺院有弘济庵、西峰堂、翠云庵、□庵、种德庵。

康熙时期,奉行顺治时的佛教政策,刻印佛教经典,兴建大量佛寺。据统计,康熙六年(1667),"通计直省敕建大寺院共六千七十有三,小寺院共六千四百有九;私建大寺院共八千四百五十有八,小寺院共五万八千六百八十有二……共计寺院七万九千六百二十有二"①。康熙帝平时也好为古刹书额题扁,并称"天下有名庙宇禅林,无一处无朕御书匾额,约计其数,亦有千余"②。康熙四十年(1701),圣祖南巡,驻跸江宁,时安徽巡抚刘光美随侍,慈光寺主持呈《黄山图经》,蒙御书"黄海仙都"四大字,以赐钩摹制额悬于慈光寺佛殿。慈光寺此时有僧众100余人,为黄山首刹,位徽、宁两府梵林之冠。康熙时期,黄山新建寺院包括甘露庵、白龙庵、书礼庵、竹林庵、集庆庵。黄山修葺寺院包括玉壶庵、墨浪庵、慈光寺、大慈庵、狮子林、钓桥庵,其中慈光寺在康熙五年(1666)和四十年(1701)进行了两次扩建修缮。康熙帝晚年,深感寺院修建占据百姓田地,且游民为僧,滋扰地方,于是康熙五十年(1711),合除原有寺庙外,其建造增修永行禁止。

雍正帝也十分崇信佛教,自号"圆明居士",大讲禅道,辑成《御选语录》19卷,并为这些语录撰写序文20余篇。乾隆年间,完成了由雍正时期开始的汉文《大藏经》的雕刻,是谓《龙藏》,并把汉文大藏经翻译为满文,以求懂得佛教的义理,反映了统治者对佛教的重视与支持。在禁寺令下,雍正时期黄山未新建、重修寺院。乾隆时期,黄山仅新建紫云庵一座寺院,对慈光寺略作小修。清朝前期,统治者对佛教还是较为支持鼓励的。正是由于最高统治者的高度重视,清代佛教"顺治至乾隆最盛"③。黄山佛教也在这一时期得到发展,新建、重修了大量佛寺。

嘉庆元年(1796)至宣统末年这一时期大略可为清代黄山佛教发展的后期。这一时期,战乱频发,国力衰弱。黄山山中人们生活贫苦,且灾难频发,佛寺损毁严重,佛教亦随之迅速衰落。

清自道光时期起,内忧外患,国家已呈整体衰退之势。嘉、道年间,黄山没有新建和重修的寺院。咸丰年间的太平天国运动使得黄山佛寺损毁严重。

---

① 《钦定大清会典则例》卷九十二,台北:台湾商务印书馆,1986年,第885页。
② 《圣祖仁皇帝庭训格言》,影印文渊阁《四库全书》第717册,台北:台湾商务印书馆,1986年,第79、80页。
③ (清)刘锦藻:《清朝续文献通考》卷八十九《选举考六·宗教》,杭州:浙江古籍出版社,2000年,第1731页。

洪秀全认为"佛老之徒出,自陷迷途,贪图射利,诳人以不可知之事,以售己诈,诱人作福建醮,以肥己囊。兼之魔鬼入心,遂造出无数怪诞邪说,迷惑害累世人"①。只要是兵力所到之处,无论是佛寺、道观,还是民间的祠堂,就连孔庙等,全部被焚毁一空,佛像经卷也被彻底毁坏。咸丰三年(1853)以后,曾国藩率领湘军镇压太平军,皖南地区战火频繁,寺观毁坏严重。"民国《黄山指南》记载,'自咸同兵燹以至清末,共五十余年,寥落不堪言状'"②。在太平天国运动以后,黄山佛寺得到了一定的修复。同治三年(1864)重修紫云庵,光绪年间新建狮子精舍,这一时期共重修5所寺院。

清朝黄山共新建寺院15所,有时间可考的13所;重修寺院16次。其中,清朝前期新建寺院12所、重修寺院8次。清朝后期新建寺院1所、重修寺院8次。从中可以分析出清朝前后期寺院新建、重修比例表。

表6-8　清代黄山佛教寺院新建、重修时段比例表

	清前期新建寺院数量(所)	清后期新建寺院数量(所)	清前期重修寺院次数(次)	清后期重修寺院次数(次)
数目	12	1	8	8
百分比	92.3%	7.7%	50%	50%

清代黄山新建寺院和重修寺院共31次,朝代可考的关注次数为29次。其中,顺治时期6次,康熙时期12次,乾隆时期2次,同治时期1次,光绪时期8次。清朝前期,社会稳定,统治者支持佛教,所以黄山佛教获得了较多关注。清后期战乱频发,黄山佛教关注随之减少;光绪时对损毁寺院进行一定修缮,黄山佛教又获得了一定关注。

---

① 南京太平天国历史博物馆编著:《太平天国印书》,南京:江苏人民出版社,1961年,第10～19页。
② 《黄山志》编纂委员会:《黄山志》,合肥:黄山书社,1988年,第217页。

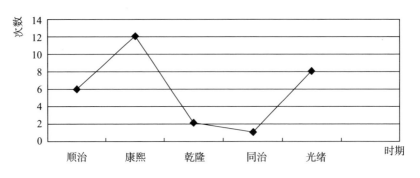

图 6-2　清代黄山佛教各时期关注次数

二、明清时期黄山时存寺院的空间分布

作为历史文化地理学分支的宗教历史地理学,其主要任务就是对历史时期的文化景观进行复原。寺院是佛教最直观的外在反映,寺院的空间分布可以分析一个区域内佛教发展的不同情况,所以,探索佛教地理分布的重要途径之一便是考察寺院的地理分布[①]。由于黄山是在一片较小的山区内形成了寺院群体,所以,在研究理路上不能像已有模式那样按照政区进行分区、分层研究。由于山岳地区地形、地貌复杂,所以明代以前黄山地区佛寺主要建在黄山外围的村镇或者山脚下,直至万历时期普门开山,大致修建了 4 条山路,寺院修建才深入黄山内部地区。我们可以根据当时黄山开凿的山路及记载的登山路线来分析明清时期黄山时存寺院空间分布特点。

(一)明代黄山时存寺院的空间分布

表 6-9　明末黄山时存寺院一览表

寺院建立时期	寺院名称	寺院地理位置
唐	翠微寺	翠微峰麓
唐	祥符寺	紫石峰下

---

① 李映辉:《唐代佛教寺院的地理分布》,载《湘潭师范学院学报(社会科学版)》,1998 年第 4 期,第 65～69 页。

续表

寺院建立时期	寺院名称	寺院地理位置
唐	广福寺	太平西乡
宋	松谷庵	叠嶂峰下
宋	普祐院	曹溪
宋	重兴寺	太平乡
宋	新兴寺	太平
宋	乡林寺	太平西乡
宋	兰若寺	太平东乡
元	大悲庵	芙蓉峰下
元	巢翠庵	叠嶂峰下
元	吕公庵	叠嶂峰下
明	慈光寺	朱砂峰下
明	颖林庵	石笋矼
明	兜率庵	合掌峰下
明	文殊院	天都、莲花两峰间
明	大悲院	光明顶
明	宝珠庵	香炉峰下
明	石鼓庵	石鼓峰右
明	海潮庵	海子
明	引针庵	引针峰下
明	九峰庵	紫石峰左
明	黄谷庵	丞相源东
明	掷钵禅院	钵盂峰下
明	桃源庵	桃花源
明	御泉庵	双岭
明	水晶庵	庵居岭上,去甜珠岭三里许
明	香山庵	珠湖山
明	大觉禅寺	太平三折岭

续表

寺院建立时期	寺院名称	寺院地理位置
明	不立名字庵	莲花峰麓
明	青莲宇	莲花庵右
明	净林居	莲花庵左
明	莲顶庵	莲花峰月池下
明	翠云庵	翠微峰西
明	水月庵	不详
明	西明庵	狮子峰旁
明	莲花庵	桃花涧上
明	双举庵	曹溪
明	平天院	平天矼
明	镜台庵	曹溪
明	墨浪庵	白龙潭上
明	海潮庵	海子
明	龙蟠坡庵	青鸾峰下
明	云涛庵	云门峰藏南堑
明	散花庵	散花坞
明	定空室	始信峰绝顶
不详	大慈庵	白沙岭
不详	横坑庵	云门峰下
不详	钓桥庵	汤岭北
不详	药师庵	海门
不详	白沙庵	白沙矼
不详	都赛庵	下丞相源十里许
不详	中源庵	丞相源中源
不详	继竺庵	钵盂峰下
不详	芙蓉庵	距松谷三里
不详	老庵	石笋峰下

续表

寺院建立时期	寺院名称	寺院地理位置
不详	松谷脚庵	松谷别筑
不详	净土庵	浮溪巡司前
不详	挹翠庵	黄山云门峰,近江村
不详	栴檀林,原名海胜庵	海子
不详	骊珠室	丞相源
不详	庆明庵	上汤
不详	念庵	梅村
不详	不染庵	甜株岭
不详	钟灵院	蒋村
不详	山口岭茶庵	不详
不详	玉壶庵	开黄里
不详	石门庵	虎村
不详	问奇庵	异松岭
不详	胜莲庵	曹溪
不详	龙吟寺	近石门
不详	斌里庵	焦村
不详	三官堂	焦村
不详	佛岭庵	潜川
不详	萝青庵	曹溪

资料来源:(明)彭泽修,汪舜民纂:《徽州府志·寺观》,明弘治十五年(1502)刻本;(明)何东序修,汪尚宁等纂:《徽州府志·寺观》,明嘉靖四十五年(1566)刻本;(清)闵麟嗣撰:《黄山志定本》,上海古籍出版社。

从表 6-9 中我们可以看出明朝末年黄山尚存 75 所寺院,其中有明确年代可考的有 46 所,其中修建于唐代的有 3 所、宋代的有 6 所、元代的有 3 所、明代的有 34 所,年代不可考的有 29 所。明代是黄山佛教发展的鼎盛时期,明代新建的寺院是明末黄山时存寺院的主体,唐宋元时期新建的寺院在明代也得到了修缮,被很好地保存了下来。

黄山中心为海子,即光明顶。普门开山后,初步修成了4条登山路,这4条山路也是进登海子的要道。释性航也曾游历黄山,记下登海子4条要路:"东由苦竹溪、十三湾、九龙潭至丞相源;西由汤岭至白云庵出炼丹峰;又北历翠微寺、松谷庵、五龙渊,遂登石笋矼。然石矼路多坦夷,但经秋雨,路断不可以揭;丞相源登天海,路多沙溜,亦难步履;唯从汤池上数里为慈光寺,又上为莲华洞,为文殊院,为炼丹台,为光明顶,即天海也,是为黄山南路,蹬道可攀,倦亦可止。"①我们不妨按照4条山路的地理位置把黄山寺院分为东、南、西、北四路,探讨黄山寺院的空间分布。在明末时存的75所寺院中,除2所寺院位置不可考,其余73所寺院,位于南路的有30所,北路的有26所,东路的有13所,西路的有3所,大悲院位于光明顶。寺院集中分布于黄山南路与北路,这与黄山的地理环境与道路开辟密切相关。

"天下名山僧占多",僧人所占据的基本上是山中地理位置优越、风景优美、交通便利的地方。黄山南路与北路也是开辟较早的山路,黄山南路有桃花源、天都峰、莲花峰、狮子峰等景点;北路则有翠微峰、紫云峰、叠嶂峰。黄山东、西路,"东路一,由臣相源,路多沙溜。""西路二,一由汤岭上白云庵,路径陡峭,狭窄的山路隐现于沙石之间,推挽进步,乃可至;一由翠微吊桥,盖因途中所历名胜少,行者亦少"②。黄山"四大丛林"中翠微寺位于黄山北路,祥符寺、慈光寺、掷钵禅院位于黄山南路。这些名寺不但规模较大,而且高僧众多,周围自然聚集了大量寺院。

表6-10 明末黄山时存寺院空间分布表

路线	寺院名称
南路	祥符寺、慈光寺、文殊院、引针庵、九峰庵、掷钵禅院、桃源庵、御泉庵、水晶庵、香山俺、不立名字庵、青莲宇、净林居、莲顶庵、莲花庵、平天院、墨浪庵、龙蟠坡庵、云涛庵、大慈庵、横坑庵、白沙庵、继竺庵、念庵、不染庵、钟灵院、玉壶庵、问奇庵、龙吟寺、佛岭庵

---

① (清)释弘眉撰:《黄山志》卷六《游记》,清康熙六年(1667)刻本,慈光寺藏本。
② 李卓珈:《明代黄山旅游研究》,安徽大学硕士论文,2010年4月。

续表

路线	寺院名称
北路	翠微寺、广福寺、松谷庵、重兴寺、新兴寺、乡林寺、兰若寺、大悲庵、巢翠庵、吕公庵、兜率庵、石鼓庵、海潮庵、大觉禅寺、翠云庵、西明庵、海潮庵、散花庵、药师庵、芙蓉庵、松谷脚庵、梅檀林、庆明庵、石门庵、斌里庵、三官堂、
东路	普祐院、颖林寺、宝珠庵、黄谷庵、双举庵、镜台庵、定空室、都赛庵、中源庵、老庵、骊珠室、胜莲庵、萝青庵
西路	钓桥庵、净土庵、挹翠庵
光明顶	大悲院

(二) 清代黄山时存寺院的时空间分布

清朝初期,黄山佛教寺院延续了明后期的发展态势,新建12所寺院,重修6所寺院。自乾隆之后,黄山自然灾害频发,众多寺院毁于洪水、火灾之中。咸丰兵乱,黄山地区处于争战之地,寺院损毁严重。此时黄山佛教已不受统治者重视,寺中僧人更无力重修寺院。至清朝末年,黄山时存寺院随之大幅度减少。

表6-11 清末黄山时存寺院一览表

寺院建立时期	寺院名称	寺院地理位置
唐	翠微寺	翠微峰麓
宋	松谷庵	叠嶂峰下
明	莲花庵	桃花涧上
明	慈光寺	朱砂峰下
明	颖林庵	石笋矼
明	兜率庵	合掌峰下
明	文殊院	天都、莲花两峰间
明	大悲院	光明顶
明	宝珠庵	香炉峰下
明	石鼓庵	石鼓峰右
明	海潮庵	海子
明	引针庵	引针峰下

续表

寺院建立时期	寺院名称	寺院地理位置
明	九峰庵	紫石峰左
明	黄谷庵	丞相源东
清	紫云庵	紫石峰下
清	狮子林	狮子峰下
清	狮子精舍	狮子峰麓
清	钓桥庵	汤岭北
不详	白沙庵	白沙矼
不详	中源庵	丞相源中源
不详	继竺庵	钵盂峰下

资料来源:(宋)罗愿:《新安志·仙释》,清光绪十四年(1888)刻本;何建明主编:《中国地方志佛道教文献汇纂·寺观卷》第176、177册,国家图书馆出版社,2013年;(清)闵麟嗣撰:《黄山志定本》,上海古籍出版社;《黄山志》编纂委员会:《黄山志》,黄山书社,1988年;(清)石国柱、楼文钊修,许承尧纂:《歙县志》,民国二十六年(1937)铅印本;安徽省通志馆纂:《安徽通志稿·佛门龙相传》,民国二十三年(1934)铅印本。

从表 6-11 我们可以看出,清朝末年,黄山尚有 21 所寺院。清朝后期,因没有专门的黄山志书,且咸同兵乱,寺院损毁严重,仅能从府州县志整理出时存寺院相关记载,所以难以做到数据上的全部复原。但这些数据也能够从大体上说明清末黄山寺院的空间分布问题。在时间上,黄山时存的 21 所寺院中,建立年代不详的有 3 所,有明确建立年代的寺院 18 所。其中建于唐代的 1 所、建于宋代的 1 所、建于明代的 12 所、建于清代的 4 所,明清黄山修建的寺院是清末时存寺院的主体。如前所述,这与明清时期黄山的开发建寺密切相关,但是清末黄山时存的佛寺明显少于明末,这也反映了清末兵乱对黄山寺院的损坏严重。

依据表 6-12 可知,清末黄山时存寺院中位于南路的有 7 所,位于北路的有 8 所、位于东路的有 4 所、位于西路的有 1 所,大悲院则位于光明顶。此时黄山寺院大幅减少,时存寺院仍主要位于南路与北路,东路次之,西路最少。

表 6-12　清末黄山时存寺院空间分布表

路线	寺院名称
南路	莲花庵、紫云庵、慈光寺、文殊院、白沙庵、九峰庵、继竺庵
北路	翠微寺、松谷庵、石鼓庵、海潮庵、兜率庵、引针庵、狮子精舍、狮子林
东路	颖林庵、宝珠庵、黄谷庵、中源庵
西路	钓桥庵
光明顶	大悲院

从以上的分析中我们可以看出，虽然明末和清末黄山时存寺院数量差异较大，但是在空间分布上这些时存寺院都集中位于黄山的南路与北路，并且分布在"四大丛林"周围。之所以形成这样的分布特点，主要原因可能有以下几点。其一，黄山南路与北路开发时间较长。黄山南路靠近歙县，北路则与太平接壤；唐宋时期，黄山南、北两路已经新建了近 10 所寺院，道路相对完善。其二，黄山南路与北路自然风景、地形较好，适宜建立寺院，东、西路道路艰险、名胜风景较少，难以吸引僧众，所以寺庵也较少。黄山寺院多数由黄山名僧和周边士绅修建，寺院修建选址时自然优先考虑清静优美的地方，桃花源、翠微峰、天都峰等都位于黄山南、北路，自然寺院数量较多。其三，"四大丛林"的影响。黄山的"四大丛林"中 3 所位于黄山南路，1 所位于黄山北路。黄山的"四大丛林"不仅名气大，而且寺院规模也较大，寺院驻锡僧人也较多。为了便于交流佛法，大多数寺院都建在"四大丛林"周边，自然使得南、北路成为寺院集聚之地。

(三)明清时期黄山主要寺院简介

明清时期，黄山佛教兴盛，加上前朝遗留下的寺院，可谓寺庙林立。在明末清初，更是形成了以祥符寺、慈光寺、翠微寺和掷钵禅院为中心的"四大丛林"。彼时黄山山区主要寺院有以下几所。

翠微寺　在翠微峰麓，"唐中和二年(882)麻衣祖师包西来振锡翠微峰下，置麻衣道场，经数百年迭有兴废"[①]。嘉靖年间，佛浩师等重修梵刹并整

---

① (清)闵麟嗣撰：《黄山志定本》卷二《建置》，民国二十四年(1935)安徽丛书编印本。

祖塔。万历二十六年(1598),翠微寺被洪水冲毁,寺僧本是修缮。万历三十七年(1609),心空大师重建翠微寺,规模大于原寺。翠微寺高耸云端,环境雅雅,在黄山地位甚高。潘之恒曾云:"黄海诸峰与翠微不可以大小尊卑论矣。"① 康熙二十七年(1688),僧释超纲编辑《翠微寺志》二卷,记录了有关翠微寺的兴建缘起、山图、释、赋、碑记、艺文等内容。

祥符寺 在紫石峰下,前身为汤院。"唐开元天宝间志满禅师创始","大中五年(851),刺史李敬方感白龙现,建龙堂于汤池之西。天祐二年(905),刺史陶雅建寺号汤院,南唐保大二年(944)敕为灵泉院",宋大中祥符元年(1008)敕改祥符寺②。明正统、嘉靖、万历年间都对祥符寺进行了修缮。祥符寺四周群峰耸立,古木青翠,寺壁旧有罗洪先所题之诗二首。"其一:'紫翠林中便赤脚,白龙潭上看青山,药炉丹井知何处;三十六峰烟月寒。'其二:'何年何日骑鸾鹤,踏碎天都峰上云;欲起轩辕问九鼎,道衣重侍玉虚君。'"③ 据《歙县志》记载,清乾隆初年夏黄山突降暴雨,大雨三天三夜,引发山洪,祥符寺被冲毁,成为废墟。

慈光寺 在朱砂峰下,旧名朱砂庵。明嘉靖年间,玄阳道人始建,匾额"步云亭"。万历三十四年(1606),僧普门入山后,玄阳之徒福阳将亭转给普门,改名法海禅院。万历三十八年(1610),普门进京,万历帝、李太后及郑贵妃,先后赐予其佛牙、金佛、七层万佛像及建寺帑银,李太后赐名、万历帝赐额"护国慈光寺"。康熙五年(1666)二月,歙人黄傑等捐建大殿,并修藏经阁100余间,4年建成,共费银4万余两。康熙四十年(1701),中洲禅师又募银200两,维修寺宇。康熙帝御书"黄海仙都"四字匾,悬于大殿。一时香火鼎盛,为当时徽州、宁国二府梵宇之冠。至咸丰年间,万佛像毁于兵火,僧人流散,寺宇颓废,景象萧条。僧人素月、性海、明心等留守,多次对寺亭进行修补。民国初,住持僧雪岭添造功德堂,重修门楼,塑罗汉及佛像80余尊,悬

---

① (清)闵麟嗣撰:《黄山志定本》卷二《建置》,民国二十四年(1935)安徽丛书编印本。
② (清)闵麟嗣撰:《黄山志定本》卷二《建置》,民国二十四年(1935)安徽丛书编印本。
③ 《黄山志》编纂委员会:《黄山志》,合肥:黄山书社,1988年,第218页。

"敕赐护国慈光寺"匾于山门。

掷钵禅院 在钵盂峰下山坞中,此山坞俗称丞相源,原为歙岩镇汪图南书院。明万历三十七年(1609),寓安禅师到此,"乞地于汪,不数月,遂成梵刹"[①]。歙人潘之恒为之题曰"一钵",太史汤宾尹题为"掷钵"。明崇祯间,歙县县令傅严题书"云谷"二字后,遂改名为云谷寺,同里聂炜曾撰文记其事。清道光年间曾设坛授戒。清宣统三年(1911),一场火灾使寺宇化为灰烬。

紫云庵 又名茅篷庵,在紫云峰麓,后依紫云岩。清乾隆七年(1742),慈光寺住持僧印闻退居结茅于此,故名茅篷。潭渡黄廷泗来游,乃解囊资助,学士张南华题为"紫云庵"。乾隆八年(1743)动工,历时三年建成,悟千自题匾额"黄山一茅篷"。咸丰九年(1859)九月遭兵火,大殿倒塌。同治三年(1864),程恩税、蒋龙文重修,寺额"紫云禅林"。同治十二年(1873)十月,住持僧锦云开堂授戒,又乞上海云游之僧,代募文殊法身,经太平县运至庵中。光绪三年(1877)建右侧寮房;光绪五年(1879)建大殿;光绪十六年(1890)至三十一年(1905),又建前楼等。黟县王家瑞题词"第一洞天,信然门首",歙人蒋龙章重书"黄山一茅篷"匾额,又题楹联:"地近丹泉,岩涌飞流千障雪;院依紫石,门开曲径一茅篷。"

依上所述,明清时期,黄山佛教经历了一个发展—兴盛—衰落的过程。就相关数据来看,明代黄山共新建寺院44所、重修寺院13次,新建及重修时间主要集中在万历和崇祯时期。明末黄山时存寺院75所,唐宋时期修建的著名寺院翠微寺、祥符寺都保存了下来,明代新建的寺院是明末时存寺院的主体,寺院集中分布于黄山的南路与北路。清代黄山新建寺院15所、修缮寺院16次,新建及重修时间主要集中于顺治、康熙时期。黄山寺院在这一时期以重修为主,康熙以后黄山寺院新建较少,这反映了黄山佛教开始逐渐衰落。清朝末年,黄山时存寺院21所,比明朝末年少了54所。时存寺院以明代新建的居多,仍集中分布于黄山的南路与北路。明清时期黄山佛寺数量的变化

---

① (清)闵麟嗣撰:《黄山志定本》卷二《建置》,民国二十四年(1935)安徽丛书编印本。

与当时国家的佛教政策、黄山自然地理环境及徽州地区的经济发展状况密切相关。需要说明的是,我们的数据统计主要来源于历史时期黄山的山志及相关方志,加上黄山山区较为偏僻,因此数据统计方面可能会存在一定程度的遗漏或偏差,在一定程度上可能会影响我们研究相关问题的准确性,不过,其总体态势应相差不大。

第三节　明清时期黄山僧人的时空分布

僧人是佛教三宝之一,是佛教的重要组成部分,佛寺的修建、佛法的传播都离不开僧人,佛教通过僧人的传播来增加教徒的数量,扩大活动的区域,从而维持生命力,僧人的多少、分布情况是衡量一个地区佛教兴衰的重要依据。万历年间,普门从陕西来到黄山,建寺弘法,使得黄山佛教由此扬名于江南,因此对于明清时期黄山僧人进行研究无疑是认识明清时期黄山佛教发展情况的重要途径之一。辛德勇、李映辉及严耕望等学者曾经对不同时空断面下的僧人籍贯、驻锡地等做过研究,①此处我们也依据相关史料对明清时期黄山僧人的时空分布加以分析。

一、明清时期黄山僧人的籍贯分布

"从历史地理学的角度看,人和地之间存在着一种互动的关系。一定地域内某些看似偶然的现象(的产生),实际包含了必然的因素在里面"。②考察高僧籍贯的地理分布,是揭示佛教地理分布特征的重要途径。③历史时期有

---

① 辛德勇:《唐高僧籍贯及驻锡地分布》,《唐史论丛》(第4辑),西安:三秦出版社,1988年;李映辉:《唐代高僧籍贯的地理分布》,载《中国历史地理论丛》,1997年第3期;李映辉:《唐代高僧驻锡地的地理分布》,载《中国历史地理论丛》1999年第2期;李映辉:《唐代佛教地理研究》,长沙:湖南大学出版社,2004年;严耕望《唐代佛教之地理分布》,载《现代佛教学术丛刊》,台北:大乘文化出版社,1977年。
② 郑涛:《唐宋四川佛教地理研究》,西南大学博士论文,2013年4月,第142页。
③ 李映辉:《唐代高僧籍贯的地理分布》,载《中国历史地理论丛》,1997年第3期。

关黄山地区的方志中记载高僧籍贯的形式大致有以下几种：直接称某僧"某地人"，表示僧人的籍贯。如"僧寓安，衢州开化余氏子……万历庚戌登黄山于掷钵峰下创建伽蓝堂，皈向者益众"[①]；记载中没有明确写出籍贯，但从文中可以推测出籍贯，如"僧毒鼓，曾历忝天童博山诸丛，席经黄海，爱莲花峰奇胜，遂栖止焉，每夜分下汤池澡浴，沿路持佛号，声震山谷，归方达旦，率以为常，高邮故人示寂，往吊之，至炷香毕，遂唤浴趺龛左而化"[②]，从此文中可知僧毒鼓为高邮人；没有明确表明僧人籍贯，只论及其有关籍贯的大致区域，如"元白和尚，楚人"[③]。

考虑到历史时期黄山修志多集中于万历至康熙时期，相对而言这一时期有关僧人的记载较为详细，故我们在此处主要以释弘眉《黄山志》、闵麟嗣《黄山志定本》及释超纲《黄山翠微寺志》中录入的僧人为主体，对其加以分析。需要说明的是，清朝中后期以后黄山地区未有大规模修志，从而缺乏详细的有关这一时期黄山僧人的系统记录，相关资料只能从记载寺院修建的碑刻诗文中寻找，而对于明末清初的僧人，则主要依据其在黄山的主要活动时间予以确定。当然，由于材料本身及统计的主观性影响等，我们目前尚难以对明清时期黄山的僧人进行全面的计量分析，在此也只是希望对有代表性的高僧进行分析以窥见明清时期黄山佛教发展的另一面。

(一) 明代黄山佛教高僧的籍贯分布

明后期是黄山佛教发展较快的时期，黄山佛教受到统治者认可，兴建佛寺，僧众增多，佛教影响力不断扩大。根据相关史料记载，我们将明代黄山高僧作统计，如表6-13所示。

---

① (清)释弘眉撰：《黄山志》卷二《净业》，清康熙六年(1667)刻本，慈光寺藏本。
② (清)释弘眉撰：《黄山志》卷二《静主》，清康熙六年(1667)刻本，慈光寺藏本。
③ (清)释弘眉撰：《黄山志》卷二《弘宗》，清康熙六年(1667)刻本，慈光寺藏本。

表 6-13　明代黄山高僧一览表

高僧	所属朝代	籍贯	驻锡地
全宁	明正统	不详	祥符寺
佛浩	明嘉靖	不详	翠微寺
号一	明嘉靖	不详	指月庵
海运	明嘉靖	眉山	不详
旸谷	明嘉靖	不详	祥符寺
智空	明隆庆	不详	光明顶、觉海庵
一斋	明万历	邵阳	掷钵禅院、慈光寺
毒鼓	明万历	高邮	莲花峰、九峰庵、掷钵禅院
雪峤大师	明万历	鄞县	光明顶
如愚	明万历	江夏	指象庵
一心和尚	明万历	嘉定	兜率庵、引针庵
普门大师	明万历	郿县	慈光寺、大悲顶、文殊院
无易大师	明万历	婺源	掷钵禅院
心空律师	明万历	大兴	慈光寺、翠微寺
林皋大师	明万历	昆山	指象庵
寓安大师	明万历	衢州	掷钵禅院
方来	明万历	沁水	慈光寺
果然	明万历	休宁	香山庵
阔庵	明万历	关中	慈光寺
如孝	明万历	不详	慈光寺
慈明师	明万历	不详	慈明庵
大守	明万历	不详	掷钵禅院
广奇	明万历	不详	掷钵禅院
墨浪	明万历	不详	白龙潭、掷钵禅院
宝相	明万历	不详	掷钵禅院

续表

高僧	所属朝代	籍贯	驻锡地
融真	明万历	不详	天都峰、狮子峰
无得	明万历	不详	不详
心月	明万历	不详	天海庵
成滨	明万历	不详	掷钵禅院
启扉	明万历	不详	莲花庵
本是	明万历	不详	翠微寺
雪奇	明万历	不详	引针庵
玉庵	明万历	不详	不详
云谷禅师	明万历	不详	不详
大用	明万历	不详	炼丹台畔
海希师	明万历	不详	大觉禅寺
亦幻师	明万历	不详	指象庵
智传禅师	明万历	不详	大慈庵
大时（号白毫）	明崇祯	歙县	文殊院
印生	明崇祯	巢县	箬岭骑龙庵
云外大师	明崇祯	婺源	掷钵禅院
檗庵大师	明崇祯	嘉鱼	掷钵禅院
朝宗大师	明崇祯	武进	慈光寺、别峰庵
文斋	明崇祯	歙县	箬岭骑龙庵
尼用持	明	歙县	大悲顶
水斋	明	关中	文殊院、指月庵
老巢	明	北人	黄谷庵
万缘	明	北人	宝珠庵
晦昙	明	关中	文殊院
石雨大师	明	嘉兴	天都峰
智舷	明	嘉兴	不详

续表

高僧	所属朝代	籍贯	驻锡地
静庵	明	蜀人	莲花洞
照微	明	真定	莲花峰
一乘	明	不详	狮子林
无相师	明	不详	卧云庵
印我	明	不详	莲花庵
崇梵	明	不详	白沙庵
涵虚	明	不详	中源庵
蒲团	明	不详	定空室

资料来源:(清)彭泽修:弘治《徽州府志》,《天一阁藏明代方志选刊》;(清)释弘眉撰:《黄山志》,清康熙六年(1667)刻本,慈光寺藏本;(清)释超纲辑:《黄山翠微寺志》,广陵书社印行本;(清)闵麟嗣撰:《黄山志定本》,上海古籍出版社;安徽省通志馆纂:《安徽通志稿·佛门龙相传》,民国二十三年(1934)铅印本。

从表 6-13 可以看出,明代黄山见于书志记载的高僧共有 59 人,我们把此类高僧总数称为 A,有籍贯记载的高僧有 29 人,我们把此类高僧总人数称为 B。黄山高僧具体情况分析如下。

1. 无籍贯记载的高僧 30 人,约占 A 的 50.8%。籍贯不详主要指方志中明确记载"不知何许人"或者方志中缺少相关记载,如"心月,原为吴中翰梅花庵主僧,后晤普门大师,遂从"。①

2. 籍贯记载不确定的高僧 2 人,约占 A 的 3.39%,约占 B 的 6.9%。这两人分别为老巢和万缘,皆是北人。

3. 徽州地区(绩溪县、歙县、休宁县、黟县、祁门县、婺源县)高僧 6 人,约占 B 的 20.69%,其中歙县僧人 3 人,婺源县僧人 2 人,休宁县僧人 1 人。

4. 国内其他地区有籍贯高僧 21 人,约占 A 的 35.59%,约占 B 的 72.41%。其中有一些高僧的籍贯不能具体确定到县,只能精确到省。

---

① (清)闵麟嗣撰:《黄山志定本》卷二《人物》,民国二十四年(1935)安徽丛书编印本。

(1)南直隶①5人,约占 B 的 17.24%,其中高邮 1 人、武进 1 人、昆山 1 人、巢县 1 人、嘉定 1 人。

(2)浙江省 4 人,约占 B 的 13.79%,其中鄞县 1 人、衢州 1 人、嘉兴 2 人。

(3)陕西省 4 人,约占 B 的 13.79%,其中郿县 1 人。

(4)湖广省 3 人,约占 B 的 10.34%,其中江夏 1 人、嘉鱼 1 人、邵阳 1 人。

(5)四川省 2 人,约占 B 的 6.9%,其中眉山 1 人。

(6)北直隶 2 人,约占 B 的 6.9%,大兴 1 人、真定 1 人。

(7)山西 1 人,约占 B 的 3.45%,沁水 1 人。

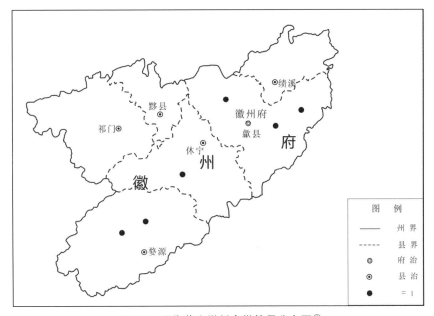

图 6-3 明代黄山徽州高僧籍贯分布图②

从统计数据来看,见于记载的明代黄山徽州籍高僧数最多,有 6 人,但是本地高僧人数仅占有籍贯记载的高僧人数的 20.69%,这可能与明代徽州理学兴盛有关。

---

① 本章南直隶不包含徽州府,下同。
② 改绘自谭其骧编《中国历史地图集》明宣德八年(1433)全国政区图,为方便阅读省去文章不涉及之省份,下同。

而这一时期外省有籍贯记载的高僧人数为 23 人，占有籍贯记载的高僧总人数的 79.31%。从空间上来看，黄山僧人与东部及周围地区联系紧密，而与北方、西南地区的交往相对较少。这可能与交通及历史时期周边地区佛教传播的态势有关。有籍贯记载的高僧中南直隶、浙江、陕西三省的人数较多。浙江、南直隶距离黄山较近，交通便捷，且江浙自古以来就是佛教兴盛地区，高僧辈出。而明代黄山开山大师普门来自陕西，吸引陕西僧人来黄山驻锡弘法亦不足为奇。而西南、北方则距黄山较远，交通不便，加之明朝之前黄山名声不显，西南、北方地区僧人知晓黄山者甚少，两地联系自然不甚密切，僧人往来亦不多。

(二)清代黄山僧人籍贯的分布

清朝前期，黄山佛教持续发展，高僧云集，相关史料记载相对较多。嘉庆以后，战乱频繁，兼之黄山自然灾害频发，寺院损毁严重，僧人流离失所，史志阙如，是故清朝后期黄山僧人记载缺失的情况相对严重。现根据相关史料记载对清代黄山高僧作统计，如表 6-14 所示。

表 6-14　清代黄山高僧一览表

高僧	所属朝代	籍贯	驻锡地
肩吾禅师	清顺治	不详	西峰堂
恒如	清顺治	不详	□庵
弘仁渐江	清顺治	歙县	慈光寺、掷钵禅院
吴山大师	清顺治	歙县	不详
无知大师	清顺治	嘉善	掷钵禅院
尼丽明	清顺治	不详	末山庵
道据	清顺治	新安	慈光寺、引针庵
时若法师	清顺治	四川	翠云庵
见月律师	清顺治	云南	庆云庵、贝叶庵
楚烟	清顺治	不详	不详

续表

高僧	所属朝代	籍贯	驻锡地
云外禅师	清顺治	婺源	掷钵禅院
半庵头陀(法名行印)	清顺治	歙县	慈光寺
断山老人	清顺治	不详	慈光寺
檀越	清顺治	不详	庆云庵
如东	清顺治	真定	不详
神立师	清康熙	不详	钓桥庵
元白和尚	清康熙	武冈	莲花峰
行伟	清康熙	金坛	慈光寺
僧泽	清康熙	婺源	不详
柏子(弘道)	清康熙	歙县	大悲顶、弘济庵
金山铁舟禅师	清康熙	歙县	不详
雨峰禅师	清康熙	嘉禾	翠微寺
能悟	清康熙	不详	大慈庵
一相	清康熙	不详	甘露庵
瑀生	清康熙	不详	西峰堂
今子禅师	清康熙	不详	白龙庵
无凡	清康熙	不详	竹林庵
中洲和尚	清康熙	不详	慈光寺
雪庄	清康熙	淮安	皮篷庵
释弘眉	清康熙	不详	慈光寺
印闻	清乾隆	不详	紫云庵
月得和尚	清同治	不详	紫云庵
锦云	清同治	不详	紫云庵
德圆	清光绪	不详	文殊院
能学	清光绪	鄂人	福固寺

资料来源：(清)释弘眉撰：《黄山志》，清康熙六年(1667)刻本，慈光寺藏本；(清)释超纲辑：《黄山翠微寺志》，广陵书社印行本；(清)闵麟嗣撰：《黄山志定本》，上海古籍出版社；安徽

省通志馆纂:《安徽通志稿·佛门龙相传》,民国二十三年(1934)铅印本;(清)马步蟾纂修:道光《徽州府志》,江苏古籍出版社,1998年;《黄山志》编纂委员会:《黄山志》,黄山书社,1988年。

从表6-14可以看出,清代黄山地区见于书志记载的高僧共有35人,我们把此类高僧总人数称为A;有籍贯记载僧人17人,我们把此类高僧总人数称为B。黄山高僧具体情况分析如下。

1. 无籍贯记载的高僧18人,约占A的51.42%。籍贯不详的原因上文已有解释,故此处不再赘述。

2. 徽州府高僧8人,约占B的47.06%,其中歙县5人,婺源县2人,另外1人籍贯为"新安",无法具体确定为哪一县。

3. 籍贯记载为国内其他省份的高僧为9人,占B的52.94%。

(1)江苏2人,约占B的11.77%,金坛1人,淮安1人。

(2)湖北2人,约占B的11.77%,武冈1人。

(3)湖南1人,约占B的5.88%,嘉禾1人。

(4)四川1人,约占B的5.88%。

(5)浙江1人,约占B的5.88%,嘉善1人。

(6)云南1人,约占B的5.88%。

(7)直隶1人,约占B的5.88%,真定1人。

与明代相比,清代黄山僧人籍贯分布情况有以下变化。

首先,人数大大减少。明代时期黄山方志记载高僧约为59人,有籍贯者29人。清代高僧约有35人,比明代减少24人,有籍贯者17人,远少于明代的29人。清代徽州府高僧比明代增加了2人,占有籍贯记载的高僧总人数的比例却从20.69%上涨到47.06%,比例大大增加,高僧主要来源于歙县。

其次,与明代相比,清代黄山来自江苏、浙江、陕西的僧人明显减少。江苏省2人,浙江省只有1人,陕西省出现空白,高僧来源省份数量也少于明代。

最后,湖南、四川、云南籍高僧有3人,占有籍贯高僧的17.64%。如见月律师,云南人,"杖锡经过黄山,太邑缙绅檀越请至庆云岩,为演律法,旋登顶楼静贝叶庵"①。这反映了黄山佛教影响力的扩散,使得边远地区僧人来黄山驻锡、交流佛法。

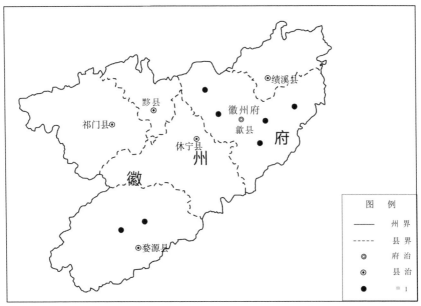

图 6-4　清代黄山徽州僧人籍贯分布图②

(三)明清黄山佛教僧人来源地分布变迁之历史地理原因

一方面,从空间分布而言,明清黄山高僧籍贯主要集中在安徽南部及江苏省、浙江省,这显然与空间距离有关。在古代交通不发达的情况下,距离往往是影响交往的重要因素。上述地区距离黄山较近,到黄山的水路交通条件相对较好,因此佛教交流相对便利,来黄山的僧人自然较其他省多。

另一方面,就文化地理角度而言,江浙、陕西、四川等地区都是佛教文化氛围相对浓厚的地区,本身高僧众多,传道弘法僧人也多,其赴名山交流佛法的举动比其他省的多亦相对正常。如"清素禅师,自五台至新安,结茅曹溪"③;普门大师,眉县奚氏子,少年孤苦入佛门,年未二十剃发受戒,遍叩宗

---

① (清)释弘眉撰:《黄山志》卷二《演律》,清康熙六年(1667)刻本,慈光寺藏本。
② 改绘自谭其骧编《中国历史地图集》清嘉庆二十五年(1820)全国政区图。
③ (清)闵麟嗣撰:《黄山志定本》卷二《人物》,民国二十四年(1935)安徽丛书编印本。

师,三十余年辗转各大佛教道场。万历丙午年间,感梦入黄山①。明清时期,由于徽州本地高僧较少,徽州士绅为了扩大徽州佛教影响,曾广邀高僧,如时若法师,四川人,为旭一大师入室子,顺治六年(1649),太邑缙绅程飑伯文学陈足彝等请至翠云庵②,海运,眉山人,年少工诗,潘之恒、曹应鹏常与结社溪干③。徽州地区高僧有籍贯记载者明清时期共14人,其中有8人来自歙县,歙县籍僧人占了绝大多数。籍贯是一个人接受文化和信仰的最初区域,是塑造人认知的原始环境,因此,出生在某一地区的人,受该区浓厚氛围的浸染,也常常成为该区主导文化的信仰者④。黄山自古就是歙县的北大门,而随着明后期以来黄山佛教影响力的不断扩大,黄山自然就成了歙县人出家为僧的重要选择地。

明末清初,黄山佛教发展兴盛,方志史料记载较多,譬如康熙时期仅慈光寺记载僧众即有100余人,籍贯可考的僧人也相对较多。清朝末年,太平天国运动对黄山佛教破坏严重,佛寺损毁,僧人锐减。当然,我们此处统计的94名僧人仅是方志史料中记载的黄山高僧,并不是全部黄山僧人。但从这些记载的僧人中,我们亦能大致看出明清时期黄山僧人的籍贯来源及其变化情况。

二、明清时期黄山僧人驻锡地的分布

驻锡意为僧人出行,以锡杖自随。由于锡杖为比丘旅行所持之物,故驻锡成为比丘驻于一寺或一山的代称。驻锡高僧数量是衡量一个地方佛教发展程度的重要指标,驻锡高僧越多意味着该地佛教发展程度越高⑤。探索僧

---

① (清)闵麟嗣撰:《黄山志定本》卷二《人物》,民国二十四年(1935)安徽丛书编印本。
② (清)释弘眉撰:《黄山志》卷二《谈经》,清康熙六年(1667)刻本,慈光寺藏本。
③ (清)闵麟嗣撰:《黄山志定本》卷二《人物》,民国二十四年(1935)安徽丛书编印本。
④ 张兆阳:《北朝佛教地理》,山西大学硕士论文,2012年6月,第5页。
⑤ 郑涛:《唐宋四川佛教地理研究》,西南大学博士论文,2013年4月,第148页。

人驻锡地的分布情况,可以从侧面揭示佛教发展的地域差异①。但由于黄山是在一个较小的区域内形成了佛教寺院聚落,因而不能以传统的方法对僧人驻锡地进行讨论区分。此处我们拟采用李映辉先生的方法,"也就是只要某地有高僧进行过佛教活动,即予以统计,这就包括了高僧的主要驻锡地和非主要驻锡地,统计范围扩大了,准确性则相应提高"②,如普门大师曾在慈光寺、大悲顶、文殊院驻锡,统计其驻锡活动时就计为3人次。这样做更有利于全面梳理明清时期黄山高僧的驻锡情况。

(一)明代黄山佛教僧人的驻锡地分布

根据表6-13,明代黄山地区见于记载的驻锡高僧共有59人,能确定其驻锡于黄山的具体时段的高僧有44人,其中正统时期1人、嘉靖时期4人、隆庆时期1人、万历时期32人、崇祯时期6人。明代黄山驻锡高僧主要分布于明朝后期,尤以万历朝驻锡于黄山的高僧最多。万历普门开山后,众多高僧纷纷前来,"阔庵,关中人,游名山至慈光,与同衣金峰力佐普门开山"③;一乘,"从五台来,得地石林谷中,遂开辟师子林"④。从明代黄山寺院新建表,我们可以看出高僧驻锡时间与黄山寺院新建时间基本成正相关。

从空间角度来看,明代黄山59位驻锡高僧的驻锡次数为66人次,其中5人具体驻锡地不可考。黄山各寺院高僧驻锡情况如下所示。

1. 掷钵禅院:11人次,占总人次的16.67%。
2. 慈光寺:7人次,占总人次的10.61%。
3. 文殊院:4人次,占总人次的6.06%。
4. 指象庵:3人次,占总人次的4.54%。
5. 翠微寺:3人次,占总人次的4.54%。

---

① 李映辉:《唐代高僧驻锡地的地理分布》,载《中国历史地理论丛》,1999年第2期,第197~217页。
② 李映辉:《唐代高僧驻锡地的地理分布》,载《中国历史地理论丛》,1999年第2期,第197~217页。
③ (清)闵麟嗣撰:《黄山志定本》卷二《人物》,民国二十四年(1935)安徽丛书编印本。
④ (清)闵麟嗣撰:《黄山志定本》卷二《人物》,民国二十四年(1935)安徽丛书编印本。

6.光明顶、引针庵、莲花峰、大悲顶、天都峰、指月庵、莲花庵、祥符寺各2人次,皆占总人次的3.03%。

7.觉海庵、慈明庵、兜率庵、九峰庵、白龙潭、狮子峰、翠微峰下、天海庵、箬岭骑龙庵、狮子林、卧云庵、别峰庵、黄谷庵、宝珠庵、大觉禅寺、白沙庵、中源庵、定空室、大慈庵、炼丹台畔、香山庵、莲花洞各1人次,皆占总人次的1.52%。

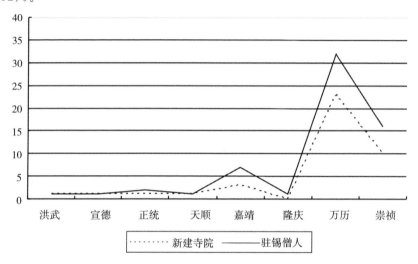

图6-5 明代黄山新建寺院和驻锡高僧数量对比折线图

从上述图文中可以看出明代黄山高僧驻锡地分布大致有以下两个特点。

一是分布范围广,但主要集中于黄山的南路和北路。明代黄山僧人驻锡地分布于黄山的35个地点,几乎遍布黄山的著名景点与寺院。高僧主要分布于各大佛寺之中,有55人次,约占总人次的83.33%。僧人修行喜欢幽静之所,丞相源、光明顶和莲花峰这些地区自然是僧人驻锡的绝佳地点。之所以主要驻锡地分布于黄山的南路与北路,这应当与黄山的开发有关,黄山山路崎岖险峻,直到明朝末年,仍是只有南、北路道路较为通畅,且黄山寺院也集中分布于黄山南路与北路。

二是黄山内部各驻锡地分布不平衡。明末黄山尚存75所寺院,但是记载有僧人驻锡的只有26所,而且主要集中在黄山"四大丛林"(祥符寺、慈光寺、翠微寺和掷钵禅院），共计23人次，约占总人次的34.85%。翠微寺与祥符寺都是唐朝时就存在的佛寺，历史悠久，佛教文化底蕴深厚，而且经过数次修缮，佛寺规模宏大，自然吸引高僧前来驻锡。慈光寺为普门大师驻锡之所，又有皇帝敕赐的匾额，名扬江南。掷钵禅院为寓安大师、一斋大师的驻锡地，寓安大师素来佛法高深；一斋大师师从五台高僧成芳和尚，更是受到荆州惠王礼遇，驻锡黄山之后，皈依者日众。高僧驻锡传播佛法，自然使得"四大丛林"僧侣多于山内其他寺院。

（二）清代黄山佛教僧人的驻锡地分布

根据表6-14可知清代黄山地区见于书志记载的驻锡高僧共有35人，其中能确定其驻锡于此地具体时段的僧人有35人。其中顺治时期15人，康熙时期15人，乾隆时期1人，同治时期2人，光绪时期2人。从图6-8来看，清代黄山驻锡高僧数量波动与当时黄山寺院的兴建数量基本成正相关。清朝的驻锡高僧主要集中在顺康时期，约占总人数的85.71%。这是因为明朝末年，社会动荡，战乱频发，"明之季年，故臣庄士往往避于浮屠……僧之中多遗民，自明季始也"[①]。而黄山在皖南崇山峻岭之中，相对安全，隔绝世俗的纷扰。明朝末年，黄山佛教也有所发展，所以在清初吸引了许多明朝遗民前来，如黄山高僧弘济汪沐日、弘仁渐江都是明朝遗民，国变后入黄山为僧。大批明朝遗民进入黄山，无疑促进了黄山佛教的发展，使得清初黄山高僧云集。康乾以来，"歙中丰南吴氏（继主狎浪阁）、瀹潭汪氏（飞鸿堂主人）、云岚江氏（寒江子丽田生之族），皆岁争辇金，修磴路，构兰若，以护法名山为己任"[②]，一些徽州士绅还邀请高僧来黄山驻锡讲学，在徽州富商的支持下，黄山佛教发展又迎来了高峰。

从空间角度来看，清代黄山35位驻锡高僧的驻锡次数为34人次，其中5

---

① （清）邵廷采：《思复堂文集》，杭州：浙江古籍出版社，1987年，第212页。
② 戴耕玖：《清代黄山景区佛教发展概况》，载《徽州社会科学》，2010年第7期，第65页。

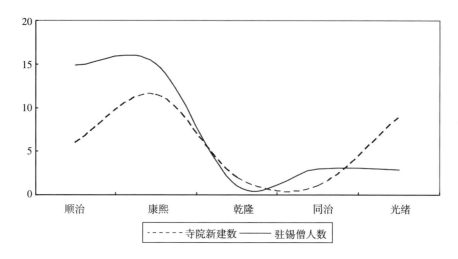

图 6-6　清代黄山新建寺院数量和驻锡高僧数量对比曲线图

人具体驻锡地不可考，其他僧驻锡情况如下所示。

　　1.慈光寺：7人次，约占总人次的20.60%。

　　2.掷钵禅院：3人次，约占总人次的8.82%。

　　3.紫云庵：3人次，约占总人次的8.82%。

　　4.庆云庵、西峰堂：2人次，皆约占总人次的5.89%。

　　5.翠微寺、末山庵、引针庵、钓桥庵、莲花峰、翠云庵、贝叶庵、大悲顶、弘济庵、大慈庵、甘露庵、白龙庵、竹林庵、□庵、文殊院、福固寺、皮篷庵皆为1人次，皆约占总人次的2.94%。

　　从上述图文中我们可以看出清代黄山驻锡僧分布较广，分布于黄山的22个寺院，慈光寺、掷钵禅院是驻锡高僧最多的寺院；高僧驻锡地仍然集中于黄山南路和北路，但各驻锡地之间僧人分布仍然不均衡。当然，清朝居士佛教兴起之后，黄山僧人更多的是结茅为庵，多驻锡于小寺院中。

　　根据前述对明清黄山僧人驻锡地分布特点的分析可以看出，明清两代僧人驻锡地分布有相同也有相异之处：

　　一方面，与明朝相比，清朝黄山驻锡高僧总人次要少于明朝，比明朝少了32人次。万历时期是黄山佛教发展的鼎盛时期，高僧云集。清初，黄山佛教仍然十分兴盛。但康熙朝后，黄山佛教就逐渐衰落，寺院经济困难，加上之后太平天国运动与清军战争的破坏,使得寺院损毁严重,这也使得清朝中后期僧人数量锐减。此外,嘉庆至清朝末年都没有再系统地修黄山志,这也可能使得一些高僧的信息没有被记录下来,使得清朝高僧总数与实际略有偏差。

另一方面,清朝黄山驻锡高僧分布点要少于明朝,比明朝少了13处。根据《黄山志》的记载,赵州庵、莲花洞、普贤院、觉海庵、指月庵、卧云庵、指象庵、别峰庵、慈明庵、白云庵、半禅庵等寺庵在康熙年间俱已废弃;乾隆年间祥符寺毁于山洪,诸僧几乎被淹毙,慈光寺也被大火焚毁,大部分化为灰烬;咸丰年间,皖南地区战火不断,福固寺、翠微寺、大悲院、继竺庵等都毁于兵火。寺院是僧人生活、传道的重要场所,寺院遭到破坏,不复存在,僧人的驻锡空间相应减少也就不足为奇了。

三、明清时期黄山主要僧人简介

佛教从东汉传至中国到清朝末年已有近1900年的历史,僧人已经成为中国传统社会不可忽视的重要成员,其中更涌现出一批有着巨大贡献的高僧。"高僧是一个或一派宗教的信仰旗帜,是最显著的标志,是构成宗教的最根本因素"[①]。他们传播佛教经典教义、信仰宗旨和宗教理念,促进社会发展,"兹山以鼎湖,天子得名用以取冠释氏,谁曰不宜"[②]。从最早的南朝东国僧结新罗庵,诗僧岛云登天都峰,作诗歌咏黄山,至万历时期,普门方来开山修路,黄山佛教的发展乃至黄山的发展就离不开在此驻锡的高僧。以下依据相关史料略述明清时期在黄山驻锡的高僧,以备参考。

释唯安 人称普门大师,陕西眉县人,少年孤苦入佛门。此后30余年,遍叩宗师,辗转各大佛教道场。明万历三十四年(1606),感梦入黄山,福阳道人将步云亭转让给普门,并改名为"法海禅院"。万历三十八年(1610),离山赴京,"声达禁苑,赐七级四面金像,并藏经金书《法华经》,紫衣金钵寺额"[③],

---

① 冯天策:《宗教论》,济南:山东人民出版社,2005年,第72页。
② (清)闵麟嗣撰:《黄山志定本》卷二《人物》,民国二十四年(1935)安徽丛书编印本。
③ (清)闵麟嗣撰:《黄山志定本》卷二《人物》,民国二十四年(1935)安徽丛书编印本。

万历皇帝亲敕朱砂庵为"护国慈光寺"。在普门的感召下,"皈依者众,粮糗乏绝,相与食菜饮水,亦不相离"①。普门在黄山时,修建四条山路,因此被后人尊称为"开山和尚"。天启五年(1625),权珰播虐,人不聊生,师(指普门)发大誓愿,救民水火之中,挈杖北行,至清源之乘愿禅林,是师十年前所建也……师自知迁化期近,即止宿焉。于六月十二日跌坐……即合掌逝②。汤宾尹作《普门和尚像赞》、潘之恒作《普门缘起》、吴德翼作《普门大师初至黄山建铢魔道场赋得三讲六韵全用》,都盛赞了普门大师对黄山佛教所作的贡献。

寓安大师 名广寄,开化人。依云栖莲池大师受具戒示,以念佛。期间精勤不息,专意无间,云池大师非常器重他,命他任典维那职,一众推服。万历三十八年(1610),寓安大师来黄山,在钵盂峰下开创掷钵禅院。大师道行高邈,据《黄山志定本》记载,师曾经夜行遇虎,不恐不惧,上前摸虎头,并嘱虎曰:"尔无我虞,我无尔怖。"虎戢尾受戒,不动不吼。世人对此非常诧异,大师则认为人虎乃是自然天理,在佛法中不为贵也。

如愚 字韫璞。湖北江夏人。童稚时便喜作佛事,每夜分称观音大士号至心顶礼,无有间歇。少为书生,才辨过人,笔舌掉万,后仕途失意遁入佛门,拜雪浪和尚为师。探名山至天都,喜爱黄山后海奇邃幽僻,开创指象静室,日以著述。后屡应白下名刹为众演说妙法,所至处四众皈依,听者云集。

白毫大师 名大时,歙县沙溪人,字官球,即凌世韶。崇祯七年(1634)进士,在户部为官,文章词清奥幽,文采斐然。奉母至孝,秀才时即长齐事佛,尝诵《金刚经》无间日。康熙八年(1669)落发为僧,寓文殊院数载。寻以旧知在白门,策杖往访,因卓锡天界寺,侍觉浪和尚。身滞白门,乃心无日不在黄海,竟以老倦未得还山,示寂天界禅堂。著有《慈光寺梅花咏怀兼忆家叔龙翰》,《掷钵禅院戒录序》。

檗庵大师 名正志,即熊开元,号鱼山,湖北嘉鱼人,天启五年(1625)进士。初为崇明知县,后调吴江。崇祯四年(1631),征授吏科给事中。帝遣中官

---

① (清)闵麟嗣撰:《黄山志定本》卷二《人物》,民国二十四年(1935)安徽丛书编印本。
② (清)闵麟嗣撰:《黄山志定本》卷二《人物》,民国二十四年(1935)安徽丛书编印本。

王应期等监视关、宁军马,开元抗疏争,不纳。后触圣怒,被贬官。后参灵岩继起储和尚,遂付法。晚年开堂掷钵禅院,距院里许择胜地为衣钵塔,悠然有终老之志。后于华山示寂,三载后,新安士绅成公志迎归入塔,塔在丞相源之阳。檗庵著有《黄山掷钵禅院寓安寄公塔铭补遗》《黄山纪异》《鱼山剩稿》八卷。

雨峰禅师 名超纲,嘉禾人。于康熙二十一年(1682)赴黄山慈光寺请主方丈,至康熙二十七年(1688)穀日谢事,有语录五卷刻行。寓海云逾月,为雪雨阻,复应伦源绅士诸公延居翠微寺,翠微寺环境幽静,思历代千百事迹,探寻从上来贤词赋及阅图经脉络,若干文章。载麻衣和尚传法源流并洞悉前辈功节,据实编写《翠微寺志》二卷。雨峰禅师还作《登黄山感赋四十八韵》感慨黄山"气象冲寻幽访胜无他计,好历清秋鹦与鸿"[①]。

弘仁 号渐江,歙县人,俗名江韬。少孤贫,性癖,对母甚孝,母大殡后不婚不宦。本为诸生,明亡后为离歙入闽为僧,拜武夷山古航禅师为师。后返新安,岁必数游黄山,叹黄山之奇如海市蜃楼幻于陆地。后入山研究性命之学,皆不获,如愿临终掷帽大呼"我佛如来观世音"而逝,墓在披云峰下。渐江是新安画派的开创大师,和查士标、孙逸、汪之瑞并称为"海阳四家"。他兼工诗书,爱写梅竹,但一生主要以山水名重于世,属黄山派,又是新安画派的领袖,并且是"四大高僧"之一。

雪庄 名道悟,有黄山野人之称,江苏淮安人。雪庄自幼薙发,出家于湖心寺中。闻黄山之胜,因往游焉,遍历前后海,值大雪七日,平地厚丈余,僵卧土神祠中。众僧扫雪,出之不死,因即其地,剥木皮结棚以居。远近闻而异之,争致薪米,不肯居,仍居棚中,人因号之皮篷和尚。汪辉钦其高尚,为其筑云舫居之。楼上卧室名得月轩,前有如意亭,后有五峰阁,所绘黄山图百幅,悉得山灵真面。雪庄在黄山居住前后达三十年,墓在云舫。著有《进黄山》《喜慈光方丈过访》《云舫杂景诗》等诗文。

道據 号恒证,原籍新安。年十三削发偏参,自南岳寄锡宛陵秋浦间,历

---

① (清)释超纲辑:《黄山翠微寺志》,《中国佛寺志丛刊》第13册,扬州:广陵书社,2006年,第43页。

参憨山、博山、天童诸老,唯侍天童一十五载,后师衍化,喜结文士,返回新安,初住郡城白雪楼,后入山住慈光寺,暨开黄禅院为黄山燃一灯,顺治十四年(1657)示寂。

吴山大师 名弘济,号益然,歙县人,即汪沐日,崇祯六年(1633)举人,后官兵部武选司主事。幼时曾在黄山读书,国变后入闽为僧,师从古航大师。因老友招归黄山,暂憩广陵,作诗简诸子复言前身为孤山老僧,道经山中语诸友前因皆茫然。年七十五示寂,面赤色,身有香气,端坐两日夜入龛,黄僎和同邑程量入子之蕲江湘、汪征远为送龛归黄山造塔。

综上所述,僧人是推动一个地区佛教发展的重要因素,从志满和尚来黄山建汤院至普门和尚开山,黄山佛教乃至黄山的发展都离不开僧人的推动。明清时期,黄山见于书志记载的僧人共有 94 人,其中明代 59 人,清代 35 人。明代黄山僧人主要来源于南直隶、浙江、陕西这些佛教历史悠久的地区。徽州籍僧人仅占僧人总数的 20.69%,比重相对较小,其中大部分为歙县籍僧人。清代僧人数量明显少于明代,僧人主要来源于徽州及江苏地区,徽州籍僧人占僧人总数的 47.06%,占比大幅度提高,歙县籍僧人仍然是本地僧人的主体,这也反映了明末黄山佛教发展对周边地区的影响。明清时期黄山僧人驻锡共为 101 人次,其中明代 66 人次,清代 35 人次。明清两朝,黄山僧人驻锡主要集中于山上的寺庵,慈光寺、掷钵禅院是驻锡人次最多的寺院,除此之外黄山仍有近 30 处僧人驻锡点,可以看出黄山僧人驻锡点有"点面结合"的特点。

第四节　从文人诗赋看明清时期黄山佛教文化的社会影响力

历史学术地理是近年来历史地理研究的热点。夏增明认为:"历史学术地理在考虑地理环境对'学术'这一人文问题的影响时,重点应该放在历史人文环境对'学术'的作用上"①。佛教文化是黄山文化的重要组成部分,在明末清初,黄山佛教兴盛,新建、重修大量寺院。黄山秀美的自然风光和佛教人文景观吸引了大量的文人前来,留下了许多歌咏黄山佛教的诗文书画与游记,这也是黄山佛教文化影响力不断扩大的表现。

明清以前,关于黄山的史志记载相对较少,雁荡周君在游祥符寺时就感慨:"有是山而不闻于世,岂非文字不传之过矣。"②现存最早的黄山志书是宋无名氏著的《黄山图经》,内容所载均为唐开元、天宝及北宋大中祥符间的事迹,介绍了黄山主要的峰峦形势、水流渊源、传说典故。明万历年间号称黄山"山史"的潘之恒编修《黄海》,此书卷幅浩繁、内容丰富,是一部系统介绍黄山的专著。清朝初年有程宏志撰《黄山志》、汪士鋐撰《黄山志续集》、释弘眉辑《黄山志》等本。清康熙年间,闵麟嗣想仿效徐霞客之志,最终于康熙十八年(1679)编成《黄山志定本》七卷(卷首一卷),后世评价此书,"集历代黄山志书之大成,以体例精当,搜罗宏富完备著称于世"。康熙间,翠微寺寺僧释超纲撰《翠微寺志》二卷,记载翠微寺的历史沿革、诗赋游记。从明初至清末编撰了许多关于黄山的书志,这些书志记载了黄山的自然景观和佛寺僧人,亦记载了不少各个时期文人来黄山游玩时留下的诗词歌赋。因此,本节依据上述资料对明清时期与黄山佛教相关的艺文诗赋加以统计,并分析作者的地理分布及其特征,以此进一步阐释明清时期黄山佛教文化的社会影响力。

一、明清时期至黄山的文人概况

明后期黄山佛教发展迅速,表现在寺院频繁新建重修、驻锡高僧增多等方面,与此同时来黄山游玩的文人数量猛增。明清文人至黄山进行的佛教相关活动主要有:其一,游览佛寺,如朱苞在游览慈光寺时就盛赞"金像巍焕,颁

---

① 夏增民:《历史学术地理刍议——以20世纪80年代以来的历史学术地理研究为例》,载《华中科技大学学报(社会科学版)》,2006年第6期,第74页。
② (清)闵麟嗣撰:《黄山志定本》卷五《艺文》,民国二十四年(1935)安徽丛书编印本。

自中宫,禅宇行律,亦颇精严"①;其二,倡立佛寺,如佘书升就在黄山新建了桃源庵、颖林庵、青莲宇,黄汝亨倡建净林居,汤宾尹"倡募诸檀,非为僧谋,盖为士之偕游偕隐者"②;其三,拜谒僧人,如夏凌云就曾作《寄怀雨和尚》赞颂雨峰和尚的功绩。上述活动很多都留下了与黄山佛教相关的诗赋。我们此处对黄山佛教相关作品的选择主要依据以下几个方面:一是直接记载佛寺、僧人的,如陈宣《翠微寺》、殷曙《渐江师傅》;二是编撰与黄山相关的书志,其中记载佛教内容的,如闵麟嗣撰《黄山志》、张佩芳删定《黄山志二卷》;三是游记中包含相关黄山佛教内容的,如谢肇淛《游黄山记》记载了黄山僧人及慈光寺。

我们按照之前的时段划分方法,可以将明代、清代划分为前、后两个时期。由此我们分别对书志中明朝前期、后期,清朝前期、后期这四个时间段的文人情况进行统计,以此来体现随着时间发展,黄山作为自然、佛教景观所引起的社会注意力及其形成问题。依照具体统计可知,收录与黄山佛教相关的诗文作者278人,明朝127人,清朝151人,其中时期明确的作者267人,明朝118人、清朝149人。其数量分析如表6-15所示:

表6-15　黄山明清诗文作者时段分析表

	明前期	明后期	清前期	清后期
数量(人)	25	93	140	9
占比	9.4%	34.8%	52.4%	3.4%

由表6-15可知,明前期人数总计25人,占统计总数的9.4%;至明代万历时期,黄山佛教发展兴盛,人数开始逐渐增多,达到93人,占比达到34.8%;清前期来黄山的文人人数达到顶峰,多达140人,占比高达52.4%;清朝后期由于战乱及自然灾害影响,黄山佛教衰落,仅有9人留下关于黄山佛教的诗文,占比3.4%。上述省级籍贯明确的文人数有256人,其中明朝121人,清朝139人。明代南直隶文人数量最多,清康熙时期,南直隶分为安

---

① (清)闵麟嗣撰:《黄山志定本》卷四《艺文》,民国二十四年(1935)安徽丛书编印本。
② (清)闵麟嗣撰:《黄山志定本》卷三《艺文》,民国二十四年(1935)安徽丛书编印本。

徽、江苏二省,则此二省来黄山文人数量最多。县级政区籍贯明确的共258人,其中以歙县籍文人数量最多。

二、明清时期至黄山文人的时间分布

介永强认为,历史宗教地理学的研究任务之一是区域综合历史宗教地理[①],但凡与宗教地理要素相关者都应当引起历史宗教地理研究者的兴趣和关注。对历史时期黄山文人地理分布的研究,一方面可以考察不同时期黄山佛教的发展情况,另一方面能以此窥见明清时期黄山佛教文化的社会影响力。

"徽州文化是中国传统社会后期既有典型性,又具普遍意义的地域文化。明清两代是徽州文化发展的鼎盛时期……徽州文化在明清时期出现的阶段性发展,既与历史环境的变迁有着密切的关系,同时与其自身内在的发展逻辑也密切相关"[②]。黄山地处古徽州,其佛教文化地理现象的形成、演变既与明清社会历史发展的大脉络相关,更与徽州小区域的历史社会发展脉络息息相关。因此,我们如何从定量分析的角度来揭示明清时期黄山历史文化地理现象的形成及演变这一过程,进而为明末"黄山归来不看岳"这种定性说法寻找依据,这就需要我们从具体的历史文献来着手。明清时期专门记载黄山的志书有数十部,收录文献甚为丰富,特别是其中的明清诗文颇具特色,不但内容丰富、类型多样,而且数量可观。历史文献中的诗文作者涉及明清两代多个时期和地域,特别是明代后期至清初是黄山社会文化影响力形成的关键时期,从历史文化地理学的角度来说无疑可以成为我们分析明清时期黄山佛教文化地理形成、演变的重要素材。

(一)明代至黄山文人的时间分布

从表6-15可知,黄山书志中收录与黄山佛教相关的明代诗文作者共有

---

① 介永强:《历史宗教地理学刍议》,载《陕西师范大学学报(哲学社会科学版)》,2004年第3期,第95~98页。

② 周晓光:《论明清徽州文化的阶段性发展》,载《江汉论坛》,2015年第1期,第92~100页。

127人,我们把此类文人简称为A;时间明确的文人118人,我们把此类文人简称为B。则至黄山文人的具体情况如下:

1. 至黄山时间不详的文人9人,约占A的7.09%。时间不详的主要原因是诗文中没有写明至黄山时间,也查不到作者信息,无法推算其至黄山的具体时间。

2. 洪武时期文人2人,约占B的1.69%。

3. 永乐时期文人1人,约占B的0.85%。

4. 成化时期文人4人,约占B的3.39%。

5. 弘治时期文人2人,约占B的1.69%。

6. 正德时期文人1人,约占B的0.85%。

7. 嘉靖时期文人15人,约占B的12.71%。

8. 万历时期文人56人,约占B的47.46%。

9. 天启时期文人1人,约占B的0.85%。

10. 崇祯时期文人36人,约占B的30.51%。

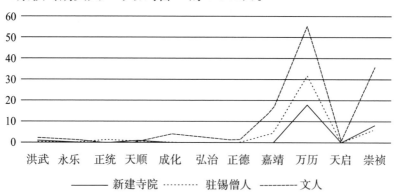

图6-7 明代黄山新建寺院、驻锡僧人、文人时间耦合图

由上可知,明代至黄山文人的时间分布十分不均衡。我们按照之前将明朝划分为前、后两个时期的时段划分方法,可以看出,前期共有25位文人,约占B的21.18%;后期共有93位文人,约占B的78.82%。其中,以万历时期文人最多,约占明朝时期文人的一半,崇祯时期次之。结合图6-9,我们可以

看出明代文人至黄山的时间波动与黄山寺院新建及僧人驻锡时间基本呈现一致频率。

(二)清代至黄山的文人时间分布

从表6-16可知,黄山书志中收录与黄山佛教相关的清代诗文作者共有151人,我们把此类文人简称为A;时间明确的文人149人,我们把此类文人简称为B。则至黄山文人的具体情况如下:

1. 来黄山时间不详的文人2人,约占A的1.32%。时间不详原因与明代相同。

2. 顺治时期文人22人,约占B的14.77%。

3. 康熙时期文人102人,约占B的68.46%。

4. 雍正时期文人1人,约占B的0.67%。

5. 乾隆时期文人14人,约占B的9.39%。

6. 嘉庆时期文人2人,约占B的1.34%。

7. 道光时期文人5人,约占B的3.36%。

8. 同治时期文人2人,约占B的1.34%。

9. 光绪时期文人1人,约占B的0.67%。

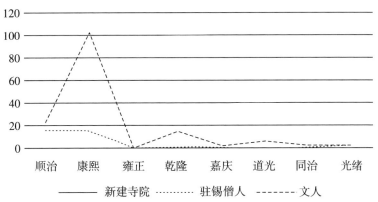

图6-8 清代黄山新建寺院、驻锡僧人、文人时间耦合图

黄山书志中收录与黄山佛教相关的清代文人至黄山的时间分布情况：清代至黄山文人的时间分布十分不均衡，清朝前期共有139位文人，约占B的93.29%；清朝后期共有10位文人，约占B的6.71%。其中，以康熙时期文人最多，清朝来黄山文人主要集中在顺康时期。结合图6-10，我们可以看出清代文人的至黄山时间波动与黄山寺院新建及僧人驻锡时间基本呈现一致频率。

（三）明清时期至黄山文人时间分布的成因分析

上述数据说明，在明代前期，尽管黄山自然风光秀美，但是由于徽州为"四塞之地"，对外交通相对不畅，其社会文化影响有限，黄山自然难以得到人们的关注；到了明代中后期以后，随着江南地区社会经济文化的高度发展，特别是徽商、徽州文化影响力的逐渐增大及人们对黄山认识的逐渐深入，黄山开始得到社会的认同，文人雅士们至黄山者不断增多，黄山的社会影响亦随之增大；虽然黄山经历了明末战乱，但是由于徽州地区所受影响相对较小，即便是在清代前期整个社会经济处于相对衰败的状态，黄山依然对文人雅士们保持了一定的吸引力；清朝后期，由于太平天国运动与清军战争对佛寺破坏严重，加上黄山洪水等自然灾害的影响，佛教衰败，因此至黄山文人数量大量减少。除此以外，另有两点值得特别指出，它们可能对这一时期黄山社会影响力的不断提升起到了重要作用。

第一，明中期以后黄山佛教的迅速发展。明中期至清初黄山佛教的发展与黄山的开发密切相关。元末战乱，黄山佛寺损毁严重。明朝初年，崇尚理学，对佛教控制严格，主要表现为控制寺院数量，对寺院道观进行归并，如洪武六年（1373），朱元璋下令"并僧道寺观"，"府州县止存大寺观一所，并其徒而处之"。[①] 并且对私建寺院进行严厉打击，"禁僧尼私建庵、院"。[②] 此时黄山佛教沉寂，更是少有省外文人来黄山游玩。明朝中期以后，黄山佛教逐渐兴盛，来黄山的人数亦随之增加。明万历三十四年（1606），普门和尚感梦入

---

① 《明太祖实录》卷86，上海：上海书店，1982年影印本，第1537页。
② 《明太祖实录》卷189，上海：上海书店，1982年影印本，第2008页。

山,开山修路,在天都峰下创法海禅院,得到宰官鲍部山甫、于中甫手疏以倡,一时缙绅响应,而徒侣遥集者几百人。万历三十八年(1610)明神宗敕封"护国慈光寺",赐金佛、佛牙、七层万佛像等,在当时轰动四方,慈光寺盛极一时。之后黄山又兴建15所寺院。黄山不仅有绝美的自然景观,还能参禅礼佛,寻找心灵的慰藉,自然吸引众多文人前来游览,留下大量诗篇。正如陈垣在《明季滇黔佛教考》中所说:"万历而后,禅风浸盛,士夫无不谈禅,僧亦无不欲与士夫结纳。"①

清朝前期,由于战乱或不愿仕清等原因,凌世韶、钱默、汪沐日、熊开元等大批明朝遗民隐居黄山,其中多有出家为僧者。至康熙时期,黄山"四大丛林"的形成更使黄山佛教盛极一时。施润章、吴之骥、汪征远等不仅数次游历黄山各大寺院,还广邀好友,登莲花峰,访文殊院,游掷钵禅院。此时,"文僧之交"现象在黄山较为普遍,如"诗僧"释弘智、"画僧"渐江、雪庄等都广邀好友来黄山游玩,吟诗作画,由此而形成的一篇篇精彩的游记散文无形中扩大了黄山的文化影响力。

第二,明中后期文人好游风尚的影响。明朝中后期政治昏暗,众多文人饱受打压,仕途不顺,江南地区尤甚。受当时经世致用的思潮影响,众多文人纷纷寄情山水之间,从山水风光中寻找心灵慰藉,好游成风。他们因时因地,随兴而游。"比起前代来,晚明文人不但只是一般的好游,更进而耽于山水,好游成癖,甚而成痴……这是前所未有、后所罕见的现象"。② 黄山风景秀美,自然成为文人理想之去处。明嘉靖年间,文坛"后七子"首领王世贞,带领三吴二浙文人墨客,浩浩荡荡地游览黄山,吟诗作画,盛况空前。清初歙人张潮在《〈歙问〉小引》中记述了这次壮观之行:"王凤州先生来游黄山时,三吴两浙诸宾客从游者百余人。"嘉靖二十一年(1542),陈有守、王寅、方大治、罗逸、王之杰、方一藻等十六位诗人在黄山成立"天都诗社",这十六位诗人也被称

---

① 陈垣:《明季滇黔佛教考》,北京:中华书局,1962年,第129页。
② 周振鹤:《从明人文集看晚明旅游风气及其与地理学的关系》,载《复旦学报(社会科学版)》,2005年第1期,第73页。

为"黄山十六子",并留下了大量描写黄山风景的诗文,在当时产生了较大的影响。这些因素都使得明朝末年出现了江南文人游览黄山的社会风尚。

有黄山"山史"之称的潘之恒早年由汪道昆举荐进入"白榆社",晚年更是与黄山结下了不解之缘,在黄山汤泉附近建"有芑堂",广邀宾朋、名人游黄山,又于万历年间重编黄山志,取名《黄海》,使黄山的知名度大大提高。明朝著名旅行家徐霞客,"生有奇趣,好游,凡宇内诸名山及外国山川,无不周览",①他分别在万历四十四年(1616)、四十六年(1618)两次游览黄山。"世人问游历四海山川何处最奇,答曰:'海内无如徽之黄山,登黄山,天下无山,观止矣。'"②他对黄山的评价甚高,晚年著《徐霞客游记》更是详细记录了黄山的奇景,使得众多文人墨客纷纷对黄山心驰神往,无形中加速了黄山的文化扩散。

清朝初年,社会安定,黄山佛教持续发展。明朝末年黄山文化影响力的扩散,使得清朝前期来黄山人数不断增多。清朝来黄山文人主要集中于顺康时期,尤其是康熙时期占 68.46%,这与清朝修志密切相关,清朝前期黄山地区修志频繁。释弘眉辑《黄山志》十卷、程弘志辑《黄山志》五十卷、闵麟嗣撰《黄山志定本》七卷首一卷、程演生撰《黄山志定本》校记一卷续及集校记一卷、汪士铉、吴嵩等纂修《黄山志续集》八卷、汪洪度撰《黄山领要录》二卷、张佩芳删定《黄山志》二卷,如此众多关于黄山的志书记载了大量文人来黄山寻佛的游记。曹钤《游黄山记》、陈辅性《翠微寺记》和《竹林庵记》、靳治荆《游黄山记》《雨中由蹬道上慈光寺》等,不仅反映了黄山的绝美风光,还体现了黄山佛教的兴盛。而到了清朝中后期,黄山地区战乱频发,寺院损毁严重,来黄山文人人数自然锐减。嘉庆至清末,黄山没有再系统地修一部志书,可能有些人来黄山留下与佛教相关的诗文也没有被记录下来。

---

① (清)闵麟嗣撰:《黄山志定本》卷二《人物》,民国二十四年(1935)安徽丛书编印本。
② (清)闵麟嗣撰:《黄山志定本》卷二《人物》,民国二十四年(1935)安徽丛书编印本。

三、明清时期至黄山文人的空间分布

历史文化地理现象的形成及演变除具有时间上的变化之外,还具有空间上的变化。当然,从文化现象的空间变化亦可看出历史文化地理现象的空间演变过程。因此,研究文化尤其是历史文化不仅要研究其历时性特征,还要研究其空间性特征。

(一)明代至黄山文人所属省级分布

明朝初年沿袭元朝的行省制,宣德三年以后,全国统分为两京、十三布政使司,两京是京师(北直隶)和南京(南直隶),十三布政使司简称"十三司",俗称"十三省",分别为山东、山西、河南、陕西、四川、湖广、江西、浙江、广东、广西、云南、贵州、福建。

根据表6-16所示,与黄山佛教相关的明代文人有127人,我们把此类文人简称为A;省级行政区划可考者121人,我们把此类文人简称为B。则明代至黄山文人的省级分布具体情况如下。

1. 行政区划不可考的文人6人,约占A的4.72%。
2. 南直隶文人87人,约占B的71.88%。
3. 浙江文人19人,约占B的15.7%。
4. 江西文人4人,约占B的3.31%。
5. 湖广文人4人,约占B的3.31%。
6. 福建文人4人,约占B的3.31%。
7. 北直隶文人1人,约占B的0.83%。
8. 贵州文人1人,约占B的0.83%。
9. 陕西文人1人,约占B的0.83%。

从上述统计中我们可以看出,在籍贯明确的8个省级区划中,数量最多的是南直隶,其次是浙江、江西、湖广。其中,南方省级区划共有6个,文人总数为120人,约占可考省份文人的98.34%;北方省份有2个,文人总人数为2人,约占可考省份文人的1.66%。南北方人数差异悬殊。在南方省份中,文人多集中于江南地区,这一区域内的南直隶、浙江、江西三地文人数为110人,约占来黄山文人总数的90.89%。从分析中可以看出,来黄山文人分布呈现"南多北少、东多西少"的特征,文人分布的"江南性"特征显著。图6-9为明代至黄山文人省级分布示意图。

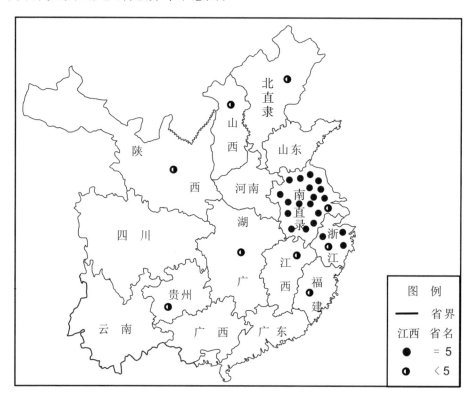

图6-9 明代至黄山文人省级分布示意图

(二)清代至黄山文人所属省级分布

在行省设置方面,清朝基本沿袭了明朝行政区划设置,但又略作调整。顺治二年(1645)改北直隶为直隶省,改南直隶为江南省。康熙三年(1664),分湖广为湖北、湖南二省。康熙六年(1667),江南省正式分为江苏、安徽二省。康熙七年(1668),陕西省正式分为陕西、甘肃二省,自此形成了清代较为稳定的政区格局。清朝内地共有18个省,连同边疆设置的行政区划,全国共有26个省级行政区划。

根据表6-16,清代相关志书记载来黄山的文人为151人,我们把此类文人简称为A;行政区划可考者有139人,我们把此类文人简称B。则清代至黄山文人的省级分布具体情况如下。

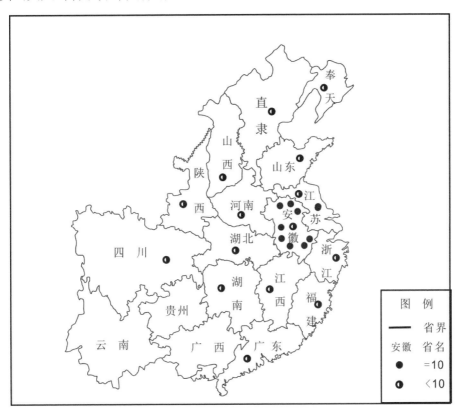

图6-10　清代至黄山文人省级分布示意图

1. 行政区划不可考的文人12人,约占A的7.95%。
2. 安徽文人88人,约占B的63.31%。
3. 江苏文人19人,约占B的13.68%。
4. 浙江文人8人,约占B的5.76%。
5. 奉天文人4人,约占B的2.88%。
6. 江西文人3人,约占B的2.17%。
7. 直隶文人3人,约占B的2.17%。

8. 湖北文人 2 人,约占 B 的 1.43%。

9. 福建文人 2 人,约占 B 的 1.43%。

10. 陕西文人 2 人,约占 B 的 1.43%。

11. 山西文人 2 人,约占 B 的 1.43%。

12. 湖南文人 2 人,约占 B 的 1.43%。

13. 山东文人 1 人,约占 B 的 0.72%。

14. 河南文人 1 人,约占 B 的 0.72%。

15. 广东文人 1 人,约占 B 的 0.72%。

16. 四川文人 1 人,约占 B 的 0.72%。

从上述统计中我们可以看出,在有记载的 16 个省级行政区划中,文人数量最多的是安徽省,其次是江苏、浙江、奉天。与明朝相比,清朝来黄山文人分布地更加广泛,东北、广东、四川这些地区都有文人前来黄山,由此可以看出黄山佛教的影响范围在扩大。各地区之间文人数量的差距较大,安徽、江苏仍然是人数最多的省份,占比近 80%,其余各地人数较少。北方文人有 13 人,比明朝时多了 11 人,人数明显增多。但与明朝一样,清代至黄山的文人分布呈现"南多北少、东多西少"的特征,"江南性"的特征仍然十分显著。图 6-12 为清代来黄山文人省级分布示意图。

(三)明清时期至黄山文人省级分布之成因

1. 交通及佛教文化的影响

明清时期,大量徽商外出,并开辟了多条徽州通往外部的水陆通道,使得徽州地区交通较之以往便利。《士商类要》是明代著名商书,书中卷一所载路程前 8 条均以徽州府为起点,后有 7 条路程以徽州府为终点,说明在当时的交通网络中,徽州有着比较重要的地位,文人士子往来江浙与徽州等地,无论从水路、陆路都相当方便[①]。徽州西南部与江西省景德镇交界,东南部与浙

---

① 周海燕:《明清徽州文人士大夫旅游研究》,载《安徽农业大学学报(社会科学版)》,2013 年第 4 期,第 119~125 页。

江省开化、淳安、临安县为邻,东北部邻近江苏省的南京、常州、无锡。便捷的交通与较短的距离,使得大批江南文人得以有可能、有条件前来黄山。而北方和西南地区距离黄山较远,明清时期,形成了"四大名山"信仰,佛教四大名山分别是安徽九华山、山西五台山、浙江普陀山、四川峨眉山。九华山位于安徽东南部,南望黄山;五台山位于山西省东北部;普陀山位于浙江定海县东海中之舟山群岛,为一山岛;峨眉山位于四川西南部。这些佛教名山的佛教影响力更加深远,辐射范围更广,安徽北部、北方地区、西南地区、浙江沿海地区都受其佛教文化影响,因此在明清时期这些地区鲜有文人来黄山。

2. 江南地区经济的发展迅速

两宋时期,经济重心已经从北方转移到南方。到了明朝时期,南方最发达的江南(包括江苏、浙江、上海、安徽东南部)地区长期成为全国的经济重心。明朝初年,即有"当今赋出天下,而江南居十九"之说。明代成化、弘冶以后,东南商品经济和城镇经济日渐繁荣,特别是明朝嘉靖、万历年间,东南城镇经济和商品经济有了极大的发展。万历《歙县志》称:"今之所谓都会者,则大之而为两京、江、浙、闽、广诸省;次之而苏、松、淮、扬诸府;临清、济宁诸州。"①随着江南经济发展,徽商开始兴起,徽州商人活跃于全国广大地区,积累了大量资本,徽州地方较之其他地方也相对富足。明清江南的这一经济形势显然可以为游山玩水这类闲暇之事提供更为坚固的物质基础。

3. 江南地区教育兴盛、文人辈出

明清时期,江南地区教育兴盛,"天下书院最盛者,无过东林、江右、关中、徽州"②。书院兴盛,为江南地区培养了大量文人。苏州"为人才渊薮,文字之盛,甲于天下。其人耻为他业,自髫龀以上,皆能诵习举子应主司之试。居庠校中,有白首不自已者"③,正是因为人们对科举教育的高度重视,明清时期,江南地区成为享誉天下的科举之乡。"有明一代考中进士的人,浙江居

---

① (明)谢陛:《歙县志》卷十《货殖》,明万历三十七年(1609)刻本。
② (清)马步蟾纂修:《徽州府志》,清道光七年(1827)刻本。
③ (明)归有光:《震川先生集》,上海:上海古籍出版社,2007年,第191页。

首,江苏次之"①,徽州地区也是"益尚文雅……自朱子而后,为士者多明义理,称为'东南邹鲁'"②,明清江南教育的发达由此可见一斑,读书人数量自然远远多于其他地区。文人墨客多寄情山水,所以明清时期来黄山的文人多来自于江南地区。

(四)明清时期至黄山文人所属县级分布

相对省级行政区划,县级行政区划更加稳定,故此处一并论述。依据前述表格,收录籍贯可考(县级政区)的文人258人,具体如表6-16所示。

表6-16 明清至黄山文人县级分布表

籍贯	人数
歙县	97
宣城	13
休宁	11
华亭	9
钱塘	8
太平	7
婺源	6
桐城	5
长洲	5
平湖	5
秀水	4
武进	4
扬州	3
吴县	3

---

① 黄鹏程:《〈列朝诗集小传〉诗人地理分布的可视化呈现与阐释》,载《图书馆论坛》,2017年第5期,第50页。

② (明)彭泽修,汪舜民纂:《徽州府志·地理一》,明弘治十五年(1502)刻本。

续表

籍贯	人数
襄平	3
泾县	2
旌德	2
丰润	2
鄞县	2
慈溪	2
余姚	2
江宁	2
太仓	2
金坛	2
新干、德兴、高安、庆源、安福、吉水、新建、铜山、莆田、长乐、龙岩、绩溪、繁昌、枞阳、宛陵、和县、定远、祁门、当涂、黟县、归安、乌程、嘉兴、嘉善、泰州、常熟、江阴、淮安、无锡、兴化、昆山、吴江、宝应、丹徒、孝昌、武昌、江夏、沔阳、公安、黄冈、松江、安丘、安化、新添卫、河间、安邑、三原、榆林、番禺、闽侯、侯官、固始、平定、遂宁、嘉禾、隆回、宛平	1

将上述的文人数按从多到少的顺序来定级，可分为以下三个等级。

第一等——10人以上：歙县97人，宣城13人，休宁11人，共121人。

第二等——5至10人：华亭9人，钱塘8人，太平7人，婺源6人，桐城5人，长洲5人，平湖5人，共45人。

第三等——5人以下：秀水4人，武进4人，扬州3人，吴县3人，襄平3人，泾县2人，旌德2人，丰润2人，鄞县2人，慈溪2人，余姚2人，江宁2人，太仓2人，金坛2人，新干、德兴……1人，共92人。

第一等有3个县，共121人，占籍贯可考文人的46.9%；第二等有7个县，共45人，占17.44%；第三等有71个县，共92人，占35.66%。第一等虽然县数量最少，但人数最多，第二等县数量和人数都较少，第三等涉及县最多，人数总量较大。

从表6-16可以看出，在明清至黄山的文人中，歙县籍居多，有97人，占籍贯可考人数的37.59%。人数前5名分别为歙县、宣城、休宁、华亭、钱塘，共138人，占籍贯可考人数的53.49%。人数2人及以上的除了河北丰润和辽宁襄平外，其余均是南方县。歙县、休宁、祁门、婺源在明朝和清朝属于徽州府，宣城、太平、泾县属于宁国府，而吴县、太仓、昆山则属于苏州府。根据上述说明，至黄山之文人多来自于徽州本地及周边宁国、宣城及经济、文化较为发达并且与徽州社会关系密切的江南苏、杭地区，其中以徽州府为最。主要原因可能有以下几点。

其一，徽州书院教育较为发达。

表6-16统计出徽州文人117人，占总文人数45.35%。《大清一统志》载："汉置歙县，属丹阳郡，为都尉治，后汉因之……唐为歙州治，五代因之，宋为徽州治，元为徽州路治，明为徽州府治，本朝因之。"[①]徽州历史上文风昌盛，教育发达，府县学、书院、社学、私塾、文会极为昌盛，"远山深谷，居民之处，莫不有学有师"，"十户之村，无废诵读"，就是当时徽州文风昌盛的写照。由于教育发达，徽州自然人才辈出。据统计，明代徽州进士452人，清代徽州进士684人。其中，歙县尤甚，歙县明清两代共取进士623人，状元2人，居安徽省诸县首位[②]。明朝中后期，歙县地区兴起"新安诗派"，隆庆、万历初20余年的时间，新安诗派表现活跃，一时人才济济。例如王寅、江民莹、汪道昆、汪道贯、吴守淮、潘之恒、程子虚、谢陛，他们交游广泛，组织结社；王世贞、徐桂、余翔、龙膺、屠隆、陈文烛、梅鼎祚、郭第与新安诗人交往密切。上述文人多有频繁往来黄山之记录，因而留下大量诗作。黄山位于歙县西北，与太平县交界，作为徽州首县的歙县，士人较之他地游历黄山显然有地利之便。

其二，徽商及宗族崛起尤以歙县为最。

明中期以后徽商之崛起学界多有论述，其对于桑梓之影响自不待言。宗

---

① （清）穆彰阿、潘锡恩等纂修：《（嘉庆）大清一统志》卷三十七《徽州府》，上海：上海古籍出版社，2008年。

② 李琳琦：《明清徽州进士数量、分布特点及其原因分析》，载《安徽师范大学学报（人文社会科学版）》，2001年第1期，第32~36页。

族在明清时期亦是徽州社会的重要组成部分,大族以程、汪、吴、黄、胡、王、李、方姓为最,称为"徽州八大姓",其中又以歙县宗族最多、影响最大,汪道昆家族、呈坎前罗氏家族、棠樾鲍氏家族等,都是当时在政治、商业、文化等诸多方面取得巨大成就的家族。明中后期,商业兴盛,歙县、休宁盆地一带,百姓富庶,几乎与东南苏州、松江、嘉兴、湖州、杭州相媲美。由于明代特殊的社会文化环境,大量商贾之家"治生"而富后,转入士人家庭行列。李维桢评这一现象说:"新安人故善贾,至于今,冠带衣履天下而因以贾名。名美者莫如立言于时,立言之士竞起矣。"①这些歙县宗族子弟热衷于广结好友,因歙县距黄山较近,故游历黄山成为明清歙县望族的日常性行为。以汪道昆家族来说,汪道昆作《游黄山记》一篇,记载了当时文人骚客游黄山的盛况。道昆弟道贯,与兄汪道昆并称"二汪",更是"天都诗社"成员。天都诗社徽州籍成员不在少数,他们大多出身于徽州的大宗族,其经济实力雄厚,同时又兼具文化上的影响力,其不仅为黄山开发提供了经济上的保障,还充分运用自身的各种资源为黄山扩大了文化和社会影响力。

依上所言,明清时期,黄山逐渐进入佛教发展的繁荣时期,随着佛寺的兴建、高僧的讲学、山路的修建,来黄山的文人数量亦逐渐增多。其原因除了黄山绝佳自然景观的吸引外,也有佛教及其他文化的影响。来黄山的文人以徽州特别是歙县的最多,其次是宣城地区、苏州地区及杭州地区,再次是福建、江西等地区,还有北方、西南、华南等地区。由此可以明显地看出,明清时期黄山佛教的社会影响力以所在地歙县为中心向外扩散,其在东部江南地区的影响要远大于西部,在南方的影响也要大于北方,在地域影响上呈现出较为明显的"江南性"特征。当然,这与当时南方社会经济的相对发达及江南文人的互动频繁是密切相关的。需要说明的是,由于我们此处所统计诗文作者或许并不能全面反映明清时期与黄山相关的诗文数量,亦因此影响从诗文作者时空分布来说明黄山佛教文化影响力的时空演变。然而,就理论和技术路径

---

① (明)李维桢:《大泌山房集》卷十三《苏堂集序》,《四库全书存目丛书》本,济南:齐鲁书社,1997年。

来说，充分运用各种零散史料，以数据集成来分析历史文化地理学上的相关问题，以定量分析来为定性分析寻求注解，应是一个值得探讨的研究方法或方向。

本章小结

黄山位于徽州地区，明清时期，有着"峰峦环秀，甲于江南"的美誉。黄山的发展与佛教的发展密切相关。黄山佛教始于唐开元年间志满和尚在黄山结茅建立汤泉，经唐、宋、元历朝的发展，已小有规模。至明朝万历年间，普门和尚感梦入山，建立寺院，开通山路。万历皇帝亲敕法海禅院为"护国慈光寺"，黄山高僧云集，香火鼎盛。清朝前期，在明朝发展的基础上，对山内寺院进行扩建重修，加上大量明朝遗民涌入黄山，高僧云集，黄山佛教得以持续发展。清朝中后期，祥符寺、翠微寺、福固寺等寺庵相继毁于洪水和战乱，山中条件艰苦。清朝末年，山中僧人无几，佛事萧条。从山中寺庵的时空分布、驻锡僧人的空间变化、游山文人的地理分布等大致可以窥探黄山佛教在明清时期是如何由盛转衰的。

寺院是一个地区佛教生活的缩影，寺院的变化最能反映一个地区佛教的兴盛与否。明清时期，黄山佛教在时间上形成了从万历到崇祯时期的新建寺院高潮和顺康时期的重修寺院高潮。在空间上，黄山形成了以"四大丛林"为中心的寺院聚集区域，黄山寺院遍布黄山东西南北四路，其中以南路与北路的寺院最多。在明清黄山时存佛寺中，以明朝时期新建的寺院为主体，但清朝末年黄山时存佛寺远远少于明朝。黄山佛寺的时空变化，与当时社会的政治经济、徽州宗族状况及黄山自身地理环境等密切相关。

佛教三宝之一是僧人，僧人赋予了佛教活力与生命力。明清时期，黄山的开发、寺院的修建都离不开僧人的努力。南朝宋时，黄山已有僧人驻锡（待考），明清之前，书志记载的黄山驻锡僧人共有10人。明清时期，随着黄山的开发、寺院的新建，驻锡僧人已有100余人，在时间上，以万历至康熙时期驻锡僧人最多,约占明清时期黄山驻锡僧人的90%,数量上较之前有了极大的增长。在籍贯可考的僧人中,外地僧人占了大部分,以江苏、陕西、浙江籍僧人居多,分布地区也较为广泛。安徽本地僧人在黄山驻锡较少,其中绝大多数为歙县籍。僧人在黄山驻锡地点遍及山中50余处寺庵,主要集中于"四大丛林",其中又以掷钵禅院和慈光寺驻锡僧人最多。

明清时期,黄山佛教的另一大特点就是佛教文化影响力的逐步扩大。明中期以后留有黄山佛教诗文的作者逐渐增多,至明朝后期和清初更多,这充分说明黄山得到世人之认可是在明中期以后。而从黄山佛教文化影响力的空间而言,可考之诗文作者主要集中于徽州府及浙江、南直隶(江苏),其中又以歙县籍文人居多,这与以歙县为核心的徽州在明清时期徽商、宗族等影响密切相关,也与江南地区在明清社会经济文化高度发达相关。至清朝中后期,已有东北、西南、东南地区文人来黄山游览,可见黄山佛教文化社会影响力有所扩大。黄山佛教文化社会影响力在明清时期的形成与扩散,正是自然与社会双重因素作用于地理文化现象的表现。

第七章　历史时期徽州佛教的传播

无论何时何地,作为一种普遍文化现象的宗教,虽然不是人类信仰的唯一形式和载体,但在不同的文化圈里它都能得到普遍的重视。宗教文化传播作为文化交流传播的重要一面,也常常在传播能力上比其他文化更胜一筹①。因此,宗教的传播状况成为历史宗教地理研究的重要内容之一。历史时期徽州佛教有其独特的发展背景和完整的生存系统,本章我们即从佛教的传播形态、传播载体、传播体系等不同层面剖析历史时期徽州佛教的传播状况,以期对历史时期的徽州佛教及其生存环境有一个更为系统的认知。

第一节　历史时期徽州佛教的传播形态

"文化传播亦名文化扩散,指人类文化由文化源地向外辐射传播或由一个社会群体向另一个群体的散布过程"。② 文化传播的形态有两种,即为迁移传播和扩大传播。扩大传播又细分为传染传播、阶层传播和刺激传播。历史时期徽州佛教文化作为社会文化整体的一部分,在一定程度上体现着文化

---

① 刘宽亮:《关于文化传播规律的思考》,载《运城学院学报》,2003年第2期,第9～12页。
② 王鹏飞:《文化地理学》,北京:首都师范大学出版社,2012年,第254页。

传播形态的一般特征。同时,由于徽州区域文化有其特殊性,历史时期徽州佛教的传播形态亦有其独特的区域特征。

一、传染传播在徽州的困难

一种文化现象被已经接受它的人传输给有倾向接受它的人,这种文化的传播过程称为"传染传播"。这种文化传播如同疾病流行一般,几乎每个生活在该文化区域的人都会受到不同程度的影响。它犹如投石入湖,所激涟漪由中心向四周逐渐扩大,扩大的范围却与影响的程度成负相关,即在传染传播中,从传播起源地开始,近距离效应较为明显。在明代的徽州地区,"旧俗有得于先正之遗风,故好礼尚约,无慕于豪侈之习,四方以为难……而淫祀佛老一屏绝之"①。以此而论,佛教文化在徽州传染传播是相当困难的。

佛教文化的传染传播在徽州遇到困难有其特定的原因。总体来说,由于"族居之故,非唯乡村中难以错处,即城市诸大姓,亦各分段落,所谓天主之堂、礼拜之寺,无从建焉"②。况且"歙为程朱阙里,士大夫卓然不惑于异端"③,这也构成影响徽州佛教传播的文化因素之一。面对佛、道教对社会生活的逐渐渗透,一些深受儒家思想濡滋的人,甚至封建理学的推崇者他们也试图削弱这种影响④。虽然他们的举动没有达到预期的效果,但"知礼之家不作佛事"⑤和"疾必迎医,勿事祷禳,丧祭必依礼,勿用僧道"⑥却已然成为他们所标榜的价值追求之一。一些具有代表性的宗族以族规家法的形式警示宗族成

---

① (明)程敏政:《篁墩文集》卷四十六《翠环处士胡君墓志铭》,《四库全书》本。
② 许承尧:《歙事闲谭》,合肥:黄山书社,2001年,第607页。
③ (清)刘汝骥:《陶甓公牍》卷十二,《官箴书集成》第10册,合肥:黄山书社,1997年,第583页。
④ 高寿仙:《中国地域文化丛书·徽州文化》,沈阳:辽宁教育出版社,1998年,第173页。
⑤ (清)刘汝骥:《陶甓公牍》卷十二,《官箴书集成》第10册,合肥:黄山书社,1997年,第603页。
⑥ (清)赵吉士撰,周晓光、刘道胜点校:《寄园寄所寄》,合肥:黄山书社,2008年,第367页。

员,"毋习吏胥,毋为僧道,毋狎屠竖,以坏乱心术";"妇人亲族有为僧道者,不许往来";"三姑六婆,概不许入门,其有妇女妄听邪说,引入内室者,罪其家长";"遇疾病当请良医调治,不得令僧道设建坛场,祈祷秘祝。其有不遵约束者,众叱之,仍削除本年祭胙一次";"丧礼久废,多惑于佛老之说,今皆绝之,其仪式悉遵文公《家礼》";"凡遇忌辰,孝子当用素衣致祭,不作佛事,象钱寓马,亦并绝之"①。基于徽州士绅和宗族对佛教的态度,"勿作佛事,祭唯随仪"②成为将逝者的一种临终告诫,"戒其子善事其父,治丧勿用佛老"③成为妇人贤德的道德表现,以致"不喜佛老,家人化之,遇疾痛无敢祷淫祀"④的拒佛现象也为徽州社会所推崇。另外,明代法律对"修斋设醮,男女混杂"⑤的严格惩戒和地方政府对"禁游僧道"⑥的有效管理,使得佛教信仰在徽州受到许多地方士绅的排斥和轻视,并被士绅置于"用之以事斋醮"的地位。这也是徽州佛教在徽州的传播引起地方官民势力的注意后,权力主体为加强儒教统治,缓解日益严峻的宗教信仰压力,对佛教实行严格管理与实施严厉打击,并积极发展地方宗法势力限制佛教的结果⑦。在这种大的社会背景下,徽州社会对佛教信仰作出种种限制,遏制其在社会中的持续渗透,使得徽州佛教的传染传播可谓困难重重。

二、徽州佛教的阶层传播

一种文化现象在不同社会层次中,或者高低等级之间的流布过程称为

---

① (清)吴翟辑,刘梦芙点校:《茗洲吴氏家典》卷一,合肥:黄山书社,2006年,第20~24页。
② (明)程敏政:《新安文献志》卷七十二《明故承务郎左春坊左司直郎贞一汪先生行状》,《四库全书》本。
③ (明)程敏政:《新安文献志》卷九十八《程夫人齐氏墓志铭》,《四库全书》本。
④ (明)程敏政:《篁墩文集》卷四十五《处士吴君孺人谢氏合葬墓志铭》,《四库全书》本。
⑤ 怀效锋点校:《大明律》卷一二《礼律二·丧葬》,北京:法律出版社,1999年,第95页。
⑥ (明)傅岩:《歙纪》,合肥:黄山书社,2007年,第55页。
⑦ 丁希勤:《明清民间宗教信仰嬗变及社会影响——以徽州为中心的考察》,载《安庆师范学院学报(社会科学版)》,2008年第8期,第48~51页。

"阶层传播"或"等级传播"。这种文化传播过程和结果主要涉及一个社会群体而不是某个个体。文化地理学中的这种等级扩散,是佛教文化在中国的两种主要传播形态形式之一,具体表现为先由皇家信仰,再扩展到普通百姓中①。

历史时期徽州上层社会成员信仰佛教的现象是普遍存在的,譬如1993年11月,在歙县发掘的明代初期贵妇人墓葬即为有力证明。在墓葬出土的46件文物中有佛像金箔(现藏歙县博物馆内),还有与金像箔相关的金柜、金包袱、金匣等。装有金像箔的金柜置匣边柜上,金匣长4.9厘米、宽3.4厘米,为金包袱所包。佛像造型逼真,形象为观世音全身坐像②。这一文物的出土是明代徽州佛教在贵族中存在的有力证据,但并不能由此证明徽州佛教的等级扩散是由贵族流向下层民众,也不能说明佛教信仰在贵族和普通民众之间的流动。那么,徽州佛教是否存在等级传播的现象呢?答案是肯定的,徽州佛教文化等级扩散有且有其特殊情况存在。

历史时期徽州佛教的等级传播主要存在于那些精通佛教艺文的士绅和普通百姓之间。这里的士绅范围较为宽泛,通常是指影响地方行政和社会生活且在地方社会中占主导地位的阶层③。这些士绅家族通常居住在县城,在与下层农民和上层官员的联结中起着重要作用④。明清的生员是一个重要的社会过渡性群体,在平民中是特权阶级,也应属于士绅阶层。⑤ 在这些徽州士绅中有许多精通佛教艺文或有向佛倾向的人,他们把自身的佛学信仰通过绘画或雕刻等艺术形式表达出来,为深入百姓生活的徽州传统艺术形式提

---

① 王恩涌、胡兆量等著:《中国文化地理》,北京:科学出版社,2008年,第192页。
② 方晖:《安徽歙县明代贵夫人墓》,载《中原文物》,2003年第4期,第10页。
③ 冯贤亮:《明清江南的州县行政与地方社会研究》,上海:上海古籍出版社,2015年,第11页。
④ [美]John King Fairbank, The United States and China, Harvard University Press Cambridge, Massachusetts and London, England, the fourth edition, page32~33.
⑤ 何炳棣著,徐泓译注:《明清社会史论》,台北:联经出版事业有限公司,2013年,第39页。

供佛教题材来源。许多著名佛画家如丁云鹏、吴廷羽等,都经常为徽州版画献力。歙之画家见于志者,明郑重、杨明时、吴羽、吴于庭、僧弘仁等①,均为徽州佛画技艺高超者。另外,汪嘉绶、汪中、郑全、郑完、罗康海、程谦、方善等,也是对佛画有相当造诣的新安画家②。这些佛画创作群体在为版画、雕刻等艺术形式提供大量佛教题材的同时,也为他们的佛教思想流入普通民众之中提供了渠道和可能。

版画艺术中吸收大量的佛教题材内容,满足了广大民众精神上、生活中的需要,从而使版画艺术更具生命力,也使版画内容创作者的创作思想得到民间认同。徽州民间版画中以《观音大悲像》《竹林观音》《诸神佛图》《观音大士三十二相变》《慈航普渡》等为代表的宗教主题版画,在佛教文化与地方文化相结合的背景下逐渐增多并为民间所普遍接受③。这从侧面反映了士绅阶层佛教思想的向下流动,普通百姓对这些佛教题材版画的喜爱和推崇是对版画创作新思想的客观认同,即对版画创作者佛教思想的接受。反之,百姓对某些版画题材的格外钟爱也在客观上使创作者对某些版画题材给予重视,这样就形成了一个由下到上的思想流动。总而言之,徽州佛教的等级传播是在精通佛教艺文的徽州士绅群体和普通百姓之间进行的,其传播过程以徽州版画、雕刻等艺术形式为载体,是一种具有徽州特色的佛教文化阶层传播的形态。

三、徽州佛教的刺激传播

一种文化现象易地后,引起被接受者思考从而摒弃该文化原有的表现形式却保留其合理内核,此种形式的文化传播过程称为"刺激传播"。这种文化传播并不是机械地接受,而是受到该文化的刺激后,对其进行改造、加工并使

---

① 许承尧:《歙事闲谭》,合肥:黄山书社,2001年,第65页。
② 许承尧:《歙事闲谭》,合肥:黄山书社,2001年,第888~892页。
③ 王雅欣:《徽派版画形成的自然条件与社会因素》,载《赤峰学院学报(汉文哲学社会科学版)》,2014年第6期,第229~230页。

之发展。

徽州祠庙一体化是体现徽州佛教刺激传播的有力证明。佛教本与祖先祭祀不相干,但徽州佛教却因其所处特殊环境而与徽州宗族祭祀活动关联在一起。徽州的部分宗族对寺庙建设有莫大的热情,广泛地参与佛教信仰活动,不仅在供奉祖先之家庙常供神佛,有时还在佛寺庙宇中供奉着祖先①。祁门的孝思庵即为一例,"佛堂高数仞,广三间三廊……中殿佛像与我寒谷公神主,朝夕供奉香灯,左右厢房其僧室也"②。休宁南山庵亦属此类,"庵中为大雄之殿,以事佛,左为伽蓝堂,以奉汉寿亭侯关将军,右为真君堂,以奉唐睢阳太守张中丞,后为方丈,两旁各为僧寮法所,宜有者次第以完,唯先公之神实栖于是"③。另外,徽州的祠庙一体化还体现在因纪念地方神而建立佛庵④,作为家庭祭祀场所的家庙⑤,缅怀节烈的佛堂⑥,以及接受宗族捐助而为其守业的佛寺⑦等方面。

徽州宗族的祭祀活动和民众日常生活中也掺杂有佛教因素,有时还请僧众进行宗族的祈福、送丧等法事活动,"素封之家往往供佛饭僧,为亲忏悔"⑧,甚至"新丧之家……或就僧寺为之"⑨。同时,徽州社会中所存在的"篝火村村七佛柱,龛灯岁岁九莲山"情景,客观上也体现着徽文化和佛教的深层

---

① 陶明选:《明清徽州佛教风俗考》,载《法音》,2014年第6期,第47~50页。
② (明)叶时新:《重建田尾山孝思庵记》,《祁门上箬王氏家谱》卷六,清代光绪本,上海图书馆谱牒中心藏。
③ (明)程敏政:《篁墩文集》卷十六《重修南山庵记》,《四库全书》本。
④ (明)何东序修,汪尚宁等纂:《徽州府志·寺观》,"湘湖岭庵"条,明嘉靖四十五年(1566)刻本。
⑤ (清)江登云纂:《橙阳散志·寺观》,清嘉庆十四年(1809)刻本,"五明寺"条;(清)蒋璨纂修:《婺源县志》,清康熙三十三年(1694)刻本,"胜桥庵"条;(清)释弘眉撰:《黄山志》,清康熙六年(1667)刻本,慈光寺藏本,"息厫"条。
⑥ (明)程敏政纂修:《休宁志》,明弘治四年(1491)刻本,"万寿堂"条。
⑦ (清)江登云纂:《橙阳散志·寺观》,清嘉庆十四年(1809)刻本,"水绿寺"条。
⑧ (清)刘汝骥:《陶甓公牍》卷十二,《官箴书集成》第10册,合肥:黄山书社,1997年,第596页。
⑨ 许承尧:《歙事闲谭》,合肥:黄山书社,2001年,第609页。

关系及徽州宗祠文化的诸多佛教特征。这些社会现实的存在或许应归因于徽州社会对待佛教的双重态度,即一方面在宗祠祭祀、丧葬仪礼活动中运用僧事,另一方面又限制族人与僧人之间的僧俗互动,对佛教既排斥又依赖。佛教信仰与世俗世界的祭祖、祈福等活动密切联系着,同时,徽州社会也使佛教因为服务内神的需要而存在①。徽州佛教为求得在此地的生存发展,就必须适应徽州的客观环境,对原有的佛教传播形式做些许调整以迎合徽州社会的佛教信仰需求。在这种文化背景下,徽州佛教的刺激传播形态逐渐呈现出来。

四、徽州佛教的迁移传播

"迁移传播是与扩大传播相照应的一种文化传播形式,是指具有某种文化特性的个人和集团向新的居住地进行移住而发生的文化传播"②。宗教作为一种文化现象既表现在地面的宗教景观上,又反映在宗教信仰者的行为规范与宗教意识中,当某种宗教信仰者从一地迁向另一地,必然将他们的信仰带到新的地方③。

历史时期徽州有组织的较大规模人口迁移中,与信仰有关的迁移活动当数明初入黔的军事移民行为,此行为的结果是将汪华信仰传入贵州,但仅及汪公信仰本身,与佛教信仰关系不大④。自发性人口迁移中,与佛教有关的人群要数徽商与游锡的职业僧人。徽商佛教信仰的主要动态表现是为求得福报的祈愿行为,如歙县黄氏永源公"家世饶于财,艰嗣,大肆施舍,造金浮屠像及造路亭二所,为行者憩息"⑤,以及博得名声的公益行为,又如婺源人单启泮,"业木豫章,家始裕,即见义勇为,金竹桥渡,废弛已久,倡捐重修。族中

---

① 陶明选:《明清以来徽州宗族对宗教的态度》,载《兰台世界》,2014年10月下旬,第15~16页。
② 王鹏飞:《文化地理学》,北京:首都师范大学出版社,2012年,第238页。
③ 赵荣等著:《人文地理学》,北京:高等教育出版社,2006年,第273~274页。
④ 万明:《明代徽州汪公入黔考——兼论贵州屯堡移民社会的建构》,载《中国史研究》,2005年第1期,第135~148页。
⑤ (明)方信纂修:《竦塘黄氏宗谱》,歙县竦塘黄氏刻本。

房口数不利,堪舆家归咎村口水碓,泮购地易置之,族赖以安。祠宇将倾,输己地集资,独任营造,三年落成。他如学宫、考棚、城垣邑乘、桥路、寺观均有资助"①。但徽商的向佛行为只是信仰者本人佛教信仰的具体反映,并没有形成事实上的信仰传播和教义传播,对徽州佛教的迁移传播影响不大。

　　游锡徽州的职业僧人是徽州佛教迁移传播的主要群体。如明中叶,等韵之学盛行于世,五台、峨眉、伏牛、普陀,"皆有韵主和尚,纯以唱韵开悟学者。学者目参禅为大悟门,等韵为小悟门,而徽州黄山普门和尚,尤为诸方之推重"②。驻锡黄山的一乘和尚,即自五台山来,在黄山创建狮子林;驻锡慈光寺的一斋和尚,荆州惠藩闻其高德,迎至荆南,因其戒律森严而教化大行,凡吴越之士听法者云集;见月律师,杖锡经过黄山,绅士檀越请其至黄山演律法;祖籍四川嘉定的一心和尚,从一斋和尚受具戒,日诵《华严经》不辍,严持律法,至老无倦③。这些游锡黄山的僧人,均将其所习佛法传至徽州,特别是黄山佛教的净土宗和律宗因此甚为兴盛。由于净土一宗在中国民间影响最为深广,尤其是在唐宋以后,凡有宗教的存在,就有净土的踪迹④。万历以来禅宗日盛,而黄山禅席寥寥,故演律净业。明代仰山的佛教传播也颇为兴盛,驻锡仰山的介如禅师,访师新都,曾入少林忝学三年,又到伏牛、雁宕、天台、南海诸道场修习,精通诸家佛法;雪浪禅师,"通三藏,登座讲解,标宗树义,辞媚理纯,为两京讲师之最,学者一时皆尚之";佛日禅师,尤精于戒律,"入少林忝学一年,又如名山道场,无不履历听法,斯亦法门中翘楚也";癯鹤禅师,精戒律,"剖析玄旨,有超格绝尘之韵,晚隐伏牛山"⑤。另外,祖籍陕西池阳的大机和尚,驻锡婺源继竺庵,与徒慧海、本如等俱精禅理,一棒一喝俱属秘教,

---

① (清)吴鹗修,汪正元纂:《婺源县志》卷三十四《人物》,清光绪九年(1883)刻本。
② (清)刘献廷:《广阳杂记》卷三,北京:中华书局,1957年,第153页。
③ (清)释弘眉撰:《黄山志》,清康熙六年(1667)刻本,慈光寺藏本。
④ 严耀中:《中国东南佛教史》,上海:上海人民出版社,2005年,第236页。
⑤ (明)程文举:《仰山乘》,参见"介如禅师""雪浪禅师""佛日禅师""癯鹤禅师"诸条。

著有《禅林宝训》《禅林音义》等书①。明末清初驻锡黄山的新安恒正和尚,侍天童最久,好游历②。这些僧人心向佛法,修行于法门兴盛的寺院或名山,将不同的佛教宗派意旨带到徽州,或将徽州佛教的精神传播到徽州以外的地方。徽州佛教的迁移传播形态即是通过这些游锡僧人驻锡地的改变而展现出来,无论是徽州佛教的外传,还是其他佛教圣地佛教教义向徽州的传输,其载体都是这些游锡的僧人,他们是徽州佛教迁移传播的中坚力量。

总体来看,徽州佛教文化的传播形态既有文化传播形态的一般特征,又在徽州文化环境的基础上有其自身的特殊性。受到徽州宗族家法和官方文告的约束,徽州社会很难呈现出佛教文化的传染传播形态。虽然有足够的证据证明历史时期徽州的佛教信仰在社会上层中广泛存在,但佛教文化在不同阶层之间的等级传播是否存在尚缺乏实证。而精通佛教艺文的士绅阶层和普通百姓之间却利用版画、雕刻等传统的徽州艺术形式作为载体,进行着佛教文化的阶层传播和交流,使徽州佛教的阶层传播成为事实。基于徽州理学发达的社会现状,徽州佛教在徽州生存传播的同时,不断地与徽州的宗族祭祀和地方民俗融合,形成了徽州特有的祠庙一体化现象,使佛教与徽州宗族之间既有矛盾又有合作,造成了佛教圣像、地方神和家族祖先同处一寺的事实,呈现出徽州佛教的刺激传播形态。徽州移民和徽商同为佛教信仰群体,但他们对徽州佛教的迁移传播影响不大,他们的佛教信仰仅及个人本身,是自我精神空间的扩展,对佛教教义的流布传播影响甚微。游锡徽州的职业僧人才是徽州佛教迁移传播的真正载体,他们游历于名山名寺,对佛教精义把握极深,他们在徽州驻锡的同时即是将佛教教义在徽州的输入和输出,从文化传播层面上讲,呈现出佛教文化的迁移传播形态。

---

① (清)蒋璨纂修:《婺源县志》,清康熙三十三年(1694)刻本。
② (清)丁廷楗修,赵吉士纂:《徽州府志》,清康熙三十八年(1699)刻本。

第二节 历史时期徽州佛教的传播载体

文化是人类社会实践的重要成果之一,具有明显的纵向继承和横向传播性质。类型多样的文化载体在文化横向的传播过程中发挥着重要作用。整体而言,文化载体分为物化载体和人化载体两大类型。物化载体包括典籍、器物等物化形式,而人化载体包括思想、语言、行为和交往方式等人文形式[①]。作为人类历史上最古老而又普遍的意识形态之一的宗教,无时无刻不在通过传播以扩大自己的影响,从巫医灵语到布道演讲,宗教充分利用了所处时代的社会传播手段以延续自己的生命[②]。历史时期徽州佛教若要在"程朱阙里"求得传播发展,自然要在所处环境中谋得各种可资凭依的媒介,以加强其影响。

一、徽州佛教传播的物质载体

文化的载体有很多种,且又有不同形式的时空差异。人不仅是文化的创造者和接受者,还是文化的核心传播者。佛教文化流传久远,其传播载体丰富多样。作为佛教教义的携带和传播者,僧人自然是佛教文化的传播核心。寺院是僧人修行和举办佛事的重要场所,寺院的存在和建设形制是佛教传播的重要标志,因此,寺院也是佛教传播的重要载体之一。僧人和寺院都是佛教传播的重要物质载体,也是最为普通的传播媒介,而徽州佛教作为佛教整体的一部分,僧人和寺院也自然是其核心的传播媒介。由于徽州佛教所处环境的特殊性,在与徽州社会不断融合的同时,徽州佛教又有其特别的物质传播载体。徽州佛教作为徽州文化实体的一部分,其文化表现形式已不仅限于"佛教三宝"这样传统的样式,逐渐向徽州刻书、版画、壁画等文化载体渗透,出现了佛教文化载体多样和佛教文化与地方文化融合的现象,佛教文化也由

---

① 刘宽亮:《关于文化传播规律的思考》,载《运城学院学报》,2003年第2期,第9~12页。
② 曾传辉:《论大众传播与宗教变迁》,载《新闻研究资料》,1992年第4期,第66~80页。

此实现了文化空间层面的扩展。

历史时期徽州的版画遗存相当丰富,基于民俗的群众性和稳定性,版画艺术从民俗活动中吸取大量的题材内容,满足了广大民众精神和物质生活中的需要,从而使版画艺术更具生命力。徽州民间版画多以激情欢乐为主题,《满堂红》《合家欢庆》《庆赏端阳》《福禄寿三星》等为其代表作品,以《观音大悲像》《竹林观音》《诸神佛图》《观音大士三十二相变》《慈航普渡》等为代表的宗教主题版画,在佛教文化与地方文化相结合的背景下逐渐增多并为民间所普遍接受[①]。这样,徽州佛教便以版画这个新的传播载体,将佛教思想及佛教意趣以通俗的形式展现出来,借以影响社会生活。譬如,明万历年间刊刻的寺庙专志《圣僧庵寺》为徽州专志中的版画精品[②],是徽州佛教与其载体徽州版画的完美结合,也是徽州佛教以更加正式的方式对徽州版画这一传播媒介的肯定。

徽州艺人专长的雕刻杰作当数与宗教有关的狮子装饰,其他如象虎犬兔、梅兰竹菊,也多为民间喜欢的题材。此外,吉祥文字及博古、八宝、如意、暗八仙等类型及回纹、云纹等纹样都是民间喜欢的宗教题材[③]。徽州雕刻在宣扬儒家文化思想意识的同时,也在一定程度上体现宗教意趣[④]。《送子观音》《回头教子》《刘海戏金蟾》《佛印禅师》《磨尘记》《地府审判》等作品,既体现出佛教文化与儒家文化的交融,又体现出有别于儒家文化的宗教旨趣,是佛教文化与儒家文化传播载体的共用,是徽州佛教文化表达方式多样化的体现,更是徽州佛教传播载体类型的扩展。

在徽州佛教载体多样化的过程中,新安画派及其佛教绘画起着重要作用。新安画家把明清鼎革带来的亡国之恨寄托在梵净世界和水墨丹青之中,其逃禅印记也因此烙在了他们所触及的艺术形式上。他们的作品以其独特

---

① 王雅欣:《徽派版画形成的自然条件与社会因素》,载《赤峰学院学报(汉文哲学社会科学版)》,2014年第6期,第229~230页。
② 许祈丰:《明清徽州方志中的版画插图研究》,南京艺术学院硕士论文,2012年5月。
③ 汪立信、鲍树民:《徽州明清民居雕刻》,北京:文物出版社,1986年,第6页。
④ 罗子婷:《徽州木雕的文化意蕴与文化特征》,西安美术学院硕士论文,2009年3月。

的风貌,不仅影响到山水画的发展,还影响到木雕、石雕、壁画、版画等其他艺术形式的发展。许多著名佛画家如丁云鹏、吴廷羽等,都经常为徽州版画献力。佛画与雕刻的结合,为优秀的佛教题材的版画出现提供可能,歙画家见于志者,明郑重、杨明时、吴羽、吴于廷、僧弘仁①等,均为徽州佛画技艺高超者。另外,汪嘉绶、汪中、郑全、郑完、罗康海、程谦、方善等,也是在佛画方面相当有造诣的新安画家②。这些佛画创作群体为版画雕刻艺术形式提供了大量的佛教题材。其中,佛教思想对壁画的影响在《圣僧庵壁画》中得到完美的体现。歙县佛画创作者黄柱,借所绘十八罗汉、观音菩萨等神祇形象,大胆地表达了画师的主体思想和信仰③。《圣僧庵壁画》是宗教艺术在明代徽州的一个典型缩影,直接反映了佛教文化在明代徽州地区的信奉与传播状态,引领了宗教壁画的新形式④。正是佛教题材绘画的繁荣为徽州壁画和版画艺术提供题材来源,加之部分佛画创造者对版画艺术的参与和推动,使佛教文化在版画和壁画创作中的影响力进一步扩大,加速了徽州文化空间和徽州佛教载体多样性的扩展进程。

此外,徽州刻书在明代中后期迎来了自己的时代,特别是在明万历至崇祯时期获得了突飞猛进的发展⑤。徽州刻书获得了明代人很高的评价,他们普遍认为"今杭刻不足称矣,金陵、新安、吴兴三地剞劂之精者,不下宋版"⑥,"近湖刻、歙刻骤精,遂与苏、常争价"⑦。为满足市民生活需要,徽刻提供了社会日常生活的必备知识,凡士农工商出外居家一应俱全,内容主要涉及天

---

① 许承尧:《歙事闲谭》,合肥:黄山书社,2001年,第65页。
② 许承尧:《歙事闲谭》,合肥:黄山书社,2001年,第888~892页。
③ 刘颖:《徽州圣僧庵壁画初探》,载《韶关学院学报(社会科学)》,2014年第7期,第124~127页。
④ 周康正:《歙县圣僧庵壁画〈十八罗汉图〉初探》,载《黄山学院学报》,2013年第1期,第130~132页。
⑤ 翟屯建:《明清时期徽州刻书简述》,载《文献》,1988年第4期,第242页。
⑥ (明)谢肇淛:《五杂俎》,上海:上海书店出版社,2001年,第266页。
⑦ (明)胡应麟:《少室山房笔丛》卷四,《四库全书》本。

文地理、风俗物产、婚嫁等多个方面①。一些书坊应民间对占卜、星象及佛教经典方面书籍的市场需求，刊刻了大量此方面的书籍以求盈利②。祁门籍戏曲作家郑之珍的高石山房家刻，所刻自撰《目连救母劝善戏文》三卷，为徽刻的代表作品③。除此之外，刻书中涉及佛教书籍的还有新都蔡凤鸣刻《楞严经》、婺源胡文焕刻《佛经汇要》④、歙县汪益源刻《大佛顶如来密因修正了义诸菩萨万行首楞严经讲录》15卷、歙县汪应衢刻《梵网经心地品菩萨戒义疏发隐》5卷、朱应元慈仁斋刻《大佛顶如来密因修正了义诸菩萨万行首楞严经》10卷⑤。徽州家刻、坊刻正是在一些一心向佛的知名学者、艺术家如丁南羽、黄鏻等的参与下，使刻书在内容和版式上都达到了较高的水平。诚然，这些成就的获得离不开资金雄厚的徽商的参与，因为他们有足够的实力组织各地的学者文人、艺术家参与刻书活动中⑥，对通俗小说及戏曲的刊刻满足了当时的社会需求。徽商希望把自己对雅俗文化的追求通过所刻书籍表现出来，而徽州的刻工在用通俗手法刊刻时恰好满足了这一愿望。即使在佛教作品的刊刻上，刻工也常将佛教题材基于自己的理解之上，进而用现实世界去展现其中的佛教境地⑦。佛画家、刻工和徽商的完美结合促进了徽州佛教书籍刊刻的发展，社会对佛教书籍的需求推动了徽商的投资。也正是如此，佛教文化才能占领徽州刻书这一文化领域并借此得以传播，进而实现徽州佛教文化的空间绵延和徽州佛教传播载体的多样性。

---

① 张海鹏、王廷元、孙树霖：《徽商研究》，合肥：安徽人民出版社，1995年，第535页。
② 潘文年：《清代中前期的民间刻书及其文化贡献》，载《安徽大学学报（哲学社会科学版）》，2008年第2期，第145页。
③ 徐学林：《试论徽州地区的古代刻书业》，载《文献》，1995年第4期，第202页。
④ 刘孝娟：《明清徽商与徽州刻书业的兴盛》，苏州大学硕士论文，2007年4月。
⑤ 周晓光：《徽州文化史·明清卷》，合肥：安徽人民出版社，2014年，第184、197、199页。
⑥ 王艳红、秦宗财：《从徽州刻书看明清文化传播地方互动》，载《中国出版》，2014年第12期，第61页。
⑦ 陆贤涛：《明清徽商与徽州刻书业》，安徽师范大学硕士论文，2005年5月。

二、徽州佛教传播的非物质载体

宗教的产生和传播成为可能,得益于书写语言的普遍采用。但在传统社会某些时期,阅读条件只限于个别阶层享有,从而形成了宗教信仰的严重断裂。下层信徒不知宗教之所以然,见神就拜,往往陷入迷信的境地。所以,佛教中知识阶层的"佛学"信仰和普通百姓的"佛事"存在着巨大的分野①。然而,宗教对知识、艺术创作及习俗等文化内容有重要的传播作用,因为无论是传播者还是接受者都在一种浓郁而虔敬的宗教氛围中对宗教文化的传播产生一定的心灵震撼②。因此,那些渗透着佛教意趣的文化形式在普通百姓中的传播概率较高,特别是在社会上层人士眼中那些粗鄙的艺术形式和内容传播较快。

如同其他地方一样,历史时期徽州的地方精英可以通过阅读参详佛法,一些高僧也有佛学遗著流传于世。例如僧人大机与其徒慧海、本如等俱精禅理,一棒一喝均属秘教,著有《禅林宝训》《禅林音义》等书③;朝宗和尚曾驻锡虔州、金陵、莆田等地,均有语录流传于世;林皋大师驻锡夹山,法席道场大显,有语录若干卷行世④,诸如此类者较多。以至于像大障山开山住持僧海球,因为坚志苦行、不立文字,而被作为特殊的事例记录入志书之中⑤。然而,历史时期徽州佛教中的文字精义很难得到下层群众的触及和接受,一种通俗的含有佛教思想的传播形式成为迫切需求,徽州的目连戏这种非物质文化形式迎合了这一大众需要。

目连戏是徽州戏剧中重要的剧目之一,其内容源于"目连因母陷饿鬼狱

---

① 曾传辉:《论大众传播与宗教变迁》,载《新闻研究资料》,1992年第4期,第66～80页。
② 李友松、秦平:《浅谈宗教的作用》,载《武汉大学学报(人文科学版)》,2002年第4期,第429～433页。
③ (清)蒋璨纂修:《婺源县志》,清康熙三十三年(1694)刻本。
④ (清)释弘眉撰:《黄山志》,清康熙六年(1667)刻本,慈光寺藏本。
⑤ 《安徽通志稿》,民国二十三年(1934),安徽省通志馆铅印本。

中,故设此功德,令诸饿鬼一切得食"①这一佛教故事。《目连戏》中引入了大量的神祇,从而达到劝善的效果,这些神祇包含佛教、道教和阴间诸神,从而构筑了一个复杂的神学体系来适应民间的精神需求②。在徽州以外的地方,因"徽州旌阳戏子剽轻精悍、能相扑跌打者三四十人,扮演目莲(即目连),凡三日三夜"③,使目连戏受到相当的青睐。不过,由于目连戏内容的神话色彩浓厚,被认为与"刀梯之戏"一样,"远胜于巫,非奇事也,而其中亦有鬼神之说"④。这也是"《华光显圣》《目连入冥》《大圣收魔》之属,则太妖诞"⑤,而不能登大雅之堂的原因所在。在徽州,目连戏相当流行,在地方精英眼里"其事虽本之梵经",却"院本俚俗,堪为捧腹"⑥,然在普通百姓之中却相当得到推崇,"每年七月中元节,祀祖设盂兰会,闰岁则于是月演剧(目连戏)"⑦。在宣统年间,调查徽州风俗习惯时,调查者方振均同样认为祁门有"七月中元节,祀祖设盂兰会,偶遇天旱,乡民戴柳,钲鼓喧哗祷雨于坛,闰年演目连戏"⑧之习俗。目连戏是徽州戏曲的一个重要剧目,在许多村镇的香会、庙会进行游神等活动时,搭台演目连戏总是不可或缺的一环⑨。地方社会对目连戏的推崇是对其戏曲思想内涵的一种认同,剧目中所包含的孝义思想及因果报应思想对地方社会教化有着深刻的影响。随着徽州社会对目连戏中佛教内涵的接受和其与地方社会风俗的融合,佛教文化便以此为契机,在徽州社会中找到了一个拥有地方特色的稳定的非物质传播载体。

---

① (明)谢肇淛:《五杂俎》,北京:中华书局,1959年,第39页。
② 丁希勤:《皖南〈目连戏〉的宗教思想》,载《池州学院学报》,2012年第2期,第18~22页。
③ (明)张岱:《陶庵梦忆》,"目莲戏"条,北京:中华书局,2007年,第72页。
④ (清)刘献廷:《广阳杂记》,北京:中华书局,1957年,第112页。
⑤ (明)沈德符撰:《万历野获编》,北京:中华书局,1959年,第648页。
⑥ (清)程庭:《若庵集》卷五,《四库全书存目丛书》补编本,第8册。
⑦ (清)周溶修,汪韵珊纂:同治《祁门县志》卷五《风俗》,《中国地方志集成·安徽府县志辑》,第55册。
⑧ (清)刘汝骥:《陶甓公牍》卷十二,"祁门风俗之习惯之岁时"条。
⑨ 陶明选:《明清以来徽州民间信仰研究》,复旦大学博士论文,2007年4月。

第三节　历史时期徽州佛教的传播体系

宗教发展本质上是一种传播活动,这种传播与宗教的产生和发展相始终,而宗教的互动行为是以沟通人神之间的关系为象征。宗教在社会上具有广泛的影响力且有着完整而成熟的传播体系,其主要形式覆盖自我传播、群体传播、组织传播、大众传播的各个层面①。在历史时期的徽州地区,佛教的传播体系以自我传播和群体传播为主,以组织传播和大众传播为辅。

一、自我传播体系

自我传播又称"内在传播",指个人接受外部信息刺激并内在处理的过程,自我传播是其他传播活动的前提和基础。个人没有形成自我传播,对宗教的广泛传播体系产生兴趣则是不可能的。对宗教的闻、思、修是自我传播的主要表现形式,其最终追求是借助宗教的力量求得个人内心世界的超脱和释然。历史时期徽州佛教的生存发展就是由徽州僧俗两界众多的自我传播造就的,没有徽州佛教自我传播体系的存在就没有徽州社会中其他佛教传播体系的存在。

佛教的自我传播体系在僧人中属于经常现象,俗人出家是对佛教信仰达到一定程度的表现,如果僧人在出家前没有自我传播的形成就不会有离俗之举,更不会宣扬佛法普度众生。因此,在僧人世界里,自我传播是全员覆盖的,自我详述非常有必要。在徽州的世俗世界里,佛教信仰的自我传播现象也时常有之。这些个体的向佛举动表现,或为守节而"矢志焚修"②;或为僧人救护而"捐资造建初寺,画神僧之事于壁,以彰佛力"③;或因崇尚"无心"境

---

① 袁爱中:《西藏宗教文化传播渠道分析》,载《西藏大学学报(社会科学版)》,2010年第4期,第59~65页。
② 石国柱、楼文钊修,许承尧纂:《歙县志》,民国二十六年(1937)铅印本,"清净尼庵"条。
③ 张潮辑:《虞初新志》,北京:文学古籍刊行社,1954年,第177页。

界,"循佛说急自思量"①;或为王朝鼎革,向佛以寄亡国之思②。更有"就医佛寺,因得兼添禅旨"者③;入空门不忘大义者④;向佛祈祷以祈求得嗣者;信内典,蒙佛法拯救而持佛还愿者⑤;建寺造佛以尽孝悌者⑥。无论这些有关佛教的个体行为的出现是出于何种原因,都是对佛教听、思、修的结果,这也是徽州佛教自我传播的重要表现。

二、群体传播体系

群体,即社会范畴中具有共同觉知的个人集合体,在其成员身份评价上有一定程度的社会共识,是自我界定和社会界定共同作用的结果⑦。徽州佛教的群体传播可以理解为:佛教对徽州某一社会群体的传播和群体的内部交流,在这个信仰群体中,其成员对佛教的信仰是"均质的",而且群体成员的群体性能得到群体中的个人和社会的共同肯定。以此而论,徽州社会中的妇女群体堪为徽州佛教的群体传播主体,因为"佛入中国既久,潜移默化,几于无地无禅林。歙多名山,昔又最富,故各处有寺观,谈佛法者唯妇女居多,间有茹素诵经者"⑧。徽州的妇女群体之所以成为徽州佛教群体传播的突出代表,是因为徽州特殊的文化环境和妇女群体对生存空间扩展的迫切需求。

生存空间是指能维持"一定数量和质量人口生存与发展的多维要素空间,是人类群体生态系统中生态位的有效占据"⑨。在文化层面上,生存空间

---

① (明)金声:《金正希先生文集辑略》卷九《语录下》。
② 石国柱、楼文钊修,许承尧纂:《歙县志》,民国二十六年(1937)铅印本,"青莲庵"条。
③ (明)《新安汪氏统宗正脉》,第二册,"武瑞"条。
④ 陈梦雷:《古今图书集成》,"胡元靖继妻周氏"条。
⑤ (明)程文举:《仰山乘》卷一。
⑥ 参见《休宁苏浯二溪程氏宗谱》,《美国哈佛大学哈佛燕京图书馆藏中文善本汇刊》本,北京:商务印书馆,桂林:广西师范大学出版社,2003年,第359页。
⑦ 常启云:《群体传播视野下的宗教认同》,载《文化与传播》,2014年第1期,第94页。
⑧ (清)刘汝骥:《陶甓公牍》卷十二,《官箴书集成》第10册,合肥:黄山书店,1997年,第583页。
⑨ 曾本祥、王勤学等著:《生存空间理论探讨》,载《中国人口·资源与环境》,1991年第3、4期,第64页。

既指外在的文化环境,又指个人的精神自由。以此言之,人类若求得生存空间的扩大势必要突破文化环境的限制,获得精神寄托的新据点。在明清社会里,女性群体的生存空间以"三从四德"为核心。在徽州,更有贞节牌坊、宗族家法严重地禁锢妇女的思想和行为①。面对被压抑的生存世界,突破文化樊篱、寻求精神自由成为徽州女性的现实追求。佛教的生死轮回、因缘果报思想,符合她们的需求,为徽州女性群体打开一扇自由之窗。虽然国家对"修斋设醮,男女混杂"有严格的惩戒规定②,宗族也严厉告诫家庭女性成员"凡尼巫僧媪之流,不可使入吾家,淫祠赛会,妇人不可轻往"③,但是,对自由空间的渴望促使她们依然涉足佛教世界,以至在徽州出现"佛诞斋筵妇女趋,覃粗懿筐排满路"④的局面。寻求精神解脱,获得生存空间的扩大是徽州女性群体投身佛教信仰的共同目的,她们的具体表现方式基本一致,概言之有以下类型。

(一)祈愿以尽妇道

对于徽州的妇女群体来说,竭尽孝道是其应尽的重要职责之一。当父母或者公婆遭遇不测之时,她们向佛教世界祈求保佑成为其尽孝心的重要方式。例如,佘氏丈夫去世后,长斋布素,刺血写弥陀诸经,为母祈寿;汪氏因家庭贫困,婆婆病重而不得救治,朝夕焚香,祝天求代,又割臂作引和药而进,婆婆大病始愈⑤;正祥孙可立妻汪氏,其夫久病不愈,竭力侍奉汤药,怀孕五月而丈夫病卒,每夜焚香祝天,愿得男以承夫嗣,且事孀姑克尽妇道⑥;歙县闵孝女,父闵尚玉游商在外,母亲生病无人照料,因此她立志不嫁来侍奉父母终

---

① 张佳:《浅析古徽州妇女社会地位的禁锢》,载《安徽农学通报》,2009年第2期,第134页。
② 怀效锋点校:《大明律》卷一二《礼律二·丧葬》,北京:法律出版社,1999年,第95页。
③ (明)葛文简:《绩溪积庆坊葛氏族谱》之《家训》,明嘉靖四十四年(1565)刻本。
④ 欧阳发、洪钢:《安徽竹枝词》,合肥:黄山书社,1993年,第69页。
⑤ (清)赵吉士:《徽州府志》卷十六《列女》,清康熙三十八年(1699)刻本,安徽省图书馆收藏。
⑥ (清)黄景琯:《潭渡孝里黄氏族谱》卷八《节妇》,清雍正九年(1731)刻本,安徽省图书馆收藏。

老,等到父母去世以后,她只是吃斋念佛为父母祈求冥福①;婺源王氏嫁给了北山儒童士美,十八岁时士美去世,继嗣守志,侍候公婆以尽孝道,常常焚香祈求上天,愿公婆福寿绵长②。

(二)守节以全高德

在徽州这个理学思想氛围浓厚的地方,寡居守节被看作妇女高尚品质的重要衡量标准之一。因此,许多徽州妇女在夫亡后选择为其守节,其中不乏投身佛教以求心理慰藉者。例如,朱氏,北村程帮定的结发妻子,二十岁时丈夫去世,立志不再改嫁,吃斋念佛三十余年,面黄作金③;汪氏二十六岁时丈夫死去,没有儿子,侍奉公婆二十五年没有改嫁,婆婆去世后,汪氏与女伴一起去南海进香,念及侍奉婆婆之事已经完结,因此跳海自杀④;金道炤亲见父亲以身尽节,因此立志不嫁,削发出家为尼,修葺故居东偏房为礼佛之所,闭门修行⑤;吴氏丈夫去世后有人用重金聘娶她,不从而想上吊自杀,投缳多次却没有成功,因此削发寄足于屋后尼庵,守节五十年而后去世;汪氏丈夫去世后立侄儿为子嗣,为子娶妻汪氏而儿子早逝,婆媳相依为命,吃斋念佛;郑元勋继妻程氏,元勋官职方被难,氏号恸,长斋苦节五十九年;江一清继妻朱氏,夫殁,遂持斋尽孝,抚三孤俱成立⑥;贞女细姑,未婚夫殉国难,父母逼嫁,遂毁妆易服,庵居蔬食者三十余年⑦;叶氏女,叔母有疾,割股愈之。自幼不愿嫁,于舍后为庵,每诵佛经,有蛇在庵下听法,端坐去世时,年八十一岁,其家

---

① 石国柱、楼文钊修,许承尧纂:《歙县志》·《列女》,民国二十六年(1937)铅印本。
② 葛韵芬、江峰青修纂:《重修婺源县志》卷五十一《列女》,民国十四年(1925)刻本,安徽省图书馆收藏。
③ (清)赵吉士:《徽州府志》卷十六《列女》,清康熙三十八年(1699)刻本,安徽省图书馆收藏。
④ 石国柱、楼文钊修,许承尧纂:《歙县志·列女》,民国二十六年(1937)铅印本。
⑤ (清)何应松、方崇鼎修纂:《休宁县志》卷十六《列女》,清道光三年(1823)刻本。
⑥ (清)马步蟾纂修:《徽州府志》,清道光七年(1827)刻本。
⑦ (清)黄景琯:《潭渡孝里黄氏族谱》卷九《孤芳传》,清雍正九年(1731)刻本,安徽省图书馆收藏。

人以僧礼安葬之①;程允元妻刘氏,礼法整肃,于极孤苦中坚守前誓,老死不他适,居于尼僧庵内,有言媒者,必唾詈之②。

(三)好善向佛,以事公益

佛教的劝善教义和因果轮回观念影响着世俗人的价值标准,特别是徽州的妇女群体受此意识的影响较深,她们为求来生得到善果,投身佛教信仰,舍财济世,以求后善。例如,徽州王士惪妻何氏,夫旋病卒,慈善信佛③;再如婺源江世树继妻王氏,一门孤孀,晚年信佛茹斋,乐善好施④;还有古林(黄氏)孺人好斋素然,好善乐施,常流箪帷中所不能及⑤。

(四)为溺婴和堕胎赎罪

明清时期徽州有溺婴现象,从宗族告诫家族成员"世俗溺女,最可痛恨……罪恶与杀人同科"⑥的训诫中可见一斑。在整个溺婴和堕胎的过程中,尼姑是一个非常重要的传播网络⑦。药商常将角刺茶"货与尼庵,转售富家妇女,云妇人服之,终身不孕"⑧。也可能是因同为女性,故而妇女愿意将难以启齿之事告诉尼姑之流,以求问题之解决和内心的宽慰⑨。加之佛经中所宣讲的因堕胎造成杀业太重而不得善报的故事⑩,以及世俗对溺女"以干

---

① (清)赵吉士:《徽州府志》卷十六《列女》,清康熙三十八年(1699)刻本,安徽省图书馆收藏。
② 王觐宸:《淮安河下志》卷十二《列女》,"监生程允元妻刘氏"条。
③ 石国柱、楼文钊修,许承尧纂:《歙县志·列女》,民国二十六年(1937)铅印本。
④ 葛韵芬、江峰青修纂:《重修婺源县志》卷六十三《列女》,民国十四年(1925)刻本,安徽省图书馆收藏。
⑤ (明)黄文明:《古林黄氏重修族谱》卷四《妇德》,明崇祯十六年(1643)刻本,安徽省图书馆收藏。
⑥ (清)邵玉林、邵参彬纂修:《绩溪华阳邵氏宗谱》之《家规》,安徽大学徽学研究中心藏。
⑦ 李伯重:《多视角看江南经济史(1250—1850)》,北京:生活·读书·新知三联书店,2003年,第205~207页。
⑧ (清)赵学敏:《本草纲目拾遗》卷六《木部》,台北:宏业书局,1985年,第258页。
⑨ 陈玉女:《明代的佛教与社会》,北京:北京大学出版社2011年,第295页。
⑩ (南朝)僧宝唱辑:《经律异相·鬼神部》卷四六,收入《大正新修大藏经·事汇部》,第53册。

天地之和而催绝嗣之报"①的批评,使溺婴堕胎者为逃避因果报应的惩罚而接受佛教救赎,以期得到佛祖的庇护和被杀者的谅解,进而实现内心的解脱。

历史时期的徽州特别是明清时期的徽州女性群体面对国家和宗族设立的法律和道德规范,其活动空间被压缩在"深宅大院"内部。她们在承受尽孝、守节和节育的精神压力下,在忍受孤寂与煎熬的同时,寄希望于来世成了她们的追求,而佛教因缘果报教义正好符合她们这一需求,所以,多数女性把奉佛作为精神寄托和自我救赎的手段之一。她们选择奉佛作为生存空间扩大的重要途径,除日常在家瞻拜信奉外,踏出家门,到寺院烧香朝拜,由此形成了家内到寺院的宗教信仰空间②。在传统的节烈观念下,奉佛因其节烈行为而被允许,居家事佛成为她们维护自我价值的应变之举③,她们把佛教作为人生重大变故之后的精神依托,是对原有文化环境的突破,也是对生存环境的自我扩展。如果社会给予了她们自身价值和社会价值的认同,那么佛教给予了她们精神自由的许可,她们也由此成为徽州佛教群体传播的典型代表。

三、组织传播体系

历史时期徽州佛教的组织传播形式主要体现在烧香会社的建立上。会社是适应民间需要自发建立的具有信仰、经济、娱乐等功能的团体组织,是一种不同于宗族而又体现徽州民俗的重要组织形式④。

徽州有较多的佛会、香会等与佛教信仰相关的会社组织,"推年老在会久者为香头",负责进行相关的朝佛活动,常"同朝九华之地藏、齐云之上帝,旗锣诵佛,长途喃喃不休,归则设坛建醮七日,坛前列大香数十百炷"⑤。作为祭祀、信仰、兴趣共业单位的"会"在宗族内部也不同程度地存在。不同的是,

---

① (民国)《祁门凌氏族谱》之《规训小引》,"戒溺女"条。
② 刘平平:《明清徽州妇女的日常生活空间研究》,安徽大学硕士论文,2013年5月。
③ 陈玉女:《明代的佛教与社会》,北京:北京大学出版社,2011年,第357~358页。
④ 陶明选:《明清以来徽州民间信仰研究》,复旦大学博士论文,2007年4月。
⑤ (清)刘汝骥:《陶甓公牍》,《官箴书集成》第10册,合肥:黄山书社,1997年,第583页。

宗族内部的佛会组织是宗族内部的共业单位,而这种共业单位是宗族内部有共同信仰的人组成的不同于房支结构的跨房分支结构①。而宗族内部佛教组织传播现象的存在也可以通过胡氏《嘉庆祁门佛会账簿》所载的有关佛会的内容得到证明②。

"上齐云"和"朝九华"是徽州相当流行的朝山习俗,这种朝山活动又与文人的旅游朝山形式不同,是对佛道信仰表达的一种民俗活动③。在明代徽州出现的朝山路线、因批捐而形成的特别僧俗关系和朝山后出现的迎神赛会④,由此可以看出佛教信仰在徽州的影响之普遍、朝山活动在佛教信仰中地位之重及朝山组织在佛教传播过程中的明显作用。

在徽州社会中有规模的朝佛地点,除了九华山和齐云山外,还涉及其他的朝佛地点。"徽州歙县灵山,供雷祖极灵,每年六月二十四日,焚香者络绎于道。山顶村氓百余家,皆好善布施……对山有高冈顶,横竹筒长尺许,空洞无物,是日自出卷轴,悬筒末,金身朱喙,宛然神容。愚民瞻仰以万计,咸拜跪无怠容,至一时许乃没。"时至许承尧时代,见"灵山雷祖如昔,每年六月二十四日,邻近村落皆素食,往拜神者塞途,皆此种谰言,传益迷罔也",遂"录之以见恶俗革除不易"⑤。徽州的观音山、岑山均为有规模的朝山地点,所谓"观音大士著慈悲,诞日烧香远不辞。逐队岑山潜口去,伴随女伴比丘尼"⑥。这里的朝山组织中不仅包含男女老幼,还涉及僧俗两界,从侧面反映出徽州地区宗教朝山活动的活跃,也体现出徽州佛教组织传播的重要作用。

---

① 林济:《明清徽州的共业与宗教礼俗生活》,载《华南师范大学学报(社会科学版)》,2000年第5期,第83~90页。
② 《嘉庆祁门佛会账簿》,收入《徽州千年契约文书》卷十一,石家庄:花山文艺出版社,第3~138页。
③ 张伟然:《湖南历史文化地理研究》,上海:复旦大学出版社,1995年,第94页。
④ 王振忠:《华云进香:民间信仰、朝山习俗与明清以来徽州的日常生活》,载《地方文化研究》,2013年第2期,第38~60页。
⑤ 许承尧:《歙事闲谭》,合肥:黄山书社,2001年,第556页。
⑥ 许承尧:《歙事闲谭》,合肥:黄山书社,2001年,第207页。

四、大众传播体系

大众传播是通过特定媒介，面向非特定的大众进行信息大量传递的活动。因此，大众传播不是个人行为，而是一种规模性的社会传播①。在佛教世俗化的大背景下，明代社会中各阶层的佛教信众有所增多，王公贵胄至平民百姓的上下层级中，多有信佛之人②。徽州傩礼颇近古，各乡"于四五月，或八九月，亦有保安之举，扎造龙舟，装饰彩绘，僧道斋醮，磔牲以祷，曰善会。事毕则亦送之河干。岁杪招道士跳舞娱神，排设福神衣甲，曰犒猖。俭家唯以牲醴祷祀，皆谓之谢神"③。这种带有崇佛敬神性质的地方习俗，是佛教传播的一种媒介，佛教通过这种媒介在地方社会引起巨大反响，促使社会大众广泛参与，从而构成了徽州佛教的大众传播体系。

徽州社会的习俗类型多种多样，所涉对象不一，对徽州社会有着重要影响。"其所奉为神道者，亦至伙矣，若元帝，若关帝，若汪王、周王，若观音、地藏，其为名不一，皆所谓神也。若朝香，若建醮，若度孤，若斋，若忏，其为事不一，皆所以事神也。近日斋教盛行，不时聚徒开堂拜佛，休宁齐云山住持负元帝像到处蹂躏，名曰圆经，愚夫愚妇无不卑躬屈膝"④。尤其"清明日、七月十五日、十月初一日，俗谓之三元会、中元会，向在本署宜门外招僧道多人，设坛诵经"。知府闻之愕然，不解其意，"查中元令节例，有小祭，意在驱逐游魂，禳除疹疠"，但知府认为此为守土者职事，须在厉坛举行，尚属名正言顺，"断未有堂堂衙署铙鼓齐鸣作盂兰之大会者"⑤。又因徽州习俗中的迎神赛会"演

---

① 宋安：《基督教传播》，厦门大学硕士论文，2006年4月。
② 曹刚华：《明代佛教寺院农业问题初探——以明代佛教方志为中心的考察》，载《中国地方志》，2009年第6期，第46~51页。
③ 许承尧：《歙事闲谭》，合肥：黄山书社，2001年，第610页。
④ （清）刘汝骥：《陶甓公牍》，《官箴书集成》第10册，合肥：黄山书社，1997年，第598页。
⑤ （清）刘汝骥：《陶甓公牍》，《官箴书集成》第10册，合肥：黄山书社，1997年，第466~467页。

戏出多鄙俚不根之事",将其列为徽州三大恶俗之一,并以告示纠正之①。徽州社会中的一系列地方习俗掺杂着佛道神祇和地方神灵,以风俗习惯的形式影响着社会民众,以时间节令祈祝的形式提醒着地方民众,对这些习俗中的思想信息予以接收,不仅是个别人的行为,而且是整个地方社会所要共同面对的行为,佛教意趣也就是利用这种媒介实现大众传播的目的。

本章小结

宗教作为一种常见的文化现象,自产生之时起就在不断地传播着。肇始于南北朝时期的徽州佛教,至明清时已经深入徽州社会各个角落,并因此成为徽州历史文化中极为重要的有机组成部分。对历史时期徽州佛教的传播形态、传播载体和传播体系等方面的分析,有助于更好地了解徽州佛教本身及其对徽州社会的影响。基于徽州特殊的文化环境,虽然不乏奉佛的事例,但总体来看佛教在徽州的传染传播是困难的,而阶层传播和刺激传播都有徽州地方色彩的存在,这是佛教传播适应徽州地方特点的结果。徽州佛教在徽州社会中传播载体的选择,已经不仅限于佛教"三宝"这样的传统载体形式,逐渐向徽州刻书、版画、雕刻、壁画、目连戏等物质性及非物质性载体渗透,在丰富佛教载体的同时,也在客观上为徽州文化提供了大量的佛教题材,丰富了徽州文化内涵,实现了徽州文化的空间扩展。徽州佛教的传播有其特定的传播体系,自我传播和群体传播是其突出的传播体系,同时组织传播体系和大众传播体系也在徽州社会中有不同程度的体现。综观历史时期徽州佛教文化的传播实际,其特点是在文化传播过程中,佛教文化与地方文化的有机结合,呈现出文化传播的特殊性与一般性的深度结合,透过这种结合也能窥见历史时期佛教文化对徽州区域文化发展的促进作用,这对于进一步丰富和完善对历史时期徽州社会的系统认识无疑是具有一定的意义的。

---

① (清)刘汝骥:《陶甓公牍》,《官箴书集成》第 10 册,合肥:黄山书社,1997 年,第 542 页。

第八章　从祷雨看明清时期徽州佛教与地理环境的关系

人类与自然界融合的结果之一就是宗教的产生和发展，因此，影响宗教形成和发展的一个重要因素便是自然环境，一种特殊的人地也由此在宗教与地理环境之间不断孕育形成，即宗教的发展传播有其一定的区域空间环境，又能渗透到社会各个领域反作用于地理环境①。佛教在徽州的生存发展同样离不开徽州地区的地理环境，同时，历史时期佛教也通过各种方式对徽州的地理环境（包括自然环境和社会环境）施以影响。在历史时期徽州地区的人地关系互动中，祷雨是一种标志性的实践活动。在此实践之中，佛教扮演着一个重要的角色，体现着徽州人地关系的特殊性及在这一关系中佛教与地理环境关系的紧密性，通过对徽州佛教生存环境的透视可以更好地理解佛教在徽州得以存在并不断发展及佛教在祷雨过程中扮演重要角色的原因。

---

① 介永强:《历史宗教地理学刍议》，载《陕西师范大学学报(哲学社会科学版)》，2004年第3期，第95~98页。

第一节　明清时期徽州佛教的生存环境

明清时期,理学在徽州地区备受推崇,佛教信仰被忠实的理学信仰者视为异端,故有徽州不尚佛教的结论。然而,据明清时期的方志等资料记载,徽州虽为理学重镇,但佛教信仰并未因之而禁绝,不尚佛教可能也只是部分乡儒的一厢情愿。不仅如此,徽州地区独特的自然地理环境及其丰富的物产为佛教提供了基本的生存资源,而在儒、释、道融合的文化背景下,徽州地区广大的信仰人群、丧葬、祈愿等因素也为佛教生存提供了客观的人文环境。由此,我们认为基于独特的自然和人文环境,在明清时期的徽州地区,佛教可以说拥有一个相对完整的生存系统。

一、明清时期徽州佛教生存的自然环境

徽州地处亚热带湿润气候区,热量充足、降水丰沛、植被茂盛,为徽州地区拥有丰富的物产提供了基本的自然地理条件。以黄山为例,"黄连生山壑中,苗丛生,一茎三叶,高尺许,凌冬不凋,花黄色,味苦寒,土人采根连车载贸,为治火主药"[1],且在黄连源中"多产黄连"[2]。药材种类较为丰富,"百药源在布水峰下,源名百药,药实不止百也"[3]。佛教信徒所用到的日常生活物资这里也并不缺少,龙须源"在望仙峰下,源中产龙须草,长者可织席",榆花溪"在紫云峰下,溪多榆,故名……荚如小钱,初生拗食之……榆材坚,可备器用"[4],查看方志可以发现历史时期黄山地区能为僧人生活提供的物因而诸如谷类、菜类、木类、果类、药类、花类等均为充裕[5]。由于山僧久住黄山,在对此地的物产利用方面有独特之处,如"苦蕺,俗名苦菜……山僧摘而制之,

---

[1] (清)闵麟嗣:《黄山志定本》卷二《山产》,民国二十四年(1935)安徽丛书编印本。
[2] (清)闵麟嗣:《黄山志定本》卷二《山产》,民国二十四年(1935)安徽丛书编印本。
[3] (清)闵麟嗣:《黄山志定本》卷二《山产》,民国二十四年(1935)安徽丛书编印本。
[4] (清)闵麟嗣:《黄山志定本》卷二《山产》,民国二十四年(1935)安徽丛书编印本。
[5] (明)程文举:《仰山乘》卷一。

名松萝";"云雾茶,山僧就石隙微土间养之,微香冷韵,远胜匡庐";"瓦竹,山中一种竹,叶长广似箬叶,山僧厚纫覆屋,用以代瓦,萧然精致,遂觉陶冶无功"①。佛寺处于山林者较多,而佛教自身需要和施之救人的诸多药材,徽州恰好能予以提供,同时,寺院拥有一定量的山林田塘作为生存的物质基础,并可向政府缴纳赋税②。这些丰富的生活生产资料无不得益于优越的自然环境,客观上为佛教的生存和发展提供了可能。

徽州的大多数山地土壤较瘠薄,除屯溪盆地外以山地红壤为主,土壤酸性强,缺乏有机质,耕种起来比较困难,需要投入比他处为多的资金和劳动力,且受自然灾害影响明显③。农民"最为勤苦,缘地势陡绝,厥土骍刚而不化,水高湍急,潴蓄易枯,十日不雨,则仰天而呼。一雨骤涨,而粪壤之苗又荡然矣。大山之所落,力垦为田,层累而上,十余级不盈一亩,刀耕火种,望收成于万一。深山穷民,仰给杂粮,早出,偕耕于山,耦樵于林,以警狼虎"④。然寺庙僧人未必有此顾虑,虽然"僧人人务农,庵中多农具,虽庵如农家,服田力穑,禾三百廛,输将本院作供十方"⑤。但寺庙有时会有自己优越的生产小环境,"黄山多沙土,独庵(莲花庵)前有地两亩,宜竹,竹如碗口大,惜山光半为所掩"⑥,足见其生长条件之好。若有足够的水利条件就可以使寺庙的生产达到一定的规模,"袈裟池在本寺祖堂前,其水三尺许,方围丈余,岁旱不涸,雨久不盈,夏冷冬温,深清澈底,千众可供"⑦。有利的田土和水利条件足以为附近相应的寺院提供基本的生存资源。

佛寺有利的生产环境毕竟是有限的,若天时不济,寺庙的生产就会受到

---

① (清)闵麟嗣:《黄山志定本》卷二《山产》,民国二十四年(1935)安徽丛书编印本。
② (明)程文举:《仰山乘》卷一《田赋》。
③ 高寿仙:《中国地域文化丛书·徽州文化》,沈阳:辽宁教育出版社,1998年,第11页。
④ 许承尧:《歙事闲谭》,合肥:黄山书社,2001年,第604页。
⑤ (清)闵麟嗣:《黄山志定本》卷二《山产》,民国二十四年(1935)安徽丛书编印本。
⑥ (清)闵麟嗣:《黄山志定本》卷二《山产》,民国二十四年(1935)安徽丛书编印本。
⑦ (清)释超纲辑:《黄山翠微寺志》卷上,见《中国佛寺志丛刊》第13卷,扬州:广陵书社,2006年。

影响。对于徽州的普通百姓来说,长期以来的忧虑就是"新安所产米谷,不足民食之半,向籍外来。每遇新陈未接,艰于糴买,米贵人惶,而挟借抢攘,为害叵测"①,如若天灾加之此种局面,无异于雪上加霜。不过,对于徽州的佛教来说,自然灾害未必会影响其整体生存发展,因为佛教渲染的自然灵异又从另一个侧面给予佛教一个生存的机会。为求风调雨顺,祈求佛教神灵成为徽州官民的一个重要选择,而佛教界的众多灵异也正好满足了世俗世界的这一需求。"浮丘观,在浮丘峰下,唐会昌中拆毁,观址犹存,水旱祈祷立应。"②"(龙渊)深不可测,四方大旱辄祷此,请水甘雨随澍,无不感应"③。"云龙潭……云出其上如戴帽笠,居人以此占阴晴,旱则祷之,或得蜥蜴蜿蜒,雨随至。诸如此类者极繁。"诸多的佛教自然灵异,使百姓"奉以祷雨,得雨而熟,里人益神之,凡有事即祷而香火益严"④,这种因天灾而产生的宗教灵异崇拜,为佛教的生存发展找到了另外一条出路,徽州极具灵异之自然载体,使佛教在此立足和传播有了依凭。

二、明清时期徽州佛教生存的人文环境

徽州地区自南宋以后被称为"东南邹鲁",足见理学在此受重视之程度,以至于理学的忠实信仰者认为"释老二氏同祸天下,而人不知老氏之罪甚于释者"⑤。因此,徽州地区对佛教信仰多有排斥,将游食僧人与无籍流棍、技术流娼视为等同,并对其严行驱逐以保地方宁谧⑥。许多家谱家规也有对宗族子弟与僧教的交流行为进行约束的条款,以保家族和谐稳定。基于此,宗族子弟与佛教信仰接触的机会因为社会崇儒意识的强化而受到限制,进而导

---

① (明)傅岩:《歙纪》,合肥:黄山书社,2007年,第57页。
② (清)闵麟嗣:《黄山志定本》卷二《建置》,民国二十四年(1935)安徽丛书编印本。
③ (明)程文举:《仰山乘》卷一。
④ (明)程敏政:《篁墩文集》卷十六,《四库全书》本。
⑤ (明)程敏政:《篁墩文集》卷十六,《四库全书》本。
⑥ (明)傅岩:《歙纪》,合肥:黄山书社,2007年,第55页。

致佛教因为传承者的缺少而走向衰落①,当然这种佛教的衰落,主要是指其济世度人精神的衰落及思想义理的苍白②。然而,佛教终究是中国传统文化的一部分,多年的汉化已经深入社会肌理,徽州理学的推崇者对佛教社会影响的限制效果终究是有限的③,因为在儒、释、道融合的背景下,徽州的丧葬习俗、广大的信众及官民的祈愿行为等都为佛教信仰在徽州地区的生存和发展提供了深厚的人文根基。

(一)儒、释融合的人文背景

佛教在中国的发展流布过程与其和儒学的相互斗争融合过程相始终,理论上而言,佛教与儒学是相互斗争、相互融合的④。中国佛教的"人性""心性"理论深受儒学所推崇的"人性""心性"理论的影响⑤,许多儒学思想也可以借佛学禅机来解释。同时,我国宗教文化的重要特点之一就是与学术、政治联系较为紧密⑥。这样在佛教、政治和儒学之间形成了某种内在的关联,即佛教攀援儒学,改筑自身,进而获得政治认可以达到生存的目的;儒学则吸收佛教思想,完善自身,继而实现更好的政治目标;儒者参与政治后,又会直接或间接地投身佛教活动。那么,是什么因素促使三者联系在一起呢? 可能是对"心性"超脱理念的认同使三者结合起来的。因为儒学宣讲的"性善""性恶"理论要求进行内心的修行来弥补,但儒家的修身理论又不及佛教追求的超脱心性理论更有说服力⑦,所以在修行理念上形成了儒、佛的认同,而脱胎于儒学的政治参与者自然也对佛教世界的心性超脱理论有潜在的认可,也许这可以为大量的政治失意者为什么投身佛门提供一个解释。对于佛教来说,

---

① 丁希勤:《古代徽州宗教信仰研究》,芜湖:安徽师范大学出版社,2013年,第153页。
② 赖永海:《中国佛教通史》第13卷,南京:江苏人民出版社,2010年,第127页。
③ 高寿仙:《中国地域文化丛书·徽州文化》,沈阳:辽宁教育出版社,1998年,第173页。
④ 赖永海:《佛学与儒学》,杭州:浙江人民出版社,1992年,第30页。
⑤ 赖永海:《佛学与儒学》,杭州:浙江人民出版社,1992年,第56页。
⑥ 卢云:《汉晋文化地理》绪论,西安:陕西人民教育出版社,1991年。
⑦ 王洪军:《中古时期儒释道整合研究》,天津:天津人民出版社,2009年,第238~242页。

教义出现了深刻的儒学色彩,主要凸显在佛教追求的心性化和人间化,即以禅宗为典范的"人间宗教"①。这种"人间化"在明清徽州则表现为佛教世界的心性超脱和徽州士大夫对这种心性超脱世界的认可。

明清徽州地区,佛教山林拥有"佛光四面现方华,钟鱼隐隐传天梵"之境界②,尽可体现出佛门清修之地的宁静超脱,这种宁静超脱也许包含明遗民在徽州山水中所寻求的对内心哀思的释放。画僧雪庄画《云舫图》,自题云"黄山最奇处,后海老僧家"③,诗中尽显一位明遗民的亡国哀思和"寻径"山水的超脱情怀。正是佛教世界中的这般超脱精神深深地吸引了徽州的士大夫阶层,他们选中了能使其心性清净的佛寺,作为其子弟读书的场所,如城山观即为"炳炎、焕炎两公读书处"④等。

徽州被称为"程朱阙里",对二程和朱子至为推崇,然二程对于佛教修炼方法的赞同及朱熹在思想上所带有的浓厚佛教色彩对徽州的士大夫理应有所影响⑤。作为社会的统治意识主宰者的封建士大夫,是一种外来文化在中国社会站住脚跟的关键,只有在他们的推动下,一种文化才能在中国社会内生根发芽,这也是佛教不同于其他文化而入住中土的秘诀所在⑥。所以,尊奉程朱的徽州士大夫对佛教修炼方法和佛教所追求的超脱世界的认可,就影响了徽州的社会动向,让佛教信仰在徽州地区站稳了脚跟,客观上为佛教在徽州的生存发展提供了人文环境。

(二)丧葬习俗中的佛教信仰

丧礼为中国的重要礼节之一,从古深受世俗所重视。在传统意识里,不

---

① 赖永海:《佛学与儒学》,杭州:浙江人民出版社,1992年,第218~221页。
② (清)赵吉士辑撰,周晓光、刘道胜点校:《寄园寄所寄》卷三,合肥:黄山书社,2008年,第172页。
③ 许承尧:《歙事闲谭》,合肥:黄山书社,2001年,第667页。
④ (清)释超纲辑:《黄山翠微寺志》卷上,《中国佛寺志丛刊》第13卷,扬州:广陵书社,2006年。
⑤ 赖永海:《佛学与儒学》,杭州:浙江人民出版社,1992年,第148~153页。
⑥ 严耀中:《中国东南佛教史》前言,上海:上海人民出版社,2005年。

但生前的行为规范受到人们的重视,而且死后灵魂的归宿也未尝被忽略,这一点与佛教的轮回理论十分契合。所以,基于传统形式之外,不少新的内容出现在死者的后事处理过程中。之所以会用各种形式来洗刷生前的污垢,最终不过是为了死后灵魂有一个好的归宿,如"人死之后,请僧人念经,举行水陆法会,为一切水陆众生供养斋食,诵经礼忏,追荐亡灵等"①,凡有丧事,无不供佛饭僧、念经礼忏。不过,一些理学信仰者对丧礼中使用佛事则表示反对,因为"治丧而用浮图(屠),无论丧礼不足观,就使衰麻哭泣,备物祭奠,一一禀礼,而其陷亲不义不孝之罪"②。另外,"棺殓之费仅数十金,而僧道之追荐,冥器冥材之焚耗,求神散福之食用,往往数倍于此"③。然而明清时期徽州地区的丧礼中又有佛事常常出现的事实,个中原因无非治丧不用佛事"恐致乡人非议",或又"今天下皆知三年之丧矣,而浮图(屠)说入人之深,鲜有觉而悟者"④。同时,道场是礼拜、诵经、行道的场所,具有超度、追忆亡灵的作用,故在儒、佛、道三教融合的背景下,在民间治丧活动中为重要场所。在我国这个提倡孝道的国度里,道场又成了人们检验为人子孙是否尽孝的一个场所,因此,做道场成了整个治丧活动的"重头戏"⑤。徽州对节孝尤为重视,置办丧礼当然不会忽略道场的存在,这无疑在客观上为佛教提供一个存在的机会。当然,一个地区无论总体经济实力如何,总会有个体的贫富差异。明清徽州的丧礼"唯尚七七从事浮屠,而设吊之期,或五日,或三日、一日,视家道丰约,宾朋多寡,届日鼓吹迎宾"⑥。针对丧礼中佛教道场花费较高和经济条件,有些家族采取灵活

---

① 江新建:《佛教与中国丧葬文化》,长沙:湖南人民出版社,2008年,第4页。
② (清)吴翟辑,刘梦芙点校:《茗洲吴氏家典》卷五,合肥:黄山书社,2006年,第119页。
③ (清)刘汝骥:《陶甓公牍》卷十二,《官箴书集成》第10册,合肥:黄山书社,1997年,第581页。
④ (清)吴翟辑,刘梦芙点校:《茗洲吴氏家典》卷五,合肥:黄山书社,2006年,第119页。
⑤ 江新建:《佛教与中国丧葬文化》,长沙:湖南人民出版社,2008年,第73页。
⑥ 许承尧:《歙事闲谭》,合肥:黄山书社,2001年,第608页。

(三)官民祈愿与佛教生存

我国民间信仰的一个重要特点:只要其灵验就拜,不管是佛家还是道家①。这种现象在徽州地区也不例外,民众若遇有不如意之事就会向佛教世界寻求心灵的慰藉,哪怕在族规甚严的宗族里也是如此。据《休宁荪浯二溪程氏宗谱》记载:"凤仪,字廷瑞,行济二六,号竹涯,事亲孝,处兄弟友,克自树立,尝施木助造佛宇以祈母寿。"②此虽是为了重彰显其孝行,但其事佛之心亦可显现。诚然,也有不喜事佛者,如《处士吴君孺人谢氏合葬墓志铭》所记:"休宁处士吴君孟高……于章句不甚屑屑,而知识过人,酷不喜佛老,家人化之,遇疾痛无敢祷淫祀。"③但徽州人为求"诸房子孙之生毓者日繁",更多的选择是"列祀中奉以下诸祖于报慈(庵),入田以饭僧"④。在地方官员眼里,"醵钱迎赛,无村无之……一届秋令,其赴九华山、齐云山烧香还愿者络绎不绝,尤可怪者,七月十五相沿于府署宜门招僧道多人,作盂兰道场"⑤。所以,这些有关佛教信仰的还愿和迎神赛会在此地被视为恶俗之一,与迷信、赌博同流。但这并不能说明佛教信仰在官府层面不能生存发展,若佛教灵应之声上达天听就会为其带来生存发展的契机。"万历胡宥记……新安山无如白岳,岳之神曰玄君,民间祝禖祷雨多应,嘉靖中闻于上,遣使祝禖,三至三应,上乃大神玄君,复遣使加封致祀"⑥。而后,"嘉靖壬辰五月,钦差妙应真人李保成至齐云山,祈恩求嗣,继绪保国,大

---

① 张伟然:《湖北历史文化地理研究》,武汉:湖北教育出版社,2000年,第92页。
② 《美国哈佛大学哈佛燕京图书馆藏中文善本汇刊》第十三册,北京:商务印书馆,2003年,第359页。
③ (明)程敏政:《篁墩文集》卷四十五《处士吴君孺人谢氏合葬墓志铭》,《四库全书》本。
④ (明)程敏政:《篁墩文集》卷十四《祁门善和程氏重修报慈庵祠宇记》,《四库全书》本。
⑤ (清)刘汝骥:《陶甓公牍》卷十,《官箴书集成》第10册,合肥:黄山书社,1997年,第542页。
⑥ (明)鲁点:《齐云山志·建置》,《四库全书存目丛书·史部》第231册。

斋七昼夜"。迨至"圣母偶致违和,虽百发疗治,愈痛愈疼,迨今未瘥,思唯求救于神,庶臻安复,齐云山乃北极神之福地,祈恩保母安疾,永寿延禧"①。这些恩庇使齐云山声名远扬,从而为佛教在此更深远发展谋得机会。无论官民,其祈愿都是在其处境困顿时向佛教世界寻求神灵庇护,借以获得心理慰藉的行为,而这一心理倾向使佛教信仰深深植根于人的精神世界,从而使佛教信仰拥有了生存和发展之机。

(四)佛教信仰的民众基础

徽州"凭山为宇,地狭人稠,连栋危垣,街衢湫溢"②,"石田硗确,平时得岁,民食尚艰"③,若有天灾人祸则民生艰苦。所以,徽州民众"最重神道、岳帝、祖师、地藏、五显、土地莫不有会,愚夫愚妇最畏神明,每遇疾病,诚心祷祀"④,这就为佛教信仰在徽州的发展奠定了群众基础。不仅如此,在明清易代之际,徽州地区有许多明遗民逃世入禅门,其中"黄山在明、清易代时,逃世之士皆归焉。不止官球、浙江诸人,如沈眉生亦其一也……雪藤亦逃世者矣。今文殊院后石壁上,有'日月自明'四大字,疑当时遗老所镌"⑤。这些逃禅之士不但是佛教信仰者的组成部分,也是佛教艺文的传播和发扬者。歙之画家见于志者,明郑重、杨明时、吴羽……"从丁南羽画佛像,兼工山水花鸟,族子吴于廷,能世其学……僧弘仁,新安画派导师。"⑥"僧雪庄,名悟,字惺堂,又号通源,终身居黄山,画黄山者也。"⑦这些富有才学的明遗民投身佛门,在与士大夫进行文墨交流的同时也将佛教艺文带入世俗社会,在社会的士大夫阶层里为佛教信仰找到了立足之地。徽州齐云山"皆石山,不能垦而田又少,每

---

① (明)鲁点:《齐云山志·祀典》,《四库全书存目丛书·史部》第231册。
② (明)傅岩:《歙纪》,合肥:黄山书社,2007年,第106页。
③ (明)傅岩:《歙纪》,合肥:黄山书社,2007年,第58页。
④ (清)刘汝骥:《陶甓公牍》卷十二,《官箴书集成》第10册,合肥:黄山书院,1997年,第605页。
⑤ 许承尧:《歙事闲谭》,合肥:黄山书社,2001年,第424~425页。
⑥ 许承尧:《歙事闲谭》,合肥:黄山书社,2001年,第65页。
⑦ 许承尧:《歙事闲谭》,合肥:黄山书社,2001年,第121页。

岁建会醮不可无道侣住山,于是里人朱经略、孙一凤与道友金道大、胡道清、胡晋龙翕然愿助田亩,以备洒扫,醮坛之需,由是乐助此"①。当时这些由"里人"或"邑人"建立的寺观较多,反映了明清时期徽州民间宗教信仰很兴盛。②在徽州地区的佛教信仰群体里,最活跃的部分要算妇女这一群体了。"歙为程朱阙里,士大夫……卓然不惑于异端,佛入中国既久,潜移默化,几于无地无禅林。歙多名山,昔又最富,故各处有寺观,谈佛法者唯妇女居多,间有茹素诵经者"③,也有"信女陈氏等施资,装金罗汉十八尊"④,更有随尼远奔他乡烧香还愿者,所谓"观音大师著慈悲,诞日烧香远不辞,逐对岑山潜口去,相随女伴比丘尼"⑤。女性能在理学发达的徽州地区投身佛教信仰,足见佛教和儒教一起构成徽州贞节信仰的价值内涵,佛教深化了儒教信仰的精神境界,对开阔徽州女性的心理生存空间具有十分重要的意义⑥。由此可见,明清时期徽州佛教信仰现象较为普遍,信仰者包括妇女、士绅等社会各个阶层,足见其民众基础之深厚。

　　宗教的产生发展不但与高山、大海、沙漠、河流等自然地理因素有关,与与其融合交会的人文环境也有内在的关联性⑦。明清徽州佛教生存发展虽受理学的限制乃至排挤,但基于徽州适宜的自然气候和局部优越的生产条件,为僧人生存提供充足的自然资源使其维持基本生存的需要,诸多的佛教灵异为遭受困厄的徽州官民提供了使心灵得以慰藉的自然载体,这些都可视为徽州佛教存在的自然基础。佛教信仰在程朱理学的束缚下并未完全泯灭,也是基于二程及朱子对佛教不同程度的认可。在明清

---

① (明)鲁点:《齐云山志·宸翰》,《四库全书存目丛书·史部》第231册。
② 丁希勤:《古代徽州宗教信仰研究》,芜湖:安徽师范大学出版社,2013年,第66页。
③ (清)刘汝骥:《陶甓公牍》卷十二,《官箴书集成》第10册,合肥:黄山书社,1997年,第583页。
④ (明)程文举:《仰山乘》卷一《檀施》。
⑤ 许承尧:《歙事闲谭》,合肥:黄山书社,2001年,第207页。
⑥ 丁希勤:《古代徽州宗教信仰研究》,芜湖:安徽师范大学出版社,2013年,第27页。
⑦ 介永强:《历史宗教地理学刍议》,载《陕西师范大学学报(哲学社会科学版)》,2004年第3期,第95～98页。

时期儒释道相互融合的大背景下,徽州地区的士大夫阶层也接受了佛教追求的超脱境界,并引领了徽州的社会发展动向。另外,徽州社会的丧葬习俗和官民祈愿行为中都饱含着佛教信仰的因素,加之深厚的信众基础,为佛教在徽州的生存发展提供了宽松的人文环境。当然,徽州佛教生存发展的自然背景有时要借助人文形式才能表现出来,而人文环境的展现也有其特定的自然载体。佛教在徽州的生存和发展是历史时期徽州地区自然基础和人文环境共同作用的结果,二者相互交织、相互渗透,共同构成了一个相对完整的佛教生存资源系统。

第二节 明清时期徽州佛教祷雨功用的现实背景

一切物质生产、精神生产都受到地理环境的影响,同时人类还塑造着其生存环境,所以较为合理的文化应是地理环境、意识形态、制度和经济基础相互影响和辩证统一[①]。佛教在明清时期徽州的生存发展有其特定的生存资源系统,这种完整的生存资源系统里蕴含着徽州社会对佛教信仰的需求,而此种需求的重要体现之一即为佛教对祷雨愿望的满足,徽州佛教的此种功用自然也有相关的经济因素。明清时期徽州社会将佛教引入祷雨事件之中,是因其具备了一定的现实背景,这种现实背景即为徽州生产条件不利所带来的徽州社会对神灵的精神依赖。那么,明清时期徽州究竟面临着怎样的生产条件使佛教成为其祷雨的精神依赖呢?这从当时的自然条件和人文条件中可窥一斑。

一、徽州农业生产自然条件的不足

徽州地区处万山包围中,地形相对高度和落差较大,山体间可供种植的谷地、隙地和盆地数量较少且面积小。包括休宁、歙县、绩溪三县各一部分的"屯溪盆地",是徽州最大的盆地和产粮区,其土地面积也不过100余平方

---

① 王恩涌、胡兆量等著:《中国文化地理》,北京:科学出版社,2008年,第149页。

公里①。穿越徽州境内的主要河流渐江水,休、婺、黟、祁等水合流入新安江,其支流本均可用于灌溉之用,但徽州多山及高程落差大的自然条件却使这些水资源的灌溉效益没有得到充分的发挥,而见之于方志之中有灌溉效益的往往是山间湖泊和水潭等。然而,"山多田少,况其地瘠,其土驿刚,其产薄,其种不宜稷粱,是以其粟不支而转输于它郡,比岁不登,鲜不益窘矣"②。所以,《徽州竹枝词》将此状况歌为"土瘠民劳地力微,自应方物产来稀,粟菽满山田稻少,山农耕种白云乡。五风十雨岁丰熟,仅够终年数月粮"③。

徽州多山少田、土壤条件不佳的自然条件给徽州社会带来巨大的生存压力,为获得更多的生存资源,农业开发的空间高度不断上升,与之伴随的生产技术也趋于原始化,然不利的自然条件致使其生产成效甚微。针对此种情况,顾炎武将其精辟地概括为"郡之地隘,斗绝在其中。厥土驿刚而不化,高水湍悍,少潴蓄,地寡泽而易枯,十日不雨,则仰天而呼,一骤雨过,山涨暴出,其粪壤之苗,又荡然空矣。大山之所落,多垦为田,层累而上,指至十余级,不盈一亩。快牛利剡,不得田其间,刀耕火种,其勤用地利矣。自休之西而上,尤称斗入,岁收仅不给半饷,多仰取山谷,甚至采薇葛而食,暇日火耕于山,旱种旅谷"④。徽州农业生产条件的有限性使其丰年所产仅足三月之食,如果遭遇荒年而新旧不接,且恰逢邻境歉收时,则商贩稀少,米价腾贵,百姓生活举步维艰,加之"邑界江浙,溪岭阻深,地方奸诡,勾引窝藏盗贼,每为渊薮",又"徽之民食,半藉外来,商贩跋涉险阻,有风涛寇盗之虞"⑤,社会安定则无法得到有效保障,更使徽州的民生问题雪上加霜。地方政府也常采取措施进行灾年补救,"当青黄不接之际,出陈易新,庾廪无亏,而民有大赉,诚属两

---

① 高寿仙:《中国地域文化丛书·徽州文化》,沈阳:辽宁教育出版社,1998年,第10页。
② 许承尧:《歙事闲谭》,合肥:黄山书社,2001年,第717页。
③ (清)吴梅颠:《徽城竹枝词》,安徽大学徽学研究中心藏手抄本。
④ (清)顾炎武:《天下郡国利病书》,上海:上海古籍出版社,2012年,第1014页。
⑤ (明)傅岩:《歙纪》,合肥:黄山书社,2007年,第51、67页。

便……第本地山田多种早谷,新者已次序就登,价值不甚腾贵"①。然而,面对农业生产不足的现实,徽州官民的诸多应对措施很难从根本上解决问题。一种恐惧荒年的心理仍然时时困扰着徽州社会,遇荒旱时,他们便寄希望于佛教灵异,祈求神灵的庇佑,度过灾年。

二、徽州农业生产人文条件的恶化

徽州山多地少,人口众多,田土肥力低薄,农业产量极其有限。"郡保界山谷,土田依原麓,田瘠确,所产至薄,独宜菽麦、红蝦籼,不宜稻粱"。所以,"壮夫健牛,田不过数亩,粪壅耨耔,视他郡农力过倍,而所入不当其半……又田皆仰高水,故丰年甚少,大都计一岁所入,不能支十之一"②。在如此紧张的农业生产条件下,徽州还面临着一个新的问题,即外来移民所造成的人口压力。"徽州巨镇,浙赣通衢,其土著者十之二三,其来此求生活者大抵皆籴米而食,枊薪而炊之客民"③。移民的增多使徽州原本有限的农业资源更加紧张,为求生存,更多人加入了向山要田的行列。

徽州虽处于万山之中,但具备农业空间发展的基本条件,许多客民即在徽州山地上开垦,种植玉米等高产作物以求生存,但伴随此活动而来的却是严重的环境问题和农业生产条件的进一步恶化。若"北乡之山,则石多土薄,唯宜柴薪。迩为外郡流民,赁以开垦,凿山刨石,兴种包芦。土人始惑于利,既则效尤。寝致山皮剥削,石防沙倾,霉月淫淋,乱石随水而下,淤塞溪流,磕撞途径,田庐涨没,其害与凿矿炼灰等。而且山木童然,柴薪亦为之踊贵,得不偿失。况穷山僻壤,最易藏奸,难免遗患"④。部分客民或佃户迫于生存压力盗伐地主或宗族山场林木,给当地居民带来不小的经济损失。针对此情况,徽州的乡里宗族通过约立文书的形式禁止盗砍木材,通过明代祁门县的

---

① (明)傅岩:《歙纪》,合肥:黄山书社,2007年,第59页。
② (清)顾炎武:《天下郡国利病书》,上海:上海古籍出版社,2012年,第1024页。
③ (清)刘汝骥:《陶甓公牍》卷十二,《官箴书集成》第10册,合肥:黄山书社,1997年,第544页。
④ 许承尧:《歙事闲谭》,合肥:黄山书社,2001年,第604页。

两份徽州文书可窥一斑。

嘉靖二十六年祁门汪舍远等禁止伐树文约①

"三四都候潭汪舍远、汪太闰、汪介、汪拱,桃墅汪坎、汪偕,灵山口程毛,楚溪胡太平,柯里饶玛、倪晖方槃等会议,本乡山多田少,实赖山地载养松、杉、桐、竹等木,以充公私之用。弘治等年间,锥鲁会禁,后被玩法不行,近年以来,节被无籍之徒,不拘山地有无分籍,望青砍斫,斩掘笋苗,或为屋料,或为柴挑,或作冬瓜芦棚,或做豆角金插,有以砍木为由并砍他人竹木□卖者,有以掘椿为由连砍企山苗木和卖者,又故意放火延烧利其柴薪,妄取为料者,致使有山者徒有土石,栽山者枉费人工,上负官钱,下乏家用,兴言及此,良可痛心……"

万历十四年祁门王诠卿等立禁伐文约②

"廿二都王诠卿同梓舟都黄碓玉、相玉等有黄西坑合治山场,东至黄坑大降,西至大源头。直上抵葛坪降,里至乌庄尖,随下登仙坦降,外至山坑口,大四至内,用工栽养杉、松、竹木,屡被本庄及外人不次盗砍,不唯坑费工本抑且虚赔粮税,今请里邻为盟,议立禁约,自今以后,四至内杉、松、竹木,毋许仍前肆志盗砍……"

面对客民或佃户盗伐山木和放火烧山的现象,地方官府以立文约形式予以明令禁止,并晓以利害。"本县山多田少,民间日用咸赖山木,小民佃户烧山以便种植,烈焰四溃,举数十年蓄积之利,一旦烈而焚之……只得失火轻罪。山林深阻,虽旦旦伐木于昼而人不知,日肆偷盗于其间,不免其木之疏且尽也,甚至仇家损害,故烧混砍,多方以戕其生民之坐穷者,职此之故也,本县勤加督率,荒山僻谷尽令栽养木苗,复加禁止,失火者枷号痛惩,盗木者计赃

---

① 中国社会科学院历史研究所整理:《徽州千年契约文书》(宋元明编)第二卷,石家庄:花山文艺出版社,1993年,第156页。
② 中国社会科学院历史研究所整理:《徽州千年契约文书》(宋元明编)第三卷,石家庄:花山文艺出版社,1993年,第162页。

重论,或计其家资量其给偿,则山木有养而民生有赖矣"①。官方文告的出现,说明徽州客民的涌入给徽州生存环境带来的压力之大。

徽州农业生产条件的有限性和客民的增加,给徽州生存环境带来的巨大压力,使徽州不能自给的农业生产更加捉襟见肘,进而加之百姓的盲目开发,使徽州的农业环境走向恶化。在古代科学技术落后的情况下,百姓面对恶化的生产状况,只能在精神世界里求得解救。所以,当灾害来临时,寻求神灵帮助渡过难关成为徽州社会的一种适时需求,佛教也借此成为百姓的精神寄托之一。徽州农业生产条件的人为恶化,同徽州农业生产条件先天不足,一起成为了徽州祷雨的现实背景。

第三节　明清时期徽州佛教的祷雨活动

区域文化地理的研究对象是文化,毋庸置疑,只要以文化为中心兼及人文和自然并进行有效系统的分析,就能揭示文化的内部运行机制与外部联系。诚然,如果仅仅将目光集中在文化一点上,脱离区域经济和区域自然,研究是无法深入的②。作为人类社会一种特殊的文化现象,宗教与哲学、思想、伦理、道德等人文要素和地理环境都有密切关系③。同时,这种密切关系是双向的,一方面,地理环境影响着宗教的分布特征;另一方面,宗教协调着人与自然之间的关系,某种程度上影响着人对自然环境的改造④。徽州佛教作为宗教的一部分,其与徽州地理环境的关系也自然体现着宗教与环境关系的一般特征。基于徽州佛教信仰的生存环境和祷雨的现实背景,可以说,明清时期佛教在徽州社会的祷雨活动中扮演着重要角色,影响着徽州的自然环境并成为人地互动的重要媒介。

---

① 刘伯山:《徽州文书》第一辑,第6册,桂林:广西师范大学出版社,2005年,第236页。
② 王恩涌、胡兆量等著:《中国文化地理》,北京:科学出版社,2008年,第276页。
③ 介永强:《历史宗教地理刍议》,载《陕西师范大学学报(哲学社会科学版)》,2004年第3期。
④ 李悦铮:《试论宗教与地理学》,载《地理学报》,1990年第3期,第71~79页。

一、徽州佛教在祷雨活动中的灵应表现

一般而言,徽州社会针对该地区出现的旱灾,会选择在城隍庙、地方神祠堂或者佛教修行场所进行祈祷。城隍庙是地方政府进行祈祷,以求治下风调雨顺的重要场所,祈祷时有严格的祈祷公文告于城隍座前,并祝曰:

> "维神视听,达滞宣湮,唯官职司,布泽行仁,恒旸恒雨,咎征有因,幽明不隔,厥责维均,五月之交,霪雨津津,蛟洪暴至,沉灶鳖邻,哀鸿残喘,方待抚循,旱魃肆虐,忽又四旬,谁守兹土,咎戾丛身,上疏自劾,以谢吾民,官虽民虐,神与民亲,胡神不吊,视民越秦,三日不雨,禾铄稻薪,五日不雨,饥馑洊臻,甘霖一沛,民气苏伸,敢告神祇,鉴此鞠辛,尚飨"①。

这种庄严的形式只有重大灾害出现时由政府执行,普通百姓并不涉及。所以,对消除自然灾害的祈祷,普通百姓更常用的形式是"岁旱祷黄山及汪王祠"以求风调雨顺②。加之,随着佛教与世俗社会的日趋融合及大量自然灵异现象的存在,使其在祷雨活动中更显得可靠与灵验,也因此逐渐成为社会中经常使用的祷雨渠道。

徽州佛教在祷雨过程中的灵应表现主要体现在三个方面:僧人祈雨有验、于佛寺祷雨有应、佛教相关的自然灵异祷之即应。徽州地区史籍所记录的僧人祷雨事件并不多,麻衣祖师参与祈雨是见于史籍中较早的一个,"俗传祈雨甚灵验",地方社会将其作为神祇予以崇祀③。徽州地区的佛寺之中,有祷雨功能的为数不少,仅方志所见有代表性的寺庙有黟县的泗洲庵、金竹岩庵,祁门的龙塘庵,休宁的万寿堂、仁王院,歙县的福田寺、普祐院等寺院,这些寺院在祷雨过程中均能祷雨有验,部分寺院还有祛除疾病、保佑产子等功

---

① (清)刘汝骥:《陶甓公牍》卷四"祈雨告文"条,《官箴书集成》第 10 册,合肥:黄山书社,1997 年。
② (明)程敏政:《新安文献志》卷五十四《记先祖嘉议公遗事》,《四库全书》本。
③ (清)刘汝骥:《陶甓公牍》卷十二,《官箴书集成》第 10 册,合肥:黄山书社,1997 年。

能,是地方社会进行祈祷的常至场所①。其中颇具代表性的是祁门西峰寺,西峰祖师"祈雨神验",嘉靖时文征明曾题"天光云影"四字来赞扬祖师神功②。世传西峰寺建寺那年,久旱不雨,郑传结彩楼邀请清素禅师求雨,清素以彩楼西隅的竹子为标记,言雨于竹外,众人翘首观望,果不其然。又扬州旱,令属郡遍祷群祀,雅梦伟人自称汪王,为雅言:"师乃水晶宫菩萨也,有五龙,可往求之。"乃请师,师曰:"吾已遣施雨扬州三昼夜矣。"元丰三年(1080),赐号慧应大师,饶州亦奏请赐神慧禅师。绍兴十三年(1143)八月,加神慧永济禅师。先是,杨氏遗师紫衣,不受,求锦袄着之。每往还池阳,有冯姥者,见常迎劳,为设酒。乃脱袄为赠,使遇祷雨旸,出而浴之,并锡杖铁笛戒牒皆见存。而院以熙宁二年(1069)改寿圣宝林。隆兴间,凡寿圣例改广福云③。又,世传在西峰山上有池九龙窟,宅之峭崖削壁,岁旱祷雨者攀扳而上,厌以犬豨血,龙怒飞洗池,辄大雨。潭池形状各异,大小不一,总共九个,统称九龙池。传说是武僧从西峰山上向下翻筋斗,用头、腰、脚撞击而成。九座池中,其一居于峭崖削壁之下,潭大如盘,内壁光滑,水呈墨绿,深不见底,人说可通达东海龙王府,是旧时祈雨的最佳场所。时人有《西峰暮雨》诗云:"文堂之西屹高峰,高峰二十有四重。山有美人老莫测,灵秘入九皆龙宫。云蒸雾瀹四时雨,夕阳欲堕山溟蒙。四方有旱祷则应,扬州已报三日通。主人住近西峰侧,俾尔福寿终无穷。"④西峰寺祷雨之灵验无疑与其开山祖师清素禅师有莫大关系,禅师创建西峰寺之经过历代史籍中记载并不完整,所幸今祁门县闪里镇港上村西峰寺村民组尚存有万历三十五年(1607)"上元山题修清素塔疏文碑",该碑由当时赐进士第南尚宝卿豫章祝世禄撰写,由乡进士知祁门县事西蜀李希泌篆额,赐进士第四川参政邑人谢存仁书丹,详述了清素禅师创建西峰寺的相关事迹,现特录如下,以备参考:

---

① (明)彭泽修,汪舜民纂:《徽州府志·寺观》,明弘治十五年(1502)刻本。
② (清)释超纲辑:《黄山翠微寺志》卷上,《中国佛寺志丛刊》第13卷,扬州:广陵书社,2006年。
③ 道光《徽州府志》卷四《营建·寺观》。
④ (民国)陈德郊:《文堂陈氏家谱》卷末,民国十七年(1928)培德堂刊本。

上元山题修清素塔疏文碑①

赐进士第南尚宝卿豫章祝世禄撰文

乡进士知祁门县事西蜀李希泌篆额

赐进士第四川参政邑人谢存仁书丹

往陈光庭与予言西峰之胜,自唐光化年间,有五台僧清素者,本文殊之化身,挟九龙而行雨;持如来之锡杖,净三业以度人。于是,累世加旌,有普济永祐之名,遐方需福,开大圣宝林之院。水旱必祷,阳乌升而魔魅消除;疾病来祈,二竖减而荣卫孔固。于是,高僧古宿,来来代不乏人;面壁观心,在在煞有悟地。与江上之九华共称西方东旦,对黄山之驯象并作福地洞天。予时欲往观之,而无由也。青山不老,白云在天,流水可怀,高风莫即。于是芜庭躬膺,岁荐与其寺月天僧与徒天际,谒我都门,言念大圣之宝塔历旷劫而七级犹存,思效迦叶之拔茅即刹那而功业立就。顾非其人也,□力莫及,乃窃有志焉,随缘募施。予是考绩有日,既仆夫之在门;搔首无闻,谒文房之可即?聊为短疏,用代抄题。其词曰:相彼西峰,赫赫灵耀。人天什符,道世咸若。浮屠在昔,多宝藏身。舍利流光,何废不兴?邑有茂宰,乡多硕人。百谷秋登,四堃充盈。婆人输心,富人捐财,智者效谋,勇者奋力。前身前世,曾是灵山。会上艾蒿,根斯日斯。时共做上元塔,上功德主,百千人之善念;顿发立谈,亿万年之盛事。恢复一旦,修福得福,修慧得慧,欲赴世尊受持,须使韦驼作证。

万历丁未岁玄月之元

主修主持僧:月天

化主弟子:广种、海智

文堂善友

陈祥瑞(海瑞)四两;陈兴瑞(海兴)一两;陈朝孙(海尚)一两五

---

① 碑文由黄山市文旅局陈琪先生提供,谨致谢忱!

钱;陈守仙(海照)一两;陈润孙(海灿)八钱;陈守真(海真)五钱;陈一元(海元)五钱;汪象保(海光)五钱;刘新贵(海新)二钱;叶天培,叶天兴二钱

一甲管

李兴旺三钱;李圣应二钱;李潭三钱;李大道二钱;李萊祥一钱;李大富一钱;李国奇一钱;李降祥一钱;李天祥一钱;李大安一钱;李护祥一钱;郑之生三钱;金沃德三钱;朱隆兴一钱;汪奇隆一钱

复业社

方君三钱;方文思一钱五分;方元寿一钱;方积德、方元隆、方福祥、方富祥以上一钱

夹山

汪福保三钱;汪天保、汪法保、汪乞保以上一钱;陶军二钱;陶新贵二钱;陶交贵一钱;陶才贵、陶富贵、陶法兴、陶祖兴以上一钱

二甲管

李书琴五钱;李书忠、李安生、汪廷义、倪松寿、陈之孙、汪廷春以上一钱

高塘都

叶廷浩乙两伍钱;汪天德二钱;汪天才五钱;汪天禄三钱;汪天奉二钱;程容七钱;李时三一钱五分;程全德一钱;汪圣一一钱五分;江朝保一钱;江乞得一钱五分;汪长德一钱;邵天宇、邵天学、邵真乞、邵四乞、邵闰兴以上一钱;邵兴才一钱五分;汪记保一钱;汪初保、江贵林、江春、汪贵保、汪四保、汪三保、汪七保、余六、余真兴、余福兴以上一钱

三甲管

陈天尧一钱、汪仁寿一钱、汪奇寿一钱、江旺二钱、江凤兴二钱、方初德一钱、方孟兴、李社春、李志春、李廷地、汪夏保、江端保以上一钱

四甲管

李时端一钱;邵本良一系;李付龙二钱;李成兴一钱;李荣兴、朱神峰、汪祖付、汪智灵、汪天龙、汪智弘、汪法庆、汪三保、汪师隆以上一钱;汪廷钦二钱

郑坑

方二兴一钱;江寿祥、江天龙、江三兴、江新兴、汪福真、汪福元、江十贵、江成龙、江富贵、江保通、汪十保以上一钱

营前

洪应龙一钱;吴寿德一钱;汪应虎一钱;李祖龙二钱;方池祥二钱;方寄春一钱五分;方新富一钱五分;方端龙一钱;方新祥、方高祥、方兴、陈祯兴以上一钱;臧兴龙三钱;吴福孙一钱五分

小仓

王再兴、胡进兴、胡明兴、胡德銮、胡德达、陈四隆、陈端隆、陈兴隆、陈圣孙以上一钱

冯村社

陈光寿四钱;李才贵三钱;汪德兴二钱;程元祥一钱五分;汪有兴一钱;李有保一钱五分;程圣一钱;汪天寿一钱;江救、李时进、程启、陈寿以上一钱;李信兴、李亮兴、李意兴、李贵神、李时顺

王坑

江进二钱;江真保二钱;江三兴二钱;江莭兴一钱;江福兴、江明兴、江春祥、江莭寿、吴仁保、吴圣保、吴福保、吴保祥、吴初保、吴奉祥、郑□□、郑德□、郑□□、李□□、汪□□、洪梅、汪正隆、□□祥、蒋夫瑞、汪新寿、汪五兴以上一钱

仁村

叶廷学一两;王应时一钱;李天光、李喜庆、邵福庆、李仁兴、李天兴、李星兴、李时金、李时相一钱;程武兴二钱

僧侣

海智三两;海会五钱;本初四钱;海元三钱;海中四钱;海开四

钱;海用三钱;海敬一钱五分;性光、王礼一钱;寂正三钱;海众一钱五分;海福、海闰、海进、海胜、海宝、海光、海月、惠真、海祚、如澄、庆友以上助五钱

信女

胡氏天香一钱;王氏嫦娥五钱;李氏妙英一钱;桂氏宝莲一钱;王氏焕姐、金氏元秀一钱;叶氏重英三钱;桂氏银玉五钱;黄氏三钱;塔匠吴富、石匠汪文正一钱

此碑文内容颇为详细,不仅详述了清素禅师创建西峰寺的事迹,还对其祷雨灵应及万历时修建上元塔等进行了记载,其中可以看出祁门地方僧众多方助资,对于我们了解明代祁门地方佛教与社会状况具有重要意义。

此外,徽州地区与佛教相关的自然灵异较多,龙吟寺旁的龙吟石,"从新兴寺可至,按龙吟之声若物戛铜器,为雨征,闻击此而声似之,辄得雨"[①]。白云峰有修篁磐石拥护灵湫,普照大士祠在焉,俗名佛子山,祈祷辄应;莲花山状若莲花,中有佛堂及龙湫,祷雨辄应;龙泉在龙泉寺后,旱祷即应[②]。这些类型多样的佛教自然灵异与佛教僧人、寺庙构成佛教祷雨的重要载体,或许是被认为佛教"时有渊龙护法坛"的缘故[③],佛教成为徽州社会祷雨的重要灵应工具,是徽州社会与自然地理环境沟通的重要媒介。

表8-1 徽州部分史籍中祷雨事迹一览表

地点	祷雨相关信息	材料来源
石佛堂	在凤凰山下,内奉大觉玉佛,岁旱里人祷之必雨,四方求者无不感应	康熙《徽州府志》
金竹岩庵	庵畔有龙湫不竭,岁旱有祷辄应	嘉庆《黟县志》
泗洲庵	凡民祈祷即应	

---

① (清)闵麟嗣:《黄山松石谱》卷一,《丛书集成续编》本第94册,第213页。
② (明)彭泽修,汪舜民纂:《徽州府志·山川》,明弘治十五年(1502)刻本。
③ (明)王善庆:《过周流寺》,见许承尧:《歙事闲谭》,合肥:黄山书社,2001年,第1021页。

续表

地点	祷雨相关信息	材料来源
龙塘庵	乡人祷雨请水于此	万历《祁门县志》
万寿堂	有陶靖节祠,水旱疾疫祷皆应	弘治《休宁志》
仁王院	祷雨有验	
心田堂	祈求有验	
善庆堂	奉大圣祈雨	
云岩庵	为祈祷之处	弘治《徽州府志》
万安古寺	祈祷必应	
广福宝林禅院	嘉泰间祷雨屡应	
玉龙潭	祷雨多应,上有玉龙庵,今废	
圣泉洞	遇旱民祷于此	
龙须山	晴日亦有云气,旱祷有应	
府均胜井	岁旱乡人诣祷求水	
黄堆山	昔三大圣卓锡于此,建西林古寺,废后即其址建大圣庵,祈祷即应	
五溪山	有僧自淮来卓锡于此,乡人为之立祠,崖下有龙湫,岁旱远近皆祈祷请水,水涌壶中,霖雨随至	
三姑山	百姓放火辄有雨,《新安记》云,天将雨此山,有鼓角之音	
佛岩山	有岩名回龙,岁旱祷雨辄应	
三龙井	县东五十里,祷雨即应	
五龙池	人迹罕至,祷雨辄应	
龙井	灵顺庙东,旱祷雨即应	
龙泉	在龙泉寺后,旱祷即应	
石龙潭	县南二十里,滕告院等,祷雨屡应	
曹溪源	在乐居山下,有灵物,祷雨应	

续表

地点	祷雨相关信息	材料来源
乌峰岩	山下岁旱祷雨即应	弘治《徽州府志》
蓉岭	中有碧云庵,又有祖师石,山阴有龙湫	
五珠山	有龙湫,旱祷辄应。景泰间,里人建时济堂,居民祈祷于此	
诸潭山	有龙湫	
桃园大冲山	有飞瀑数百尺,岁旱祷雨辄应。又有龙洞,岁旱远近乞灵	
莲花山	状若莲花,中有佛堂及有龙湫,祷雨辄应	
石耳山	岁旱祷之必应	
石牛潭	有巨石如牛,岁旱涂其背则雨	
富郎潭	每岁旱,请水有应	
龙潭	有龙王祠,祈祷遇鱼跃必雨	
谒潭	旁立龙王祠,祷雨者遇神异辄得甘霖	
滴水岩	石泉悬绝壁而滴,四时不竭,下有仙姑祠,旱祷辄应	
张公山	有龙井,祷雨辄应	
砂子峰	有大圣庙,岁旱祷雨多应	
颜公山	有小金佛像,迄今崇奉不替,有龙王祠,每岁旱,祷雨辄应	
灵山	有大圣祠,祷雨辄应	
仰山	有宝公祠在焉,水旱祷之即应	
浮丘观	在浮丘峰下,唐会昌中拆毁,观址犹存,水旱祈祷立应	《黄山志定本》
福田寺	人岁祷雨辄验,求天唤,迹人呼,水旱疾疫今祷必得应	《歙县金石略》
大圣山普祐院	山以圣名,圣以山显,当水旱疾疫之灾,虫虎螟蛉之患,乡人固有祷焉	
香佛岩	崇祀观音大士,四境祷应如响,由来远矣	

续表

地点	祷雨相关信息	材料来源
西峰庵	西峰祖师祈雨神验,嘉靖时,文征明题"天光云影"	《黄山翠微寺志》
相公坛	春秋祈祷雨旸无不立应常	《新安文献志》
龙吟石	从新兴寺可至,按龙吟之声若物戛铜器,为雨征,闻击此而声似之,辄得雨	《黄山松石谱》
南山庵	岁旱,奉以祷雨,得雨而熟	《篁墩文集》
方兴寺	水旱疾疫之灾,虫虎螟蛉之患,乡人固有祷焉	

二、徽州社会对佛教祷雨功能的依赖

徽州佛教祷雨的灵应使徽州社会更加对其依赖,四方百姓依循"神者民之依也"①的理念,对佛教更加崇信和青睐,以至徽州仰山这个佛教之地因"稔闻其祷旱响应,祈嗣辄效"②而远近闻名。徽州社会对佛教祷雨功能的认可促使其加大了对徽州寺庙的捐资投入,也正是这些不菲的投入从客观上显现了徽州社会对佛教的依赖。新安郡城古有福田寺,有七位驰名僧,有汪姓道人。人岁祷雨辄验,求天唤,迹人呼。水旱疾疫今祷得必应,居王赖之资高教,因其毁坏,忧祈福之无所也,故为重建其寺,又为捐田③。大圣山普祐院,当水旱疾疫之灾,虫虎螟蛉之患,乡人固有祷焉,而答之弗爽者也。吴君遂捐资命曰鸠工,诛木于黄山,伐石于曹溪,又舍土田二十亩,俾为长住之资④。这些不断投入的资金保证了佛寺的持续运作,使社会祷雨有了经常托足之地,一定意义上来讲,这些寺庙可以看作徽州社会应付自然灾害的精神寄托之所。

---

① 叶为铭辑:《香佛岩纪略碑》,见《歙县金石略》,安徽大学徽学中心馆藏复印本。
② (明)程文举:《仰山乘》序。
③ 叶为铭辑:《重建福田寺舍田碑记》,见《歙县金石略》,安徽大学徽学中心馆藏复印本。
④ 叶为铭辑:《重修大圣山普祐院碑记》,见《歙县金石略》,安徽大学徽学中心馆藏复印本。

佛寺祷雨有验的情形被徽州社会看作有神灵相助,因而获得了徽州社会源源不断的人力物力投入以维持其正常运转,佛寺也因此成为了公众的精神寄托之所。如南山庵,"国初庵毁于兵燹,景泰癸酉释诚闻者来住,里人张万山助其财力,庵以复新,既又得石佛于塘之中,丁岁旱,奉以祷雨,得雨而熟,里人益神之,凡有事即祷而香火益严,非地之灵有以阴主之欤"①。休宁县的方兴寺,"寺之神将保境御寇之时,有效灵协顺之举,故数百年来出入兵燹之交而岿然独存者乎……亦或当年水旱疾疫之灾,虫虎螟蛉之患,乡人固有祷焉……又自割田若干亩以助"②。佛寺的灵应程度还被人认为与所处位置的灵气有关,所以,越灵应的佛寺得到的眷顾就越多。休宁的仁王院在明初的寺院归并中予以保留下来,成为休宁县仅剩的四所丛林寺院之一,它之所以能够保留下来,一个重要原因即是其"岁旱之时祷雨立应"。"洪武以来,院日就圮。天顺中,释德善再起新之,屋宇增崇,像设又严,亦多出于乡人好善乐施者之助"。程敏政在为其做的记文里表明"天下释子之宫多据名山,故佛乘其灵多显迹,为其徒而食,其所出者多材士,否则亦苟然而已。盖山灵有等差,而佛与其徒随之为高下,殆亦出于理之所有者非欤!若仁王之佛恒主兹山,出云雨以泽吾民于艰食之秋,功载郡乘,其存而不废固宜。若唯谅绍坚与德善者居其地,食其所出,其材率皆足以有为……佛犹龙焉,龙固有能变化兴雷雨以泽物者,亦有豢于人而为其所醢者,仁王之佛殆所谓龙之泽物者欤。佛犹尸焉,古者夏郊以董伯为尸,周公祀岱岳以召公为尸,尸固无常也,仁王之佛殆可以为山之尸者欤"③。通过程氏的观点足见时人认为佛寺的灵应与其所处的自然环境有关,人若与此灵相合也能被赋予灵气,这也从侧面说明了徽州社会对佛教祷雨灵应崇祀的原因。把佛教作为一种人与天地沟通的媒介,把人的愿望和困难通过佛教信仰的方式告知神灵,以获得问题的解决,这也难怪徽州会有"七月中元节,祀祖设盂兰会,偶遇天旱,乡民戴柳,钲鼓喧

---

① (明)程敏政:《篁墩文集》卷十六《重修南山庵记》,《四库全书》本。
② (明)程敏政:《篁墩文集》卷十四《休宁县方兴寺重修记》,《四库全书》本。
③ (明)程敏政:《篁墩文集》卷十八《重修仁王院记》,《四库全书》本。

哗祷雨于坛"的现象了①。

佛教作为明清时期徽州社会的重要宗教信仰之一,在祷雨活动中发挥着重要作用,它不像城隍祷雨那样由地方政府主持,祈祷方式简便可行,便于普通百姓接受,因此拥有更多的机会成为百姓的精神托足之所。徽州佛教中涌现的僧人、寺庙及其相关的自然灵异为其成为徽州社会的祷雨载体提供了条件,徽州百姓也因此把佛教僧人看作能与自然灵气相通的现实载体加以崇拜,也正是这些灵应载体的有祷即验造就了其在祷雨过程中的重要媒介地位。这种媒介作用,进而使得佛教得到了更多社会关注和物质捐助。在整个祷雨过程中,佛教与自然相通的功能被社会一直信赖并不断得以维持下去。同样,也源于这种对佛教祷雨功能的依赖,徽州社会不断加大对佛教的投入,以求能够持续与天地保持良好的互动关系,进而使得地方风调雨顺。在这一过程中,佛教无疑成为了明清时期徽州人地互动中的重要一环。

本章小结

明清时期,徽州地区理学盛行,佛教信仰被斥为异端,故有徽州不尚佛教的结论。但历史时期徽州地区独特的自然地理环境及丰富的物产为佛教提供了基本的生存资源,而广大的信仰人群、丧葬、祈愿等因素则为佛教生存提供了客观的人文环境。基于此,佛教在徽州拥有了一个相对完整的生存资源系统。在这个相对完整的生存资源系统中,蕴含着徽州社会对佛教信仰的需求,而此种需求的重要体现之一即为佛教对徽州社会祷雨愿望的满足。徽州社会将佛教引入祷雨事件之中,是因为有其特定的现实背景,这种现实背景即为徽州农业生产条件先天不足和人为因素带来的自然条件恶化,从而致使徽州的农业生产资源愈加紧张。面对诸多不利因素,徽州社会为获得更好的生存条件加强了对神灵的依赖。徽州佛教作为徽州社会的重要宗教信仰之

---

① (清)刘汝骥:《陶甓公牍》卷十二,"祁门风俗之习惯之岁时"条。

一,在徽州祷雨活动中发挥着重要作用,成为百姓的精神托足之所。徽州佛教因僧人、寺庙及与其相关的自然灵异在徽州祷雨过程中拥有了"有祷即验"的光环,从而也奠定了徽州佛教的祷雨地位。徽州佛教也被徽州人看作与天地沟通的媒介,社会通过对其投入更多关注和物质捐助以求获得上苍的眷顾。也正是这种持续捐助,体现出徽州社会对佛教祷雨的依赖和佛教在祷雨过程中的重要性,佛教也因祷雨有应而成为明清时期徽州地区人地互动中的重要一环,并因此在明清时期徽州社会获得风调雨顺、物富民足的愿望中发挥着重要作用。

余 论

历史时期独特的自然和人文条件造就了徽州独特的历史文化地理单元并延续至今,成为中国丰富多彩的地域文化的重要组成部分。就历史时期徽州文化的内涵而言,其无疑是极为丰富的。① 从学术发展的内在脉络而言,历史时期我国地域文化的区域多样性在相当程度上决定了20世纪80年代以来国内史学研究的区域视角转向,"把目光从庙堂之上转移到山野之间,着意于追寻区域或地方历史发展的内在脉络(及其与王朝脉络之间的关联),探究其自身的历史发展模式,应当是我们重建中国历史叙述与阐释体系的努力方向"。② 作为历史时期内涵丰富的徽州文化的重要组成部分,佛教的存在、发展与徽州社会息息相关,对其作系统的梳理和探讨无疑是考察传统徽州社会的一个重要途径。

---

① 长期以来有关徽州文化内涵及其外延学界论述颇多,可参见叶显恩《徽州文化的定位及其发展大势——〈徽州文化全书〉总序》,《黄山学院学报》2005年第2期;栾成显《徽州文化的形成与演变历程》,《安徽史学》2014年第2期;程必定《徽文化的基本价值及其现代意义》,《安徽师范大学学报(人文社会科学版)》2008年第6期;王世华《徽文化是当代文化建设的宝贵资源》,《徽州社会科学》2019年第11期;周晓光《徽文化的历史贡献与当代价值》,《安徽日报》2018年11月12日;刘伯山《徽州文化的基本概念及历史地位》,《安徽大学学报(哲学社会科学版)》2002年第6期等。
② 鲁西奇:《中国历史与文化的"区域多样性"》,载《厦门大学学报(哲学社会科学版)》,2010年第6期,第51~59页。

自 20 世纪 50 年代大量徽州文书被发现以来,徽学逐渐发展成为重要的地域性显学,但是目前学界对于历史时期徽州佛教的发展始终缺乏一个较为系统的梳理①,这也使得我们对于历史时期徽州文化的认知缺了佛教文化这一重要领域。近年来随着徽学及佛教史等相关研究领域的不断拓展与深化,已经使历史时期徽州社会广泛存在着佛教信仰这一历史事实得以逐步呈现,由此我们可以对历史时期徽州佛教的发展概貌略作讨论并以此窥见历史时期徽州文化的丰富性。从相关史料来看,历史时期佛教在徽州大体经历了四个发展阶段:

(一)萌芽期——汉晋至南北朝

东汉永平十三年(70),楚王刘英因谋逆被告发,被贬至丹阳郡泾县。时泾县多为山越人所居,生存环境恶劣,史籍中多有两汉被贬之人至此之记录。而刘英被贬至泾县时,其所信奉的佛教自然也就可能传入泾县。泾县与徽州毗邻,彼时徽州亦为中央王朝编户齐民之地,有歙、黟二县之设,佛教此时是否已借此传入徽州并有所表现,由于材料的缺乏,我们不得而知,不过,由于两地距离甚近,或许徽州此时亦多少受到佛教影响。

魏晋南北朝时期,受北方战乱的影响,历史上第一次移民浪潮出现,大量北方移民开始移居南方江淮等地,受此影响许多僧人随之来到南方弘扬佛法,徽州佛教的发端亦受到了此浪潮的影响。当然,海上之路可能也是佛教传入中国的重要渠道。徽州作为广义江南的重要组成部分,海上之路对于徽州的外在影响亦应予以考虑。徽州最早见于记载的寺庙是休宁县万安镇的

---

① 以 20 世纪初徽文化集大成的 20 卷本《徽州文化全书》(安徽人民出版社 2005 年)为例,其中独缺"徽州宗教"研究,佛教于其中亦难觅踪迹;而近年来集多方力量合纂的《徽州文化史》(安徽人民出版社 2015 年)仅在第一卷中个别地方提到两宋及以前徽州的佛教。遍检各类徽学研究论著我们发现,对于历史时期徽州宗教之研究也多集中于民间信仰方面,以佛教为主题的研究专著或系统论述未见。究其原因可能有二:一则徽学作为 20 世纪 50 年代以来迅速成长起来的地域性显学,传世文献与民间文献极为丰富,而民间文献又多为社会经济史方面内容,在研究者相对有限的情况下,其可选择的研究空间较为宽裕;二则在传统徽州的文本叙述中,深受理学影响的话语主导者们对于佛教多带有异样的眼光,这对于后世相关研究也有一定影响。

南山庵,是由东晋僧人天然于大兴二年(319)所建,此可视为佛法在徽州的初兴。①梁天监年间,受封为大德禅师的宝志公驻锡休宁仰山开山传法,为仰山佛法弘扬之始。或许是临近东晋南朝统治中心的缘故,朝廷向佛的风气影响了徽州,②才使佛教在此有了一定的发展。通过文献考察我们可以大致认定的是,此时徽州与外界连接的主要通道是以歙县为中心向东至今杭州及向东北至今宣城、南京等地,③这一时期的移民也大多通过这两条路线进入徽州腹地,由此可以想见佛教或许也是顺着这两条路线进入徽州腹地的,而囿于史料,目前尚难以佐证。显然,此时的徽州佛教尚为发端阶段,与后世不可相提并论。

(二)发展期——隋唐至两宋

自公元前后进入中国的佛教历经魏晋南北朝的涵化熔铸,在流布地域上才大为拓展。④ 这一时期的徽州由于大量北方移民的涌入,一方面区域经济的开发使得社会急需精神世界的重构,这为包括佛教在内的诸多信仰找到了生存的土壤;另一方面社会经济得以持续发展,也为包括佛教在内的各种宗教活动提供了必需的物质条件。

就前者而言,移民初入徽州面临的首要问题就是生存压力。唐宋时期相较于北方黄河、淮河流域开发已较为成熟不同的是,由于徽州地处南方万山之中,山林茂密、山多田少,加之开发较晚,这一时期徽州的生存环境还较为恶劣,"新安为郡,在万山间,其地险狭而不夷,其土驵刚而不化。水湍悍少潴蓄。自其郡邑,固已践山为城,至于四效都鄙则又可知也。大山之所落,深谷之所穷,民之田其间者,层累而上,指十数级不能为一亩,快牛剡耜不得旋其

---

① (明)程敏政纂修:《休宁县志》卷五《寺观》,明弘治四年(1491)刻本,收入《北京图书馆古籍珍本丛刊》29,北京:书目文献出版社,1991年。
② 翟屯建:《徽州文化史·先秦至元代卷》,合肥:安徽人民出版社,2015年,第67页。
③ 参见陈琪《徽州古道研究》第一章《徽州古道的前世今生》相关内容,芜湖:安徽师范大学出版社,2016年。
④ 张伟然:《中国佛教地理研究史籍述评》,载《地理学报》,1996年第4期,第369～373页。

间,刀耕而火种之。十日不雨,则昂天而呼。一遇雨泽,山水暴出,则粪壤与禾荡然一空。盖地之勤民力者如此"。① 由是可见,如何处理好与徽州自然环境的关系是唐宋时期徽州百姓解决生存压力的重要问题。而在这一过程中,佛教由于各种灵异获得了难得的发展机遇。譬如,隋唐时,有禅师志满者,南游到黄山灵汤泉所,结茅庵在此修行。他在采黄连的时候被百姓看到,此时黄山尚多虎豹之患,故百姓请求他镇虎患。志满禅师以虎亦有佛性,所以焚香祝压之,因此虎患渐息,遂成大禅院。虽然志满禅师于唐顺宗永贞元年(805)示寂,但其弘法之举却影响深远。② 此后不久,天竺国的麻衣禅师于中和元年(881),麻衣禅师卓锡黄山翠微峰下,其编麻为衣,冬夏不易,据传得其麻缕可治疗疾病,光大佛法,麻衣禅师为翠微寺开山之祖。③

更为灵异的是祁门西峰寺清素禅师。祁门为县始于唐大历年间,"唐大历元年析黟县赤山镇及饶州浮梁地置祁门县"④,其西南地区原属浮梁县(今景德镇),而浮梁早在唐代即为重要的茶叶集散地,据唐歙州司马张途《祁门县新修阊门溪记》记载:"山且植茗,高下无遗土。千里之内,业于茶者七八矣。由是给衣食,供赋役,悉恃此祁之茗。色黄而香,贾客咸议,愈于诸方。每岁二三月,赍银缗缯素求市,将货他郡者,摩肩接迹而至。"⑤山林经济对当时祁门百姓生存来说至关重要。不过,囿于当时水利设施建设的落后,山林经济的发展在相当程度上还依赖于降雨等自然条件。"唐末有僧清素自言从五台来,眉目端秀,发覆额,俶傥多异。时县人郑传保据,号司徒。师造其垒,求安禅之地……传尝以久旱,结采为楼,从师求雨。师表竹于楼之四隅,曰:

---

① (宋)罗愿撰,萧建新、杨国宜校著:《〈新安志〉整理与研究》卷二"贡赋"条,合肥:黄山书社,2008年,第62页。
② (清)闵麟嗣:《黄山志定本》卷二《人物》,民国二十四年(1935)安徽丛书编印本。
③ (清)释超纲辑:《黄山翠微寺志》卷上,《中国佛寺志丛刊》第13卷,扬州:广陵书社,2006年。
④ (清)王让修、桂超万纂:《祁门县志》卷一,清道光七年(1827)刻本。
⑤ (唐)张途:《祁门县新修阊门溪记》,见周绍良主编:《全唐文新编》第4部,第2册,长春:吉林文史出版社,2000年,第9760页。

'雨于竹外。'已而果然。扬州旱,令属郡遍祷群祀。雅梦伟人自称汪王,为雅言,师乃水晶宫菩萨也,有五龙,可往求之。乃请师,师曰:'吾已遣施雨扬州三昼夜矣。'杨氏封禅大德,住山十七年,聚僧数百人,一旦尽散其众而逝,其骨身在今塔下。始师尝作歌偈,有'文殊遣我来'之语。元丰三年赐号慧应大师,饶州亦奏请赐神慧禅师。绍兴十三年八月加神慧永济禅师。"[①]这一记载颇为清晰地叙述了清素禅师因祈雨灵验而在五代至南宋屡获地方及中央的册封,是佛教信仰与唐宋徽州地方开发互动的翔实写照。

这一时期由于北方移民大量涌入自然促进了徽州地方社会的经济发展,与此同时,这一时期徽州地方社会经济的发展也为佛教在徽州的进一步发展提供了必要的物质基础,这一点可从佛教道场的修建上窥得一斑。如今歙县之长庆寺塔为北宋重和二年(1119)歙县黄备"邑人"张应周捐善修建,后多有重修,至今长庆寺塔上尚保留有后世歙县地方张氏对重修长庆寺塔的碑铭记载。

需要指出的是,这一时期尽管理学已在徽州发端,但并未在社会意识上占据绝对主导地位,加之地方社会经济发展的需要及唐宋时期儒、释、道关系的相对融洽,使得佛教在徽州获得了较好的发展机遇,在官方和民间"邑人"的双重支持下,各地佛教道场得以不断兴建,志满、清素等有名望的高僧不断来到徽州弘法,徽州佛教得以较快发展。

(三)鼎盛期——明中期至清前期

就徽州历史发展而言,因徽商之盛,明清无疑是其发展史上的高峰时期。与之相关的是,这一时期佛教在徽州的发展也迎来了鼎盛期,其中又以明嘉靖、万历至清康熙年间仰山、黄山等佛教名山在徽州的发展表现最为突出。

仰山,又名莲花山,位于休宁县境东南。旧传萧梁时宝志公至此开山,弘

---

① (宋)罗愿撰,肖建新、杨国宜校著:《〈新安志〉整理与研究》卷四"祁门·僧寺"条,合肥:黄山书社,2008年,第126~127页。

治《徽州府志》载仰山"有宝公祠在焉,水旱祷之皆应"①。至元末兵燹,仰山"复为荒莽,樵者蹂为乌薪之窟",而后又有"堪舆家睥睨其地,故豪右谋为窀穸"②,仰山之地多被地方豪右建为墓地。明朝建立后,仰山佛教开始走向复兴。太祖时仰山建有灵谷寺,"然人迹不通,不能居人,徒有空祠耳。"③此后为了重建仰山寺庙,地方士绅于隆庆三年(1569)延请僧人守静暄公主持仰山佛寺事务。暄公及其性玉、性觉二徒便合地方之力,在不懈努力之下逐渐完成仰山寺的重建,"不十余年,撤旧鼎新,遂成一大道场,如天降地涌,四境之内,人人知有三宝矣。"④万历三十七年(1609),仰山寺受朝廷赐额为真觉禅寺,守静暄公所居龙山庵也受赐额为龙山禅寺,至此,仰山佛教声望日隆,不但先后有雪浪、蘗庵等高僧驻锡,而且有专门山志《仰山乘》之编纂。颇有意思的是《仰山乘》的编纂,该书以"嫁接"之法将一个佛教名山的发展历程在文本之中完整展现。⑤

黄山本为道家圣地,《黄山图经》载:"黄山旧名黟山……即轩辕黄帝、浮丘公、容成子栖真之地。"⑥唐宋时期黄山道教盛极一时,先后建有升真观、城山观、松谷庵等。佛教虽在唐代即已传入黄山,但直至明代其依然难以与道教相提并论。至明朝早期,由于交通不便,这一时期黄山新建的寺院只有御泉庵与水晶庵,皆规模较小。明宣德年间李德庄重建松谷庵,改为寺庙,名松谷寺,松谷寺由道观变为寺院可谓黄山佛教发展史上的标志性事件,说明佛教可能开始在黄山的宗教发展史上逐渐占据上风。至万历三十四年(1606),

---

① (明)彭泽修,汪舜民纂:弘治《徽州府志》卷一,《天一阁藏明代方志选刊》21~22,上海:上海古籍书店,1964年。

② (明)程文举:《仰山乘》卷一《缘起》。

③ (明)程文举:《仰山乘》卷一《缘起》。

④ 曹越主编,孔宏点校:《明清四大高僧文集·憨山老人梦游集(上)》,北京:北京图书馆出版社,2005年,第478页。

⑤ 参见王开队、宗晓垠《谁的空间:明代徽州仰山佛教神圣空间的营造》(载《徽学》2018年第2期)及曹刚华《佛教与晚明士绅社会形成之再观察——以休宁仰山为例》(载《史林》2019年第2期)。

⑥ (宋)佚名:《黄山图经》,北京:国家图书馆出版社,2013年,第280~281页。

普门和尚驻锡黄山,黄山佛教因此迎来了发展的高峰。万历三十八年(1610),普门和尚进京请求敕封,朱砂庵得到万历皇帝御书"护国慈光寺"匾额,一时间成为江南名刹。明清鼎革之际,黄山成为明遗民的重要避世地,渐江、汪沐日、凌世韶等人纷纷剃发为僧,驻锡黄山,这无疑促进了黄山佛教的发展,使得清朝初年黄山高僧驻锡、信徒云集、香火鼎盛。释超纲主持翠微寺期间,"当今康熙丁巳十六年间……本邑诸绅士公启特请嘉禾雨峰和尚,主持法席于康熙戊辰……庚午腊月施衣钵传戒焉。"①修撰了《翠微寺志》,这也是黄山历史上第一部寺庙志。此外,康熙五年(1666)黄僎等捐款重修慈光寺大殿,"四年后落成,耗银四万余两,慈光寺殿宇雄丽,有藏经阁一百余间,为新安梵宇之冠"②,而康熙四十年(1701),在中洲和尚的住持下,慈光寺又维修寺宇,大殿高悬康熙手书"黄海仙都"匾额。至此,黄山佛教迎来了其发展史上的鼎盛时期。

这一时期除名山以外,徽州各地佛教寺院之建设也有长足的进步,特别是在明嘉靖、万历及清初顺治、康熙时期。在这一过程中,不仅地方政府和有一定影响的士人参与其中,而且引起了万历、康熙等帝王的重视,更为重要的是,由于徽商的崛起,大量具有一定经济基础的地方宗族也参与其中,共同塑造了徽州佛教发展史上的鼎盛时期。

(4)衰落期——清乾隆以后

明清之际尽管徽州佛教保持了相对高速的发展态势,但是受制于区域整体环境,加之天灾人祸频仍,实际上已经出现了一些衰退的迹象。以仰山佛教为例,尽管在万历时期仰山佛教迎来了发展史上的高光时刻,但是毕竟地处偏僻,发展空间较为有限,特别是清初三藩之乱给仰山佛教带来了毁灭性的灾难,史载三藩之乱期间皖浙交界地区"三载刀兵,即深山穷谷,金身亦难

---

① (清)释超纲辑:《黄山翠微寺志》,《中国佛寺志丛刊》第13卷,扬州:广陵书社,2006年,第23~24页。

② (清)闵麟嗣撰:《黄山志定本》卷二《建置》,民国二十四年(1935)安徽丛书编印本。

藏匿",①其在之后的地方文献中已鲜有记录。较之于仰山佛寺毁于兵火,黄山佛寺则受天灾影响更大。乾隆二年(1737),慈光寺遭遇火灾,藏经阁焚毁,大殿倒塌,次年,僧悟千略作小修,但慈光寺百年兴盛不复存在。《歙事闲谭》载"送潭影序中,言黄山佛寺,旧有七十余,而祥符最著且古。自康熙间水圮,余亦大半淹废,今存者唯慈光与云谷"②;迨至咸丰年间,受天平天国运动战争影响,翠微寺、福固寺、松谷寺、大悲院、狮子林、继竺庵、横坑庵等寺院都毁于兵火。因道咸以后徽商财力衰退,大半有名望的佛教道场难以再得到地方财力的有力支持,亦不复存在,至此,徽州之佛教走向全面衰落。

从对历史时期徽州佛教的主要影响要素考察来看:

就寺院的修建而言,唐宋无疑是第一个高峰期,依文献所载,唐代新建寺院达119所,在空间上,以徽州首县——歙县表现得最为显著,并在休歙盆地形成了一个较为明显的集中分布区。两宋时期也大体延续了这一趋势,新建寺院107所,并通过对寺院的赐额、敕改及改寺为院,使佛寺的管理更加规范。至明代,徽州地区的寺院在空间上形成了以婺源为中心的寺院重修区和以歙县黄山为中心的寺院新建区。寺院的重修和新建分别集中在洪武时期和万历时期。在明代时存的寺院中,唐、宋时期的寺院构成徽州时存寺院的主体,歙县和休宁成为时存寺院分布的主要区域,黄山山区则呈现出佛寺高度集中分布的态势。到了清代,顺治、康熙年间的清前期成为历史时期徽州佛寺数量增长最快的阶段,且在增速上高于雍正至道光朝结束的时期。婺源取代歙县成为清代徽州佛寺分布的至密区,歙县、休宁、祁门三县成为次密区,绩溪为间密区,黟县为稀疏区。截至道光朝结束,清代整个徽州地区新建佛寺中基本上以庵为主,规模较大的寺、院占少数。而在时存佛寺中,歙县和婺源分别形成了以寺、院为主和以庵为主的两大结构特征。与此同时,随着明末仰山佛教和清乾隆以后黄山佛教的逐渐衰落,名山佛教在整个徽州地区

---

① (清)吴兆泰纂修:《尚相公像记》,乾隆《札溪吴氏宗谱》卷十五《记》,札溪吴氏宗族藏。
② 许承尧:《歙事闲谭》,合肥:黄山书社,2001年,第956页。

趋于沉寂。

至于僧人,受史料不足的限制,进行连续时空断面的研究往往并不具备。具体到历史时期的徽州来说,明代有关徽州僧人的记述相对丰富。从史籍来看,见于明确记载的明代徽州僧人在数量上和空间分布上较前代已经大为扩展。综合来看,外地僧为多数,且在空间上呈现出广泛分布的状态;本地僧为少数,以歙县僧为主体,且主要集中在黄山一地,因此也使本地僧籍在空间上呈现出点状集中分布的态势。明代徽州驻锡僧群中,以洪武、万历时期驻锡徽州的僧人较多。在空间上,歙县、婺源两县所占比例较高,且以黄山、仰山为驻锡僧人的密集分布点。然而,由于历史资料及数据记录的局限性,许多驻锡村落乡间的僧人无法得到完全统计,使得关于徽州僧人分布形态的更加精确结论的获得成为难题。

纵观佛教在历史时期徽州的发展脉络,我们不难看出,汉晋以后,佛教开始传入徽州。由于此期尚属佛法初兴,只有少量寺院见于记载,名僧大德更是极为少见。隋唐为徽州佛教的极大发展时期,见于记载的寺院不断增多,高僧名宿迭出。承五代佛法之过渡,两宋时期徽州佛教迎来了快速发展阶段,寺院的赐额、敕改、新建,名僧的数量大量增加。元末丧乱,徽州大量佛寺在至正壬辰兵乱中毁坏严重。至洪武初,徽州地方对元末被毁的寺庙进行重建和归并,并实现了寺院创建的规范化,寺院和僧人数量也比元代有所增加。与此同时,万历以后名山佛教的快速发展成为这一时期徽州佛教的重要特点,不仅仰山佛教实现了发展,黄山佛教也在各方支持下趋于鼎盛,延至清前期形成徽州佛教发展史上的高峰。不过,乾隆以降特别是在"咸同兵燹"之后因各种天灾人祸的影响徽州佛教则逐渐趋于衰落。

包括徽州在内的广义江南自唐宋以后在中国历史发展中的地位不断提升,这无疑是与其日渐发达的经济、文化分不开的。寺院为佛教三宝之一,其对于衡量一个地区的佛教发展程度具有重要意义。相较于周边江、浙地区而言历史时期徽州的佛教实在算不得发达,即便是与同在皖南的池、宣等地相比,地藏道场、黄檗祖庭亦毫无疑问比徽州任何一座佛教道场更为出名。然而,历史时期徽州佛教道场的数量与周边地区相比却显得较为出众,特别是在明清时期,如以嘉靖时为例,徽州府县的寺院数量即为皖南各府县之首,①这说明尽管徽州著名的佛教道场不多,但是总体数量及县均数量很高,其中显然可见佛教在徽州的发展具有自身的特色,那就是唐宋以后徽州佛教的影响力虽较之周边为弱,但是其与徽州社会的融合较为充分,这可以从以下几个方面看得出来:

其一,由于外来人口大量涌入,生存压力成为徽州社会主要矛盾,生产设施特别是水利设施建设相对滞后,于是以祈雨为重点的与自然沟通的媒介作用使佛教被徽州社会接纳。如前所述,"新安为郡,在万山间,其地险狭而不夷,其土骍刚而不化……十日不雨,则昂天而呼。一遇雨泽,山水暴出,则粪壤与禾荡然一空。盖地之勤民力者如此"。②对于徽州的普通百姓来说,长期以来的忧虑就是"新安所产米谷,不足民食之半,向籍外来,每遇新陈未接,艰于糴买,米贵人惶,而挟借抢攘,为害叵测",③如何处理好与徽州自然环境的关系无疑是唐宋以后徽州百姓解决生存压力的重要问题,而佛教则在徽州地方的祈雨活动中发挥了较为显著的作用。麻衣禅师是见于史籍较早的一位参与祈雨者,"俗传祈雨甚灵验",④于是徽州地方社会将其作为神祇予以崇祀。前述西峰寺无疑是其中极为突出的例子,其不仅因祈雨灵应受到唐宋两代中央的不断封赐,而且直至明清时期也因其在地方祈雨中的特殊作用而享有殊荣,如今祁门县闪里镇港上村西峰寺村民组尚存有万历三十五年

---

① 明代嘉靖时期今皖南辖徽州、太平、宁国、池州四府及广德直隶州,据嘉靖《太平府志》、嘉靖《池州府志》、嘉靖《宁国府志》、嘉靖《徽州府志》及嘉靖《广德州志》统计可知,嘉靖朝时太平府境有寺院109所,县均约有36所,池州府境有寺院64所,县均约有11所,宁国府境有寺院128所,县均约有21所,徽州府境有寺院241所,县均约有40所,广德州境有寺院57所,县均约有29所。单纯从数字对比来看,无论是总数还是县均数,徽州境内寺院数量都是第一。

② (宋)罗愿撰,肖建新、杨国宜校著:《〈新安志〉整理与研究》卷二"贡赋"条,合肥:黄山书社,2008年,第62页。

③ (明)傅岩:《歙纪》,合肥:黄山书社,2007年,第57页。

④ (清)刘汝骥:《陶甓公牍》卷十二,《官箴书集成》第10册,合肥:黄山书社,1997年。

(1607)"上元山题修清素塔疏文碑",该碑由当时赐进士第南尚宝卿豫章祝世禄撰写,由乡进士知祁门县事西蜀李希泌篆额、赐进士第四川参政邑人谢存仁书丹,记录了清素禅师创建西峰寺的相关事迹,对其祈雨灵应事迹特有详述。此外,历史时期徽州地区与佛教祈雨相关的记载还有不少,譬如,龙吟寺旁的龙吟石,"从新兴寺可至,按龙吟之声若物戛铜器,为雨征,闻击此而声似之,辄得雨"①;莲花山状若莲花,中有佛堂及龙湫,祷雨辄应;龙泉在龙泉寺后,旱祷即应。② 这些类型多样的佛教自然灵异与佛教僧人、寺庙共同构成佛教祈雨的重要载体,成为徽州社会与自然地理环境沟通的重要媒介,佛教亦因此在徽州社会获得了一定的生存空间。

其二,唐宋以后徽州发展成为宗族社会,理学亦逐渐成为徽州社会的主流意识形态,尊祖与守孝这两大重要社会准则使得佛教参与徽州社会事务的机会大为增加。汉晋以至唐宋,随着北方大族的不断迁入,徽州逐渐发展成为典型的宗族社会,所谓"千年之冢,不动一抔;千丁之族,未尝散处;千载谱系,丝毫不紊"。③ 祠、墓、谱是维系宗族的三大支柱,其中祠和墓作为一定的实体日常维护自是难免。僧人以行善度世为要,祠和墓作为宗族供奉祖先之所,在此二者间僧人与宗族自然就有了结合的机会。如婺源僧神秀者,虽出家为僧,见祖上祠堂倾圮,乃行医取资,孜孜不倦,后倡出缗钱,协助族人新修祠堂。④ 再有如报慈庵僧者,报慈庵本是祁门程氏祖祠,祠中奉程氏诸祖,由于年久倾圮,成化庚寅新修其庵,而僧真瑞及其徒世食于程氏祖祠,此次重修亦因效力颇多而受到称赞。⑤ 不仅如此,历史上祠庙一体现象在徽州也较为

---

① (清)闵麟嗣:《黄山松石谱》卷一,《丛书集成续编本》第 94 册,第 213 页。
② (明)彭泽修,汪舜民纂:弘治《徽州府志》卷一《地理一·山川》,《天一阁藏明代方志选刊》21~22,上海:上海古籍书店,1964 年。
③ (清)赵吉士辑撰,周晓光、刘道胜点校《寄园寄所寄》卷十一,合肥:黄山书社,2008 年。
④ (明)程敏政:《新安文献志》卷四五《婺源三梧镇汪端公祠堂碑》,《四库全书》影印本。
⑤ (明)程敏政:《篁墩文集》卷十四《祁门善和程氏重修报慈庵祠宇记》,《四库全书》本。

常见,如著名的杨干院即是如此。① 至于守孝,更是作为"东南邹鲁"的徽州最为重要的社会准则之一。那么,如何才能更为突出地体现守孝呢?虽有如"凤仪,字廷瑞,行济二六,号竹涯,事亲孝,处兄弟友,克自树立,尝施木助造佛宇以祈母寿"者②,但毕竟是少数,葬礼无疑才是最重要的体现方式。尽管历史上徽州对丧礼中使用僧事不乏反对之声,因为"治丧而用浮屠(图),无论丧礼不足观,就使衰麻哭泣,备物祭奠,一一禀礼,而其陷亲不义不孝之罪"③,此外,"棺敛之费仅数十金,而僧道之追荐,冥器冥材之焚耗,求神散福之食用,往往数倍于此"④。然又"恐致乡人非议",⑤于是,依据财力差异,历史上徽州之丧礼"唯尚七七从事浮屠,而设吊之期,或五日,或三日、一日,视家资丰约,宾朋多寡,届日鼓吹迎宾",⑥成为一种常见的变通之法。

其三,明代嘉靖以后随着徽商群体的日渐壮大,徽商开始大量活跃于各地,与此同时大量士绅阶层与留守妇女亦因此并存于徽州社会,这为佛教影响力在徽州社会的拓展提供了较大的空间。唐宋以后,出于解决生存压力需要,以徽州土产之茶、木行商于他处便成为徽人维持生存之计的重要手段,"徽之俗,一贾不利再贾,再贾不利三贾,三贾不利犹未厌焉"⑦,随着商品经济的日渐活跃,特别是嘉靖以后,以至有"无徽不成镇"之说,在盐、典、米、木、茶等行业徽商皆有相当影响,自然积累了大量财富,"予邑编氓贾居十九,其巨者高轩驷马,俨然搢绅;次亦沃土自豪,雄资足赡,自谓无求于人;最次亦逐

---

① 参见阿风:《从〈杨干院归结始末〉看明代徽州佛教与宗族之关系——明清徽州地方社会僧俗关系考察之一》,载《徽学》,2000年第1期,第116~126页。
② 《美国哈佛大学哈佛燕京图书馆藏中文善本汇刊》第十三册,北京:商务印书馆,2003年,第359页。
③ (清)吴翟辑,刘梦芙点校:《茗洲吴氏家典》卷五,合肥:黄山书社,2006年,第119页。
④ (清)刘汝骥:《陶甓公牍》卷十二,《官箴书集成》第10册,合肥:黄山书社,1997年,第581页。
⑤ (清)吴翟辑,刘梦芙点校:《茗洲吴氏家典》卷五,合肥:黄山书社,2006年,第119页。
⑥ 许承尧:《歙事闲谭》,合肥:黄山书社,2001年,第608页。
⑦ (清)倪望重等修:《祁门倪氏族谱》卷下《诰封淑人胡太淑人行状》,国家图书馆藏清光绪二年(1876)刻本。

什一,征贵贱,饱暖其妻孥,而悠游以卒岁"。① 随着徽商经营的成功,一方面积累了大量财富,加之徽俗本就重视儒业,读书之人自然随之增多,而明中后期社会的相对固化,举业日渐艰难,这就为徽州士绅阶层的壮大提供了土壤;另一方面,"歙人多外服贾,其贫者趋事尤亟"②,大量男子在尚未成年之时便外出学习经商,即便是成年婚后也多以在外经商为主,势必使得徽州存在大量的留守妇女。无论是为数可观的士绅,还是大量的留守妇女,作为徽商崛起后徽州社会的重要群体,对精神世界的追求似乎更为重视。以士绅而言,深受程朱理学影响的徽州士子对于心性的执着自然使得其对佛教世界的心性超脱有潜在的认可,因此大量的政治失意者投身佛门也便顺理成章。明清徽州佛教山林拥有"佛光四面现昙华,钟鱼隐隐传天梵"之境界③,尽可体现出佛门清修之地的宁静放达,这种宁静放达无疑可满足明遗民在徽州山水中所寻求的对内心哀思的释放,于是,游寺、访僧、捐助寺院以至出家为僧者在明清之徽州屡见不鲜。以妇女而言,则更易理解,大量成年男子的外出,使得妇女既需承担家庭日常劳作之重任,又要恪守"三纲五常"之伦纪,精神压力之重可想而知。虽无法如士大夫般追求心性之超脱,但是精神之慰藉确是需要的,于是,吃斋念佛以求庇佑、烧香还愿这些向佛之事自是成了徽州妇女日常生活的重要组成部分,更有随尼远奔他乡烧香还愿者,所谓"观音大师著慈悲,诞日烧香远不辞,逐对岑山潜口去,相随女伴比丘尼"。④

通过上述我们不难看出,历史时期之徽州由于自然地理条件的制约,在早期生产设施特别是水利设施建设尚不发达的情况下生存环境相对恶劣,借助于山区小环境气候多变的有利因素佛教在徽州官民祈雨活动中扮演了重

---

① (清)黄开簇纂修:《虬川黄氏宗谱》卷四《云景黄翁六十寿序》,国家图书馆藏清道光十年(1830)刻本。
② (清)鲍琮纂修:《棠樾鲍氏宣忠堂支谱》卷二一《中宪大夫肯园鲍公行状》,国家图书馆藏清嘉庆十年(1805)刻本。
③ (清)赵吉士撰,周晓光、刘道胜点校:《寄园寄所寄》卷三,合肥:黄山书社,2008年,第172页。
④ 许承尧:《歙事闲谭》,合肥:黄山书社,2001年,第207页。

要角色,佛教作为与自然沟通的媒介在这一时期徽州社会亟须精神世界重构的形势下获得了一定的生存空间;随之由于徽州宗族及理学的发达,尊祖与守孝成为徽州社会重要准则,佛教亦获得了诸多参与徽州日常社会事务的机会;在明清徽商达到鼎盛的时期,佛教借士绅阶层追求心性超脱及大量留守妇女需要精神慰藉这一机会,又在徽州百姓日常精神世界中占据了相当位置。由生产活动到生活活动、由物质世界到精神世界,佛教亦因此成为历史时期徽州社会不可或缺的组成部分。

宗教本身的存在及其传播无疑是多种因素综合的结果。"宗教有地区性、民族性。一定环境的群众的自然条件、文化传统、社会风习对宗教的滋长、传播起着决定性的作用……中国疆域辽阔,南北文化的差异较大,长期形成的地区文化不能不影响到群众民俗的生活习惯,汉传佛教在中原地区呈现为不同的面貌"。[①] 历史时期在不同地区影响宗教存在及传播的因素自然是千差万别的。那么,历史时期特别是唐宋以后佛教何以在以理学著称的徽州获得相对充裕的发展空间呢?综合来看可能有以下三点关键原因:

一是较好地适应了普通民众的现实需求。由于徽州处万山中,山多田少,在早期的移民开发中其生存环境相当恶劣,而古徽州又属巫蛊盛行之地,无论是佛教的祈雨灵应还是志满、麻衣禅师可伏虎患、疗疾之传说对于解决普通百姓的生计问题来说都是具有非比寻常的意义的。虽然自南宋时徽州便素有"东南邹鲁"之称,至明清时更是以"程朱故里"而显于世,但是以学理化和政治化为主要特征的程朱理学其受众终究有限,难以满足普通民众特别是下层民众的大部分现实需求。加之两宋以来儒、释、道的合流,在徽州儒、道发展的同时,佛教借助儒、道二者传播亦不足为奇了。事实也证明,即便是明清时期理学成为徽州社会主流意识,普通民众也不是对佛教绝对抵触,在生老病死等问题上大多时候要求助于佛教得到精神安慰,这一点可以从明清时期徽州佛教寺院遍布乡里及"华云进香"等各类佛教活动成为日常生活的

[①] 任继愈:《中国居士佛教史》序言,见潘桂明《中国居士佛教史》,北京:中国社会科学出版社,2000年,第1~2页。

重要组成部分看得出来。①

二是较好地处理了与理学之间的关系。佛教初入徽州时理学尚未形成,至理学形成以后直至明清理学在徽州鼎盛之际,佛教在徽州的发展都较为注意处理与理学之间关系。从相关史籍我们不难看出,历史时期徽州佛教发展的重点是乡村及山区,而较少在人口相对较多的城镇发展,这在某种程度上可以看作佛教注意与理学在徽州的发展上进行空间错位的表现。不仅如此,历史时期徽州佛教亦往往借助于当地士绅的力量进行发展,如嘉靖年间,文坛领袖王世贞曾带领三吴两浙一百多名文士组团,由徽州本地文人汪道昆负责接待,入黄山游览,盛况空前②,一时间佛、儒交融,这也直接助推了黄山的佛教发展。这一时期祥符寺、翠微寺等得到了修缮。可以说,借助于受理学熏陶的徽州士绅力量是佛教在徽州发展的重要途径之一。

三是较好地借助了徽商及徽州地方宗族的雄厚财力。佛教基本不事生产,就历史时期徽州佛教而言若无徽商及徽州地方宗族支持则其发展亦无从谈起。事实上,也正是在徽商及地方宗族力量的支持下徽州佛教之发展才较为顺利。譬如,宣德年间,馆田李氏李德庄重建松谷草堂,改为寺庙,名松谷庵;岩镇潘之恒在普门开山时,给予大量资助,之后普门进京请封,潘之恒又为他提供了财力资助;康熙五年(1666),为了迎接七层万佛像,歙人黄傶等捐建慈光寺大殿,并修藏经阁一百余间,四年建成,共费银四万余两。③ 如上述徽商及地方宗族支持徽州佛教发展之事例不在少数,这说明历史时期佛教借助于徽商及地方宗族力量以实现自身发展是较为成功的。

当然,历代诸如万历、康熙、乾隆等朝对仰山、黄山佛教的特别关注及高僧大德的不懈努力也是历史时期佛教能在徽州取得如此成就的重要原因。不过,宗教信仰首先来源于现实需求,而历史时期在相对特殊的自然、人文环

---

① 王振忠:《华云进香:民间信仰、朝山习俗与明清以来徽州的日常生活》,载《地方文化研究》,2013 年第 2 期,第 38~60 页。
② 事见《王弇州诸人游歙》,见许承尧:《歙事闲谭》,合肥:黄山书社,2001 年,第 413 页。
③ (清)闵麟嗣:《黄山志定本》卷二《建置》,民国二十四年(1935)安徽丛书编印本。

境下徽州发展成为较为独特的历史地理单元,徽商、理学与宗族构筑起徽州社会的三驾马车,佛教若无法契合徽州社会的现实需求,无法借助徽商、理学与宗族这三种徽州社会主导力量,则自然无法获得相对充裕的发展空间。

佛教作为一种外来文化,尽管10世纪以前在中国的传播空间得到扩展,但是无可否认的是,10世纪以后佛教在中国的传播则更注重与中国社会特别是各个不同地域的社会实际相结合。而徽州作为历史时期北方移民的集中迁入地之一,其历史发展无疑反映了中原世家大族与南方山越人在山多田少、生存空间极为有限的自然地理环境下的结合,其文化基因具有善于坚守又善于融合的特性。从历史时期佛教在徽州的发展来看,我们不难得出以下认识:

其一,佛教是徽州历史文化的重要组成部分而非无关紧要的部分。这一点无论是历史文献对徽州佛教道场的记录还是相关佛教史迹抑或留存至今的佛教与徽州建筑及其他文化载体都可以充分证明。

其二,佛教与历史时期徽州社会的结合较为紧密。较之周边表现出一定的地域性特征,与周边地区存在重要佛教道场或高僧大德因而拥有较强佛教影响力不同的是,历史时期的徽州佛教道场普遍规模较小但数量众多,其广泛存在于徽州的各个角落,与徽州社会的生产、生活实际需求密切相关。

其三,佛教在徽州的发展历程表明了历史时期的徽州文化具有极强的包容性。无论是在两宋以前徽州社会的不断重构还是在两宋以后徽州社会的日趋稳定,佛教与徽州社会的融合特别是对于徽商、理学及宗族这些徽州社会主导力量的借助都是较为成功的,这表明了号称"东南邹鲁"的徽州文化具有极强的包容性,同时也反映了历史时期以儒家文化为代表的中国传统文化具有极强的包容性。

佛教作为历史时期徽州文化的重要组成部分。在漫长的历史发展过程中,其通过与徽州理学、宗族等多种势力的合作和斗争而求得生存,并在与徽州自然环境的互动中呈现出其独有的文化地理现象,这种历史地理文化现象是徽州地域成长史重要的组成部分,也是中国佛教史及中国历史地理演进的重要组成部分。我们通过对历史时期徽州佛教发展的历程、僧人和寺院的空间分布、佛教与社会及自然的互动关系等考察对历史时期徽州佛教发展的时空演进有了一个相对粗浅的认识,而更为深刻的内在剖析还需要大量的支撑研究工作,譬如大量族谱、文书、碑刻等的系统挖掘与运用,佛教与徽州社会关系的多角度综合考察等。当然,就历史时期佛教在徽州的发展及其延伸而言,其如何适应徽州历史环境并完成自身的"徽州化"进而如何有效参与历史时期徽州的"地域化"历史进程,还有很多的空间值得我们研究。无论如何,区域历史的复杂性和多元性是我们在从事区域历史研究时需要时刻注意的重要问题,在考察历史时期不同地域佛教的演进时,坚持因时因地进行研究也是我们必须要遵循的基本准则。

附表

附表1 明代徽州时存寺院一览表

名称	创建时间	重修时间	位置
大慈庵	不详	明	歙县黄山
慈明庵	明	不详	歙县黄山
广福寺	不详	不详	歙县黄山
指象处	不详	明	歙县黄山
横坑庵	不详	唐	歙县黄山
赵州庵	不详	崇祯	歙县黄山
犟岭庵	不详	不详	绩溪县
福昌寺	不详	不详	绩溪县
光相寺	不详	不详	绩溪县
广化寺	不详	不详	绩溪县
觉乘寺	不详	不详	绩溪县
太平禅寺	不详	明	绩溪县
新建寺	不详	明	绩溪县
福田寺	不详	不详	绩溪县
灵石庵	不详	不详	祁门县

续表

名称	创建时间	重修时间	位置
明觉庵	不详	不详	祁门县
普门庵	不详	不详	祁门县
法云庵	不详	不详	祁门县
金粟庵	元	不详	祁门县
龙堂庵	不详	明	祁门县
普安寺	不详	不详	祁门县
塔山庵	不详	不详	祁门县
忠安庵	不详	不详	祁门县
铜佛庵	不详	不详	祁门县
思敬堂	不详	不详	祁门县
宝胜庵	不详	明	祁门县
祝寿庵	不详	不详	祁门县
静居庵	不详	不详	祁门县
云岩庵	不详	不详	祁门县
松山庵	不详	不详	祁门县
金山寺	不详	不详	婺源县
仁寿尼寺	不详	不详	歙县
等觉寺	不详	不详	歙县
舍利庵	不详	不详	歙县
报德庵	不详	不详	歙县
景德寺	不详	不详	歙县
弥勒尼寺	不详	不详	歙县
孝义寺	不详	不详	歙县
叶杨寺	不详	不详	歙县
中峰左寺	不详	不详	歙县
慈竹尼寺	不详	不详	歙县

续表

名称	创建时间	重修时间	位置
忠烈庙	不详	明	歙县
钓桥庵	不详	明	歙县黄山
湘湖岭庵	不详	不详	休宁县
富昨寺	不详	宋	休宁县
汪村古寺	不详	不详	休宁县
普慧堂	不详	不详	休宁县
地□庵	不详	明	休宁县
云溪寺	不详	不详	休宁县
广慧堂	不详	不详	休宁县
广福寺	不详	不详	休宁县
归一堂	不详	不详	休宁县
海云庵	不详	不详	休宁县
黄冈寺	不详	不详	休宁县
灵山堂	不详	不详	休宁县
灵应庵	不详	不详	休宁县
明心堂	不详	不详	休宁县
普明堂	不详	不详	休宁县
全岭庵	不详	不详	休宁县
仁寿尼寺	不详	不详	休宁县
善庆堂	不详	不详	休宁县
万寿堂	不详	不详	休宁县
西涌庵	不详	不详	休宁县
修善寺	不详	不详	休宁县
瑶溪庵	不详	不详	休宁县
正觉堂	不详	不详	休宁县
竹溪庵	不详	不详	休宁县

续表

名称	创建时间	重修时间	位置
竺梵堂	不详	不详	休宁县
著先庵	不详	不详	休宁县
宝华寺	不详	不详	休宁县
翠微寺	不详	不详	休宁县
福聚庵	不详	不详	休宁县
感应堂	不详	不详	休宁县
龙潭庵	不详	不详	休宁县
孚潭庵	不详	不详	休宁县
报恩寺	不详	不详	休宁县
圆通庵	不详	不详	休宁县三十三都
甘露庵	不详	不详	黟县
道孝寺	不详	不详	黟县
观音阁	不详	明	黟县
金竹岩庵	不详	明	黟县
兴福堂	金	不详	休宁县
南山庵	晋	明	休宁县
普福庵	梁	元	祁门县
任公寺	梁	不详	歙县
向杲院	梁	不详	歙县
闲居尼寺	梁	明	黟县
广安寺	梁	明	黟县
石鼓庵	明	不详	歙县黄山
宝珠庵	明	不详	歙县黄山
别峰庵	明	不详	歙县黄山
指月庵	明	不详	歙县黄山
九峰庵	明	不详	歙县黄山

续表

名称	创建时间	重修时间	位置
大佛寺	明	不详	绩溪县
飞龙庵	明	不详	祁门县
环沙岭庵	明	不详	祁门县
紫荆庵	明	不详	祁门县
般若庵	明	不详	歙县
般若台	明	不详	歙县
观音堂	明	不详	歙县
鹤林庵	明	不详	歙县
菩提庵	明	不详	歙县
普斋庵	明	不详	歙县
七贤庵	明	不详	歙县
千佛庵	明	清	歙县
清净尼庵	明	不详	歙县
善应堂	明	不详	歙县
桃源庵	明	不详	歙县
听月庵	明	不详	歙县
颖林庵	明	不详	歙县
竺龄尼庵	明	不详	歙县
黄谷庵	明	不详	歙县
贝叶庵	明	不详	歙县
海潮庵	明	不详	歙县
镜台庵	明	不详	歙县
芥庵	明	不详	歙县
莲花庵	明	不详	歙县黄山
龙蟠坡庵	明	不详	歙县黄山
墨浪庵	明	清	歙县黄山

续表

名称	创建时间	重修时间	位置
西明庵	明	不详	歙县黄山
淋沥庵	明	不详	黟县
西武岭庵	明	不详	黟县
卓锡庵	明	不详	黟县
黄荆庵	明	不详	黟县
东云岩	明	不详	歙县
青山寺	明	不详	歙县
兜率庵	明	不详	歙县黄山
莲顶庵	明	不详	歙县黄山
净度庵	明	不详	歙县
栖云禅院	明	不详	歙县
毗卢阁	明	不详	休宁县
护国禅林	明	不详	休宁县
青莲庵	明	不详	歙县
十王寺	明	不详	祁门县邑南二里
地藏宫	明	不详	黟县
御泉庵	明	不详	歙县黄山
普世庵	明	不详	绩溪县
白杨寺	明	不详	祁门县
肇林院	明	不详	歙县
阜通庵	明	不详	休宁县
利渴庵	明	不详	黟县
甲第庵	明	不详	祁门县
仁寿庙	明	不详	歙县
水月庵	明	不详	歙县黄山
闻持院	明	不详	歙县

续表

名称	创建时间	重修时间	位置
骑龙庵	明	不详	歙县
冷云庵	明	不详	休宁县
观音堂	明	不详	黟县
水晶庵	明	不详	歙县黄山
大悲顶	明	不详	歙县黄山
香山庵	明	不详	歙县黄山
狮子庵	明	不详	祁门县
文峰庵	明	不详	祁门县
雨花庵	明	不详	祁门县
般若庵	明	明	祁门县
观音阁	明	不详	祁门县
文殊院	明	明	歙县
白云庵	明	不详	歙县
白云禅院	明	不详	歙县
慈云庵	明	不详	歙县
飞来尼庵	明	不详	歙县
惠化寺	明	不详	歙县
莲岩禅院	明	不详	歙县
大悲院	明	不详	歙县
敕赐显灵庙	明	不详	歙县
利生庵	明	不详	歙县
松谷寺	明	不详	歙县黄山
掷钵禅院	明	不详	歙县黄山
指象庵	明	不详	歙县黄山
清净禅林	明	不详	休宁县
慈光寺	明	不详	歙县黄山

续表

名称	创建时间	重修时间	位置
大觉禅寺	明	不详	歙县黄山
定光寺	明	不详	歙县
万春庵	明	不详	黟县
太平寺	宋	不详	绩溪县
兰若寺	宋	不详	歙县黄山
新兴寺	宋	不详	歙县黄山
药林寺	宋	不详	歙县黄山
普祐院	宋	明	歙县黄山
清福禅院	宋	不详	绩溪县
清堂院	宋	不详	绩溪县
仁寿庵	宋	不详	绩溪县
广福寺	宋	不详	绩溪县
灵鹫寺	宋	明	绩溪县
庐山寺	宋	不详	绩溪县
普照寺	宋	明	绩溪县
清隐寺	宋	不详	绩溪县
义林寺	宋	不详	绩溪县
正觉寺	宋	不详	绩溪县
慈云寺	宋	不详	绩溪县
堂下庵	宋	不详	祁门县
天门庵	宋	不详	祁门县
白杨院	宋	不详	祁门县
理堂庵	宋	不详	祁门县
山门庵	宋	不详	祁门县
钟山庵	宋	不详	祁门县
登山古寺	宋	不详	祁门县

续表

名称	创建时间	重修时间	位置
法林庵	宋	不详	祁门县
祊坊永禧庵	宋	不详	祁门县
白莲庵	宋	不详	祁门县
碧莲寺	宋	不详	祁门县
泗洲寺	宋	不详	祁门县
永禧寺	宋	明	祁门县
忠要庵	宋	不详	祁门县
大痕寺	宋	明	祁门县
武陵法喜庵	宋	不详	祁门县
祖成庵	宋	不详	祁门县
东松庵	宋	不详	祁门县
报慈庵	宋	不详	祁门县
曹溪寺	宋	不详	婺源县
灵仙寺	宋	明	婺源县
慈尊寺	宋	不详	婺源县
碧云庵	宋	明	婺源县
福山寺	宋	明	婺源县
法华庵	宋	明	婺源县
保福寺	宋	明	婺源县
高峰寺	宋	明	婺源县
广福寺	宋	明	婺源县
宏山庵	宋	明	婺源县
开化寺	宋	明	婺源县
龙居寺	宋	明	婺源县
龙渊寺	宋	明	婺源县
钱塘寺	宋	明	婺源县

续表

名称	创建时间	重修时间	位置
三礼堂	宋	明	婺源县
泗洲寺	宋	明	婺源县
香岩寺	宋	明	婺源县
新田寺	宋	明	婺源县
眙祐堂	宋	明	婺源县
肇安庵	宋	明	婺源县
忠裔堂	宋	明	婺源县
新兴寺	宋	明	婺源县九都
灵山寺	宋	明	婺源县三都
五明寺	宋	不详	歙县
太平兴国寺	宋	不详	歙县
玉□寺	宋	不详	歙县
诸天阁	宋	明	歙县
旁溪寺	宋	不详	歙县
福金庵	宋	不详	歙县
竺溪寺	宋	不详	歙县
左昌寺	宋	不详	歙县
玉岐寺	宋	不详	歙县
崇福寺	宋	不详	歙县
高眉庵	宋	不详	歙县
湖田寺	宋	明	歙县
华严院	宋	不详	歙县
积庆寺	宋	不详	歙县
揭湖寺	宋	不详	歙县
金城院	宋	不详	歙县
金紫院	宋	不详	歙县

续表

名称	创建时间	重修时间	位置
临塘院	宋	不详	歙县
山旁寺	宋	不详	歙县
石池寺	宋	不详	歙县
溪子寺	宋	不详	歙县
中峰寺	宋	不详	歙县
褒忠寺	宋	不详	歙县
古塔庵	宋	明	歙县
贵今尼庵	宋	不详	歙县
上律寺	宋	明	歙县
坦平寺	宋	不详	歙县
湾堂庵	宋	不详	歙县
长庆寺	宋	明	歙县
五福祠	宋	不详	歙县
观音阁	宋	不详	休宁县
塔岭寺	宋	不详	休宁县
金佛庵	宋	不详	休宁县
审坑庵	宋	明	休宁县
磜口寺	宋	不详	休宁县
恒山堂	宋	不详	休宁县
永庆寺	宋	不详	休宁县
锦堂庵	宋	不详	休宁县
普照寺	宋	不详	休宁县
施水庵	宋	不详	休宁县
松萝庵	宋	明	休宁县
玉枢庵	宋	不详	休宁县
等慈庵	宋	不详	休宁县

续表

名称	创建时间	重修时间	位置
英山庵	宋	不详	休宁县
觉慈庵	宋	不详	休宁县
泗洲庵	宋	明	黟县
杨干寺	宋	不详	歙县
仁义院	宋	明	歙县
觉华禅林	唐	明	歙县
崇福寺	唐	明	绩溪县
前山寺	唐	不详	绩溪县
新兴寺	唐	不详	绩溪县
兴福寺	唐	不详	绩溪县
药师寺	唐	不详	绩溪县
普安院	唐	不详	祁门县
龙堂庵	唐	不详	祁门县
万安古寺	唐	元	祁门县
悟法寺	唐	明	祁门县
吉祥院	唐	不详	祁门县
享堂庵	唐	不详	祁门县
崇福堂	唐	不详	祁门县
珠溪寿圣院	唐	明	祁门县
□安院	唐	不详	祁门县
青萝院	唐	明	祁门县
广福宝林禅院	唐	不详	祁门县
贵溪寺	唐	明	祁门县
资福院	唐	不详	祁门县
灵泉寺	唐	不详	祁门县
西峰寺	唐	不详	祁门县

续表

名称	创建时间	重修时间	位置
珠溪寺	唐	不详	祁门县
贵溪寺	唐	不详	祁门县
普陀庵	唐	明	祁门县
忠国显亲下院	唐	不详	祁门县
横山尼庵	唐	不详	祁门县
石门院	唐	不详	祁门县
十王寺	唐	不详	祁门县邑南
大杞寺	唐	明	婺源县
荷恩寺	唐	明	婺源县
万寿寺	唐	明	婺源县
大田寺	唐	明	婺源县
凤林寺	唐	明	婺源县
黄连寺	唐	明	婺源县
灵河寺	唐	明	婺源县
灵山寺	唐	明	婺源县
隆庆寺	唐	明	婺源县
普济寺	唐	明	婺源县
如意寺	唐	明	婺源县
沙门寺	唐	明	婺源县
山房寺	唐	明	婺源县
天王寺	唐	明	婺源县
云兴寺	唐	明	婺源县
重兴寺	唐	明	婺源县
资福寺	唐	明	婺源县
新兴寺	唐	明	婺源县三十九都
禅林院	唐	不详	歙县

续表

名称	创建时间	重修时间	位置
照应禅院	唐	不详	歙县
竹会寺	唐	不详	歙县
陈塘院	唐	不详	歙县
城阳寺	唐	明	歙县
兴国寺	唐	不详	歙县
水西寺	唐	不详	歙县
应梦罗汉院	唐	不详	歙县
经藏寺	唐	不详	歙县
开化寺	唐	不详	歙县
尼庄庵	唐	不详	歙县
云岭庵	唐	不详	歙县
宝相寺	唐	明	歙县
承唐寺	唐	不详	歙县
圣僧庵	唐	不详	歙县
南源古寺	唐	不详	歙县
太平兴国寺	唐	不详	歙县
天宁万寿寺	唐	明	歙县
福田寺	唐	不详	歙县
古城院	唐	不详	歙县
古岩院	唐	不详	歙县
汉洞院	唐	不详	歙县
黄坑院	唐	明	歙县
会圣寺	唐	不详	歙县
惠化院	唐	不详	歙县
灵山院	唐	不详	歙县
能仁尼寺	唐	不详	歙县

续表

名称	创建时间	重修时间	位置
普庵院	唐	不详	歙县
清泉院	唐	不详	歙县
坦平院	唐	不详	歙县
西峰院	唐	不详	歙县
溪头院	唐	不详	歙县
小溪院	唐	不详	歙县
兴福院	唐	不详	歙县
大中祥符寺	唐	明	歙县
白莲院	唐	不详	歙县
白杨院	唐	不详	歙县
富山院	唐	不详	歙县
宋唐庵	唐	不详	歙县
罗汉寺	唐	不详	歙县黄山
千秋庵	唐	不详	休宁县
嘉祥寺	唐	不详	休宁县
金龙庵	唐	不详	休宁县
龙宫寺	唐	不详	休宁县
蜜多院	唐	不详	休宁县
齐祈寺	唐	不详	休宁县
三宝庵	唐	不详	休宁县
石桥院	唐	不详	休宁县
双门寺	唐	不详	休宁县
万安寺	唐	明	休宁县
吴山院	唐	不详	休宁县
新屯寺	唐	明	休宁县
星洲寺	唐	不详	休宁县

续表

名称	创建时间	重修时间	位置
阳山院	唐	不详	休宁县
易山庵	唐	明	休宁县
月溪寺	唐	不详	休宁县
普满禅寺	唐	明	休宁县
宝林祠	唐	不详	休宁县
方兴寺	唐	明	休宁县
建初寺	唐	明	休宁县
霭山院	唐	明	黟县
尊孝寺	唐	明	黟县
梓路寺	唐	元	黟县
精林院	唐	明	黟县
石鼓院	唐	明	黟县
延庆院	唐	明	黟县
瑞金庵	唐	明	歙县
开化禅院	唐	明	歙县
崇法禅院	五代	不详	祁门县
寿山堂	五代	不详	祁门县
云平庵	五代	不详	祁门县
重兴内外二院	五代	不详	祁门县
保安寺	五代	不详	婺源县
白塔寺	五代	明	婺源县
龙泉寺	五代	明	婺源县
乐居寺	五代	明	婺源县
香油院	五代	不详	歙县
保安院	五代	不详	歙县
江祈院	五代	不详	歙县

续表

名称	创建时间	重修时间	位置
灵康院	五代	不详	歙县
水陆院	五代	不详	歙县
周流寺	五代	不详	歙县
宁康寺	五代	不详	歙县
乾明禅院	五代	不详	歙县
资福寺	五代	不详	歙县
水绿寺	五代	清	歙县
葛塘院	五代	明	歙县
莲花峰	元	不详	歙县黄山
天王寺	元	明	绩溪县
小西峰法云庵	元	不详	祁门县
黄沙庵	元	不详	祁门县
安丰庵	元	明	祁门县
头湖院	元	不详	婺源县
天竺庵	元	明	婺源县
朗湖院	元	明	婺源县
真如庵	元	明	婺源县
高峰院	元	不详	婺源县
普照堂	元	不详	歙县
长山庵	元	不详	歙县
东古寺	元	明	歙县
多宝庵	元	不详	歙县
施水庵	元	不详	歙县
普满塔庵	元	不详	休宁县
庆明堂	元	不详	休宁县
全真庵	元	不详	休宁县

续表

名称	创建时间	重修时间	位置
仁王院	元	不详	休宁县
心田堂	元	不详	休宁县
慈氏院	元	不详	休宁县
青林庵	元	不详	黟县
皆如庵	元	不详	黟县
东山庵	元	明	黟县
巢翠庵	元	不详	歙县黄山
一苤庵	不详	明	歙县
雨粟禅院	不详	元	歙县

资料来源:(宋)罗愿:《新安志·寺观》,清光绪十四年(1888)刻本;(明)李贤等纂:《大明一统志·徽州府》,三秦出版社,1990年;(清)穆彰阿等纂:《嘉庆重修一统志·徽州府》,中华书局,1986年;(明)彭泽修,汪舜民纂:《徽州府志·寺观》,明弘治十五年(1502)刻本(明)何东序修,汪尚宁等纂:《徽州府志·寺观》,明嘉靖四十五年(1566)刻本;(清)丁廷楗修,赵吉士纂:《徽州府志·寺观》,清康熙三十八年(1699)刻本;(明)程敏政纂修:《休宁志·寺观》,明弘治四年(1491)刻本;(明)余士奇修,谢存仁纂:《祁门县志·寺观》,明万历二十八年(1600)刻本;(明)程文举:《仰山乘》,台北:明文书局印行本;(清)蒋璨纂修:《婺源县志·寺观》,清康熙三十三年(1694)刻本;(清)较陈锡修,赵继序、章瑞钟纂:《绩溪县志·寺观》,清乾隆二十一年(1756)刻本;(清)张佩芳修,刘大櫆纂:《歙县志·寺观》,清乾隆三十六年(1771)刻本;(清)吴甸华修,程汝翼等纂:《黟县志·寺观》,清嘉庆十七年(1812)修,清道光五年(1825)刻本;谢廷赞著:《西干十寺记》,说郛续本,收入《续修四库全书》第1997册;(清)释弘眉撰:《黄山志》,清康熙六年(1667)刻本,慈光寺藏本;(清)汪洪度纂:《黄山领要录》,清乾隆间刻本;(清)江登云纂:《橙阳散志》,清嘉庆十四年(1809)刻本;石国柱、楼文钊修,许承尧纂:《歙县志·寺观》,民国二十六年(1937)铅印本;何建明主编:《中国地方志佛道教文献汇纂·寺观卷》第175~179、230册,北京:国家图书馆出版社,2013年。

附表 2　徽州历代僧人驻锡地一览表

僧名	朝代	驻锡寺观	驻锡属县
天然	晋	南山庵	休宁县
宝志公大师	南朝梁	不详	休宁县仰山
东国僧	南朝梁	不详	歙县黄山
茂源和尚	唐	不详	不详
定庄禅师	唐	不详	不详
黄檗希运禅师	唐	不详	不详
澜大德	唐	兴唐寺	歙县
智琚	唐	建安寺	常州
谦禅师	唐	不详	歙县黄山
麻衣禅师	唐	翠微寺	歙县黄山
岛云	唐	不详	歙县黄山
志满禅师	唐	灵汤泉兰若	歙县黄山
光聪	唐	不详	休宁县齐云山
清素	唐	广福宝林禅院	祁门县
慧琳法师	唐	永福寺	钱塘
日赞	唐	大杞寺	婺源县
应机	唐	大田寺	婺源县
有通	唐	凤林寺	婺源县
慧光	唐	荷恩寺	婺源县
清贡	唐	黄莲寺	婺源县
道贺	唐	灵河寺	婺源县
珂公	唐	灵山寺	婺源县
石佛	唐	隆庆寺	婺源县
大德	唐	如意寺	婺源县
日本	唐	沙门寺	婺源县
僧简	唐	山房寺	婺源县

续表

僧名	朝代	驻锡寺观	驻锡属县
僧祐	唐	天王寺	婺源县
智柔	唐	万寿寺	婺源县
文莱	唐	新兴寺	婺源县
蕴中	唐	云兴寺	婺源县
善称	唐	重兴寺	婺源县
慧明	唐	不详	歙州
绍坚	唐	金龙庵	休宁县
法本	唐	新屯寺	休宁县
慧寂大师	唐	不详	休宁县仰山
贯休	唐	太平兴国寺	歙县
清澜	唐	太平兴国寺	歙县
元立	唐	石桥院	休宁县齐云山
文德	唐	白塔寺	婺源县
楚禅师	唐	普济寺	婺源县
道云	五代	云平庵	祁门县
灵道者	五代	开福寺	婺源县
僧澄	五代	乐居寺	婺源县
正华	五代	龙泉寺	婺源县
禄判	五代	保安寺	婺源县
宁道者	宋	不详	不详
宗白头	宋	水西寺	不详
清素禅师	宋	普祐院	歙县黄山
云林	宋	云岭禅院	歙县黄山
惠应	宋	灵鹫寺	绩溪县
僧潜	宋	不详	齐云山
僧昕	宋	不详	齐云山

续表

僧名	朝代	驻锡寺观	驻锡属县
永素	宋	柏山院	祁门县
东松僧	宋	不详	祁门县
永净	宋	东松庵	祁门县
子珣	宋	东松庵	祁门县
惠满佛印大师	宋	石门院	祁门县
庆休	宋	云平庵	祁门县
总恭	宋	云平庵	祁门县
僧祐	宋	保福寺	婺源县
妙果	宋	曹溪寺	婺源县
僧滋	宋	慈尊寺	婺源县
性常	宋	福山寺	婺源县
世英	宋	高峰寺	婺源县
道悦	宋	广福寺	婺源县
弥寿	宋	宏山庵	婺源县
惟鉴	宋	黄连寺	婺源县
奉超	宋	开化寺	婺源县
白云	宋	灵仙寺	婺源县
僧勤	宋	龙居寺	婺源县
如晦	宋	龙渊寺	婺源县
友华	宋	钱塘寺	婺源县
善现	宋	三礼堂	婺源县
知新	宋	泗洲寺	婺源县
宗妙	宋	香岩寺	婺源县
志售	宋	新田寺	婺源县
日赞	宋	新兴寺	婺源县
宗一	宋	眙祐堂	婺源县

续表

僧名	朝代	驻锡寺观	驻锡属县
正心	宋	肇安庵	婺源县
志清	宋	忠裔堂	婺源县
如净	宋	城阳院	歙县
慧明	宋	湖田寺	歙县
怀一	宋	湖田寺	歙县
雪山子	宋	普满寺	休宁县
净云	宋	齐祈寺	休宁县
慕真	宋	碧云庵、芙蓉峰	休宁县、婺源县
章智	宋	道孝寺	黟县
古石	宋	泗洲庵	黟县
天庵	宋	泗洲庵	黟县
空公	宋	南山庵	休宁县
道清	宋	青萝院	祁门县
永庆	宋	方兴寺	休宁县
□行明	宋	祥符寺	歙县黄山
志海	宋	万安古寺	祁门县
定宁	元	灵鹫寺	绩溪县
显达	元	前山寺	绩溪县
宗正	元	太平禅寺	绩溪县
维贤	元	普福庵	祁门县
弥秀	元	万安古寺	祁门县
会通	元	高峰院	婺源县
坚镇	元	朗湖院	婺源县
真清	元	普济寺	婺源县
善坚	元	真如庵	婺源县
普祐	元	开化禅院	歙县

续表

僧名	朝代	驻锡寺观	驻锡属县
永传	元	天宁万寿禅院	歙县
普仁	元	照应禅院	歙县
碧庵	元	等慈庵	休宁县
净能	元	普满禅寺	休宁县
妙玘	元	庆明堂	休宁县
寿南	元	双门寺	休宁县
秀芳	元	新屯寺	休宁县
净因	元	月溪寺	休宁县
法纲	元	东山庵	黟县
简庵	元	东山庵	黟县
月堂	元	东山庵	黟县
广济	元	广安寺	黟县
景崧	元	广安寺	黟县
秀师	元	静林院	黟县
石隐和尚	元	石鼓寺	黟县
妙崧	元	闲居尼寺	黟县
绍复	元	梓路寺	黟县
宗茂	元	巢翠庵	歙县黄山
妙真	元	大悲庵	歙县黄山
普惠	元	吕公庵	歙县黄山
一九和尚	明	石金庵	绩溪县
墨浪	明	白龙潭	歙县黄山
石雨大师	明	宝寿九峰	歙县黄山
万绿师	明	宝珠庵	歙县黄山
法通	明	不详	歙县黄山
郑重	明	不详	歙县黄山

续表

僧名	朝代	驻锡寺观	驻锡属县
一乘	明	狮子林	歙县黄山
朝宗和尚	明	慈光寺、别峰庵	歙县黄山
尼用持	明	大悲顶	歙县黄山
元白大师	明	不详	歙县黄山
老巢	明	黄谷庵	歙县黄山
智舷	明	金明寺	歙县黄山
印我	明	莲花庵	歙县黄山
静庵	明	莲花洞	歙县黄山
照微	明	莲花峰	歙县黄山
毒鼓	明	莲花峰、掷钵庵	歙县黄山
融真	明	狮子峰	歙县黄山
晦昙	明	文殊院	歙县黄山
水斋	明	文殊院、指月庵	歙县黄山
栎庵	明	云岭禅院	歙县黄山
妙光慧	明	云岭禅院	歙县黄山
如本	明	云岭禅院	歙县黄山
蕴璞法师	明	指象处	歙县黄山
大守	明	掷钵庵	歙县黄山
广奇	明	掷钵庵	歙县黄山
宝相	明	掷钵庵	歙县黄山
法忠	明	云中寺	庐山
无有	明	不详	齐云山
照通	明	碧云庵	婺源县
海球	明	大章禅室	婺源县
真松	明	古迹寺	婺源县
大机	明	继竺庵	婺源县

续表

僧名	朝代	驻锡寺观	驻锡属县
如镜	明	继竺庵、赵州庵	婺源县
真柏	明	嘉礼寺	婺源县
海心	明	长老寺	婺源县
智显	明	赵州庵	婺源县
了容	明	诸潭山	婺源县
朝宗忍	明	石耳山	歙县
介如禅师	明	不详	休宁县
嗣汉	明	普满寺	徐宁
瘫鹤禅师	明	报恩寺	休宁县仰山
雪浪禅师	明	报恩寺	休宁县仰山
佛日禅师	明	栖霞祖堂	休宁县仰山
海渡	明	黄荆庵	黟县
慧融	明	石门山	黟县
洪干	明	西武岭庵	黟县
印生	明崇祯	不详	歙县黄山
文斋	明崇祯	昌胤精舍	歙县黄山
云外大师	明崇祯	云谷禅院	歙县黄山
普护	明弘治	碧云庵	婺源县
惠璨	明弘治	葛塘院	歙县
惠赞	明弘治	葛塘院	歙县
志礼	明弘治	黄坑庵	歙县
宗辉	明弘治	黄坑庵	歙县
普盛	明弘治	万安寺	休宁县
日才	明弘治	万安寺	休宁县
日厚	明弘治	万安寺	休宁县
广昌	明弘治	静林院	黟县

续表

僧名	朝代	驻锡寺观	驻锡属县
文慕	明洪武	悟法寺	祁门县
宗寿	明洪武	悟法寺	祁门县
惟昊	明洪武	珠溪寿圣院	祁门县
文重	明洪武	珠溪寿圣院	祁门县
僧璘	明洪武	珠溪寿圣院	祁门县
月中	明洪武	白塔寺	婺源县
有源	明洪武	保安寺	婺源县
德崇	明洪武	保福寺	婺源县
妙莲	明洪武	碧云庵	婺源县
僧观	明洪武	曹溪寺	婺源县
传灯	明洪武	大田寺	婺源县
心静	明洪武	凤林寺	婺源县
行满	明洪武	福山寺	婺源县
兆有	明洪武	高峰寺	婺源县
文福	明洪武	高峰院	婺源县
永和	明洪武	广福寺	婺源县
一麟	明洪武	荷恩寺	婺源县
法真	明洪武	宏山庵	婺源县
宗汉	明洪武	开化寺	婺源县
清源	明洪武	朗湖院	婺源县
俊伟	明洪武	乐居寺	婺源县
知源	明洪武	灵河寺	婺源县
福惠	明洪武	灵山寺	婺源县
福聚	明洪武	灵仙寺	婺源县
文有	明洪武	龙居寺	婺源县
方德	明洪武	龙泉寺	婺源县

续表

僧名	朝代	驻锡寺观	驻锡属县
全美	明洪武	龙渊寺	婺源县
全泰	明洪武	龙渊寺	婺源县
法悬	明洪武	隆庆寺	婺源县
能胜	明洪武	普济寺	婺源县
祖德	明洪武	钱塘寺	婺源县
恭信	明洪武	如意寺	婺源县
思敬	明洪武	三礼堂	婺源县
普华	明洪武	沙门寺	婺源县
净忠	明洪武	山房寺	婺源县
仲奕	明洪武	泗州寺	婺源县
传芳	明洪武	天王寺	婺源县
净鑑	明洪武	万寿寺	婺源县
如莹	明洪武	香岩寺	婺源县
悬翁	明洪武	新田寺	婺源县
心定	明洪武	新兴寺	婺源县
僧星	明洪武	眙祐堂	婺源县
自性	明洪武	云兴寺	婺源县
天相	明洪武	肇安庵	婺源县
广远	明洪武	真如庵	婺源县
瞻礼	明洪武	忠裔堂	婺源县
崇钦	明洪武	重兴寺	婺源县
震公	明洪武	资福寺	婺源县
容颜	明洪武	诸天阁	歙县
景辉	明洪武	方兴寺	休宁县
福镇	明洪武	建初寺	休宁县
如祇	明洪武	建初寺	休宁县

续表

僧名	朝代	驻锡寺观	驻锡属县
善述	明洪武	建初寺	休宁县
惟亨	明洪武	普满禅寺	休宁县
永寿	明洪武	普满禅寺	休宁县
昭回	明洪武	普满禅寺	休宁县
智晓	明洪武	普满禅寺	休宁县
恩发	明洪武	新屯寺	休宁县
永坚	明洪武	易山庵	休宁县
吉绍	明洪武	道孝寺	黟县
明隆	明洪武	东山庵	黟县
僧永	明洪武	东山庵	黟县
通师	明洪武	广安寺	黟县
文献	明洪武	广安寺	黟县
智证	明洪武	精林院	黟县
普葵	明洪武	精林院、泗洲庵	黟县
宗迪	明洪武	石鼓院	黟县
惟则	明洪武	延庆院	黟县
动敬	明洪武	万安寺	休宁县
海运	明嘉靖	不详	歙县黄山
佛浩	明嘉靖	不详	歙县黄山
杨干寺僧	明嘉靖	杨干寺	歙县黄山
清潭	明嘉靖	贵溪古寺	祁门县
志云	明嘉靖	贵溪古寺	祁门县
号一	明嘉靖	指月庵	歙县黄山
宗源	明景泰	福田寺	歙县
诚闻	明景泰	南山庵	休宁县
智空	明隆庆	光明顶、海觉庵	歙县黄山

续表

僧名	朝代	驻锡寺观	驻锡属县
檗庵大师	明末	不详	歙县黄山
浣凡	明末	觉华禅林	黟县
涤凡	明末	觉华禅林	黟县
知幻	明末	觉华禅林	黟县
汪沐日	明末清初	吴山	福建
吴山大师	明末清初	不详	歙县黄山
恒证据	明末清初	慈光寺、引针庵，庆云崟	歙县黄山
见月律师	明末清初	庆云崟	歙县黄山
朝宗大师	明末清初	不详	歙县黄山
白毫大师	明末清初	文殊院	歙县黄山
大时	明末清初	文殊院、天界寺	歙县黄山
无知大师	明末清初	掷钵禅院	歙县黄山
弘仁	明末清初	慈光寺、云谷寺	歙县黄山
半庵头陀	明末清初	大报恩寺、慈光寺	江宁、歙县黄山
尼丽明	明末清初	末山庵	歙县黄山
隐空大德	明末清初	石鼓庵	黟县
普云	明天顺	方兴寺	休宁县
大用	明万历	不详	歙县黄山
普门禅师	明万历	慈光寺	歙县黄山
寓安大师	明万历	掷钵禅院	歙县黄山
如孝	明万历	慈光寺	歙县黄山
阔庵	明万历	慈光寺	歙县黄山
方来	明万历	慈光寺	歙县黄山
心空律师	明万历	慈光寺、翠微寺	歙县黄山
智传禅师	明万历	大慈庵	歙县黄山
雪峤大师	明万历	不详	歙县黄山

续表

僧名	朝代	驻锡寺观	驻锡属县
心月	明万历	天海庵	歙县黄山
果然	明万历	香山庵	歙县黄山
一斋	明万历	云谷禅院、慈光寺	歙县黄山
如愚	明万历	指象庵	歙县黄山
林皋大师	明万历	指象处	歙县黄山
无易	明万历	掷钵禅院	歙县黄山
一慈	明万历	清净禅林	休宁县
徧空禅师	明万历	不详	休宁县仰山
夜台禅师	明万历	不详	休宁县仰山
梵师大海	明万历	不详	休宁县仰山
梵师觉海	明万历	不详	休宁县仰山
梵师净海	明万历	不详	休宁县仰山
梵师圆海	明万历	恒山堂	休宁县仰山
慈明师	明万历	慈明庵	歙县黄山
海希师	明万历	大觉禅寺	歙县黄山
一心和尚	明万历	兜率庵、引针庵	歙县黄山
雪奇	明万历	引针庵	歙县黄山
亦幻师	明万历	指象处	歙县黄山
容真	明万历	不详	歙县黄山
无得	明万历	不详	歙县黄山
寓庵	明万历	不详	歙县黄山
云谷禅师	明万历	不详	歙县黄山
昌敬	明宣德	东山庵	黟县
恩溥	明宣德	精林院	黟县
行栗	明永乐	悟法寺	祁门县
永萌	明永乐	建初寺	休宁县

续表

僧名	朝代	驻锡寺观	驻锡属县
志远	明永乐	新屯寺	休宁县
道寻	明永乐	泗洲庵	黟县
德兴	明永乐	泗洲庵	黟县
福广	明永乐	泗洲庵	黟县
福清	明永乐	泗洲庵	黟县
义昭	明永乐	泗洲庵	黟县
全宁	明正统	祥符慨念寺	歙县黄山
会德	明正统	万寿寺	婺源县
信修	明正统	万寿寺	婺源县
法景	明正统	霭山院	黟县
法嗣	明正统	霭山院	黟县
信雯	明正统	霭山院	黟县
永茂	明正统	霭山院	黟县
永忠	明正统	霭山院	黟县

资料来源:(宋)罗愿:《新安志·仙释》,清光绪十四年(1888)刻本;(明)彭泽修,汪舜民纂:《徽州府志·仙释》,明弘治十五年(1502)刻本;(清)丁廷楗修,赵吉士纂:《徽州府志·仙释》,清康熙三十八年(1699)刻本;(清)蒋璨纂修:《婺源县志·仙释》,清康熙三十三年(1694)刻本;(清)江登云纂:《橙阳散志》,清嘉庆十四年(1809)刻本;安徽省通志馆纂:《安徽通志稿·佛门龙相传》,民国二十三年(1934)铅印本;石国柱、楼文钊修,许承尧纂:《歙县志·人物》,民国二十六年(1937)铅印本;(明)鲁点撰:《齐云山志》,收入《四库存目丛书·史部》第231册;(明)程文举:《仰山乘》,明文书局印行本;(清)释弘眉撰:《黄山志》,清康熙六年(1667)刻本,慈光寺藏本;(清)释超纲辑:《黄山翠微寺志》,广陵书社印行本;何建明主编:《中国地方志佛道教文献汇纂·人物卷》第54～56册,国家图书馆出版社,2013年。

附表3 清康熙年间徽州地区时存寺院一览表

地区:歙县 107

寺院名称	所在位置	建立时间	建立者	是否重建	备注
天宁万寿寺				元大德八年重建	原名护国天王院,唐政和八年,改天宁万寿寺
太平兴国寺	郡城练水西	唐至德二年			旧名兴唐寺,宋太平兴国中,敕改今名
开化寺	县西	唐			唐天祐元年,号十方院。宋大中祥符元年敕改今名
宝相寺	县东,问政山钟楼峰下	唐光化年间	刺史陶雅		宋大中祥符年间,赐额昭应禅院。后迁到城西南角。明正德年间,复建于此
城阳寺	县南三里,隔溪,面城阳山	唐景福年间			唐宣和中毁,改建在长寿乡
杨干寺	通德乡丰乐里	宋宝祐六年	丞相程元凤		明侍郎毕懋康留有诗
任公寺	宁泰乡仁祐里	梁			刺史任昉爱寺旁的水,故名昉寺
傍溪寺	长乐下乡铜山里	宋大中祥符元年			宋绍兴中,徙乌聊山
溪子寺	长乐下乡铜山里	宋大中祥符元年			
资福寺	明德乡	五代吴,天祐七年			
承唐寺	孝弟乡	唐		唐大中七年重建	唐会昌前便有
湖田寺	宁仁乡	宋绍兴年间			
积庆寺	县西五里	宋	丞相程元凤		

续表

寺院名称	所在位置	建立时间	建立者	是否重建	备注
能仁尼寺	在城南	唐			旧名承天,又名香封。宋祥符年间,始赐今额
福田寺	宁仁乡	唐武德中			明景泰中,没于水。僧宗源上告,移建
玉歧寺	长乐上乡天尖山	宋咸淳中			
褒忠寺	长乐上乡	宋绍兴八年			
山旁寺	长乐上乡	宋宝祐三年			
揭湖寺	孝女乡	宋淳祐年间			
中峰寺	长庆乡				
中峰左寺	长庆乡				
叶杨寺	长庆乡				
会圣寺	长庆乡	唐			
石池寺	衮绣乡	宋			
景德寺	衮绣乡				
葛塘寺	衮绣乡	五代吴			
仁寿尼寺	县南牛矢岭				
弥勒尼寺	宁仁乡				
孝义寺	中鹄乡				
崇福寺	宁泰乡	宋	察判汪时中	康熙癸亥,西溪汪氏重建	

续表

寺院名称	所在位置	建立时间	建立者	是否重建	备注
大中祥符寺	在黄山天都峰下	唐	刺史陶雅		大中五年,刺史李敬方感白龙现,建龙堂于汤池之西。天祐二年,刺史陶雅建寺,号汤院。南唐保大二年,敕为灵泉院,宋大中祥符元年,敕改今名
松谷寺	黄山叠嶂峰下	明			张真人居之,其别号松谷,故名松谷寺
松谷寺	北狮子峰下				
慈光寺	朱砂峰下	明			旧称朱砂庵。明万历年间,普门入黄山,创法海禅院。辛亥秋,神宗赐额慈光
翠微寺	翠微峰麓	唐	麻衣祖师包西来		
上律寺	德政乡	宋至和中		雍正十年火后重修	
左昌寺	长乐乡	宋绍兴四年			
南源古寺	长陔	唐太和三年			
周流寺	永丰乡岑山	五代吴天祐年间			
东古寺	石耳山东坞	元			又称东坞古寺
净土禅林	古关				
开黄禅院	郡大北门外			清朝胡茂祯改建	原名白雪楼

续表

寺院名称	所在位置	建立时间	建立者	是否重建	备注
掷钵禅院	钵盂峰下	明			俗名丞相源。原是汪图南书院,万历乙酉,寓安成刹
乾明禅院	登瀛乡清平里	五代南唐			初号安国,宋太平兴国五年,敕改今名
肇林院	千秋里	明	司马汪道昆		
大悲院	莲花峰右,即光明顶	明			
观音院	问政山钟楼峰				
水陆院	宁仁乡	五代,吴,顺义中			
白莲院	旧在县治侧,宋绍兴十八年徙紫金山	唐天祐二年			
普庵院	宁仁乡	唐乾宁二年			
西峰院	通德乡隐儒里	唐至德二年			宋绍兴中,改为寺
惠化院	仁爱乡	唐乾宁中			
白杨院	长乐上乡	唐太和年间			
金城院	仁爱乡长沙里	宋开宝二年敕建			

续表

寺院名称	所在位置	建立时间	建立者	是否重建	备注
金紫院	县西,黄罗峰北	宋绍兴年间			敕葬汪若容,因奏立院
江祈院	孝悌乡千秋里	五代,吴,顺义二年			
灵山院	平辽乡新安里	唐天祐年间敕建			
清泉院	孝悌乡玉泉里	唐大中二年			
古城院	永丰乡安乐里	唐太和中			
溪头院	仁里乡溪头里	唐景福中			
汉洞院	仁爱乡富资里	唐大中年间			宋宣和,贼退后,东迁半里
古岩院	在永丰乡环山里	唐会昌元年			
兴福院	中鹄乡迁桥里	唐光化中			
坦平院	仁里乡万安里	唐太和年间			
黄坑院	仁爱乡金山里	唐太和中			
灵康院	永丰乡溪上	五代,吴,天祐年间			
富山院	仁礼乡	唐景福中			

续表

寺院名称	所在位置	建立时间	建立者	是否重建	备注
仁义院	中鹄乡丰教里	宋大中祥符年间			
向杲院	永丰乡	梁,大同元年建			
小溪院	仁爱乡	唐太和五年			
保安院	孝弟乡紫霞山麓	五代,吴,天祐五年			
临塘院	中鹄乡迁桥里	宋至道二年			
华严院	孝女乡	宋宝祐二年			
文殊院	天都、莲花两峰之间	明	普门	丁丑遭火灾,戊寅,汪之龙重建	
多宝尼庵	孝女乡				
尼庄庵	环山里雪压山	唐会昌二年			
报德庵	县西,灵山				
圣僧庵	县西五里	唐武德中			
白云庵	仁爱乡	明			
滥庵	宝相寺左				
高眉庵	宁仁乡	宋淳熙年间		元至顺年间毁,明洪武年重建	

续表

寺院名称	所在位置	建立时间	建立者	是否重建	备注
长山庵	明德乡	元至正壬午			
莲花庵	唐汤院遗址	明			
水晶庵	去甜株岭三里	明天顺	吴宁		
皮篷庵					又名云舫,从唐至清,皆有僧人居之。康熙年间,翠螺山僧雪庄,枯坐皮篷洞三年,虎皆远去,邑人为建云舫山房
雪岭庵		唐	里人		
同德庵	箬岭北				
福会庵	宁太乡黄柏源				
林隐庵	宁太乡王家坦				
皓月庵	德政乡黄川				
思棠庵	县东北				
菩提庵	登瀛乡	明			
大金庵	大金山				
福禄庵	蕙岭				
福禄庵	南乡				
鹤林庵		明			
圆通庵					
一树庵	鱼袋山				

续表

寺院名称	所在位置	建立时间	建立者	是否重建	备注
御泉庵		明			明太祖过此,因渴得泉,遂以名庵
桃源庵		明			
墨浪庵	白龙潭	明			
云涛庵	莲花庵东南十里				
指象庵		明			
利生庵	岩镇	明			一名醉茶庵
唐子庵	南乡				
胜莲庵		康熙	僧本彻		
击竹庵	问政山	康熙年间	程立□		

来源:(清)丁廷楗修,赵吉士纂:《徽州府志·寺观》,清康熙三十八年(1699)万青阁刻本。

地区:祁门89

寺院名称	所在位置	建立时间	建立者	是否重建	备注
十王寺	城西七里	唐			原有万安寺。唐咸通二年,移建于城南三里。宋大中祥符中,赐额悟法。明洪武十五年,设僧会司,有十二院,今皆废,唯十王独存
珠溪寺	五都	唐光化年间			旧名资溪、资福院,宋大中祥符间,改为寿圣院
灵泉寺	八都	唐乾宁四年			寺前有水由石出,春夏不盈,秋冬不涸,今为业林
贵溪寺	十二都,胡氏祠旁	唐贞观二年			
白杨寺	十二都平里	明嘉靖中			

续表

寺院名称	所在位置	建立时间	建立者	是否重建	备注
大痕寺	十四都	宋建		明嘉靖重建	原名法林庵
资福寺	十八都历口	唐咸通二年	众建		
重兴内外二院	都城西北隅	五代,吴,天祐十年		宋宣和四年重建	
白杨院	十二都贵溪	宋			
普安院		唐咸通二年			初名永安,宋熙宁更今名
石门院	二都	唐光化二年			
观音阁	车旭	明万历四年	徐庭宁		
观音阁	胥山	明	进士饶钦		
青萝庵	在青萝岩	唐大历年间		元至正兵毁	初建时依山构寺,明万历,僧广节改寺山左,邑人方元龙有句题崖
普陀庵	十二都鳙口	唐初		明,僧明节重修	万历间,僧道钱植百桂,故称百桂庵
报慈庵	六都	宋绍兴十七年			里人程伯原与弟程伯彦,为其母建墓,墓前为庵。汪忠定公上书其事,请额,赐名报慈庵
云平庵	十二都	宋景德年间	道云徒弟		五代,罗汉院僧道云,购地于平里,号罗汉庄。宋景德间,道云徒弟建庵

续表

寺院名称	所在位置	建立时间	建立者	是否重建	备注
松山庵	十四都双溪				
普福庵	九都石驴山	梁			
狮子庵		明万历	方玄、凤庐,募建		
般若庵	二都	明万历			
同佛庵	一都粟地坞				
祝寿庵	院岭				
金粟庵	在重兴内院	元			
文峰庵	凤凰山	明	知县李希泌,为僧性淳建		
塔山庵	二都石野村口				汪忠定读书其处
宝胜庵	五都	明崇祯年间		僧性圆,重建	
横山尼庵	制锦乡	唐咸通六年			
百子堂	洞元观右		知县聂世荣,为僧祖印建		
永禧寺	十一都祊坑	宋			
白莲寺	二十都	宋			

续表

寺院名称	所在位置	建立时间	建立者	是否重建	备注
雪艺庵	在一都		僧如意		旧名永义庵
挹泉庵	在十东都				
堂下庵	十八都	宋			
黄沙庵	十七都	元			
连城尼庵	都城大北门外				
观音楼	祈春门外				知县聂世荣购地,命僧祖印开山,僧明节为主持
甘露庵	邑东五里				
清净尼庵	小北门				
观音尼庵	毛桃山				
观音亭	利村				
长青尼庵	在曹村口				
法华庵	七都白鹤岭				
竹林庵	七都禾戍岭				
观音庵	七都宋溪				
地藏庵	九都天门山下				
浥泉庵	十东都				
泗州寺	十东都许村	宋			
天灵庵	茅坞山				
永禧寺	十一都祊坑	宋			明万历火灾后,僧诠愹修葺

续表

寺院名称	所在位置	建立时间	建立者	是否重建	备注
少华山寺	十六都渚口				
福慧寺	十六都渚口				
步云庵	十六都钟山				
环沙岭庵	十七都环沙	明	程让		
大澈庵	历溪东去十里				
善庆禅院	历溪东去十五里				
紫荆庵	环沙	明	程		
凤鸣庵	黄龙口				
文石庵	黄龙口				
甘露庵	十八都				
惠庆禅林	十八都塘过岭		叶庚三		
莲花庵	十九都		尚田汪姓		
金竹庵	大沧				
西华庵	郑坑山				
白云庵	汪村源头				
青莲庵	伦坑		汪姓建		
福田庵	伦坑		汪姓建		
永慧庵	下箬坑		王姓建		
圆通庵	榉根岭上箬坑		王祈寿		

续表

寺院名称	所在位置	建立时间	建立者	是否重建	备注
孝思庵	田尾山下			王祈寿后裔重建	
甘露庵	栗里		王庆、余堂		
天宝庵	栗里		王舜康		
飞龙庵	正充	明	陈得辛、起辛		
东山庵			横头陈姓		
普护庵					
仙寓庵	双坑				
圣龙山庵					
吉祥寺	横头				
临河寺					
碧莲寺	二十一都莲花峰下	宋			旧名白莲寺
宝山寺	桃源				
高山庵	桃源桥头		里人,陈姓众建		
万寿庵	杨树坞山麓				
法云庵			高塘鸿村,王诠卿建		
龙潭寺			洪王、方李,合建		
万缘庵	新安山		金天合祠建		

续表

寺院名称	所在位置	建立时间	建立者	是否重建	备注
护福堂	金村		金天合祠建		
潜鳞庵	高塘洪村,九峰山麓			乾隆癸卯年重建	重建后改名延鹭庵
翠竹庵	高塘查源		王际通		

来源:(清)汪韵珊纂:《祁门县志》,同治十二年刊本。

地区:休宁 82

寺院名称	所在位置	建立时间	建立者	是否重建	备注
普满禅寺	忠孝乡	唐咸通六年			宋大中祥符元年,敕改今名
建初寺	忠孝乡	唐咸通九年			旧名崇法寺,宋开宝九年,敕赐今名。元末兵毁,明洪武三年重建
万安寺	三都	唐			唐名烧香院
修善院	四都				
翠微寺	八都				
黄冈寺	六都				
宝华寺	十一都				
仁寿尼寺	黎阳乡				
新屯寺	黎阳乡	唐			
方兴寺	方溪里	唐贞观十三年			唐龙纪元年,为水所淹。咸通十四年,徙今地
齐祈寺	二十一都	唐			
龙宫寺	二十三都	唐			

续表

寺院名称	所在位置	建立时间	建立者	是否重建	备注
星洲寺	二十七都	唐			
嘉祥寺	唐基在邑南,宋徙云峰山	唐			
月溪寺	二十七都	唐			
双门寺	二十八都	唐			
云溪寺	三十都				
广福寺	三十一都				
糁口寺	三十一都	宋			
普照寺	三十三都	宋			
汪村古寺	上溪口				
金佛庵	邑北十三里	宋			
松萝庵	三都富源山	宋淳祐五年			
普满塔庵	三都				
南山庵	三都水南	晋			
英山庵	五都	宋			
金龙庵	六都玉房山	唐			
易山庵	十七都	唐			
灵应庵	十八都				
千秋寺	隆阜	唐			
等慈庵	黄源	宋			
玉枢庵	江潭	宋	程泌		
审坑庵	十六都	唐	金万登		
施水庵	二十四都	宋			

续表

寺院名称	所在位置	建立时间	建立者	是否重建	备注
大备庵	四都				
锦堂庵	二十四都	宋			
瑶溪庵	二十四都				
西涌庵	二十五都				
福聚庵	二十六都				
全真庵	二十六都	元			
蓍先庵	二十七都				
三宝庵	二十八都	唐			
全岭庵	二十九都				
龙潭庵	三十二都				
海云庵	三十二都				
西竺庵			善士金齐		
阳山院	一都	唐			
圆通庵	三十三都				
竹溪庵	三十三都				
仁王院	三都	元			
石桥院	十二都	唐			
密多院	履仁乡	唐			
慈氏院	二都水桥十	元			
吴山院	龙源	唐			
竺梵堂	县东百余步				
广慧堂	接官亭后				
灵山堂	县西五都				
归一堂	阳山顶				

续表

寺院名称	所在位置	建立时间	建立者	是否重建	备注
万寿堂	县南				
庆明堂	县东十三里	元			
兴福堂	四都	金			
心田堂	县北五里	元			
感应堂	八都金明山				
明心堂	汉口				
善庆堂	县西六里				
普明堂	县东二十里				
普惠堂	易村				
正觉堂	十九都				
恒山堂	十九都	宋	程玼		
清净禅林	南门外	明万历己亥年		僧一慈重造	
冷云庵	南门外	明天启甲子年	僧皈道募建	康熙癸卯，重建隼提阁	
毗庐阁		明崇祯癸酉	僧法达募建		
护国禅林	下汶溪	明			
净土庵	三都新塘				
大士阁					
古云岩	八都				
普润庵	萝宁门外		僧晓空募建		

续表

寺院名称	所在位置	建立时间	建立者	是否重建	备注
文峰塔天乙庵	汶溪				
青莲舍	三都				
塔岭寺	十二都		宋高僧建塔	僧性宗重建	
古观音庵	十二都霓湖			僧如善重建	
圆通庵	石羊干				

来源：(清)汪晋征等：《休宁县志·寺观》，清康熙三十二年(1693)刊本。

地区：婺源 196

寺院名称	所在位置	建立时间	建立者	是否重建	备注
万寿寺	在县治西	唐乾符年间	侍中王瑜	至正年间兵毁，明正统年间重修，为官员朝贺处。乾隆乙巳被毁，丁未照旧址重造	元延祐年间赐额
普济寺	城东	唐中和三年建		元至正壬辰兵毁，明洪武初重建	宋大中祥符六年赐额(普济寺以下九寺并后宏山庵，洪武二十五年并入万寿寺，后各复入本寺)
龙居寺	二都	宋绍兴年间		元至正壬辰兵毁，明洪武初年复建	

续表

寺院名称	所在位置	建立时间	建立者	是否重建	备注
灵仙寺	三都	宋天禧二年		元至正壬辰兵毁,明洪武初重建	
保福寺	十九都	宋		元至正壬辰兵毁,明洪武年间张姓重建	
高峰寺	二十一都	宋绍兴五年		元至正壬辰兵毁,明洪武年间重建	
新田寺	二十一都	宋绍兴年间		元至正壬辰兵毁,明洪武年间重建	
隆庆寺	汤村	唐乾符年间		元至正年间兵毁。明永乐年间,柱岩戴耕乐重建	初名永泰院,宋大中祥符年间改赐今名
泗洲寺	二十五都	宋咸淳六年		元至正壬辰兵毁,明洪武年间重建,后颓,天启元年重建	
云兴寺	二十八都	唐咸通元年		元至正壬辰兵毁,明洪武年间重建	

续表

寺院名称	所在位置	建立时间	建立者	是否重建	备注
黄连寺	五都	唐咸通敕建		宋熙宁间，理田进士李曦重建	明洪武二十五年立为业林。宋禅师佛印，云游此处，留有题词
开化寺	词坑	宋绍兴十七年建		元至正壬辰兵毁，明洪武年间重建	进士洪闵留有诗篇（开化以下七寺并入真如、碧云二庵,后各复归本寺庵堂）
龙渊寺	六都壬村	宋		元至正壬辰兵毁，明洪武年间重建，嘉靖间重修	宋乾兴间赐额
凤林寺	八都大鱎	唐大中元年		洪武间重造	有里人为其置田
新兴寺	九都	宋政和元年		元至正壬辰兵毁，明洪武年间重建	
钱塘寺	十一都上二堡何村	元至正年间	汪梦桂奉敕建造	明季兵毁，众人复造	
香岩寺	十一都阆山下	宋庆历二年		元至正壬辰兵毁，明洪武年间重建	程、汪、洪、詹、胡为檀越
如意寺	十八都上河	唐开元年间		元至正壬辰兵毁，后本都世贤重建	

续表

寺院名称	所在位置	建立时间	建立者	是否重建	备注
灵山寺	三十四都	唐太和二年		至正壬辰兵毁,明洪武年间重建,二十五年立为业林	
大田寺	三十一都	唐太和元年		元至正壬辰兵毁,明洪武年间重建,后颓,天启元年重修。顺治十二年又颓,汪源公支孙重建	大田寺曾并入朗湖院,洪武二十五年并入灵山寺,后复本寺
福山寺	三十六都	宋熙宁二年		至正壬辰兵毁,明洪武年间重建	洪武二十五年立为业林,屡为势家所夺
白塔寺	三十九都	五代,吴,乾贞三年		元至正壬辰兵毁,明洪武年间重建	白塔以下八寺并入肇安庵、高峰院,洪武二十五年并入福山寺,后各复本寺庵院
新兴寺	三十九都	唐太和四年		元至正壬辰兵毁,明洪武年间重建,嘉靖四十一年重修	

续表

寺院名称	所在位置	建立时间	建立者	是否重建	备注
乐居寺	四十二都	五代,吴,顺义元年		宋天圣末修,元延祐中增修,元至正壬辰兵毁,明洪武年间重建,嘉靖年间复修,乾隆己未重造	
重兴寺	四十三都	唐咸通元年		至正壬辰兵毁,明洪武年间重建	
灵河寺	四十三都	唐咸通四年		元至正壬辰兵毁,明洪武年间重建	
广福寺	四十五都	宋绍兴二十七年		元至正壬辰兵毁,明洪武年间重建	
山房寺	四十三都	唐太和元年		元至正壬辰兵毁,明洪武年间重建	
资福寺	五十都	唐太和二年		元至正壬辰兵毁,明洪武年间重建	

续表

寺院名称	所在位置	建立时间	建立者	是否重建	备注
荷恩寺	县治西	唐光启二年		元至正壬辰兵毁,明洪武年间重建	嘉靖庚寅知县以其地换民地建学堂,将其移建于一都霞坞
龙泉寺	四十七都	五代,吴,顺义七年		元至正壬辰兵毁,明洪武年间重建	
大杞寺	九都	唐光启二年		元至正壬辰兵毁,明洪武年间重建	
东山寺			沱川余氏众建		
朗湖院	三十四都	元至治间		元至正壬辰兵毁,明洪武年间重建	
高峰院	四十二都	元至正元年			
宏山庵	三十一都	宋绍兴庚午		元至正壬辰兵毁,明洪武年间重建	
真如庵	五都	元大德九年	理田李氏	元至正壬辰兵毁,明洪武年间重建	

续表

寺院名称	所在位置	建立时间	建立者	是否重建	备注
碧云庵	七都灵山	宋太平兴国四年	国师何令通、邑人江广汉建	元至正壬辰兵毁,明洪武年间僧沙莲募建,弘治辛亥又毁,主持程普护募建,后屡毁屡建	
肇安庵	二十七都	宋咸平年间		元至正壬辰兵毁,明洪武年间重建	
忠裔堂	七都	宋景定元年		元至正壬辰兵毁,明洪武年间重建	忠裔、三礼、贻祐三堂,洪武二十五年并入黄莲寺,后各复归本堂
三礼堂	九都	宋淳熙二年		元至正壬辰兵毁,明洪武年间重建	
贻祐堂	十七都	宋庆历二年		元至正壬辰兵毁,明洪武年间重建	后改名常安寺
石际庵					
永福庵	一都上源				
禧延庵	南门岭				
大觉庵	花山前				
赵州庵	三都				原名崇善庵,邑人为避知县赵崇善,改今名

续表

寺院名称	所在位置	建立时间	建立者	是否重建	备注
紫霞庵	南门岭城湖畔		张友铭		
龙王庵	白石水口				
继竺庵	五都		鹄溪俞仁科		
仙鹿庵	四都相公尖				
亮光庵	四都四轧坦				
杨宅庵	五都理田				
紫茸庵	古箭岭		理田李氏		
安山庵	六都言坑				
西竺庵	言坑				
福山庵	俱言坑				
肇麟庵	汪口后龙山				
松溪院	七都三松				
钟灵庵	梅坑古塘岭				
钟灵庵	大畈灵山				
清圣庵	十九都诸潭山				
居然庵	七都朱塘坞				
西来庵	三都绯塘				
良顿庵	三都武溪				

续表

寺院名称	所在位置	建立时间	建立者	是否重建	备注
凌云塔庵	七都	明	江湾、江颜道兄弟		
五圣庵	芙蓉岭				
金竺庵	七都谭公岭			鼎革时庵毁,江湾、江国鼎重建	
金竺庵	四十五都				
龙泉庵	石耳山				
圆明庵	石门山				
平案山低庵	低源山				
慈址庵	莲花山				
来苏庵	小秋岭				
中和庵	俱秋溪				
毓秀庵	秋溪				
无际庵	九都古坑源				
著存庵	长径				
玉莲庵	十都黄莲山				
碧山庵					
望云庵	十三都蕉源裏				
望云庵	四十九都凤游				

续表

寺院名称	所在位置	建立时间	建立者	是否重建	备注
沸涛庵	八都坑口上流		里人众建		
云瑞庵	荷花桥虎祝山				
须弥庵	大鄣山				
铁瓦禅林	高湖山				
白云庵	须弥庵左				
白云庵	十八都，吴家坑				
仰天台高际庵	大鄣山				
金莲庵	车田考槎源				
云衢庵	十六都沱川				
黄荆源庵	沱川理源				
永竺庵			僧如迁募建		
泊如庵					有诗歌称其春与大鄣山相对，是习静圣地
花硅庵	江坑				
常侍庵	洋羡				
高峰庵			球溪詹时泰		
胜喜庵	二十一都下源				

续表

寺院名称	所在位置	建立时间	建立者	是否重建	备注
西林庵	二十一都长蒉				
天堂庵	松山				
密斗庵			里人潘洪		都御史游振德在此题有句
云居庵	二十三都		里人潘文□		又名石牛坞
和睦庵	二十三都				
追远庵	在洪家山,潘之祥祖墓旁		少参潘之祥		
龙池庵			潢川,黄源泗		
和福庵	二十三都羊坑				
晓砌庵	二十五都店埠		江一清		
诸龙山庵	二十五都祝家庄				
福济庵	二十五都高源				
光霁庵	二十七都玉坦				
冲霞庵	玉坦		赵仲滋	孙圩重建	

续表

寺院名称	所在位置	建立时间	建立者	是否重建	备注
宝筏庵	槎口		僧优钵募，曹进士助基田		
义济庵	许村		程子元		
忠孝庵	三十都		业人程立德		
种兰庵	三十都丰田				
高障庵	小值源				
树德庵	梅田				
剑山庵	梅田		平盈方师皋		
腾蛟庵	三十六都槎川				
百子庵	盘山石桥				
大源庵	三十六都嵩历				
储秀庵	十三都凤山黄喜坑		查氏众建		
冲和庵	汪冲				
石门庵	湖波源				
孝节庵	梅冲				
永思庵	甲道官会坑				
四灵庵	四十三都				

续表

寺院名称	所在位置	建立时间	建立者	是否重建	备注
龙华庵	四十三都				
云庆庵	三灵山		富春,吴季经后裔建		
云峰庵	紫荆岩				
龙会庵	翀麓				
迈德庵	梅田		平盈方师皋		
紫袍庵	翀山		戴善美、俭业		
桂云庵	翀山				
永庆庵	四十七都				
培桂庵	四十七都		大源,张士龙		
广福庵	凤游				
云会庵	白石坳		砺齐		
汇源庵	十三都凤山		水口,查公艺		施长生茶,庵前又建文笔峰和养生潭
裕福庵	同坑				
老云庵	檔木源				
千佛庵	小鱅坦,上鱅篁岭				
礼迦庵	江湾古积		江中丞	江国鼎重建	
听松庵	江湾		侍郎江骥		僧谙守戒住持

续表

寺院名称	所在位置	建立时间	建立者	是否重建	备注
点石庵	江湾				
静觉庵			僧人信我、觉一，募建。曹篁峙助址		
丛桂庵	十二都谢坑		廉宁汪尚证		
莲花庵	回岭		廉宁汪尚证		施茶
观音庵	梅林				
保龙庵	十七都官韧				
圆璨庵					
灵泉庵	汪村				
凌云庵	九都长径				
慈树庵	八都		大鱐住僧，清可,募建		
绿筠庵	孔村				
灵水庵	孔村				
翠柏庵	汪口				
高际庵	在太白				
清风庵	龙山				
清隐庵	枧田山				
隆庆庵	江家山				
净土庵	阴□		汪司徒		
葆和庵				汪本和重建	

续表

寺院名称	所在位置	建立时间	建立者	是否重建	备注
诸龙庵			徐朝钦		
瑞光庵	二都由槎岭		陈宗枝		
天柱庵	丁峰塔畔				
双溪庵	三都武溪渡口		王维		
度生庵	环村		庠生汪恭先		
法华庵	一都大王桥,宋临安推官,汪士聪墓侧	宋		元兵毁,明重建	邑候赵崇善,讲学其间
永秀庵			僧密化募建		
福海庵	庐岭				
圣福庵	济溪水口		主持省凡募建		
青林庵	腾坑		汪司徒子,元寿建	汪中宁重造	
清福庵			官源汪氏御建		
连云庵	回岭侧		汪思孝		施茶(又称宜尔茶亭)
天竺庵	十九都	元	俞文建,僧人海悟、海敬,捐资		
永兴庵	二十四都罗村				

续表

寺院名称	所在位置	建立时间	建立者	是否重建	备注
金竺峰万岁庵	八都西源				
三浯岭茶庵			僧不二徒、照尘,募建		
保安寺	县治后	五代,吴,顺义三年			明嘉靖庚寅,知县曾忭,将其改为紫阳书院,今三贤祠是也
曹溪寺	在十都	宋绍兴二年			明嘉靖中,知县冯绶开百丈冲新路,改为平政路急递铺,寻革
灵隐院	十六都张公山				
兴宝院	十九都				
湖山院	三十三都				
福星院	二十七都				
东广福院	十三都				
慈源院	五都				
龙祥院	十二都				
明惠院	十六都				
金刚般若院	十六都				
灵云院	二十一都				
诘曲院	四十六都				
青莲院	十六都				
永泰院	二十四都				
兴国院	二十四都				
普利院	十二都				旧名养田院

来源:(清)蒋燦纂修:《婺源县志·寺观》,清康熙三十三年(1694)刻本

地区：绩溪 63

寺院名称	所在位置	建立时间	建立者	是否重建	备注
天王寺	县东	元延祐三年建		至正十二年兵毁，明洪武初重建	明重建后改今名，设僧会司，洪武二十五年立为业林
普照寺	仁慈乡石镜山	宋治平元年			旧名普照院，明洪武初改寺
药师寺	新安乡	唐天祐二年			旧名药师院，明洪武初年改寺
新兴寺	上乡	唐乾符年间			旧名新兴院，明洪武初改寺
慈云寺	仁慈乡	宋			旧名慈恩院，宋治平元年改慈云，明洪武初改寺
义林寺	下乡	宋天祐二年			旧名义林院，明洪武初改寺
正觉寺	修文乡	宋			宋治平元年改名菩提院，明洪武初改今名
觉乘寺					旧名释迦寺，宋治平元年改院，明洪武初改今额
广化寺	宣政乡				旧名宣化院，宋治平元年改广化，明洪武初改今名
福昌寺	新安乡				
太平禅寺	县南新合里				旧名华严院，宋太平兴国五年改为太平兴国禅寺，明洪武初改今名，二十五年立为业林
光相寺	长安乡				旧名宁泰院，宋治平元年改光相院，明洪武初改寺
福田寺	遵化乡				

续表

寺院名称	所在位置	建立时间	建立者	是否重建	备注
清堂院	上乡	宋			宋治平元年改清福院,明洪武初仍用旧名
清隐寺	杨山乡	宋			旧名高峰院,宋治平元年改今名,明洪武二十五年立为业林
庐山寺	杨山乡	宋			旧名院,宋治平元年改广福院,明洪武初改今名
崇福寺	修文乡	唐光化二年			旧名院,明洪武初改今名
广福寺	遵化乡	宋			旧名石门院,宋熙宁四年改寿圣院,隆兴中改今名
前山寺	宣政乡	唐咸通五年			旧名院,明洪武初改今名
新建寺	杨山乡				
灵鹫寺	新荣乡	宋			旧名幽山院,宋治平元年改今名
兴福寺	修文乡	唐天宝三载			旧名院,明洪武初改今名
大佛寺	在文峰右				
翚岭庵	翚山				
施水庵	县南三里				
灵山庵	县南五里,灵山				
玉龙庵	四都				
仁寿庵	四都	宋治平元年			
戴家庵	县北三里		邑人戴绍功		

续表

寺院名称	所在位置	建立时间	建立者	是否重建	备注
白云庵	曹度				
石金庵	一都右石山				
水竹庵	水敕		邑人胡瑭		
佛岭庵	佛岭				
天井庵	高村				
福善庵	王干竭				
小燊庵	三都				
歇岭庵	十四都				
连金庵	临溪		程格		
善世庵	三都梨木岭	明嘉靖年间	市西周御		
寿山庵	十五都堪头		许时清		
古今庵	五都				
望云庵	石照岭后				
文峰庵	孔灵				
翠眉庵	西郊				
西霞庵	霞间				
万寿庵	梓潼山麓				
度云庵	舟山				
西竺庵	下卜山				
观音庵	十五都竹里				
西云庵	演武场左				

续表

寺院名称	所在位置	建立时间	建立者	是否重建	备注
大定庵	一都不字岩				
古樵庵	十二都龙须山				
济度庵	十三都				
庆丰庵	十二都				
空界庵	十三都				
云居庵	十四都				
棱圣庵	羣岭北				
玉虹庵	二都				
洒杨庵	四都				
天圣庵	镇头				
大士阁	新岭	康熙年间	知县王祚葵		
大悲阁	飞云洞	康熙年间	知县王祚葵		
圆通精舍	石金山				

来源:(清)丁廷楗修,赵吉士纂:《徽州府志·寺观》,清康熙三十八年(1699)万青阁刻本。

地区:黟县 19

寺院名称	所在位置	建立时间	建立者	是否重建	备注
广安寺	县北	梁大同元年			旧名永宁寺,大中祥符元年,敕改。明洪武元年立为业林
梓路寺	十都顺仁乡	唐会昌三年			明洪武年间归广安寺,今复创
霭山院	新政乡明德里	唐大中三年			宋宣和年间方腊至此,策马不前,遂退

续表

寺院名称	所在位置	建立时间	建立者	是否重建	备注
延庆院	新政乡渔亭里	唐大中三年			大中祥符四年,敕改今额
精林院	会昌乡历阳里	唐乾宁五年			
霞山院	新政乡明德里	唐大中三年			
石鼓院	戢兵山	唐会昌五年			宋丞相江万里,曾经在此读书
东山庵	会昌乡蜀里	元延祐年间			
淋沥庵	县南十里淋沥山	明	僧觉海		山有八景,多有贤士题诗于上
泗洲庵	十二都,怀远乡丰乐里,青山之西	宋嘉泰年间敕建		永乐年间重建	唐泗州大士飞锡至此,卓穴涌泉祈祷即应,明洪武二十四年归石鼓院
黄荆庵	县西南十五里,万山中	明	僧海渡建		
西武岭庵	县西二十里	明	僧洪千建		
卓锡庵	九都	明	里人朱廷璋		
皆如庵	县东北岩峰	元泰定年间			
金竹岩庵	五都南山庵畔				多有龙湫,不涸

续表

寺院名称	所在位置	建立时间	建立者	是否重建	备注
清涟庵	县东南，石山挹秀桥左		淋沥庵僧，洪伟		夏茶东汤以济往来行人,邑侯江捐田租一百六十石
利渴庵	羊栈岭	明嘉靖年间			
甘露庵	县西北章岭				
观音堂	城东	明			

来源:(清)丁廷楗修,赵吉士纂:《徽州府志·寺观》,清康熙三十八年(1699)万青阁刻本。

附表4 清道光年间徽州地区时存寺院一览表

歙县 121

寺院名称	所在位置	建立时间	建立者	是否重建	备注
天宁万寿禅寺	城北				原名护国天王院,唐大中元年焚,唐光启三年修建,景福元年赐额
开化寺	县治西	唐天祐元年		元至正壬辰毁,后重建	初建号十方院,宋大中祥符元年敕改今名
定光寺		明		尚书宋甡后裔重建大雄殿	旧名定光堂,为白莲院旧址,明正德五年因以其地建紫阳书院,乃移至开化寺右
傍溪寺	原建于长乐下乡铜山里,宋绍兴中徙于乌聊山	宋大中祥符元年			
宝相寺	问政山	唐	刺史陶雅	明正德年间复建	宋大中祥符年间赐额
资福寺	明德乡	五代吴,天祐七年			
溪子寺	长乐下乡铜山里	宋大中祥符元年			
观音院	问政山钟楼峰				
白莲院	县治旁	唐天祐二年			宋绍兴十八年徙金紫山
坦平院	仁里乡万安里	唐太和年间			
富山院	在仁礼乡	唐景福中建			

续表

寺院名称	所在位置	建立时间	建立者	是否重建	备注
长山庵	在明德乡	元至元壬辰年			
大金庵	大金山				
高眉庵	宁仁乡	宋淳熙年间			
击竹庵	问政山	康熙年间	程立□		
钟山庵	问政山	乾隆庚寅年	僧人隐山		
观音堂	大呈村	明	汪尚宁建		
溪头院	仁里乡溪头里	唐景福中			
太平兴国寺	在练江上	唐			建立后屡次更名,宋太平兴国四年改为今名。旧有戒坛二十四院,现仅存十寺,又名水西十寺
如意寺					寺中有泉,尚书杨宁碑记其事
经藏寺	净明寺之巅	唐			徙陕川五张寺经藏碑得名
福圣寺					为雪宝禅师祝发处,寺中有泉,仍以雪宝名
等觉寺					
五明寺					
长庆寺		宋			在山之左,有七级方塔
净明寺	地近如意				
妙法寺	在如意右				

续表

寺院名称	所在位置	建立时间	建立者	是否重建	备注
城阳寺	县南三里	唐景福中		宣和年间僧如净重建	
湖田寺		宋绍兴中			
弥勒尼寺	宁仁乡				
能仁尼寺	在城南	唐			旧名承天,又名香封,宋祥符始赐今额
天王古寺					
中峰寺		宋景泰中建			
中峰左寺					
叶阳寺					
周流寺	岑山	唐天祐八年			康熙乙酉,御书星岩寺额
玉歧寺	长乐下乡大夫山	宋咸淳中			
褒忠寺		宋绍兴八年			
山傍寺		宋宝祐三年			
左昌寺		宋绍兴四年			
扬湖寺	孝女乡	宋淳祐辛丑			
南源古寺	长陔	唐太和三年			
会圣寺	宁爱乡	唐敕建			

续表

寺院名称	所在位置	建立时间	建立者	是否重建	备注
东古寺	右耳山东坞	元龙凤年间		明正德年间，张氏复建	
水陆院	宁仁乡	五代吴顺义中			
普庵院		唐乾宁二年			有水如玉,里人号曰白水寺
金城院	仁爱乡长沙里	宋开宝二年敕建			
汉洞院	仁爱乡富资里	唐大中年间			宋宣和贼退后东迁半里
黄坑院	仁爱乡金山里	唐太和中			
小溪院		唐太和五年			
惠化院	在仁爱乡	唐乾宁中间			
华严院	孝女乡	宋宝祐二年			
白杨院	长乐上乡	唐太和元年			
唐子庵	南乡				
福金庵	吕溪	宋淳熙年间			
多宝尼庵	孝女乡				
东云岩	昌溪	明成化年间			
福田寺	宁仁乡	唐武德中			明景泰中没于水,僧宗源移建古关

续表

寺院名称	所在位置	建立时间	建立者	是否重建	备注
积庆寺	县西五里	宋	丞相程元凤		
石池寺		宋			
孝义寺	中鹄乡				
杨干寺	通德乡丰乐里黄龙山	宋宝祐六年			
承唐寺	孝弟乡	唐		唐会昌前便有,大中七年重建	
景德寺					
慈竹尼寺					
□塘寺		五代天祐年间		明弘治重修	
竺溪寺		宋淳熙年间			
净土禅林			僧湛然建		
肇林院	千秋里	明	抗倭名将汪道昆		
西峰院		唐至德二年			
金紫院	县西三十五里	北宋绍兴年间			奉敕谕葬汪叔敫子若容,因此立院,附祠像于其中
江祈院	孝弟乡千秋里	五代吴顺义二年			
清泉院	孝弟乡玉泉里	唐大中二年			

续表

寺院名称	所在位置	建立时间	建立者	是否重建	备注
灵山院	平辽乡新安里	唐天祐年间敕建			
古城院	永丰乡安乐里	唐太和中			
古岩院	邑西三十里	唐大历中			代宗手诏立院
兴福院	中鹄乡迁桥里	唐光化中			
灵康院	永丰乡	五代吴天祐年间			
向杲院		梁大同元年			
仁义院	中鹄乡丰教里	宋大中祥符年间			
保安院	孝弟乡紫霞山麓	五代吴天祐五年			
圣僧庵	邑西五里	唐			
临塘院	中鹄乡迁桥里	宋至道二年			
报德庵	灵山				
云岭庵		唐大历中	里人		志满禅师露宿地。地多虎,师至虎皆远徙,里人为造庵
鹤林庵	丰乐里				
圆通庵					
一树庵	鱼袋山				
舍利庵	富溪上				

续表

寺院名称	所在位置	建立时间	建立者	是否重建	备注
利生庵	富溪上	明			又名醉茶亭
胜莲庵		康熙年间	僧本徹		
尚贤庵	童坑	乾隆己卯年	僧人朴存		
千佛庵	龙王山后冈	明	僧空元		又名铁塔院
尼莊庵	雪压山	唐会昌二年			
清净尼庵	丰南	明			本里节妇吴可让妻子汪氏矢志焚修地
任公寺	宁泰乡			康熙三年重建	旧名昉寺,宋元丰间改今名,避任公讳
上律寺	德政乡	宋		雍正十年遇火,又重建	本是南唐御史郑海书院,宋宣和元年郑郡马改为寺
大中祥符寺		唐	刺史陶雅		
松谷寺		明			
慈光寺		明	普门		神宗时期赐额慈光寺
翠微寺		唐中和年间		万历戊戌洪水决寺,僧本是修之	
觉华禅林	云岚山	隋		明万历年间改修	又名古佛堂庵
开皇禅院	郡临溪门外				原名白雪楼。顺治庚寅总镇胡茂正改建,请高僧恒证居之
掷钵禅院	钵盂峰下	明	寓安		俗名丞相源,汤太史宾尹易今名
大悲院		明			即光明顶,又名大悲顶

续表

寺院名称	所在位置	建立时间	建立者	是否重建	备注
一粒禅院	在邑北十三都通德乡				
文殊院			普门和尚	丁丑遭火灾,戊寅汪之龙重建	
水晶庵	去甜株岭三里	明天顺年间	吴宁		
皮篷庵		唐			又名云舫。康熙年间翠螺山僧雪庄枯坐皮篷洞三年,虎皆远去,邑人为建云舫山房
同德庵	箬岭北				初有盗贼,邑中二人初设茶亭供往来路人休息,而商旅无恐
福禄庵	箬岭				
福禄庵	南乡				
福会庵	宁泰乡黄柏塬				
林隐庵	王家坦				
净度庵	鸿山	明			雍正年间僧源一甫造殿宇,乾隆年间僧人继续扩建
皓月庵	德政乡				
绍衣庵	下杨干	乾隆十八年			
紫云庵	紫石山下	乾隆十八年	僧悟千		
崇福寺	宁泰乡	宋	宋察判汪时中	康熙癸亥,西溪汪氏重建	

续表

寺院名称	所在位置	建立时间	建立者	是否重建	备注
玉壶庵	十三都				
瑞溪庵	在十三都				

来源:(清)劳逢源修,沈伯棠纂,《歙县志·寺观》,清道光八年(1828)刻本。

地区:休宁县97

寺院名称	所在位置	建立时间	建立者	是否重建	备注
普满禅寺	忠孝乡	唐咸通六年			
建初寺	忠孝乡	唐咸通九年		元末兵毁,明洪武三年重建	旧名崇法寺,宋开宝九年敕赐今名
圆通庵	石羊干				
毗庐阁	建初寺				
竺梵堂	县东百余步				
广慧堂	接官亭后				
如如庵	东山				
清净禅林	南门外	明万历己亥年			
冷云庵	南门外	明天启甲子年	僧皈道		
普润庵	萝宁门外		僧晓空		
文峰庵	汶溪				
护国禅林	下汶溪	明			
归一堂	阳山顶		邑人胡道真、杨世荣		
镇桥庵	夹溪桥西				

续表

寺院名称	所在位置	建立时间	建立者	是否重建	备注
石寿堂	城南				
阳山寺	杨村	唐天祐五年			
慈氏院	水桥	元至正二十六年			
青莲舍	三都				
净土庵	三都新塘				
普满塔院	松萝山	元至顺三年			
南山寺	水南	晋大兴二年	僧天然	宋淳熙中,僧空公重建。明僧人募众再建	
松萝庵	三都富源山	宋淳祐五年			
金佛庵	邑北十三里	宋			
万安寺	长汀	唐咸通十四年		明洪武初,僧人重建。弘治僧人再建	
兴福堂	四都	金	晋成		
大备庵	四都大备山				
修善寺	四都	唐贞观十年			

续表

寺院名称	所在位置	建立时间	建立者	是否重建	备注
翠微寺	四都				
灵山堂	县西五里		汪曾招		
心田堂	县北五里	元大德初年	张有威募建		
仁王寺	良安乡万安里	唐咸通八年			
金龙庵	玉宸山	唐大中五年		僧人重建	
黄冈寺	六都				
西竺庵	堨田		善士金齐		
吴山院	龙源	五代吴,天祐七年			
古云岩	八都				
感应堂	金刚山				
庆明堂	县东十三里	元至元甲申	僧妙纪		
茸香庵	县东三里				
宝华寺	十一都				
石门寺	履仁乡太平里,石桥岩	唐元和五年			
蜜多院	履仁乡	唐乾符元年			
榔梅庵	齐云山	嘉靖丙午			
塔岭寺	十二都	宋	高僧	僧性宗重建	

续表

寺院名称	所在位置	建立时间	建立者	是否重建	备注
汪村古寺	上溪口				
古观音庵	儿湖			僧如善重建	
仁寿寺	黎阳乡				
古城观音殿	古城山	乾隆丁未	汪桱、胡应榛		
新屯寺	新屯	唐			贞观十年，僧法本开基。元有僧人在此居住，明僧人思法建三门，永乐甲申，里人戴孟善捐资建山亭，僧志远重建钟楼
阜通庵	潜阜	明嘉靖丁巳			
普明堂	隐充				
施水庵	黄石	宋淳祐二年			
湘湖岭庵	草市				
审坑庵	十六都	宋淳祐四年	孙万登		旧名天王堂
易山寺	十七都	唐贞观十七年			旧名孔雀庵
普慧堂	易村	元	金道祥、吴普通募建		本路刘总管书额
灵应庵	高枧				
瞻仰庵	游山塘口				
福国庵	游山岩下				
千秋寺	隆阜	唐咸通二年			

续表

寺院名称	所在位置	建立时间	建立者	是否重建	备注
方兴寺	临溪	唐贞观十三年		宋、明均有僧人重建	龙纪元年为水所荡,咸通十四年徙今地。宋淳熙丁酉毁,嘉定间僧永庆重建。天顺年间毁于火,癸未年僧人重建
内翰祠	汉口				
正觉堂	十九都				
恒山堂	十九都	宋	少师程珌		
明心堂	汉口	宋	程环之、舒普庆募建		
觉慈庵	汉口	宋淳祐中			
齐祈寺	柏山	唐会昌中			
龙宫寺	商山	唐天祐二年			
锦堂庵	锦堂山	宋绍熙元年			
瑶溪庵	瑶溪				
实林祠	二十四都	唐咸通三年			
嘉祥寺	忠孝乡宣化里	唐光化二年			
星洲寺	星洲	唐咸通中			
孚潭庵	孚潭				
福聚庵	二十六都				
大士阁	霞瀛水口				
著先庵	二十七都				
玉枢庵	江潭	宋	少师程珌		

续表

寺院名称	所在位置	建立时间	建立者	是否重建	备注
月溪寺	二十七都	唐开元间			
白云庵	二十八都				
三宝庵	二十八都	唐贞观三年			
双门寺	二十八都	唐咸通二年	僧人	至正壬辰兵毁,癸卯僧人重建	元至正二年,徙于衡溪
西湧庵	二十九都				
全湧庵	二十九都				
云溪寺	三十都				
广福寺	三十一都				
磜口寺	三十一都	宋淳祐三年			
龙潭庵	三十二都				
海云庵	三十二都				
普照寺	三十三都	宋绍兴二年			
竹溪庵	三十三都				
圆通庵	三十三都				
善庆堂	县西六十里		枫林戴觉轩、觉茂募建		
观音阁	郑溪张村	宋			
施水庵	霞富				
砂峰寺	霞富				
观音堂	闵口				

来源:(清)方崇鼎纂,何应松修,《休宁县志·寺观》,清道光三年(1823)刻本。

地区：祁门县 92

寺院名称	所在位置	建立时间	建立者	是否重建	备注
重兴内外二院	城西北隅	五代,吴天祐十年		宋宣和四年重建	
金粟庵	在城西北隅	元	知县唐为玉		僧真川自燕都来结庐山麓,不久坐化。知县唐为玉其徒如圆建庵
连城尼庵	在大北门外				
观音楼	祈春门外				知县聂世荣购地命僧祖印开山,僧明节为主持
百子堂	洞元观右		知县聂世荣,为僧祖印建		
十王寺		唐			旧有万安寺在城西七里,唐咸通二年移建于城南三里,宋大中祥符中赐额悟法,明洪武十五年设僧会司,悟法有十二院,今皆废,唯十王独存
青萝庵	在青萝岩	唐大历年间		元至正兵毁,明万历僧广节改寺山左	
雪艺庵			僧如意		初曰永义,后知县李希泌易今名
观音阁	车旭	明万历四年	徐庭宪		
观音阁	胥山	明	进士饶钦		
横山尼庵	制锦乡	唐咸通六年			

续表

寺院名称	所在位置	建立时间	建立者	是否重建	备注
甲第庵	甲第岭	明隆庆年间	僧洪吉领头建。又有僧人建真武殿和其他建筑		
同佛庵	粟地坞				知县祝以庭因内有铜佛,铜同谐音,名此
文峰庵	凤凰山	明	知县李希泌,为僧性淳建		
甘露庵	邑东五里				
清净尼庵	小北门				
观音尼庵	毛桃山				
般若庵	二都	明万历	僧太虚开山结茅,天启年间僧知贤拓之		
塔山庵	二都石野村口				汪忠定读书其处
石门院	二都	唐光化二年			
里堂庵	二都				
乡堂庵					
观音亭					
珠溪寺	五都	唐光化时			旧名资溪资福院,宋大中祥符间改为寿圣院
狮子庵	方元凤庐墓处	明万历			原名哀衷庵

续表

寺院名称	所在位置	建立时间	建立者	是否重建	备注
宝胜庵		明崇祯年间		僧性圆重建	
长青尼庵	曹村口				
报慈庵	六都	宋绍兴十七年			里人程伯彦为其母建墓,墓前为庵,上书请额,赐名报慈庵
法华庵	七都白鹤岭				
竹林庵	七都禾戌岭				
观音庵	七都宋溪				
灵泉寺	八都	唐乾宁四年			
普福庵	九都石驴山	梁			
地藏庵	九都天门山下				
浥泉庵	十东都				
泗洲寺	十东都许村	宋		嘉庆年间重修	
松山庵	十西都双溪				
祝寿庵	十西都院岭				
天灵庵	十西都茅坞山				

续表

寺院名称	所在位置	建立时间	建立者	是否重建	备注
永禧寺	十一都祊坑	宋		明万历火,僧诠俗修复	
贵溪寺	十二都胡氏祠旁	唐贞观二年			
白杨院	十二都贵溪	宋			
普陀庵	十二都鱅口	唐初		明,僧明节重修	万历年间,僧道钱铉百桂,故称百桂庵
云平庵	十二都	宋景德年间			五代,罗汉院僧人道云购地于平里号罗汉庄,宋景德间道云徒建庵
白杨寺	十二都平里	明嘉靖年间			
大痕寺	十四都	宋		明嘉靖重建	原名法林庵
小西峰法云庵	十六都	元			
少华山寺	十六都渚口				
福慧寺	十六都渚口				
步云庵	十六都清溪钟山				
环沙岭庵	十七都环沙	明	程让		
大澈庵	历溪东去十里				

续表

寺院名称	所在位置	建立时间	建立者	是否重建	备注
善庆禅院	历溪东去十五里				旧名观音堂
紫荆庵	环沙	明	邑人		
凤鸣庵	黄龙口				
文石庵	黄龙口				
资福寺	十八都		众建		
甘露庵	十八都塘下庵				
武陵庵	十八都武陵岭	清道光年间	僧普惠始基，僧寂映募建		
惠庆禅林	十八都塘过岭		叶庚三		
莲花庵	十九都		尚田汪姓		
朝阳殿			深都汪姓		
金竹庵	大沧				
西华庵	郑坑山				
白云庵	汪村源头				
青莲庵	伦坑		汪姓		
福田庵	伦坑		汪姓		
永慧庵	下箬坑		王姓		
圆通庵	榉根岭上箬坑		王祈寿		
孝思庵	田尾山下			王祈寿后裔重建	
甘露庵	栗里		王庆余堂		
天宝庵	栗里		王舜康		

续表

寺院名称	所在位置	建立时间	建立者	是否重建	备注
飞龙庵	正充	明	陈得辛、起辛		
东山庵			横头陈姓		
西峰寺	二十都上元山	唐光化年间	邑人郑传,为僧清素建		初额曰上元西峰宝林禅院,宋熙宁间改曰寿圣宝林,隆兴间改名广福,嘉定间郡守奏加普祐,今名西峰寺
普护庵					
仙寓庵	双坑				
圣龙山庵					
吉祥寺	横头				
临河寺					
碧莲寺	二十一都莲花峰下	宋			旧名白莲寺
宝山寺	在里桃源				
高山庵	桃源桥头		里人陈姓众建		
万寿庵	杨树坞山麓				
法云庵			高塘鸿村王诠卿		
普安院		唐咸通二年			初名永安,宋熙宁更今名
九龙庵	初在上元山下,今迁至叶坑湾		洪王、方李,合建		

续表

寺院名称	所在位置	建立时间	建立者	是否重建	备注
龙潭寺			洪王、方李,合建		
万缘庵	新安山		金天合祠建		
护福堂	金村		金天合祠建		
潜鳞庵	高塘洪村九峰山麓			乾隆癸卯年重建,改名延鹭庵	
翠竹庵	高塘查源		王际通		

来源:(清)王让修,桂超万纂,《祁门县志·寺观》,清道光七年(1827)刻本。

地区:婺源县 275

寺院名称	所在位置	建立时间	建立者	是否重建	备注
万寿寺	城北	唐乾符年间	侍中王瑜	至正年间兵毁,明正统年间重修,为官员朝贺处。乾隆乙巳被毁,丁未照旧址重造	元延祐年间赐额
普济寺	城东	唐中和三年建		元至正壬辰兵毁,明洪武初重建	宋大中祥符六年赐额。(普济寺以下九寺并后宏山庵,洪武二十五年并入万寿寺,后各复入本寺)

续表

寺院名称	所在位置	建立时间	建立者	是否重建	备注
龙居寺	二都	宋绍兴年间		元至正壬辰兵毁，明洪武初年复建	
灵仙寺	三都	宋天禧二年		元至正壬辰兵毁，明洪武初重建	
保福寺	十九都	宋		元至正壬辰兵毁，明洪武年间张姓重建	
高峰寺	二十一都	宋绍兴五年		元至正壬辰兵毁，明洪武年间重建	
新田寺	二十一都	宋绍兴年间		元至正壬辰兵毁，明洪武年间重建	
隆庆寺	汤村	唐乾符年间		元至正年间兵毁。明永乐年间，柱岩戴耕乐重建	初名永泰院，宋大中祥符年间改赐今名
泗洲寺	二十五都	宋咸淳六年		元至正壬辰兵毁，明洪武年间重建，后颓，天启元年重建	

续表

寺院名称	所在位置	建立时间	建立者	是否重建	备注
云兴寺	二十八都	唐咸通元年		元至正壬辰兵毁,明洪武年间重建	
黄连寺	五都	唐咸通敕建		宋熙宁间,理田进士李曦重建	明洪武二十五年立为业林。宋禅师佛印,云游此处,留有题词
开化寺	词坑	宋绍兴十七年建		元至正壬辰兵毁,明洪武年间重建	进士洪闵留有诗篇(开化以下七寺并入真如、碧云二庵,后各复归本寺庵堂)
龙渊寺	六都壬村	宋		元至正壬辰兵毁,明洪武年间重建,嘉靖间重修	宋乾兴间赐额
凤林寺	八都大鳙	唐大中元年		洪武间重造	有里人为其置田
新兴寺	九都	宋政和元年		元至正壬辰兵毁,明洪武年间重建	
钱塘寺	十一都上二堡何村	元至正年间	汪梦桂奉敕建造	明季兵毁,众人复造	
香岩寺	十一都阆山下	宋庆历二年		元至正壬辰兵毁,明洪武年间重建	程、汪、洪、詹、胡为檀越
如意寺	十八都上河	唐开元年间		元至正壬辰兵毁,后本都世贤重建	

续表

寺院名称	所在位置	建立时间	建立者	是否重建	备注
灵山寺	三十四都	唐太和二年建		至正壬辰兵毁,明洪武年间重建	洪武二十五年立为业林
大田寺	三十一都	唐太和元年		元至正壬辰兵毁,明洪武年间重建,后颓,天启元年重修。顺治十二年又颓,汪源公支孙重建	明初大田寺并入朗湖院,洪武二十五年并入灵山寺,后各复本寺院
福山寺	三十六都	宋熙宁二年		至正壬辰兵毁,明洪武年间重建	洪武二十五年立为业林,屡为势家所夺
白塔寺	三十九都	五代吴乾贞三年		元至正壬辰兵毁,明洪武年间重建	(白塔以下八寺并入肇安庵、高峰院,洪武二十五年并入福山寺,后各复本寺庵院)
新兴寺	三十九都	唐太和四年		元至正壬辰兵毁,明洪武年间重建,嘉靖四十一年重修	

续表

寺院名称	所在位置	建立时间	建立者	是否重建	备注
岟崌寺	四十二都	五代吴顺义元年		宋天圣末修,元延祐中增修,元至正壬辰兵毁,明洪武年间重建,嘉靖年间复修,乾隆巳未重造	
重兴寺	四十三都	唐咸通元年		至正壬辰兵毁,明洪武年间重建	
灵河寺	四十三都	唐咸通四年		元至正壬辰兵毁,明洪武年间重建	
广福寺	四十五都	宋绍兴二十七年		元至正壬辰兵毁,明洪武年间重建	
山房寺	四十三都	唐太和元年		元至正壬辰兵毁,明洪武年间重建	
资福寺	五十都	唐太和二年		元至正壬辰兵毁,明洪武年间重建	
荷恩寺	县治西	唐光启二年		元至正壬辰兵毁,明洪武年间重建	嘉靖庚寅知县以其地换民地建学堂,将其移建于一都霞坞

续表

寺院名称	所在位置	建立时间	建立者	是否重建	备注
龙泉寺	四十七都	五代吴顺义七年		元至正壬辰兵毁,明洪武年间重建	
大杞寺	九都	唐光启二年		元至正壬辰兵毁,明洪武年间重建	
东山寺			沱川余氏众建		
朗湖院	三十四都	元至治间		元至正壬辰兵毁,明洪武年间重建	
高峰院	四十二都	元至正元年			
宏山庵	三十一都	宋绍兴庚午		元至正壬辰兵毁,明洪武年间重建	
真如庵	五都	元大德九年	理田李氏	元至正壬辰兵毁,明洪武年间重建	
碧云庵	七都灵山	宋太平兴国四年	国师何令通、邑人江广汉建	元至正壬辰兵毁,明洪武年间,僧沙莲募建,弘治辛亥又毁,主持程普护募建,后屡毁屡建	

续表

寺院名称	所在位置	建立时间	建立者	是否重建	备注
肇安庵	二十七都	宋咸平年间		元至正壬辰兵毁，明洪武年间重建	
忠裔堂	七都	宋景定元年		元至正壬辰兵毁，明洪武年间重建	(忠裔、三礼、贻祐三堂，洪武二十五年并入黄莲寺，后各复归本堂)
三礼堂	九都	宋淳熙二年		元至正壬辰兵毁，明洪武年间重建	
贻祐堂	十七都	宋庆历二年		元至正壬辰兵毁，明洪武年间重建	后改名常安寺
江桥寺	四十二都顶村				
新兴寺	四十九都黄沙凤麓				
石际庵					
大觉庵	花山前				
禧延庵	南门岭				
紫霞庵	南门岭城湖畔		张友铭建		
度生庵	环村		庠生汪恭先建		
永福庵	上源				

续表

寺院名称	所在位置	建立时间	建立者	是否重建	备注
法华庵	在大王桥,宋临安推官汪士聪墓侧	宋		元兵毁,明重建	赵崇善讲学其间
瑞光庵			槎岭陈宗枝建		
赵州庵					原名崇善庵,邑人为避知县赵崇善改今名
西来庵	朱绯塘				
良顿庵	武溪				
双溪庵	武溪渡口		王建		
圣泉庵	梅田鱼潭村		程儒程侃建		
长生茶庵	鱼潭村		程刘与程祐建		
亮光庵					
继竺庵			鹄溪俞仁科建		
满秀庵	上河				
西云庵			词川西岭王自谦建	王自谦孙亢宗重修	
木林庵	词川				
万寿庵	晓秋口				
紫茸庵	古箭岭		理田李氏建		
碧云庵	古坑				

续表

寺院名称	所在位置	建立时间	建立者	是否重建	备注
翠柏庵	汪口				
肇麟庵	汪口后龙山				
安山庵					
西竺庵					
福山庵	言坑				
慈筏庵	湖山				
凌云塔庵		明	江湾江颜道兄弟建		
礼迦庵	江湾古積		江中丞建	江国鼎重建	
听松庵		明	侍郎江骥建		
点石庵	江湾				
钟灵庵	梅坑古塘岭				
五圣庵	芙蓉岭				
金竺庵				江湾江国鼎重建	
三浯岭茶庵			僧不二徒照庆,募建		
千佛庵	小鱄坦上鱄篁岭	明			
静觉庵			僧人募建		

续表

寺院名称	所在位置	建立时间	建立者	是否重建	备注
龙泉庵	石耳山				
圆明庵	石门山				
指月庵	语村				
钟灵庵	大畈灵山				
北苑庵			游元润		
圣福庵	济溪水口		住持省凡募建		
沸涛庵	坑口上流		里人众建		
平案山低庵	低源山				
慈址庵	莲花山				
慈树庵			大僧清可募建		
金竺峰万岁庵	西源				
金鸡庵	大鳙岭		詹世高		
无际庵	古坑源				
毓秀庵					
普陀庵			里人詹福生		
宏济庵			僧明通募建		
中和庵	秋溪				
高峰庵			球溪詹时泰		
来苏庵	小秋岭				

续表

寺院名称	所在位置	建立时间	建立者	是否重建	备注
圆璨庵					
凌云庵					
著存庵					
玉莲庵	黄莲山				
天池庵	龙尾				
睦桥庵			汪继藩		
如露庵	燕岭				
清福庵			官源汪氏御		
连云庵	回岭,侧有宜尔亭		汪思孝		
莲花庵	廻岭		廉宁汪尚证		
桂花庵			裔村汪崇本		
丛桂庵	谢坑		廉宁汪尚证		
总持庵	养田		段莘众建		
双桂庵	养田				
净土庵	阴□		汪司徒建		
葆和庵				汪本和重建	
青林庵	腾坑		汪司徒子元寿	汪中宁重造	

续表

寺院名称	所在位置	建立时间	建立者	是否重建	备注
三宫庵	腾坑		汪士景、士晃		
望云庵	蕉源里				
汇源庵			凤山水口查公艺建		
储秀庵	凤山黄喜坑		查氏众建		
福海庵	庐岭				
宝筏庵	槎口		僧优钵募建，曹进士助基田		
云瑞庵	荷花桥虎祝山				
珊瑚庵	察关		詹礼祥		
博泉茶庵	弓石岭			里人重建	
须弥庵	大鄣山				
白云庵	须弥庵左				
仰天台高际庵	大鄣山				
铁瓦禅林	高湖山				
云衢庵	沱川				
黄荆源庵	理源				
金莲庵	车山考槎源				
阳山庵	水路				
保龙庵	官韧				
泊如庵					

续表

寺院名称	所在位置	建立时间	建立者	是否重建	备注
天宝庵	在马鞍山		里春洪姓众建		
白云庵	吴家坑				
花碣庵	江坑				
常侍庵	洋羡				
龙池庵			潢川黄源泗		
天衢庵	清华高奢庵外		江汝元		
清隐庵	枧田山				
天竺庵		元	俞文建，僧人置造		
清圣庵	诸潭山				
胜福庵	北山头				
胜喜庵	下源				
西林庵	长蕤				
步云庵	考川				
天堂庵	松山				
绿筠庵	孔村				
灵水庵	孔村				
何暮庵			坑头潘三任众建		
云居庵					
圣怡庵			坑头潘尊德、赞肯同建		

续表

寺院名称	所在位置	建立时间	建立者	是否重建	备注
和福庵	坑头水口小岭脚		潘尊德支裔		
永济庵	坑头		众建		
永庆庵				潘尊德重建	又名小罗坑
密斗庵			里人潘洪		
追远庵	洪家山潘之祥祖墓旁		少参潘之祥		
怀先庵	上保坑头		潘赞肯众		
拱极庵					
清风庵	龙山				
永兴庵	罗村				
碧云庵	石碧				
天柱庵	丁峰塔畔				
诸龙庵			徐朝钦		
诸龙山庵	祝家庄				
福济庵	高源				
观音庵	梅林				
晓际庵	店埠		江一清		
光霁庵	玉坦				
冲霞庵	玉坦		赵仲滋	其孙赵圩重建	
继善庵	锡林				

续表

寺院名称	所在位置	建立时间	建立者	是否重建	备注
白云庵					又名华佗庵
义济庵	许村		程子元		
忠孝庵			业人程立德		
种兰庵	丰田				
悟真庵	江村				
焕文庵	中云				
镇南庵	程村				
雷坛庵	大田				
高障庵	小值源				
树德庵	梅田				
剑山庵	梅田		平盈方师皋		
迈德庵	梅田		平盈方师皋	乾隆丁卯方南隐支裔重建	
回龙庵	阳村				
高际庵	绍溪阳村		叶、王、潘三姓同建		
培元庵					
腾蛟庵	槎川				
大源庵	嵩历				
乐善庵			吕成荣建		
万子庵	汾水				
黄龙庵			吕熺尹		

续表

寺院名称	所在位置	建立时间	建立者	是否重建	备注
斗山庵			岩溪倪辛佑裔建		
云会庵			砺齐		
裕福庵	同坑				
冲和庵					
金谷庵	许村		许村孝女许氏		
磐石庵	许村				
罗星庵	许村				
华对庵			万田庄李三春		
古楼庵	万田		李光浃		
静隐庵	石顶山背				一名董公山
百子庵	盘山石桥				
万圣庵			项村项茂□		
四灵庵					
龙华庵					
永济庵			岩田朱姓		
翠微庵			岩田孙家钛、十三都朗德贤、朗信如，四十三都李宗美同建		
永思庵	甲道官会坑				

续表

寺院名称	所在位置	建立时间	建立者	是否重建	备注
毓秀庵	甲道				
继竺庵	湖山				
龙会庵	翀麓				
入胜庵			桂岩戴里吾众建		
紫袍庵			戴善美俭业		
桂云庵					
李梅庵			梅岭唐原、李养吾		
金竺庵					
云庆庵			富春吴季经裔建		
云峰庵	紫荆岩				
宝幢庵	沙门		吴村吴文峰		
永绍庵			吴村吴文峰		
永庆庵					
培桂庵			大源张士龙		
印静庵			镇头方仲稷		
西峰庵			石峡众建		即长老寺
水月庵			僧见姓募建		

续表

寺院名称	所在位置	建立时间	建立者	是否重建	备注
广福庵	凤游				
望云庵	凤游				
白云庵	吴源屏风山麓			乾隆壬申吴姓重修	
五峰庵					
云胜庵	虹钟源			里人洪遇昆倡重修	
双璧庵	排岭		龙腾、俞必縻建		
永竺庵			僧如迁募建		
石门庵	湖波源				
孝节庵	梅冲				
老云庵	档木源				
灵泉庵	汪村				
隆庆庵	江家山				
永秀庵			僧密化募建		
济云庵	古坑				
裕福庵	四十七都				
大觉庵	凤凰岭十堡		程其昌		
万善庵	浙岭头	清乾隆庚寅	僧续意募建		冬汤夏茶济众
万安庵	浙岭山腰			乾隆丙申被毁,甲辰浙源詹姓重建	施茶济众

续表

寺院名称	所在位置	建立时间	建立者	是否重建	备注
普乘庵			沱川篁村余右一		
迈德庵				乾隆丁酉方文豹支孙重建	
西竺庵	长溪程家坑		丰德久		
永济庵		明	里人吴肖岩	乾隆丁未重建	
钟秀庵	长绕			乾隆丙午僧人重建	
兰谷庵	梅林水口				
同隐庵	北大垾山西源		俞宗益同子福贵建		
花垾庵					
兴善禅林					
新庆庵			洪金玉倡建		
宗三庙	古坦水口		下首洪众建		
保安寺	在县治后	五代吴,顺义三年建			明嘉靖庚寅知县曾忭将其改为紫阳书院,今三贤祠是也
曹溪寺	在十都	宋绍兴二年建			明嘉靖中知县冯绶开百丈冲新路,改为平政路急递铺,寻革
慈尊寺	十八都	宋建		元至正元年兵毁	

续表

寺院名称	所在位置	建立时间	建立者	是否重建	备注
慈源院	五都				
龙祥院	十二都				
普利院	十二都				旧名养田院
东广福院	十三都				
青莲院	十六都				
灵隐院	在张公山				
明惠院	十六都				
金刚般若院	十六都				
兴宝院	十九都				
灵云院	二十一都				
兴国院	二十四都				
福星院	二十七都				
湖山院	三十三都				
诘曲院	四十六都				

来源：(清)黄应昀,朱元理纂修：《婺源县志·寺观》,清道光六年(1826)刻本。

地区：绩溪县 62

寺院名称	所在位置	建立时间	建立者	是否重建	备注
太平兴国禅院	良安乡新合里				旧名华严院,太平兴国五年敕改
光相院	良安乡宁泰里				旧名宁泰院,治平元年十月敕改
清福禅院	惟新下乡咸化里				旧名清塘院,治平元年十二月敕改
普照院	仁慈乡义兴里	宋			治平元年十二月敕改

续表

寺院名称	所在位置	建立时间	建立者	是否重建	备注
慈云院	仁慈乡龙泉里	宋			旧名慈恩院,治平元年十二月敕改
求安院	新安乡龙兴里				旧名新安院,治平元年十二月敕改
石门广福院	遵化乡石门里				旧名石门院,熙宁三年四月敕改为寿圣院,隆兴中寿圣年间,例改广福,有三广福,建石门以别之
广化院	宣政乡斜溪里				旧名广化院,治平元年十二月敕改
觉乘院	宣政乡斜溪里				旧名释迦院,治平元年十二月敕改
灵鹫院	新华乡幽山里	宋			旧名幽山院,治平元年十二月敕改
清隐院	杨山乡高峰村				旧名高峰院,治平元年十二月敕改
庐山院	杨山乡修仁里	宋			旧名庐山院
正觉院	修仁乡常溪里	宋			旧名菩提院,治平元年十二月敕改
崇福院	修仁乡常溪里	唐光化二年			
新兴院	惟新上乡新安里	唐乾符五年			
兴福院	修仁乡守节里	唐天宝二年			

续表

寺院名称	所在位置	建立时间	建立者	是否重建	备注
药师院	新安乡永凝里	唐天祐二年			
前山院	宣政乡归化里	唐咸通五年			
义林院	惟新下乡麟福里	宋天禧三年			
大佛寺	县文峰右	明			
香盖寺	县西八十里				
天王寺	县东	元延祐三年		至正十二年兵毁,明洪武初重建	洪武二十五年立为业林
犟岭庵	犟山				
施水庵	县南三里				
灵山庵	县南五里灵山				
玉龙庵	四都				
仁寿庵	四都	宋治平元年			
戴家庵	县北三里		邑人戴绍功		
白云庵	曹度				
石金庵	一都右石山				
水竹庵	水敕		邑人胡璘		
佛岭庵	佛岭				

续表

寺院名称	所在位置	建立时间	建立者	是否重建	备注
天井庵	高村				
福善庵	王干堨				
小葵庵	三都				
歇岭庵	十四都				
连金庵	临溪		程格		
善世庵	三都梨木岭	明嘉靖年间	市西周御		
寿山庵	十五都堪头		许时清		
古今庵	五都				
望云庵	石照岭后				
文峰庵	孔灵				
翠眉庵	西郊				
西霞庵	霞间				
万寿庵	梓潼山麓				
度云庵	舟山				
西竺庵	下卜山				
观音庵	十五都竹里				
西云庵	演武场左				
大定庵	一都不字岩				
古樵庵	十二都龙须山				
济度庵	十三都				
庆丰庵	十二都				

续表

寺院名称	所在位置	建立时间	建立者	是否重建	备注
空界庵	十三都				
云居庵	十四都				
棲圣庵	□岭北				
玉虹庵	二都				
洒杨庵	四都				
天圣庵	镇头				
大士阁	新岭	康熙年间	知县王祚葵		
大悲阁	飞云洞	康熙年间	知县王祚葵		
圆通精舍	石金山				

来源:(清)马步蟾纂修:《徽州府志》,清道光七年(1827)刻本。

地区:黟县 20

寺院名称	所在位置	建立时间	建立者	是否重建	备注
广安寺	会昌乡嘉祥里	梁大同元年			旧名永宁寺,大中祥符元年敕改
遵孝寺	会昌乡延福里				旧名石盂崇福院,唐天复三年敕改今名
延庆院	新政乡鱼亭里	唐大中三年			旧名阜口院,大中祥符四年敕改今名
梓路院	顺仁乡怀仁里	唐会昌三年			
精林院	会昌乡历阳里	唐乾宁五年			
霞山院	新政乡明德里	唐大中三年			

续表

寺院名称	所在位置	建立时间	建立者	是否重建	备注
石鼓院	顺仁乡顺化里	唐会昌五年			
闲居尼寺	县城里	梁大同元年			
东山庵	会昌乡蜀里	元延祐年间			
淋沥庵	县南十里淋沥山	明	僧觉海		山有八景,多有贤士题诗于上
泗洲庵	怀远乡丰乐里青山之西	宋嘉泰年间奉敕建		永乐年间重建	明洪武二十四年归石鼓院
黄荆庵	县西南十五里万山中	明	僧海渡		
西武岭	县西二十里	明	僧洪千		
卓锡庵	九都	明	里人朱廷璋		
皆如庵	县东北岩峰	元	泰定年间		
金竹岩庵	五都南山庵畔				
清涟庵	在县东南石山挹秀桥左		淋沥庵僧洪伟		夏茶东汤以济往来行人,邑人为其捐租
利渴庵	羊栈岭	明	嘉靖年间		
甘露庵	县西北章岭				
观音堂	城东	明			

来源:(清)俞正燮、程汝翼纂,吴甸华修:《黟县志·寺观》,清道光五年(1825)刻本。

附表5　见于康熙、道光府、县志记载之历史时期徽州僧人一览表

人名	时代	籍贯	祖庭	主要事迹	备注
智琚	唐	先人居冀州赵郡，晋室东迁遂为新安人		年十九便习精义。逝于常州建安寺，武德二年弟子为其立碑	其父仕梁，为员外散骑侍郎
定庄禅师	唐	新安人		牛头寺法融禅师传三世，旁出十二人，庄是其一	
茂源和尚	唐	歙县人		得法于吉州性空禅师	
珠溪谦禅师	唐	歙县人		得法于云居道膺，通禅学，能释经义。饶州刺史为其建造大藏殿。后住兜率山而终	
澜大德	唐	歙县人	兴唐寺	性孤高，九华杜荀鹤曾为其赠诗，他亦回诗	僧名清澜
黄蘖希运禅师				裴休为刺史时，曾经过新安访之，其居之山今仍以黄蘖名	
清素	唐		（上元山）吴王杨行密赐上元西峰宝林禅院额	光化二年，自五台山来，拜访郑传，求地安禅。因当地久旱为之求雨，得雨为扬州求雨	宋号神慧永济禅师
何令通	五代	袁州宜春人	芙蓉峰灵山碧云庵	因为其对南唐国师讲牛头山不利，遂贬至休宁，后拜灵山碧云庵礼昭禅师为师。改名慕真，不久徙至芙蓉峰灵山结碧云庵，一坐四十年。宋天禧三年十月十八日，圆寂。（王仲仪有记载）	
雪山子	宋	歙人	休宁普满寺	原名纪道茂，乡僧行月想和道茂求法，道茂不应	

续表

人名	时代	籍贯	祖庭	主要事迹	备注
宗白头	宋	歙人		姓陈名嗣宗,受业水西寺,后从觉首座于泗州普照,觉去遂代之开堂	
凝道者	宋	婺源人		姓汪名道灵,壮年以道者游四方,还家弃妻子,祝发、参五祖、演禅师,诵金刚经。有悟辞去游潭州天宁为第一座,寻住报慈、开福	
东松僧	宋	祁门县	东松庵	绍兴年间岳飞提兵至此,与僧交谈,僧种芋犒三军,岳飞题诗于墙壁	法名子珣
永素	宋	祁门县	柏山院	居柏山院,诵《华严经》,撰《瑜伽罗汉弥陀文》	
嗣汉	明		休宁普满寺		号昭回
唯安	明	陕西眉县		幼失怙恃,历尽苦难,为僧。因梦佛祖南指故至休宁,其修禅清苦,邑人见之与歙县吴百昌结茅文殊,后行脚到京师,受到李太后和东宫赏赐。后改黄山朱砂峰为敕建慈光寺	
一九和尚	明	绩溪县人	石金庵	其父被虎所杀,一九杀虎为父报仇。后在石金庵为僧	

来源:(清)丁廷楗修,赵吉士纂:《徽州府志·仙释》,清康熙三十八年(1699)万青阁刻本。

人名	时代	籍贯	祖庭	主要事迹	备注
真柏	明	歙县人		字郁林	
真松	明	绩溪县		江中丞复建礼迦古积,请为主持	

续表

人名	时代	籍贯	祖庭	主要事迹	备注
大机	明	池阳欧姓		先在赵州庵,后俞仁科邀请其往继竺庵	
如镜	明	海阳汪氏		先住庐山,后在饶州结茅草屋,跪诵华严经。三年后来婺源赵州庵,遇大机,拜为师	
海球	明	歙县		其与妇人、樵夫之事迹,使得其远近知名,称其为活佛,庵不日便成,壮大为当时婺源第一	大鄣山开山住持
了容	明	开封	诸潭山	七岁通禅理,未入空门已经能诵诸经。十岁随宦至燕京,私奔五台山祝发。后周游四方至婺源诸潭山以为佳境,结茅居于此献果山主胡景儒闻而奇之,爰施诸潭建刹,为容道场	
照通	明	黟县	碧云庵	初为衙役,突有感悟削发来婺来平案山,苦修净土寻往碧云庵二十余年	
海心	明	项村人		家贫,竹工为业,曾经捡到金百两,等待失主将其交还。后祝发断油酱人称淡斋和尚。苦修积德,募建路桥,置茶庵施茶,博山樵石说法于休宁阳山寺,往之听后顿悟,归后闭关三年,圆寂于长老寺	
僧泽	清	城西人		母梦麟而生。少有疑问,长而投黄山祝发受戒念佛。问佛于间密老人和阳山和尚,得其二人欢喜	

来源:(清)蒋燦纂修:《婺源县志·仙释》,清康熙三十三年(1694)刻本。

人名	时代	籍贯	祖庭	主要事迹	备注
恒证据	清	新安		新安程氏子,十三岁削发,后往黄山慈光寺暨开黄禅院,为黄山燃一灯,顺治中圆寂	
半庵头陀	清	歙县	江宁大报恩寺	姓胡名文柱,原任内阁中书,因为左忠毅求情俱被廷仗,未死。康熙三年居江宁大报恩寺修藏禅院。经藏院中有碑记,半庵曰"我本歙人也,何忘根本,以所书妙法、莲华、仁王、护国、般若等二十卷供黄山慈光寺"。已入《黄山志》	

来源:(清)丁廷楗修,赵吉士纂:《徽州府志·仙释》,清康熙三十八年(1699)万青阁刻本

人名	时代	籍贯	祖庭	主要事迹	备注
慧琳法师	唐	新安人		字抱玉,俗姓柯。受业于灵隐西峰,为金玉和尚弟子。大历初年受具于灵山好泉石,入天目山二十余年。元和年间太守杜陟、刺史裴棠棣请于永福寺天竺寺主坛,白居易辈,九邦伯皆以公退,至院参问法相,非师何以感动哉。太和六年示寂,葬于钱塘玛瑙坡之左	
石隐和尚	元			善于书画,在石鼓寺数十年。与韩海友交好,日夜赋诗谈道,后坐化于寺,旁有石塔一重,上重刻石隐冠带像,故传是宋末进士	

续表

人名	时代	籍贯	祖庭	主要事迹	备注
释峃峃	清			顺治初到王平山,诛草结奄,日宴坐习禅一室中。鹏原汪三省理学闻人也,宦归尝至山则与为酬,答久益善。死后肉身不化	
无影和尚	清		太平寺	投太平寺,博通经史,士林重之	

（清）马步蟾纂修:《徽州府志》,清道光七年(1827)刻本。

附表6　明代至黄山文人相关信息表

姓名	所属朝代	所属时期	所属籍贯	所属行政区划	与黄山佛教相关作品
顾諟	明	洪武	华亭	南直隶	《炼丹台》《黄山游记诗》
赵汸	明	洪武	休宁县	南直隶	《分题送陈子山博士游黄山》《九龙庵新楼》
方勉	明	永乐	歙县	南直隶	《黄山题咏序》
程孟	明	成化	歙县	南直隶	《〈黄山图经〉前题》
程信	明	成化	休宁县	南直隶	《游黄山》
汪瓘	明	成化	歙县	南直隶	《游祥符寺》
冯琬	明	成化	慈溪	浙江	《一粒庵疏》
程敏政	明	弘治	歙县	南直隶	《游黄山卷序》《黄山观汤泉白龙池小憩祥符寺》
陈宣	明	弘治	太平	南直隶	《翠微寺》
潘旦	明	正德	婺源县	南直隶	《汤泉记》《游黄山记》《汤岭遇雪》
焦煜	明	嘉靖	太平	南直隶	《游西峰庵》
孙湛	明	嘉靖	休宁县	南直隶	《宿师子林》《同伯傅云蘗师子林搜诸胜胜地载笔题之》
汪淮	明	嘉靖	休宁县	南直隶	《祥符寺》
龚鲲	明	嘉靖	江宁	南直隶	《游黄山》
程显爵	明	嘉靖	歙县	南直隶	《宿祥符寺》《九日游黄山夜饮祥符寺》
江瓘	明	嘉靖	歙县	南直隶	《游黄山记》
陈有守	明	嘉靖	歙县	南直隶	《天都社盟词》
潘照	明	嘉靖	歙县	南直隶	《黄山遇雪》
汪铉	明	嘉靖	婺源县	南直隶	《重修大圣山普祐院碑记》《次程司马襄毅公旧游黄山韵》
汪玄锡	明	嘉靖	婺源县	南直隶	《黄山游记(祥符寺)》
汪玄锡	明	嘉靖	婺源县	南直隶	《黄山歌》《和程篁墩先生黄山韵》
朱苞	明	嘉靖	泾县	南直隶	《诸龙潭记》《黄山游记》
程册	明	嘉靖	余姚	浙江	《祥符寺雪后望山》
冯世雍	明	嘉靖	江夏	湖广	《游黄山》

续表

姓名	所属朝代	所属时期	所属籍贯	所属行政区划	与黄山佛教相关作品
罗洪先	明	嘉靖	吉水	江西	《游黄山题汤院壁》
鲍应鳌	明	万历	歙县	南直隶	《法海庵疏》《御泉庵碑记》《寄同社潘黄吴诸友书》
毕懋康	明	万历	歙县	南直隶	《黄海序》《黄山普门师清规愿约序》
程嘉燧	明	万历	歙县	南直隶	《黄山兴造大律主一斋大圆和尚全身龛塔缘起》《照微莲花峰下结庵疏》《题画雪景送照师归黄山喝石居》《同吴无着雨夜宿照师喝石居题画》
程道南	明	万历	歙县	南直隶	《游黄山》
方大治	明	万历	歙县	南直隶	《黄山游记》
方一藻	明	万历	歙县	南直隶	《黄山缘疏》《黄山游记》
方士亮	明	万历	歙县	南直隶	《黄山募册疏》《简朝宗和尚书》
黄炅	明	万历	歙县	南直隶	《黄山印公血书〈华严经〉跋》《前题》《钟鼓架颂》《宿莲花庵留寄郑无著》《鼋床铭(有序)》《黄海道人说》
罗逸	明	万历	歙县	南直隶	《开浮溪源结茅浮丘坛疏》
潘之恒	明	万历	歙县	南直隶	《法海庵缘起》《莲花庵缘起》《普门缘起》《一钵庵疏》《圆通殿疏》《觉海庵疏(觉海庵即光明藏)》《敕建慈光寺》《天都峰绝顶记》《天都峰顶三奇记》《莲花庵代绘记》《胜莲峰文殊院记》《师子林记》《天都社记》《曹溪记》《三海门记》《仙灯洞记》《消摇谷记》《月塔记》《木供铭》
吴士奇	明	万历	歙县	南直隶	《天海庵缘起》
吴日宣	明	万历	歙县	南直隶	《黄山游记》
王之杰	明	万历	歙县	南直隶	《游黄山前记》《游黄山后记》《钟鼓架颂》
汪道会	明	万历	歙县	南直隶	《大悲顶募铸金刚般若钟疏》《返祥符寺遇雨》
汪道昆	明	万历	歙县	南直隶	《游黄山记》
王之杰	明	万历	歙县	南直隶	《鼋床铭(有序)》

续表

姓名	所属朝代	所属时期	所属籍贯	所属行政区划	与黄山佛教相关作品
陈继儒	明	万历	华亭	南直隶	《题祥符印公血书〈华严经〉》《玄津师登黄山诗序》
董其昌	明	万历	华亭	南直隶	《〈天海庵缘起〉前题》
陈昭祥	明	万历	祁门县	南直隶	《宿翠微寺》
丁惟曜	明	万历	休宁县	南直隶	《同南羽侄潘尔尚祥符寺坐雨迟冯师不至》
葛应秋	明	万历	绩溪县	南直隶	《初至汤寺》
吴伯兴	明	万历	宣城	南直隶	《游黄山记》
沈懋学	明	万历	宣城	南直隶	《游黄山憩祥符寺》
汤宾尹	明	万历	宣城	南直隶	《敕赐黄山慈光寺疏》《〈一钵庵〉前题》《师子林小疏》《翠微寺募建千佛楼疏》《黄山游记》《题募修汤院山门册子》《题募建华严阁册子》《普门和尚像赞》《由汤寺至莲花洞与景升会宿》《同友人游黄山》
于玉立	明	万历	金坛	南直隶	《〈法海庵疏〉前题》
黄习远	明	万历	吴县	南直隶	《宿莲花庵》《宿师子林》《黄山游记》
沈颢	明	万历	吴县	南直隶	《黄海寒游》
陆弼	明	万历	扬州	南直隶	《禅智寺送月上人归黄山》
朱鹭	明	万历	长洲	南直隶	《莲花峰顶不立名字广记》《黄华合评》《毗庐佛颂》
王士龙	明	万历	太仓	南直隶	《游祥符寺》
徐弘基	明	万历	定远	南直隶	《黄山印公血书〈华严经〉跋》
徐弘祖	明	万历	江阴	南直隶	《游黄山日记》
薛正平	明	万历	华亭	南直隶	《黄海游略》
冯梦祯	明	万历	秀水	浙江	《游黄山记》《初到汤院》《于莲花庵望天都》《三宿海子从东径下山返汤寺书所历》
冯梦					《初霁登炼丹峰》
戴澳	明	万历	鄞县	浙江	《黄山游记》《雾中登文殊院》
葛寅亮	明	万历	钱塘	浙江	《礼莲花峰三禅院记》
黄汝亨	明	万历	钱塘	浙江	《募造华严阁疏》《游黄山记》《白猿》《三宿指月庵》

续表

姓名	所属朝代	所属时期	所属籍贯	所属行政区划	与黄山佛教相关作品
田艺蘅	明	万历	钱塘	浙江	《修复祥符寺碑记》
黄克谦	明	万历	钱塘	浙江	《朱砂庵》
姚文蔚	明	万历	钱塘	浙江	《〈天海庵缘起〉前题》《游黄山记》
杨尔曾	明	万历	钱塘	浙江	《黄山图说》
岳元声	明	万历	秀水	浙江	《与都院并藩臬高刘诸公书》
岳和声	明	万历	秀水	浙江	《为慈光寺募众疏》《七层四面毗卢佛疏》
袁黄	明	万历	嘉善	浙江	《建莲花庵疏》
马维铭	明	万历	平湖	浙江	《赠焦氏祠》
施凰来	明	万历	平湖	浙江	《师子林疏跋》《黄山一乘上人募疏》
骆骏曾	明	万历	嘉兴	浙江	《翠微寺记》
唐枢	明	万历	归安	浙江	《黄山记略》《游黄山记》
吴文潜	明	万历	莆田	福建	《朱砂庵道人》《宿祥符寺》
谢肇淛	明	万历	长乐	福建	《游黄山记》《宿轩辕宫》《宿丞相源》《登丞相源》《祥符寺》
谢兆甲	明	万历	龙岩	福建	《游黄山记》《刻黄山普门安大师清规愿约跋》
汪应娄	明	万历	新建	江西	《修建光明藏疏》
詹轸光	明	万历	庆源	江西	《禅林旧话》
张思仁	明	万历	河间	北直隶	《纪游》
米万钟	明	万历	安化	陕西	《佛过记》《普门和尚像赞》
袁中道	明	万历	公安	湖广	《游黄山记》
黄道周	明	天启	铜山	福建	《思在黄海》
江天一	明	崇祯	歙县	南直隶	《朱砂庵》
方夜	明	崇祯	歙县	南直隶	《黄山小游记(有引)》
罗所蕴	明	崇祯	歙县	南直隶	《重修隆兴古观碑记》
凌世韶	明	崇祯	歙县	南直隶	《〈黄山印公血书〈华严经〉跋〉前题》《慈光寺梅花咏怀兼忆家叔龙翰》《掷钵禅院戒录序》

续表

姓名	所属朝代	所属时期	所属籍贯	所属行政区划	与黄山佛教相关作品
唐世靖	明	崇祯	歙县	南直隶	《薄暮到祥符寺》
许楚	明	崇祯	歙县	南直隶	《黄山历代图经考》《黄山游记》《自茶庵至石人峰宿文殊院》《憩赵州庵觅登石人峰径》《住莲花庵听慈光寺梵呗》《同老僧万水寻紫云溪过一线天》《送俞去文秋入慈光寺听讲楞严》《宿莲花峰顶示性空禅宿》《唐灵汤泉兰若志满和尚塔铭(并叙)》
凌驷	明	崇祯	歙县	南直隶	《文殊院》《指月庵》《普门和尚塔》《观音岩》
吴光胄	明	崇祯	歙县	南直隶	《宿药师殿候海门日上是从一线天下莲花沟投大悲院晤柏子禅友》
吴士权	明	崇祯	歙县	南直隶	《别汤院小札》《不必然庵说》
吴德翼	明	崇祯	歙县	南直隶	《普门大师初至黄山建祛魔道场赋得三讲六韵全用》
吴德鑑	明	崇祯	歙县	南直隶	《丙午同伯兄孟肩读书黄山祥符寺》
吴廷简	明	崇祯	歙县	南直隶	《黄山前游记》《黄山后游记》《朱砂庵观木本莲花》
吴孔嘉	明	崇祯	歙县	南直隶	《纪游》《跋有唐志满大师传后》《掷钵庵无易守禅师道行碑记》《慈光寺尼夷二众普同塔碑记》《南岳恒证和尚塔铭》
汪尧德	明	崇祯	歙县	南直隶	《募建佛岭庵亭疏》
汪济淳	明	崇祯	歙县	南直隶	《黄山游记》
李逢申	明	崇祯	松江	南直隶	《慈光寺》
李雯	明	崇祯	华亭	南直隶	《慈光寺》《自小心坡至文殊院》《文殊院雨后早眺》《文殊院阻雨》《汤寺逢立秋》
钱谦益	明	崇祯	常熟	南直隶	《〈师子林〉前题》《黄山游记》
杨補	明	崇祯	长洲	南直隶	《游黄山记》《文殊院径中》《文殊院晓起石上见》《大悲顶见月华歌之》《宿灵会庵有楼》
余绍祉	明	崇祯	婺源县	南直隶	《游黄山四首》

续表

姓名	所属朝代	所属时期	所属籍贯	所属行政区划	与黄山佛教相关作品
许鼎臣	明	崇祯	武进	南直隶	《黄山护国慈光寺开山普门和尚塔铭》
吴钟峦	明	崇祯	武进	南直隶	《宿文殊院》《寄师子林诗僧灵闻》
方拱乾	明	崇祯	桐城	南直隶	《游黄山记》《宿朱砂庵》《入文殊院》《自朱砂庵至文殊院》《自文殊院至别峰庵》《自别峰庵至石笋矼》《自石笋矼至皮篷》
孙晋	明	崇祯	桐城	南直隶	《宿文殊院观铺海》《登始信峰观石笋矼师子林散花坞诸胜》《慈光寺大殿落成寄怀黄于升》《初抵黄山汤寺》《汤寺晨起听泉》《由老人峰陟文殊院》
杨臣诤	明	崇祯	桐城	南直隶	《读谷语大师黄山歌作》
顾锡畴	明	崇祯	昆山	南直隶	《御泉庵》
金声	明	崇祯	休宁县	南直隶	《与丞相源无易上人书》
周镳	明	崇祯	金坛	南直隶	《兜率庵题壁》
许宁	明	崇祯	扬州	南直隶	《黄山纪游》
陈于王	明	崇祯	吴县	南直隶	《游文殊院历天都峰逢采药者》
丘禾嘉	明	崇祯	新添卫	贵州	《黄山杂诗》
钱天锡	明	崇祯	沔阳	湖广	《跋纪游赋》
程正揆	明	崇祯	孝昌	湖广	《题慈光寺疏册》
凌登名	明	崇祯	钱塘	浙江	《冬日集松谷庵》
王端	明	崇祯	平湖	浙江	《宿文殊院》
邹匡明	明	崇祯	安福	江西	《游黄山记》
程玉衡	明				《祥符寺步壁间韵》
程行可	明				《宁济庵开山七师全真赞(有序)》
程师杜	明		歙县	南直隶	《丁公庵》
程鸣冈	明				《游黄山晚归祥符寺》
程嗣兴	明				《游黄山访天锡祥符寺》
程世魁	明			南直隶	《游白龙潭登莲花峰访印我师》

续表

姓名	所属朝代	所属时期	所属籍贯	所属行政区划	与黄山佛教相关作品
方士翊	明				《师子林同朱白民弟若绳作》《登莲花峰》
吴铁	明				《翠微寺》
汪大德	明		歙县	南直隶	《游祥符寺》

资料来源:(清)释弘眉撰:《黄山志》,清康熙六年(1667)刻本,慈光寺藏本;(清)释超纲辑:《黄山翠微寺志》,广陵书社印行本;(清)闵麟嗣撰:《黄山志定本》,民国二十四年(1935)安徽丛书编印本;安徽省通志馆纂:《安徽通志稿·佛门龙相传》,民国二十三年(1934)铅印本;(清)石国柱、楼文钊修,许承尧纂:《歙县志》,民国二十六年(1937)铅印本;《黄山志》编纂委员会:《黄山志》,黄山书社,1988年;(清)汪士铉纂:《安徽丛书·黄山志续集》,民国二十四年(1935)铅印本。

附表 7　清代至黄山文人相关信息表

姓名	所属朝代	所属时期	所属籍贯	所属行政区划	与黄山佛教相关作品
程封	清	顺治	歙县	安徽	《夜宿翠微寺题壁》
程从伸	清	顺治	歙县	安徽	《赠慈光寺主僧无穷》
程守	清	顺治	歙县	安徽	《黄山记》《佛灯》《沈眉生先生住文殊院却赠》《文殊院坐月》
程谦	清	顺治	歙县	安徽	《礼慈光寺有感》《由朱砂庵至老人峰》《从小心坡登文殊院》
潘彦登	清	顺治	歙县	安徽	《三海门记跋》
吴菘	清	顺治	歙县	安徽	《黄山游记》《慈光寺别梅勿庵》
吴树诚	清	顺治	歙县	安徽	《秋雨宿文殊院》
汪瑶光	清	顺治	歙县	安徽	《闻玉林和尚过黄山礼志满大师塔》
汪征远	清	顺治	歙县	安徽	《天海遇雨过石鼓庵》《下白沙岭宿掷钵禅院》《由莲花洞过贝叶庵》
王泰征	清	顺治	歙县	安徽	《恒大师黄山得钵石命颂》《南岳恒公大师传》《□烟师傅（师灵骨在慈光普同)》《渐江和尚传》
王玄度	清	顺治	歙县	安徽	《文殊院》《莲花庵同程扶汉》
黄起溟	清	顺治	歙县	安徽	《文殊院》
施誉	清	顺治	宣城	安徽	《宿云谷赠隐泉上人》
查士标	清	顺治	休宁县	安徽	《为友人题渐公画白龙潭图》
陈辅性	清	顺治	太平	安徽	《翠微寺记》《竹林庵记》《阔庵晓宗师□传》
姚思孝	清	顺治	遂宁	四川	《答吴太史》
韩诗	清	顺治	三原	陕西	《初登黄海记》
胡茂祯	清	顺治	榆林	陕西	《上两道书》
吴绮	清	顺治	扬州	江苏	《公请澹归大和尚住黄山启》
许启洪	清	顺治	宜兴	江苏	《莲花庵钟犹建文年号诗以慨之》
陈恭	清	顺治	闽侯	福建	《建大悲阁序》《翠微寺题壁》
曹晖如	清	康熙	歙县	安徽	《题翠微》

续表

姓名	所属朝代	所属时期	所属籍贯	所属行政区划	与黄山佛教相关作品
程弘志	清	康熙	歙县	安徽	《由一线天至文殊院》
程兼	清	康熙	歙县	安徽	《由石笋矼达松谷访诸名潭》《松谷庵和贯中韵》
方光琛	清	康熙	歙县	安徽	《寄八公大师书》
程桂	清	康熙	歙县	安徽	《黄山游记》
程夌	清	康熙	歙县	安徽	《题纪游赋》
黄偀	清	康熙	歙县	安徽	《答吴天石太史》《与八水禅师书》
洪嘉植	清	康熙	歙县	安徽	《发慈光寺径老人峰过天门》《慈光寺对雪》《祥符寺怀汪匪莪读书处》《文殊院看云同望子作次韵》
金之麟	清	康熙	歙县	安徽	《由继竺庵寻散花坞》《由祥符寺入慈光瞻礼金象》《从九龙潭访云谷禅院》
江德中	清	康熙	歙县	安徽	《志怀黄山雨和尚》
闵麟嗣	清	康熙	歙县	安徽	《送息心上人之天目省侍本师玉林大师迎其卓锡黄山》
吴雯清	清	康熙	歙县	安徽	《宿文殊院》《晚入药谷》
吴苑	清	康熙	歙县	安徽	《水晶庵》《祥符寺》《慈光寺》《自小心坡至文殊院》
吴蕭	清	康熙	歙县	安徽	《偕八水禅师寻得志满和尚塔记》
聂炜	清	康熙	歙县	安徽	《掷钵禅院重建藏经阁并请藏经碑记》
吴圣修	清	康熙	歙县	安徽	《半庵居士传》
汪舟	清	康熙	歙县	安徽	《黄山》
汪树琪	清	康熙	歙县	安徽	《由祥符寺寻桃花源诸胜》《慈光寺赠中洲和尚》《云舫同雪庄师坐月》
汪允让	清	康熙	歙县	安徽	《题云舫图画》《云舫夜话》《答雪庄大师黄山见寄原韵》《文殊院》
汪梁玳	清	康熙	歙县	安徽	《文殊院见先君题璧有感》《文殊院坐月》《过皮篷晤雪庄上人》

续表

姓名	所属朝代	所属时期	所属籍贯	所属行政区划	与黄山佛教相关作品
汪晋穀	清	康熙	歙县	安徽	《文殊院》
汪洪度	清	康熙	歙县	安徽	《与弟归始信峰草堂作》
汪瑞龄	清	康熙	歙县	安徽	《天宝峰一瓢庵》《文殊院》《由莲花庵望水帘洞》
王炜	清	康熙	歙县	安徽	《文殊院》《普门和尚塔》《黄山游记》《莲花峰》《哭松歌》
王毓征	清	康熙	歙县	安徽	《访翠微老和尚》
殷曙（日戒）	清	康熙	歙县	安徽	《渐江师傅》
吴之骙	清	康熙	歙县	安徽	《文殊院》《宿松谷庵缘接引松登始信峰》
汪溥	清	康熙	歙县	安徽	《慈光寺上梁文》《游黄山记》
吴瞻泰	清	康熙	歙县	安徽	《黄山重建慈光寺上梁文》《宿松谷庵》《石鼓庵》《文殊院》
吴启鹏	清	康熙	歙县	安徽	《晚至祥符寺》《由天门登文殊院》《文殊院杂记》《天海庵新成》《至皮篷访雪庄上人》
吴启元	清	康熙	歙县	安徽	《黄山游草一卷》《游天都峰记一卷》
汪贽	清	康熙	歙县	安徽	《赠雨和尚》
梅清	清	康熙	宣城	安徽	《黄山纪游诗一百韵》《指月庵和施寓山壁间韵》
梅庚	清	康熙	宣城	安徽	《松谷草堂二首》《松谷庵烧笋歌》《文殊院晚坐》《文殊院》《慈光寺赠雨和尚》《慈光寺廿六韵》
梅文鼎	清	康熙	宣城	安徽	《志怀黄山雨和尚》
施闰章	清	康熙	宣城	安徽	《自西海门登始信峰至石笋矼作》《暮登文殊院》《画炼丹台侧指月庵》《云谷掷钵庵作》《黄山游记》
吴肃公	清	康熙	宣城	安徽	《文殊院》
汪时腾	清	康熙	宣城	安徽	《过翠微方丈次韵同题》
汪如龙	清	康熙	宣城	安徽	《游翠微读兄人黄山记》
俞绶	清	康熙	宣城	安徽	《掷钵庵》
袁启旭	清	康熙	宣城	安徽	《午后投松谷庵山僧导至黑龙潭憩石》《投宿北斗庵》《文殊院四首》

续表

姓名	所属朝代	所属时期	所属籍贯	所属行政区划	与黄山佛教相关作品
姚文燮	清	康熙	桐城	安徽	《黄山纪游六十韵》《浴朱砂泉喜入慈光寺》《由小心坡一线天至文殊院》
戴本孝	清	康熙	和县	安徽	《云谷掷钵禅院》
孙默	清	康熙	休宁县	安徽	《由九龙潭访无易和尚》《过朱砂庵赠恒证大和尚》
黄士埧	清	康熙	休宁县	安徽	《黄山》《前题和俞澹庵》
邵晃	清	康熙	宛陵	安徽	《从汤寺入桃花路》
邵朴元	清	康熙	太平	安徽	《重建翠微寺碑记》
杜楚	清	康熙	太平	安徽	《翠微道中》
焦时龙	清	康熙	太平	安徽	《翠微源流二十三韵》
汤燕生	清	康熙	太平	安徽	《宿文殊院》《翠微寺》
汤庶	清	康熙	繁昌	安徽	《访翠微老和尚》
周云锡	清	康熙	旌德	安徽	《黄海游纪》
姚瑄	清	康熙	旌德	安徽	《夜过翠云居次日阻雨》
董国	清	康熙	泾县	安徽	《雨峰和尚相又题小影》
庄冏生	清	康熙	武进	江苏	《游翠微》
李栋	清	康熙	兴化	江苏	《慈光寺》《由小心坡至文殊院作》
刘思敬	清	康熙	江宁	江苏	《黄山再记》
陈逊	清	康熙	太仓	江苏	《由鳌鱼洞憩指月庵登炼丹台》
倪雕梧	清	康熙	无锡	江苏	《过翠微题赠雨和尚》
潘耒	清	康熙	吴江	江苏	《皮篷访雪庄禅师》
乔寅	清	康熙	宝应	江苏	《雨宿慈光寺》
杨锡华	清	康熙	丹徒	江苏	《雨夜宿慈光寺》《宿掷钵院》《皮篷访雪庄大师》
杨廷显	清	康熙	华亭	江苏	《朝从汤口至祥符寺》《僧淡心烹茶》《宿慈光寺楼》《文殊院观铺海》《祥符寺月夜》

续表

姓名	所属朝代	所属时期	所属籍贯	所属行政区划	与黄山佛教相关作品
沈宗敬	清	康熙	华亭	江苏	《由云谷宿云舫》《赠慈光寺方丈中洲和尚》《宿云舫赠雪庄大师》
周金然	清	康熙	华亭	江苏	《题朱砂庵主缘萝集》《游黄山宿文殊院和允冰韵》《赠云舫僧雪公》
钱栢龄	清	康熙	华亭	江苏	《祥符寺》
吴嘉纪	清	康熙	泰州	江苏	《寄题汪于鼎文冶始信峰草堂》
汪士铉	清	康熙	长洲	江苏	《重兴一钵禅院记》《云舫记》《重修云谷法华楼十方堂记》《云谷藏经阁记》
张季琪	清	康熙	长洲	江苏	《游黄山记》
雪庄	清	康熙	淮安	江苏	《进黄山》《喜慈光方丈过访》《云舫》《云舫杂景诗》《祝慈光方丈中和尚》
方熊	清	康熙	乌程	浙江	《文殊院微雪便晴是年暖无雪》
鲍济	清	康熙	秀水	浙江	《黄山慈光寺重修普同塔碑记》
黄宗羲	清	康熙	余姚	浙江	《吴山益然大师塔铭》
沈起雷	清	康熙	平湖	浙江	《和韵二章》
王铬	清	康熙	慈溪	浙江	《文殊院观铺海》
万斯备	清	康熙	鄞县	浙江	《文殊院阻雨》《宿祥符》
杨燝	清	康熙	平湖	浙江	《跋纪游后》
夏凌云	清	康熙	嘉禾	湖南	《书纪游赋后》《寄怀雨和尚》
张异乡	清	康熙	武昌	湖北	《过老庵基》
汪沅	清	康熙	黄冈	湖北	《由汤口至祥符寺再历莲花水帘诛洞》
徐珩	清	顺治	高安	江西	《过翠微方丈次韵》
王言	清	康熙	新干	江西	《慈光寺登峰》《文殊院望后海》
黄元治	清	康熙	德兴	江西	《过益然和尚塔有感》《再从汤池上慈光寺》《由天门登文殊院二首》《八月十二日夜至十三日早文殊院观铺海》

续表

姓名	所属朝代	所属时期	所属籍贯	所属行政区划	与黄山佛教相关作品
刘芳洪	清	康熙	宛平	直隶	《修建祥符寺募引》《游黄山记》
曹钊	清	康熙	丰润	直隶	《文殊院看铺海》《指月庵》
曹钤	清	康熙	丰润	直隶	《游黄山记》《客有至桃花源不住文殊院者作以嘲之》《憩水晶庵》《游云谷禅院喜晤檗庵和尚》《坐掷钵庵偶成》
陈九陛	清	康熙	襄平	奉天	《过天门峰至翠微麻衣泉》《乙巳清和延雨大师双柏轩茗叙次韵》
靳治荆	清	康熙	襄平	奉天	《游黄山记》《募重修黄山慈光寺大殿疏》《雨中由蹬道上慈光寺》《文殊院观白云铺海》
鄢翼明	清	康熙	襄平	奉天	《黄山游记》
蔺一元	清	康熙		奉天	《慈光寺募建藏经阁疏》
陈日浴	清	康熙	侯官	福建	《松谷草堂记》
曹贞吉	清	康熙	安丘	山东	《初至慈光寺瞻礼四面佛》《普门和尚内赐金钵》《宿文殊院同中洲和尚粤公夜话》《问溯源观铺海歌》《祥符寺捧读印我大师血书〈华严经〉》《佛子庵赠师古上人》
丁廷楗	清	康熙	安邑	山西	《重赎云谷一钵禅院香灯田碑》《雨霁自云谷登云舫》《宿慈光寺》《祥符寺读罗念庵前辈诗》《雨阻云谷寄候雪庄大士》
屈大均	清	康熙	番禺	广东	《送汪扶晨奉益然大师灵龛归黄山》
朱之生	清	康熙			《奉赠雨大师》
周光启	清	康熙			《心空和尚相》
汪元晖	清	康熙			《由九龙潭将寻云舫》《白砂庵》《翠微庵雨后》《上平天矼寻白云庵》
汪鸿烈	清	康熙			《登文殊院观铺海》
汪志远	清	康熙			《文殊院七夕》《礼檗柴禅师塔院》
刘其仁	清	康熙			《礼志满禅师塔呈紫石和尚》
刘光宸	清	康熙			《过翠微访雨峰和尚》

续表

姓名	所属朝代	所属时期	所属籍贯	所属行政区划	与黄山佛教相关作品
董时泰	清	康熙			《雨峰和尚相又题小影》
黄介	清	康熙			《志怀黄山雨和尚》
汪之元	清	雍正	休宁县	安徽	《僧舍夜闻子规》
曹来复	清	乾隆	歙县	安徽	《黄山纪游诗二卷》
曹文埴	清	乾隆	歙县	安徽	《游黄山记》
程之骏	清	乾隆	歙县	安徽	《黄山纪游诗一卷》
何青	清	乾隆	歙县	安徽	《黄海问津诗略不分卷》
吴熊	清	乾隆	歙县	安徽	《黄山记游诗稿一卷》
项怀述	清	乾隆	歙县	安徽	《黄山记游一卷》
刘大櫆	清	乾隆	桐城	安徽	《黄山记》
汪瑆	清	乾隆	休宁县	安徽	《黄山导》
王灼	清	乾隆	枞阳	安徽	《黄山纪游一卷》
张佩芳	清	乾隆	平定	山西	《黄山志二卷》
袁枚	清	乾隆	钱塘	浙江	《游黄山记》
洪亮吉	清	乾隆	武进	江苏	《黄山白岳集》
曹兑吉	清	乾隆			《黄山纪游诗不分卷》
吴邦治	清	乾隆	固始	河南	《黄山纪日一卷》
胡文铨	清	嘉庆	黟县	安徽	《黄山历途纪略一卷》
余鸿	清	嘉庆	婺源县	安徽	《黄海纪游一卷》
胡星阁	清	道光	歙县	安徽	《黄海前游记一卷后游记一卷》
巴廷梅	清	道光	歙县	安徽	《巴圣羹游黄山诗草不分卷》
孙良鉴	清	道光	歙县	安徽	《黄山纪游不分卷》
黄钺	清	道光	当涂	安徽	《游黄山记一卷》
魏源	清	道光	隆回	湖南	《松谷五龙潭》
黄肇敏	清	同治	歙县	安徽	《黄山纪游一卷》
汪宗沂	清	同治	歙县	安徽	《黄海前游记一卷》

续表

姓名	所属朝代	所属时期	所属籍贯	所属行政区划	与黄山佛教相关作品
项黻	清	光绪	歙县	安徽	《黄山纪游一卷》
冯彪	清				《陪征君畔岩先生游宿翠微寺》
鲁祖训	清				《松谷草堂记》

资料来源：(清)释弘眉撰：《黄山志》，清康熙六年(1667)刻本，慈光寺藏本；(清)释超纲辑：《黄山翠微寺志》，广陵书社印行本；(清)闵麟嗣撰：《黄山志定本》，民国二十四年(1935)安徽丛书编印本；(清)石国柱、楼文钊修，许承尧纂：《歙县志》，民国二十六年(1937)铅印本；《黄山志》编纂委员会：《黄山志》，黄山书社，1988年；(清)汪士铉纂：《安徽丛书·黄山志续集八卷》，民国二十四年(1935)铅印本；(清)张佩芳删定：《黄山志二卷》，乾隆三十五年(1770)新安刻本；许承尧：《歙事闲谭》，黄山书社，2001年。

参考文献

一、基本史籍

1.（明）程敏政纂修：《休宁志》，明弘治四年刻本。
2.（明）彭泽修、汪舜民纂：《徽州府志》，明弘治十五年刻本。
3.（明）纂修者不详：《休宁荪浯二溪程氏宗谱》，明嘉靖十九年刻本。
4.（明）方信纂修：《竦塘黄氏宗谱》，明嘉靖四十一年刻本。
5.（明）葛文简纂修：《绩溪积庆坊葛氏重修族谱》，明嘉靖四十四年刻本。
6.（明）何东序修、汪尚宁等纂：《徽州府志》，明嘉靖四十五年刻本。
7.（明）汪仲鲁纂修，汪进、汪奎等续修：《汪氏统宗正脉》，明隆庆五年歙县虬川黄氏刻本。
8.（明）余士奇修、谢存仁纂：《祁门县志》，明万历二十八年刻本。
9.（明）葛寅亮：《金陵梵刹志》，明天启七年刊本。
10.（明）黄文明纂修：《古林黄氏重修族谱》，明崇祯十六年刻本。
11.（清）释弘眉撰：《黄山志》，清康熙六年刻本。
12.（清）廖腾煃修、汪晋征等纂：《休宁县志》，清康熙三十二年刻本。
13.（清）蒋璨等纂修：《婺源县志》，清康熙三十三年刻本。
14.（清）丁廷楗修、赵吉士纂：《徽州府志》，清康熙三十八年刻本。

15. (清)朱国兰等纂修:《新安月潭朱氏族谱》,清康熙四十六年刻本。

16. (清)黄臣槐等纂修:《潭渡孝里黄氏族谱》,清雍正九年刻本。

17. (清)较陈锡修,赵继序、章瑞钟纂:《绩溪县志》,清乾隆二十一年刻本。

18. (清)汪璡辑:《黄山导》,清乾隆二十六年刻本。

19. (清)张佩芳修,刘大櫆纂:《歙县志》,清乾隆三十六年刻本。

20. (清)张佩芳辑:《黄山志》,清乾隆三十六年刻本,尊经阁藏版。

21. (清)江登云:《橙阳散志》,清嘉庆十四年刻本。

22. (清)汪洪度:《黄山领要录》,清乾隆间刻本。

23. (清)吴梅颠:《徽城竹枝词》,清乾隆间手钞本,安徽大学徽学研究中心藏。

24. (清)程庭撰:《若庵集》,《四库全书存目丛书》补编本。

25. (明)程敏政:《篁墩文集》,《四库全书》本。

26. (明)程敏政:《新安文献志》,《四库全书》本。

27. (明)胡应麟:《少室山房笔丛》,《四库全书》本。

28. (明)方承训:《复初集》,《四库全书存目丛书》本。

29. (明)鲁点:《齐云山志》,《四库全书存目丛书》本。

30. (明)夏言:《夏桂洲先生文集》,《四库全书存目丛书》本。

31. (明)金声:《金正希先生文集辑略》,《四库禁毁》本。

32. (清)闵麟嗣:《黄山志定本》,民国二十四年安徽丛书编印本。

33. (明)谢廷赞:《西干十寺记》,《续修四库全书》本。

34. (清)何应松修、方崇鼎纂:《休宁县志》,清道光三年刻本。

35. (清)李逊之:《三朝野纪》,影印南图藏清道光四年李兆洛活字印本。

36. (清)吴甸华修,程汝翼、俞正燮纂:《黟县志》,清道光五年刻本。

37. (清)黄应昀修、董桂科纂:《婺源县志》,清道光六年刻本。

38. (清)马步蟾纂修:《徽州府志》,清道光七年刻本。

39. (清)王让修、桂超万纂:《祁门志》,清道光七年刻本。

40.(清)劳逢源修、沈伯棠纂:《歙县志》,清道光八年刻本。

41.(清)吴坤修等修、何绍基、杨沂孙纂:《重修安徽通志》,清光绪七年冯焯校补刻本。

42.(清)吴鹗修、汪正元纂:《婺源县志》,清光绪九年刻本。

43.(宋)罗愿:《新安志》,清光绪十四年刻本。

44.(清)董钟琪、汪廷璋编:《婺源乡土志》,清光绪三十四年铅印本。

45.(清)王应仕等纂修:《祁西若溪琅琊王氏家谱》,清光绪二十一年正义堂木活字本。

46.(清)邵玉琳等纂修:《华阳绍氏宗谱》,清宣统二年叙伦堂等木活字本。

47.(清)叶为铭辑:《歙县金石略》,民国紫城叶氏家庙排印本。

48.(民国)葛韵芬修、江峰青等纂:《重修婺源县志》,民国十四年刻本。

49.(民国)安徽省通志馆纂修:《安徽通志稿》,民国二十三年铅印本。

50.(清)汪士铉撰:《黄山志续集》,民国二十四年安徽丛书编印本。

51.(民国)石国柱、楼文钊修、许承尧纂:《歙县志》,民国二十六年铅印本

52.(民国)许承尧纂:《西干志》,民国年间纂修本影印。

53.(清)刘献廷撰,汪北平、夏志和点校:《广阳杂记》,北京:中华书局,1957年。

54.(清)谢肇淛撰:《五杂俎》,北京:中华书局,1959年。

55.(明)沈德符撰:《万历野获编》,北京:中华书局,1959年。

56.(明)陈子龙等编:《皇明经世文编》,北京:中华书局,1962年。

57.(清)张廷玉等撰:《明史》,北京:中华书局,1974年。

58.(民国)赵尔巽、柯劭忞等撰:《清史稿》,北京:中华书局,1977年。

59.(清)刘汝骥撰:《陶甓公牍》,《官箴书集成》本,合肥:黄山书社,1997年。

60.(明)程文举:《仰山乘》,台北:明文书局,1980年。

61.(清)赵学敏:《本草纲目拾遗》,台北:宏业书局,1985年。

62. (清)穆彰阿等纂:《嘉庆重修一统志》,北京:中华书局,1986年。

63. (清)邵廷采著:《思复堂文集》,杭州:浙江古籍出版社,1987年。

64. (清)刘锦藻撰:《清朝续文献通考》,杭州:浙江古籍出版社,1988年。

65. (清)王士禛编:《五代诗话》,北京:人民文学出版社,1989年。

66. (明)李贤等撰:《大明一统志》,西安:三秦出版社,1990年。

67. (清)佘华瑞纂:《岩镇志草》,南京:江苏古籍出版社,1992年。

68. (清)洪玉图:《歙问》,《丛书集成续编》本,上海:上海书店,1995年。

69. (清)闵麟嗣:《黄山松石谱》,《丛书集成续编》本,上海:上海书店,1995年。

70. (明)李维桢:《大泌山房集》,济南:齐鲁书社,1997年。

71. (清)周溶修,汪韵珊纂:《祁门县志》,中国地方志集成本,南京:江苏古籍出版社,1998年。

72. 怀效锋点校:《大明律》,北京:法律出版社,1999年。

73. (清)许承尧撰,李明回等校点:《歙事闲谭》,合肥:黄山书社,2001年。

74. (清)释超纲辑:《黄山翠微寺志》,扬州:广陵书社,2006年。

75. (清)吴翟辑,刘梦芙点校:《茗洲吴氏家典》,合肥:黄山书社,2006年。

76. (明)归有光:《震川先生集》,上海:上海古籍出版社,2007年。

77. (明)张岱撰,马兴荣点校:《陶庵梦忆 西湖寻梦》,北京:中华书局,2007年。

78. (明)傅岩撰,陈春秀校:《歙纪》,合肥:黄山书社,2007年。

79. (明)徐弘祖撰,褚绍唐、吴应寿整理:《徐霞客游记》,上海:上海古籍出版社,2007年。

80. (清)赵吉士撰,周晓光、刘道胜点校:《寄园寄所寄》,合肥:黄山书社,2008年。

81. (清)陈梦雷、蒋廷锡等编:《钦定古今图书集成》,武汉:华中科技大学出版社,2008年。

82.（清）钱谦益撰,（清）钱曾笺注,钱仲联标校:《牧斋初学集》,上海:上海古籍出版社,2009年。

83.（清）顾炎武撰,黄坤等校点:《天下郡国利病书》,上海:上海古籍出版社,2012年。

84.（民国）《祁门凌氏族谱》,安徽大学徽学中心复印本。

二、资料汇编

1. 杜洁祥:《中国佛寺史志汇刊》,台北:台湾明文书局丹青图书公司,1980－1985年。

2. 张海鹏、王廷元主编:《明清徽商资料选编》,合肥:黄山书社,1985年。

3. 安徽省博物馆编:《明清徽州社会经济资料丛编》(第一集),北京:中国社会科学出版社,1988年。

4. 黄山市（县级）地方志编纂委员会:《黄山市志》,合肥;黄山书社,1992年。

5. 欧阳发、洪钢编:《安徽竹枝词》,合肥:黄山书社,1993年。

6. 张传玺主编:《中国历代契约会编考释》,北京:北京大学出版社,1995年。

7. 王钰欣、周绍泉主编:《徽州千年契约文书》,石家庄:花山文艺出版社,1995年。

8. 安徽省地方志编纂委员会编:《安徽省志》,北京:方志出版社,1998年。

9. 刘伯山主编:《徽州文书》,桂林:广西师范大学出版社,2005年。

10. 白化文、张智主编:《中国佛寺志丛刊》,扬州:广陵书社,2011年。

11. 何建明主编:《中国地方志佛道教文献汇纂》,北京:国家图书馆出版社,2013年。

三、今人著作

1. 汤用彤:《汉魏两晋南北朝佛教史》,北京:中华书局,1955年。
2. 郭朋:《明清佛教》,福州:福建人民出版社,1982年。
3. 叶显恩:《明清徽州农村社会与佃仆制》,合肥:安徽人民出版社,1983年。
4. 任继愈:《中国佛教史》,北京:中国社会科学出版社,1985年。
5. 郭朋:《汉魏两晋南北朝佛教》,济南:齐鲁书社,1986年。
6. 梁启超:《佛学研究十八篇》,北京:中华书局,1989年。
7. 卢云:《汉晋文化地理》,西安:陕西人民教育出版社,1991年。
8. 赖永海:《佛学与儒学》,杭州:浙江人民出版社,1992年。
9. 张步天:《中国历史文化地理》,长沙:湖南教育出版社,1993年。
10. 高寿仙:《中国地域文化丛书·徽州文化》,沈阳:辽宁教育出版社,1993年。
11. 张海鹏、王廷元主编:《徽商研究》,合肥:安徽人民出版社,1995年。
12. 张伟然:《湖南历史文化地理研究》,上海:复旦大学出版社,1995年。
13. 李富华:《中国古代僧人生活》,北京:商务印书馆国际有限公司,1996年。
14. 蓝勇:《西南历史文化地理》,重庆:西南师范大学出版社,1997年。
15. 周振鹤:《中国历史文化区域研究》,上海:复旦大学出版社,1997年。
16. 王恩涌等编著:《人文地理学》,北京:高等教育出版社,2000年。
17. 张伟然:《湖北历史文化地理研究》,武汉:湖北教育出版社,2000年。
18. 姚邦藻主编:《徽州学概论》,北京:中国社会科学出版社,2000年。
19. 司徒尚纪:《岭南历史人文地理:广府、客家、福佬民系比较研究》,广州:中山大学出版社,2001年。
20. 王振忠:《徽州社会文化史探微:新发现的16～20世纪民间档案文书研究》,上海:上海社会科学院出版社,2002年。

21. 李伯重:《多视角看江南经济史(1250—1850)》,北京:生活·读书·新知书店,2003年。

22. 常建华:《明代宗族研究》,上海:上海人民出版社,2005年。

23. 李映辉:《唐代佛教地理研究》,长沙:湖南大学出版社,2004年。

24. 张晓虹:《文化区域的分异与整合:陕西历史地理文化研究》,上海:上海书店出版社,2004年。

25. 冯天策:《宗教论》,济南:山东人民出版社,2005年。

26. 陈垣:《中国佛教史籍概论》,上海:上海书店出版社,2005年。

27. 严耀中:《中国东南佛教史》,上海:上海人民出版社,2005年。

28. 唐力行:《徽州宗族社会》,合肥:安徽人民出版社,2005年。

29. 卞利:《徽州民俗》,合肥:安徽人民出版社,2005年。

30. 周晓光:《徽州传统学术文化地理研究》,合肥:安徽人民出版社,2006年。

31. [英]崔瑞德、[美]牟复礼编,杨品泉等译:《剑桥明代中国史》,北京:中国社会科学出版社,2006年。

32. 严耕望:《魏晋南北朝佛教地理稿》,上海:上海古籍出版社,2007年。

33. 张伟然、顾晶霞:《中国佛寺探秘》,长春:长春出版社,2007年。

34. 蒋维乔:《中国佛教史》,上海:上海古籍出版社,2007年。

35. 陈文英:《中国古代汉传佛教传播史论》,天津:天津古籍出版社,2007年。

36. 李向平:《佛教信仰与社会变迁》,北京:宗教文化出版社,2007年。

37. 介永强:《西北佛教历史文化地理研究》,北京:人民出版社,2008年。

38. 黄忏华:《中国佛教史》,北京:东方出版社,2008年。

39. 杜继文:《佛教史》,南京:江苏人民出版社,2008年。

40. 黄海涛:《明清佛教发展新趋势》,昆明:云南大学出版社,2008年。

41. 江新建:《佛教与中国丧葬文化》,长沙:湖南人民出版社,2008年。

42. 王恩涌等编著:《中国文化地理》,北京:科学出版社,2008年。

43. 熊坤新：《宗教理论与宗教政策》，北京：中央民族大学出版社，2008年。

44. 王洪军：《中古时期儒释道整合研究》，天津：天津人民出版社，2009年。

45. 任宜敏：《中国佛教史·明代》，北京：人民出版社，2009年。

46. 赖永海：《中国佛教通史》，南京：江苏人民出版社，2010年。

47. 陆勤毅、李修松主编：《安徽通史》，合肥：安徽文艺出版社，2011年。

48. 曹刚华：《明代佛教方志研究》，北京：中国人民大学出版社，2011年。

49. 陈玉女：《明代的佛教与社会》，北京：北京大学出版社，2011年。

50. 王开队：《青藏高原历史地理研究：青藏高原历史地理研究：康区藏传佛教历史地理研究》，成都：四川大学出版社，2011年。

51. 张伟然、顾晶霞：《佛寺探秘》，长春：长春出版社，2012年。

52. 王鹏飞：《文化地理学》，北京：首都师范大学出版社，2012年。

53. 季羡林、汤一介等主编：《中华佛教史》，太原：山西教育出版社，2013年。

54. 卜永坚、毕新丁：《婺源的宗族、经济与民俗（上册）》，上海：复旦大学出版社，2013年。

55. 丁希勤：《古代徽州宗教信仰研究》，芜湖：安徽师范大学出版社，2013年。

56. 何炳棣著，徐泓译注：《明清社会史论》，台北：联经出版事业股份有限公司，2013年。

57. 陶明选：《明清以来徽州信仰与民众日常生活研究》，北京：光明日报出版社，2014年。

58. 翟屯建：《徽州文化史·先秦至元代卷》，合肥：安徽人民出版社，2015年。

59. 周晓光：《徽州文化史·明清卷》，合肥：安徽人民出版社，2015年。

60. 周齐：《清代佛教与政治文化》，北京：人民出版社，2015年。

61. 胡中生:《明清徽州人口与社会研究》,合肥:安徽大学出版社,2016年。

四、期刊论文

1. 梁启超演讲、贾伸笔记:《佛教东来之史地研究》,《地学杂志》1920年第12期。

2. 辛德勇:《唐高僧籍贯及驻锡地分布》,《唐史论丛》(第4辑),西安:三秦出版社,1988年。

3. 李悦铮:《试论宗教与地理学》,《地理研究》1990年第3期。

4. 张伟然:《南北朝佛教地理的初步研究(上篇)》,《中国历史地理论丛》1991年第4期。

5. 张伟然:《南北朝佛教地理的初步研究(下篇)》,《中国历史地理论丛》1992年第1期。

6. 张崇旺:《谈谈徽州商人的宗教信仰》,《安徽史学》1992年第3期。

7. 曾传辉:《论大众传播与宗教变迁》,《新闻与传播研究》1992年第4期。

8. 辛德勇:《长安城寺院的分布与隋唐时期的佛教》,《文史知识》1992年第6期。

9. 张弓:《唐代佛寺群系的形成及其布局特点》,《文物》1993年第10期。

10. 徐小蛮:《徽派名作〈程氏墨范〉中的佛教版画》,《江淮论坛》1994年第1期。

11. 刘莘:《论汉晋时期的佛教》,《中国史研究》1994年第2期。

12. 陈长文:《目连戏与徽州俗文化》,《江淮论坛》1994年第3期。

13. 张伟然:《湖南隋唐时期佛教的地理分布》,《佛学研究》1995年第0期。

14. 张伟然:《中国佛教地理研究史籍评述》,《地理学报》1996年第4期。

15. 李映辉:《唐代高僧籍贯的地理分布》,《中国历史地理论丛》1997年第3期。

16. 李映辉:《唐代佛教寺院的地理分布》,《湘潭师范学院学报(社会科学版)》1998年第4期。

17. 李映辉:《唐代高僧驻锡地的地理分布》,《中国历史地理论丛》1999年第2期。

18. 阿风:《从〈杨干院归结始末〉看明代徽州佛教与宗族之关系——明清徽州地方社会僧俗关系考察之一》,《徽学》2000年第1期。

19. 林济:《明清徽州的共业与宗教礼俗生活》,《华南师范大学学报(社会科学版)》2000年第5期。

20. 王振忠:《徽州文书所见种痘及相关习俗》,《民俗研究》2000年第1期。

21. 严耀中:《佛教形态的演变与中国社会》,《上海师范大学学报(哲学社会科学版)》2001年第2期。

22. 严耀中、侯云灏:《试论佛教史学》,《史学理论研究》2002年第3期。

23. 郑耀星、袁书琪:《我国宗教地理学发展大势与前景》,《福建地理》2002年第2期。

24. 李友松、秦平:《浅谈宗教的作用》,《武汉大学学报(人文科学版)》2002年第4期。

25. 刘伯山:《徽州文化的基本概念及历史地位》,《安徽大学学报(哲学社会科学版)》2002年第6期。

26. 方晖:《安徽歙县明代贵夫人墓》,《中原文物》2003年第4期。

27. 介永强:《历史宗教地理学刍议》,《陕西师范大学学报(哲学社会科学版)》2004年第3期。

28. [日]臼井佐知子:《明清时代之宗族与宗教》,《上海师范大学学报(哲学社会科学版)》2004年第1期。

29. 万明:《明代徽州汪公入黔考——兼论贵州屯堡移民社会的建构》,《中国史研究》2005年第1期。

30. 吕少卿:《论渐江的思想嬗变及其对画风的影响》,《贵州大学学报(艺术版)》2006年第3期。

31. 曾国富:《五代吴越国崇佛的原因及其影响》,《宗教学研究》2007年第3期。

32. 丁希勤:《明清民间宗教信仰嬗变及社会影响——以徽州为中心的考察》,《安庆师范学院学报(社会科学版)》2008年第8期。

33. 潘文年:《清代中前期的民间刻书及其文化贡献》,《安徽大学学报(哲学社会科学版)》2008年第2期。

34. 李珍:《论儒释道对徽商的影响》,《东南文化》2009年第4期。

35. 李霞:《论皖江佛教传播中心与文化特质的变迁》,《安徽大学学报(哲学社会科学版)》2009年第2期。

36. 丁希勤:《徽州道教的临终理论——兼论儒教和佛教的临终思想》,《湖南工业大学学报(社会科学版)》2009年第1期。

37. 曹刚华:《明代佛教寺院农业问题初探——以明代佛教方志为中心的考察》,《中国地方志》2009年第6期。

38. 丁希勤:《齐云山道教的玄武信仰》,《安徽师范大学学报(人文社会科学版)》2010年第2期。

39. 王传满:《明清徽州节烈妇女的宗教信仰》,《中国石油大学学报(社会科学版)》2010年第1期。

40. 王昌宜:《宋代徽州的民间宗教信仰——以〈新安志〉为中心》,《合肥学院学报(社会科学版)》2011年第4期。

41. 阿风:《明代徽州宗族墓地、祠庙诉讼探析》,《明代研究》2011年第17期。

42. 丁希勤:《皖南〈目连戏〉的宗教思想》,《池州学院学报》2012年第2期。

43. 卞利:《明清以来徽州丧葬礼俗初探》,《社会科学》2012年第9期。

44. 李霞:《安徽地域文化中的儒佛道交融》,《江淮论坛》2012年第3期。

45. 衣晓龙:《民间建筑的精魂——以明清时期徽州民居中的民间信仰元素为例》,《非物质文化遗产研究集刊》2012 年第 1 期。

46. [法]劳格文撰、王振忠译:《传统徽州村落社会的日常生活》,《民间文化论坛》2013 年第 3 期。

47. 潘国好:《从许承尧〈西干志〉辑录看歙县西干佛教生态》,《淮北师范大学学报(哲学社会科学版)》2013 年第 6 期。

48. 王振忠:《华云进香:民间信仰、朝山习俗与明清以来徽州的日常生活》,《地方文化研究》2013 年第 2 期。

49. 周康正:《歙县圣僧庵壁画〈十八罗汉图〉初探》,《黄山学院学报》2013 年第 1 期。

50. 任唤麟:《黄山山名由来及其文化背景研究》,《淮北师范大学学报(哲学社会科学版)》2013 年第 2 期。

51. 康健:《明清时期徽州出家现象考论》,《历史档案》2014 年第 3 期。

52. 程诚:《从〈夷坚志〉看南宋徽州民间信仰》,《许昌学院学报》2014 年第 4 期。

53. 程敦辉:《徽州宗教的历史与现状》,《徽州社会科学》2014 年第 8 期。

54. 程敦辉:《徽州宗教的种类与文化特征》,《徽州社会科学》2014 年第 9 期。

55. 沈昌明:《徽州方言词与民俗文化》,《黄山学院学报》2014 年第 6 期。

56. 陶明选:《明清徽州佛教风俗考》,《法音》2014 年第 6 期。

57. 王艳红、秦宗财:《从徽州刻书看明清文化传播地方互动》,《中国出版》2014 年 12 期。

58. 翟屯建:《宋元时期徽州宗教发展的世俗化倾向》,《徽州社会科学》2014 年第 7 期。

59. 章毅:《道巫、佛教与理学:宋元时期徽州地域文化的变迁》,《安徽师范大学学报(人文社会科学版)》2015 年第 5 期。

60. 程敦辉:《徽州的庙会习俗》,《徽州社会科学》2015 年第 3 期。

61. 程敦辉:《徽州的民间信仰》,《徽州社会科学》2015 年第 4 期。

62. 程敦辉:《徽州妇女的宗教信仰》,《徽州社会科学》2015 年第 5 期。

63. 程敦辉:《徽州寺院丛林与佛事活动》,《徽州社会科学》2015 年第 7 期。

64. 景天星:《近百年的中国佛教地理研究》,《宗教学研究》2017 年第 2 期。

后 记

记得是 2006 年 6 月,那年的成都并不算炎热,这为即将硕士毕业的我们准备毕业行囊减少了不少麻烦。当时并无多少忧虑,这主要是因为在当年早些时候我已经接到了暨南大学的博士录取通知书,得以跟随心仪已久的郭声波先生读博,自然也就省去了找工作并安顿各种杂事的烦扰。某日,在川大读博的张保见师兄告知郭师回川大了,于是,我们便到老师家里拜访,不想,这一拜访对自己至今的学习之路影响甚大。

郭师家住川大花园近北门处,入室寒暄之后,闲聊之间自然免不了询问保见师兄与我的学习生活情况。至川大读研以后,在和导师李勇先老师商量以后,并未选择所谓"热点"而是选择了云贵川交界这一"边缘之地"的政区设置与演变作为自己的硕士论文研究对象。所幸,李老师极为宽容,对我的选择鼎力支持。这一情况我自然如实向郭师作了汇报。学界素知,郭师多年来研治西南民族史地,对云贵川地区用力甚多,成就亦为学界瞩目,但是那天郭师听了我的汇报之后并未对这一话题多说什么,而是淡淡地说了一句,大西南除了汉族、彝族集中生活地区之外还有广大藏族同胞生活在青藏高原,这些都是历史地理学可以研究的范围。老实说,当时我对郭师的这一提示是不明就里的。不过,此后的一段时间特别是 2006 年 9 月以后正式到暨大跟随郭师读博以后就明了了。所以,我的博士论文经过和郭师的商讨之后选择了康区藏传佛教历史地理作为研究对象,这也开启了自己至今仍在从事的工作,只不过,研究的地域有了改变。

研治历史地理学有一样很好,就是接地气较为方便,可以随着生活工作地域的改变而不断调整自己研治的地域。2009年7月至安大工作以后,由于距离自己博士论文研究的青藏高原空间距离实在过远,因此如何接地气自然也就成了自己必须要考虑的问题。2015年由于机缘巧合得以跟随哈佛大学东亚语言与文明系宋怡明教授(Prof. Szonyi,其于2015年底接任哈佛大学费正清中国研究中心主任)访学。2015年8月至2016年8月,一年难得清闲,一方面充分利用哈佛大学特别是哈佛燕京图书馆丰富的藏书,相对自由的阅读与思考;另一方面,尽量抓住机会向宋老师请益,宋老师擅长于历史人类学研究,对明清中国东南沿海宗族社会的研究用力极深。另外,当时与我一起在宋老师门下访学的成名已久的徽学专家日本早稻田大学熊远报教授,在明清徽州区域社会史及东亚区域史研究等方面早已取得学界公认的卓越成就,其不以我年轻多次与我促膝长谈。这些都让我受益匪浅,亦十分感动!至此,个人近几年的学术兴趣才开始集中于以徽州为中心的皖南地区。

本书作为2016年度国家社科基金一般项目"历史地理学视阈下的徽州佛教研究"(16BZS033)的最终结项成果,其选题和写作思路大体沿袭我以往的学术路数:一方面在选题上,众所周知,自20世纪50年代特别是80年代以来,徽学作为国内地域学中的"显学"在诸多领域取得了丰硕成就,徽商、徽州宗族、新安理学、徽州教育、徽州社会经济史、徽州文书等研究成绩斐然,但是有关历史时期徽州宗教(包括佛教)的研究却相对滞后,而以历史地理学的视角将佛教置于"区域徽州"观照下进行的相关研究更是少见。"区域徽州"到底是怎样形成的,我想这需要多方面的思考,纵横交错式的考察可能是我们可以努力的方向,在这方面历史地理学有其优势;一方面在写作思路上,按照历史宗教地理学的学术路径及历史时期徽州佛教发展的实际(也包括文献资料的实际),在本书中依然有相当多的部分沿用了此前写作《青藏高原历史地理研究:康区藏传佛教历史地理研究》(四川大学出版社2011年)时的方法，即重点对不同时空断面下区域内佛教文化主要载体——寺院与僧人的特别关注。当然，亦有一些新的想法。记得博士论文答辩时答辩主席中山大学陈春声教授谈到，关注佛教地理的同时，最好应注意佛教与区域人群之间的关系，尽管在我的博士论文中已有部分内容涉及藏传佛教与康区人地关系，但是认识较为粗浅，这些年对这一主题一直较为关注，于是，便有了本书下编中诸如佛教传播与徽州社会、佛教在徽州人地关系中的作用等的一些章节安排。此外，近年来我也在不断思考佛教的发展传播与历史时期中国各地区域社会的构建问题，特别是唐宋以后中国佛教发展过程中的"地域化"问题，虽然很不成熟，但是也愿意作一些尝试，下编中的第五、第六两章也便由此而生。

需要说明的是，本书是一部集体智慧的成果。基于先前博士论文写作的经验，加之历史时期徽州佛教涉及地理层面的多元化及遗存史料的较为丰富，我深知众人之力对于完成这一课题的重要性，因此，近几年便有意指导一些学生从事徽州佛教历史地理的初步研究。我这几年指导的学生赵元元、柳雪、宗晓垠、杨宗义参与了本书不同章节的资料收集和写作工作，其中赵元元参与了一、二、三、七、八章的资料收集和写作工作，柳雪参与了第六章的资料收集和写作工作，宗晓垠参与了第五章的资料收集和写作工作，杨宗义参与了第四章的资料收集和写作工作，豆文凯、孙小昌参与了后期的图表绘制及部分文字校对工作，全书的写作思路和统稿则由我负责，特别是赵元元和柳雪，我对佛教历史地理研究的一些新想法大多与二位合作完成，这些都是必须说明的，对于他们的辛勤付出表示感谢！

业师郭声波先生多年来一直在学习和生活上给予我无微不至的指导和关怀，本书稿又得蒙赐序，其中不乏赞许与期望，诚惶诚恐，学生唯有继续努力！另外，在本书的写作过程中，安徽省社科联党组书记、常务副主席，安徽省徽学学会会长洪永平同志，安徽师范大学原副校长王世华教授，安徽省社科院原副院长施立业研究员等，都给予了关心和指导；2019年5月我由安徽大学历史系调至教育部人文社科重点研究基地安徽大学徽学研究中心工作，中心主任周晓光教授及各位同仁也都给予了诸多关心;令我感动的是黄山市文旅局陈琪先生无偿将其收集的有关徽州佛教的碑刻文献供我研究使用。上述种种,其谢意都是无法言表的!

  作为第一份较为系统的有关历史时期徽州佛教的历史地理学研究成果,正如评审专家指出的一样,需要研究者具备徽学、历史地理学及佛教史等相关学科的综合素养,在相关研究基础相对薄弱的情况下,想要较为系统地梳理出历史时期徽州佛教演变的时空全貌并在此基础上开展相对系统地专题及比较研究并非易事。本人及课题组成员在此方面作出了一定努力并愿意在以后的学术研究中继续沿着这一路径行进,以求为徽学、历史地理学及佛教史等相关学科的拓展与深化作出我们应尽的努力!当然,囿于学识所限,文中不足之处尚有不少,亦请诸位师友多加批评。

王开队

2021 年 1 月 18 日识于合肥寓所